1,000,000 Books

are available to read at

Forgotten Books

www.ForgottenBooks.com

Read online
Download PDF
Purchase in print

ISBN 978-1-332-54463-9
PIBN 10324289

This book is a reproduction of an important historical work. Forgotten Books uses state-of-the-art technology to digitally reconstruct the work, preserving the original format whilst repairing imperfections present in the aged copy. In rare cases, an imperfection in the original, such as a blemish or missing page, may be replicated in our edition. We do, however, repair the vast majority of imperfections successfully; any imperfections that remain are intentionally left to preserve the state of such historical works.

Forgotten Books is a registered trademark of FB &c Ltd.
Copyright © 2018 FB &c Ltd.
FB &c Ltd, Dalton House, 60 Windsor Avenue, London, SW19 2RR.
Company number 08720141. Registered in England and Wales.

For support please visit www.forgottenbooks.com

1 MONTH OF FREE READING

at

www.ForgottenBooks.com

By purchasing this book you are eligible for one month membership to ForgottenBooks.com, giving you unlimited access to our entire collection of over 1,000,000 titles via our web site and mobile apps.

To claim your free month visit:
www.forgottenbooks.com/free324289

* Offer is valid for 45 days from date of purchase. Terms and conditions apply.

English
Français
Deutsche
Italiano
Español
Português

www.forgottenbooks.com

Mythology Photography **Fiction**
Fishing Christianity **Art** Cooking
Essays Buddhism Freemasonry
Medicine **Biology** Music **Ancient Egypt** Evolution Carpentry Physics
Dance Geology **Mathematics** Fitness
Shakespeare **Folklore** Yoga Marketing
Confidence Immortality Biographies
Poetry **Psychology** Witchcraft
Electronics Chemistry History **Law**
Accounting **Philosophy** Anthropology
Alchemy Drama Quantum Mechanics
Atheism Sexual Health **Ancient History**
Entrepreneurship Languages Sport
Paleontology Needlework Islam
Metaphysics Investment Archaeology
Parenting Statistics Criminology
Motivational

GRUNDZÜGE
DER
PHONETIK

ZUR

EINFÜHRUNG IN DAS STUDIUM DER LAUTLEHRE
DER INDOGERMANISCHEN SPRACHEN.

VON

EDUARD SIEVERS.

FÜNFTE VERBESSERTE AUFLAGE.

LEIPZIG,
DRUCK UND VERLAG VON BREITKOPF & HÄRTEL.
1901.

Alle Rechte vorbehalten.

Printed in Germany

Vorwort zur dritten Auflage.

Als im Jahre 1875 der Plan für die Bibliothek indogermanischer Grammatiken aufgestellt wurde, erschien es zweckmässig, der Reihe der eigentlichen Grammatiken ein einleitendes Bändchen phonetischen Inhaltes vorauszuschicken. Dasselbe sollte, wie auch der Prospect der Sammlung ausdrücklich hervorhob, zur Orientirung über die zum Verständniss der Lautlehre der indogermanischen Sprachen nothwendigen allgemeinen Fragen sowie zur Feststellung einer einheitlichen Terminologie für die folgenden Grammatiken dienen. Dieser doppelten Aufgabe suchte dann die erste Auflage des vorliegenden Werkchens gerecht zu werden, die im Jahre 1876 erschien. Plan und Anlage war ihm durch die angeführte Bestimmung vorgezeichnet. Zur Erreichung des ersten Theiles seiner Aufgabe genügte es, die in Betracht kommenden Erscheinungen an einer Sprache zu exemplificiren, ohne dieselben zugleich statistisch durch ein engeres oder weiteres Gebiet hin zu verfolgen. Dass ich dabei, soweit es irgend anging, bei Beispielen aus der deutschen Sprache und ihren Mundarten stehen blieb, war nur natürlich. Denn einerseits wurde das Buch doch zunächst für deutsche Leser geschrieben, von denen die meisten doch kaum in der Lage gewesen sein würden, ausserdeutsches Material einer genügenden Controle zu unterziehen; andererseits war und bin ich der

Ueberzeugung, dass man nur für Angehörige der eigenen Sprachgenossenschaft phonetische Dinge verständlich erläutern könne, wenn man von den wenigen Lesern absieht, welche die Phonetik streng fachwissenschaftlich betreiben oder über ein grosses empirisches Sprachmaterial verschiedenster Herkunft verfügen. Wenn ich in der zweiten Ausgabe von diesem Gesichtspunkte durch Einflechtung etwas zahlreicherer Belege aus fremden Sprachen abgewichen bin (das machte sich namentlich bei der Besprechung des Bell'schen Vocalsystems nothwendig), so geschah das hauptsächlich auf den Rath von Storm, welcher glaubte, dass das Buch dadurch den specielleren Interessen der Phonetiker von Fach nützlicher gemacht werden würde. In der neuen Auflage bin ich in dieser Beziehung sehr conservativ verfahren. Nur wenig neues Einzelmaterial, das besonders aufklärend wirken konnte, hat Aufnahme gefunden. Im Uebrigen habe ich auch diesmal wieder streng an dem Grundsatze festhalten zu müssen geglaubt, nur Selbstgehörtes zu beschreiben. Die im Ganzen nicht zahlreichen Abweichungen von diesem Grundsatz sind stets im Context ausdrücklich angegeben.

Was sodann die innere Gestaltung des Buches anlangt, so musste es mir im Hinblick auf den zweiten Theil meiner Aufgabe mehr auf eine Definition dessen ankommen, was unter den zur Zeit in der Sprachwissenschaft üblichen Namen zu verstehen sei, als auf eine radicale Umwälzung der gesammten Nomenclatur auf streng phonetischer Grundlage. Ich hätte, zumal bei dem geringen Interesse, welches noch vor zehn Jahren in sprachwissenschaftlichen Kreisen für phonetische Fragen herrschte, bei einer solchen Umwälzung schwerlich auch nur auf eine annähernde Zustimmung der übrigen Mitarbeiter an der Bibliothek indogermanischer Grammatiken rechnen dürfen, und somit hätte die Reform keinen andern Zweck gehabt, als mein Buch gerade für die Kreise sprachwissenschaftlicher Leser unbrauchbar zu machen, für welche dasselbe bestimmt war.

Auch nach dieser Richtung hin sind in der neuen Auflage keine principiellen Aenderungen vorgenommen worden, und ich glaube mir durch diese Enthaltsamkeit den Dank meiner sprachwissenschaftlichen Leser zu erwerben.

Auch die Bibliographie ist, um das gleich hier zu erwähnen, dem alten Princip getreu geblieben, nur eine Auswahl aus der überreichen phonetischen Literatur zu geben. Das gilt insbesondere auch bezüglich der in den letzten Jahren stark angeschwollenen Literatur der rein praktischen Phonetik, welche den Bedürfnissen des neusprachlichen Schulunterrichts entgegenkommen will. Auf der andern Seite wird man manche Schrift aufgeführt finden, welche zwar dem Fachphonetiker ferner liegt, aber für den Sprachwissenschafter von Interesse ist. Den Stern, welcher in der zweiten Auflage die Anhänger der englischen Richtung der Phonetik auszeichnen sollte, habe ich fallen lassen, weil inzwischen so viele verschiedene Schattirungen aufgetreten sind, dass eine derartig kurze Charakterisirung nicht mehr thunlich erscheint.

Stärkere Umarbeitungen haben hiernach in dieser neuen Auflage fast nur die einleitenden Paragraphen und der Abschnitt über die Vocale erfahren, beides mit Rücksicht auf die eingehenderen Discussionen über principielle Fragen, welche uns die letzten Jahre gebracht haben. Meine Stellung zu dem Bell'schen Vocalsystem habe ich trotz aller Angriffe, welche dasselbe erfahren hat, nicht aufgeben können. Dass ich dasselbe überschätzt habe, vermag ich seinen Gegnern nicht zuzugeben. Ich glaube auch heute noch nicht nur, dass Bell's System seiner Zeit das relativ vollkommenste Vocalsystem gewesen ist, das bis dahin aufgestellt worden war, sondern auch, dass Bell's Princip der Classification der Vocale nach den Zungenstellungen ohne Rücksicht auf die Klangverwandtschaft die einzige solide Basis für den Weiterbau der Vocallehre abgibt. Für abgeschlossen habe ich auch Bell's System niemals gehalten.

In der Einleitung habe ich mich bemüht, die Gründe schärfer und deutlicher auseinanderzusetzen, welche mich zu der Ueberzeugung führen, dass ein allen Anforderungen gleichmässig gerecht werdendes allgemeines Lautsystem ein Ding der Unmöglichkeit ist, und dass man also auch gar nicht darnach streben solle, ein solches aufzustellen. Ob es mir freilich gelingen wird, auch andere von der Richtigkeit dieser Negation zu überzeugen, mit der ich zur Zeit ziemlich allein zu stehen scheine, muss ich dahin gestellt lassen. Die Hoffnung auf die Zukunft habe ich noch nicht aufgegeben. Einstweilen aber möchte ich auf alle Fälle unsere Systemsucher auch hier noch einmal ausdrücklich gebeten haben, die für bestimmte sprachwissenschaftliche Zwecke aufgestellten Specialsysteme dieses Buches nicht wieder für Allgemeinsysteme in ihrem Sinne auszugeben und danach zu beurtheilen. Ich bitte es ferner nicht als einen Rückzug aus einer verlorenen Position zu betrachten, wenn ich die beiden Paragraphen, welche sonst der Besprechung der Sonoren gewidmet waren, vereinigt und dem neuen Text eine andere Stellung gegeben habe als früher. An der Nothwendigkeit einer Unterscheidung von Sonoren und Geräuschlauten halte ich nicht minder fest, als an dem Glauben, dass es praktisch war, diesen Unterschied an erster Stelle zu behandeln, weil jeder Anfänger ihn leicht fassen kann, auch ehe er einen Einblick in die Erzeugung der Sprachlaute gewonnen hat; ich habe aber geglaubt dem ziemlich allgemein ausgesprochenen Verlangen nach einer andern Anordnung mich fügen zu sollen und also diesmal den genetischen Theil vorausgestellt, zumal diese Ordnung allerdings den Vorzug der grösseren Consequenz besitzt. . .

Zum Schlusse möchte ich endlich den Wunsch wiederholen, dass man das vorliegende Werkchen nicht als eine Art Nachschlagebuch betrachten möge, aus dem man hie und da eine Einzelheit zu beliebigem Gebrauch herausgreifen kann. Nur systematische Untersuchung der Zusammenhänge zwischen den einzelnen phonetischen Erscheinungen auf Grund der Selbstbeobachtung kann dem Sprachwissenschafter bei seiner Thätigkeit nützen, und zu solcher Selbstbeobachtung eine Anleitung zu geben, ist die Hauptaufgabe dieses Büchleins. Wer aus dem darin niedergelegten Material ernstlichen Nutzen ziehen will, dem ist daher vor allem zu rathen, dass er bei der Durcharbeitung von Anfang an jedes gegebene Beispiel sich so lange vorspreche oder vorsprechen lasse, bis er sich ein eigenes Urtheil über die Richtigkeit der betreffenden Angaben erworben hat. Dabei sei er sich stets bewusst, dass er das fremdsprachliche Material zunächst nicht um dessen selbst willen sich aneignet, sondern um daran ein erstes Hülfsmittel zum Studium der eigenen Sprache zu haben. Nur wer auf diesem Boden sicher steht, versuche sich an weiteren, aber stets zusammenhängenden Beobachtungen. Erst wenn er auf diese Weise sich einen Einblick in die Entwickelungsreihen lebender Sprachen verschafft hat, gehe er dazu über, Probleme aus der Lautgeschichte früherer Sprachperioden vom phonetischen Standpunkte aus zu betrachten. Andernfalls dürfte die verfrühte Anwendung phonetischer Sätze in der Sprachwissenschaft mehr Schaden als Nutzen bringen.

Tübingen, 14. October 1885.

E. Sievers.

Vorwort zur fünften Auflage.

Was über Anlage und Charakter dieses Werkchens im Vorwort zur dritten Auflage gesagt ist, gilt auch noch von der fünften. Obwohl auch in dieser wiederum mehrere Abschnitte umgearbeitet sind, beansprucht sie doch auch nicht eben mehr zu sein als eine formell revidirte Wiederholung der vierten, die schon ihrerseits der dritten gegenüber eine ähnliche Stellung einnahm. Neues fremdsprachliches Beobachtungsmaterial, das nach dem S. VI erwähnten Grundsatz allein stärkere sachliche Abänderungen hätte veranlassen können, ist mir seit dem Erscheinen der dritten Auflage kaum in erheblicherem Masse zugeflossen, und eine Auseinandersetzung mit der immer mächtiger anschwellenden phonetischen Specialliteratur oder auch nur den neueren Gesammtdarstellungen der Disciplin verboten nicht minder der Plan des Werkes selbst als auch die Schranken die der Leistungsfähigkeit des Einzelnen gesetzt sind, der nicht in der Lage ist, einen grösseren Theil seiner Zeit und Kraft dauernd einer solchen Specialdisciplin zu widmen, wie es die Phonetik ist. Wer sich über die in der phonetischen Literatur aufgetretenen Richtungen und Strömungen im Einzelnen unterrichten will, findet für die Zeit bis zu Anfang der neunziger Jahre einen zuverlässigen Führer in der zweiten Auflage von Johan Storm's Englischer Philologie (I. Leipzig 1892), anderes auch in den in der Bibliographie citirten grösseren Werken von Vietor und Jespersen, bibliographische Nachweisungen mit kurzen kritischen Bemerkungen auch bei Breymann.

Meine Thätigkeit hat sich also auch bei der fünften Auflage im Wesentlichen wieder darauf beschränken müssen, im Einzelnen auszumerzen, was ich als irrig oder unzweckmässig erkannt zu haben glaubte, einigen Partien einen wie ich hoffe präciseren und klareren Ausdruck zu geben und einige neue Beobachtungen einzuschalten. Dass ich andererseits da, wo ich durch erhobene Einwände nicht von der Unrichtigkeit meiner Anschauungen überzeugt worden war, diese Anschauungen nochmals zum Ausdruck gebracht habe, wird man mir hoffentlich auch diesmal nicht als besondere Verstocktheit auslegen.

In den letzten Jahren ist das Schlagwort »Experimentalphonetik« zu einer neuen Macht geworden. Ich habe mich diesem neuen Zweig der phonetischen Disciplin gegenüber auch in dieser fünften Auflage wieder im Wesentlichen abwartend verhalten müssen, schon aus dem Grunde, weil ich eigene Controlexperimente nicht habe anstellen können. Auch bekenne ich, dass ich den Enthusiasmus nicht ganz theile, mit dem die Experimentalphonetik auch von philologischer Seite begrüsst worden ist. Zwar bezweifle ich nicht, dass die vervollkommneten graphischen Apparate der Neuzeit im Wesentlichen das richtig wiedergeben was in sie hineingesprochen wird, wohl aber bezweifle ich auf Grund langjähriger Erfahrung im phonetischen Unterricht, dass es ohne schwerste Selbstzucht jemandem gelinge, in einen Apparat dasjenige hineinzusprechen oder mit einem Messapparat im Sprachorgan dasjenige hervorzubringen was er sonst unter normalen Bedingungen spricht. Ich bin also vor der Hand geneigt zu glauben, dass die Abweichungen von der Sprechnorm die durch die psychische Befangenheit vor dem Apparate entstehen im Durchschnitt mindestens ebenso häufig und ebenso gross sein werden, als die Fehler die einem gut geschulten Phonetiker bei der Beobachtung naiver Sprecher ohne Apparate mit unterlaufen, und nicht minder gross sind die Gefahren, welche falsche Deutungen oder falsche Generalisirungen an sich richtiger Deutungen der von den Apparaten aufgezeichneten Curven mit sich bringen. Was jene Untersuchungen bisher an bleibend Werthvollem ergeben haben, scheint mir ausserdem mehr der streng naturwissenschaftlichen Seite der Phonetik anzugehören und schon deshalb nicht in den Bereich dieses Werkchens zu fallen.

Und so lasse ich denn das immer noch verlangte Buch, mehr dem Wunsche der Herrn Verleger als eigenem Triebe folgend, hiermit nochmals ausgehn, ein Vierteljahrhundert nach seinem ersten Erscheinen und im vollen Bewusstsein von den mancherlei Lücken und Schwächen die ihm nothgedrungen anhaften, aber doch auch in der tröstlichen Zuversicht, dass es noch das eine oder andre enthalte, das seine Existenz neben den eingehenderen Specialdarstellungen der neueren Zeit auch heute noch rechtfertigt.

Leipzig, 21. April 1901.

E. Sievers.

Inhalt.

Seite

I. Abschnitt. Einleitung.

Cap. 1. Stellung, Aufgabe und Methode der Phonetik   1
Cap. 2. Allgemeine akustische Sätze   9
Cap. 3. Das menschliche Sprachorgan.   12
Cap. 4. Die Eunotionen der Sprachorgane im Allgemeinen: Ruhelage 21. Der Begriff der Articulation 21. Die Respirationsverhältnisse 22. Die Thätigkeit des Kehlkopfs 25 (Die Stimme oder Vollstimme 26; die Flüsterstimme 28; die Murmelstimme 29). Die Thätigkeit des Ansatzrohrs (schallbildende und schallmodificirende Articulation) 30. Zusammenfassung (Factoren der Lautbildung).   33
Cap. 5. Die Eintheilung der Sprachlaute: Vorfragen: Sprachlaute oder Sprachelemente? 34. Die Eintheilung der Sprachlaute im Allgemeinen (Vocale und Consonanten, und Sonant und Consonant) 38. Was sind Einzellaute? 43. Aufstellung eines Sprachlautsystems (Unthunlichkeit allgemeiner Systeme) 46. Gesichtspunkte der Gruppirung.   50

II. Abschnitt. Die Gruppen der Sprachlaute und die Einzellaute.

I. Die Gruppen.

Cap. 6. Die Articulationsarten des Ansatzrohrs . . .   51
Cap. 7. Die Articulationsstellen des Ansatzrohrs 55. Lippenlaute 57. Zungengaumenlaute 57 (mediane und laterale, coronale und dorsale Articulation 59): Vorderes Gebiet 60 (cerebrale 61, alveolare postdentale, interdentale Coronallaute 61; dorsale 62). Mittleres Gebiet (Palatale) 63. Hinteres Gebiet (Velare) 63. Emphatische Laute 64. Laterale 64. Faucallaute   65

Inhalt.

Cap. 8. Die Articulationen des Kehlkopfs: Allgemeines 67. Laryngallaute 69
Cap. 9. Die Sprachlaute nach ihrer Stärke und Dauer: Stärke (Fortis und Lenis) 69. Dauer 72
Cap. 10. Die Sprachlaute nach ihrem akustischen Werth: Sonore und Geräuschlaute 73

II. Die einzelnen Sprachlaute.
A. Die ursprünglichen Sonoren.
Cap. 11. Die Vocale 79: Die Anordnung nach Klangreihen 80. Die Anordnung nach Eigentonreihen 88. Die Anordnung nach Articulationsreihen (Bell's System) 94. Lauttabelle I (Vocaltafel) 103. Nasalvocale 109. Gemurmelte Vocale 110. Stimmlose Vocale und h 111. Schlussbemerkungen 113
Cap. 12. Die Liquidae 115: r-Laute 116, l-Laute. . . 122
Cap. 13. Die Nasale 125

B. Die Geräuschlaute.
Cap. 14. Die Spiranten: Labiale und Labiodentale 127. Zischlaute 128. Palatale und velare x-Laute 133. Laryngale 134
Cap. 15. Die Verschlusslaute: Nach ihren Articulationsstellen: Labiale, Laute der Zungenspitze 135, Palatale 136, Velare, Laterale, Laryngale 137. Nach den verschiedenen Arten ihrer Bildung 138. Verhältniss der verschiedenen Bildungsweisen zu der älteren Terminologie (Tennis, Media, Aspirata u. a.) 143
Lauttabelle II. 147

III. Abschnitt. Combinationslehre.
Cap. 16. Allgemeineres 148

I. Laute und Lautverbindungen.
Cap. 17. Lauteinsätze und -absätze: Bei Vocalen 150, bei Liquiden und Nasalen 155, bei Spiranten 156, bei Verschlusslauten 157
Cap. 18. Die Berührungen benachbarter Laute im Allgemeinen 158
Cap. 19. Die Berührungen von Sonoren 159. Verbindung zweier Vocale, die verschiedenen Silben angehören 160. Diphthonge 160. Halbvocale 166. Triphthonge 167. Verbindungen von Vocalen mit Liquiden und Nasalen, und von Liquiden und Nasalen unter einander 168

Cap. 20. Berührungen eines sonoren Lautes mit Geräuschlauten: Sonore und Spiranten 168. Sonore und Verschlusslaute 170
Cap. 21. Berührungen von Geräuschlauten 175. Affricatae 176. Oeffnung von Verschlusslauten ohne Explosion 178
Cap. 22. Berührungen homorganer Laute (laterale und nasale Explosion u. a.) 179
Cap. 23. Mischung verschiedener specifischer Articulationen (Einwirkungen von Vocalen auf Consonanten etc.) 181. Palatalisirung 185. Velarisirung 188. Rundung oder Labialisirung 189. Aufnahme anderer Articulationen 190
Cap. 24. Reduction 190. Reduction des Reibungsgeräusches von Spiranten (Geräuschreduction) 191. Reduction von Dauerlauten zu Gleitlauten (Stellungsreduction) 193. Reduction stimmhafter Laute zu stimmlosen (Stimmreduction) 196

II. Silbenbildung.
Cap. 25. Der Bau der Silbe im Allgemeinen 198. Drucksilben und Schallsilben 202. Die relative Schallfülle der Silbenglieder 203
Cap. 26. Die relative Druckstärke der Silbenglieder . . 206
Cap. 27. Die Silbentrennung 209. Druckgrenze vor und nach einem Consonanten 210; in einem Consonanten (Gemination) 211

III. Accent und Quantität.
Cap. 28. Allgemeines 215
1. Silbenaccent.
Cap. 29. Der exspiratorische oder dynamische Silbenaccent 218. Die Exspirationsbewegung der Silbe an sich: Silbengipfel, ein- und zweigipflige Silben 218; Stosston 221. Die Druckabstufung des Silbenschlusses (stark und schwach geschnittener Accent) 222
Cap. 30. Der musikalische oder tonische Silbenaccent . 225
2. Wort- und Satzaccent.
Cap. 31. Allgemeines 228
Cap. 32. Der exspiratorische oder dynamische Satzaccent: Der Satz und seine Glieder 232. Die Formen der Sprechtakte 235. Die Abstufung innerhalb der Sprechtakte 237. Die Abstufungen der Satztakte unter einander 240

Cap. 33. Der musikalische oder tonische Wort- und Satz-
accent: Vorbemerkungen 242. Der tonische
Wortaccent 246. Der tonische Satzaccent . . 251
3. Quantität.
Cap. 34. Allgemeines 254
Cap. 35. Lautquantität 256
Cap. 36. Silben- und Taktdauer: Silbenquantität 261.
Taktdauer 265

IV. Abschnitt. Lautwechsel und Lautwandel.
Cap. 37. Allgemeines (Ursachen des Lautwechsels 268.
Entstehungsweise 269. Springender Lautwechsel
270. Lautwandel 270. Classification der Arten
des Lautwechsels 273. Assimilationen 275) . 267
Cap. 38. Lautwechsel durch örtliche Verschiebung . . 278
Cap. 39. Lautwechsel durch graduelle Verschiebung der
Hemmung 283
Cap. 40. Lautwechsel durch zeitliche Verschiebung von
Articulationsfactoren 287. Verschiebung der
Exspiration 288. Verschiebung der Kehlkopf-
articulation gegen die Articulationen des An-
satzrohrs 289. Verschiebung von Ansatzrohr-
articulationen 291. Metathesen 297
Cap. 41. Lautwechsel durch dynamische Verschiebung . 298
Cap. 42. Quantitätswechsel 300

Literatur 305
Register 316

I. Abschnitt.

Einleitung.

Cap. 1. Stellung, Aufgabe und Methode der Phonetik.

1. Unter Phonetik verstehen wir die Lehre von der Sprachbildung, d. h. von der Erzeugung, dem Wesen und der Verwendung der Sprachlaute zur Bildung von Silben, Wörtern und Sätzen, endlich auch von den allgemeinen Bedingungen ihres Wandels und Verfalls. Somit bildet die Phonetik ein Grenzgebiet zwischen der Physik, insofern sie sich mit der akustischen Analyse der einzelnen Lautmassen beschäftigt, der Physiologie, insofern sie die Functionen der zur Erzeugung und Wahrnehmung der Sprache thätigen Organe erforscht, und endlich der Sprachwissenschaft, insofern sie über die Natur eines wichtigen Objectes derselben Aufschluss ertheilt.

2. Nur für die beiden genannten naturwissenschaftlichen Disciplinen kann die Erforschung des Werdens und der Natur der Einzellaute Selbstzweck sein, aus denen sich die Sprache aufbaut. Für den Sprachforscher ist die Phonetik nur eine Hülfswissenschaft. Demgemäss stuft sich auch das Interesse der Einzeldisciplinen an den verschiedenen Theilgebieten verschieden ab. Aufgabe und wesentlichstes Ziel der naturwissenschaftlichen Forschung ist es, die allgemeinen grundlegenden Gesetze über Natur, Bildung und Verwerthung der Sprachlaute festzustellen. Dem Sprachforscher fällt dagegen die Aufgabe zu, diese Grundgesetze in alle die Verzweigungen hinein zu verfolgen, welche sie in den verschiedenen Sprachen und Mundarten erfahren haben, und die Resultate dieser Specialforschung seinen wissenschaftlichen Zwecken nutzbar zu machen. Dem Naturforscher muss es demnach mehr auf das Allgemeine,

Theoretische ankommen, den Sprachforscher interessirt vorwiegend das Einzelne in seiner speciellen Verwendung innerhalb der Objecte, deren Studium er sich widmet.

3. Innerhalb des weiten Gesammtgebietes der Sprachwissenschaft selbst haben ohne Zweifel die auf die **Erforschung der lebenden Sprachen** gerichteten Studien das unmittelbarste und praktisch bedeutsamste Interesse an den Aufschlüssen über die Natur sprachlicher Erscheinungen, welche die Phonetik zu geben vermag; denn nur auf Grund phonetischer Erkenntniss lässt sich das Thatsächliche in der Aussprache der verschiedenen Idiome feststellen. Die Erkenntniss von der Richtigkeit dieses Satzes hat sich immer mehr Bahn gebrochen, und in gleichem Masse ist die praktisch-phonetische Forschung mehr und mehr bestrebt gewesen, auch den Zwecken des modernen Sprachstudiums entgegenzukommen. Sie hat namentlich ihr Augenmerk darauf gerichtet, unter thunlichster Beschränkung theoretischer Erörterungen zuverlässiges Beobachtungsmaterial zu beschaffen und dieses nach praktischen Gesichtspunkten unter einfache Regeln zu bringen. Der Erfolg, welchen diese Bestrebungen zu verzeichnen gehabt haben, bürgt hinlänglich dafür, dass der eingeschlagene Weg für die Lösung dieser Aufgabe der richtige war. Um so zweifelhafter muss es erscheinen, ob das in neuester Zeit auch bei einstigen Vertretern der praktischen Richtung in Schwang gekommene übermässige Betonen der rein mechanisch messenden und darstellenden sog. Experimentalphonetik der philologischen Seite der Disciplin auf die Dauer mehr zum Nutzen als zum Nachtheil gereichen wird, unbeschadet einer Reihe auch praktisch verwerthbarer Resultate, welche diese Experimentalphonetik bisher gezeitigt hat.

4. Wiederum anders als für den Erforscher der lebenden Sprachen stellt sich das Verhältniss der Phonetik zu der **historisch-vergleichenden Sprachwissenschaft.** Für diese kommt die praktische Seite der Phonetik nur insoweit in Betracht, als es gilt, die Aussprache der lebenden Vertreter einer Sprach- oder Mundartengruppe festzustellen, deren Geschichte erforscht werden soll. Solcher Feststellungen bedarf der Sprachforscher insbesondere zur Belebung der mangelhaften Abbilder sprachlicher Erscheinungen, welche die unvollkommenen Schriftsysteme alter und neuer Zeit gewähren, die nur zu oft Eigenthümlichkeiten der Aussprache verhüllen, welche für die Entwickelung der Sprache von Wichtigkeit sind. Aber der

Schwerpunkt des Interesses, welches die Sprachforschung an der Phonetik nimmt, liegt doch auf einer andern Seite. Dem Sprachhistoriker soll die Phonetik in erster Linie Aufklärung verschaffen über die Natur, den Verlauf und die Zusammenhänge der verschiedenen lautlichen Processe, deren Anfang und Endpunkt er durch geschichtliche Betrachtung der Sprache festgestellt hat. Sie kann dies thun, indem sie ihm in dem Nebeneinander der lebenden Sprachen und Mundarten Reihen von Entwicklungsstufen aufweist, die ihn zu bündigen Analogieschlüssen über den Entwicklungsgang der Einzelsprache führen, und indem sie ihm, abermals an der Hand der lebenden Sprache, das Verhältniss zwischen der den sprachlichen Wandel bedingenden Kraft und der daraus im Einzelfalle resultirenden Veränderung gewissermassen paradigmatisch darstellt. Der Sprachhistoriker bedarf daher in minderem Masse als der Neuphilologe detaillirter Einzelvorschriften über die Aussprache dieses oder jenes Idioms, und in noch geringerem Masse der Aufstellung eines allgemeinen Systems, in dem die Einzellaute der verschiedenen Sprachen nach einem bestimmten Schema ein- für allemal untergebracht sind. Ja, man kann geradezu sagen, dass, während für den phonetischen Theoretiker sein System und die daraus fliessende strenge Scheidung der einzelnen Lautgruppen und Laute im Mittelpunkte des Interesses stehen, der den geschichtlich bezeugten Wandlungen und Verschiebungen eben dieser Gebilde nachgehende Sprachhistoriker am meisten Nutzen ziehen wird aus einer systematischen Betrachtung gerade der Berührungspunkte zwischen den einzelnen Unterabtheilungen, welche der Systematiker aufstellt und nach Kräften aus einander zu halten sucht.

5. Den Bedürfnissen aller der vorgenannten Interessenkreise gleichmässig gerecht zu werden, wird keine Einzeldarstellung der Phonetik im Stande sein. Dem Phonetiker naturwissenschaftlicher Richtung wird das sprachliche Einzelmaterial, dessen der Philologe und Linguist bedarf, kaum je in vollem Umfange zugänglich sein. Zudem entbehrt es für ihn des Interesses, da auch die grösste Häufung des Materials ihm keine wesentliche Unterstützung bei der Ableitung der allgemeinen Sätze über Sprachbildung bieten kann, nach der er strebt. Noch ferner liegen ihm die entwicklungsgeschichtlichen Probleme des Sprachhistorikers. Wiederum werden die wenigsten Vertreter der philologischen Seite dem Naturwissenschafter in die Details seiner anatomischen, physiologischen und

physikalischen Forschungen folgen wollen oder können. Gesetzt aber auch, es gelänge einem Einzelnen, alle die Kenntnisse zu vereinigen, deren eine allseitige Darstellung der Phonetik bedarf, und diese in einem Lehrbuch der allgemeinen Phonetik niederzulegen, so würde ein solches Werk doch wieder nicht den Bedürfnissen des Lernenden entsprechen können, der doch zunächst wohl stets nur mit einem einseitigen Interesse an die Phonetik herantritt und demgemäss auch nur der einen oder anderen Seite derselben, nicht allen, ein Verständniss entgegen bringt.

6. Solchen Erwägungen gegenüber erscheint es angezeigt, den Gedanken an eine Allgemeindarstellung der Phonetik überhaupt fallen zu lassen zu Gunsten von Einzeldarstellungen, welche, von dem Allgemeinen nur das Nothwendigste in Kürze berührend, den besonderen Bedürfnissen der verschiedenen Interessenkreise um so grössere Aufmerksamkeit widmen. Einem solchen Sonderinteresse will denn auch beispielsweise das vorliegende Werk dienen. Es ist zunächst geschrieben zur Einführung in das Studium der Lautlehre der indogermanischen Sprachen älterer Zeit, etwa in dem Umfange, wie sie in der »Bibliothek indogermanischer Grammatiken« vertreten sind; und es versucht dieser Aufgabe gerecht zu werden, indem es sich bestrebt an der Hand ausgewählter Beispiele über eine Reihe von phonetischen Fragen zu orientiren, welche für das Verständniss indogermanischer Lautentwicklung in Betracht kommen. Was sonst zur Vervollständigung des Materials etwa beigebracht ist, will und soll also nur als gelegentliche Ergänzung dienen, die das Buch, soweit das dem Verfasser möglich war, auch dem Nichtindogermanisten bei sprachgeschichtlichen Arbeiten verwerthbar machen hilft. Es ist also bei dieser Betonung des sprachgeschichtlichen Momentes selbstverständlich, dass das Buch sich weder an naturwissenschaftliche Leser wendet, noch den Bedürfnissen der neueren Philologie und speciell des Unterrichts in den neueren Sprachen anders als gelegentlich insoweit Rechnung tragen kann und will, als diese Bedürfnisse sich mit denen des Sprachhistorikers berühren.

7. Es liegt in der Natur der Sache begründet, dass für alle phonetische Ausbildung ein gewisses Quantum von mündlicher Ueberlieferung unerlässlich ist. Eine blosse Beschreibung wird nie im Stande sein, diejenigen Feinheiten der Lautgebung klarzulegen, welche den eigenthümlichen Charakter einer Sprache oder Mundart und damit auch oft die specielle

Richtung ihrer Weiterentwicklung bestimmen, während das durch mündliche Schulung vorgebildete Ohr diese Dinge mit Leichtigkeit aufzufassen vermag. Am ehesten mag es noch gelingen, die allgemeinen naturwissenschaftlichen Grundgesetze der Sprachbildung theoretisch und doch allgemein verständlich vorzutragen. Je mehr aber die Phonetik den praktischen Zwecken des Sprachunterrichts oder der Sprachforschung dienstbar gemacht werden soll, um so mehr muss die eigene directe Beobachtung des Lernenden an die Stelle der Unterweisung durch den Lehrer treten. Ein für philologische Leser berechnetes Lehrbuch der Phonetik kann und darf daher im Wesentlichen nichts anderes sein, als eine Anleitung zur Beobachtung, welche dann ihrerseits dem Lernenden die feste Grundlage für die praktische Verwerthung der so gewonnenen phonetischen Sätze zu schaffen hat.

8. Verhältnissmässig einfach gestaltet sich in dieser Beziehung noch die Aufgabe des Sprachlehrers, dessen Beobachtungsfeld sich im Wesentlichen auf die Normalaussprache derjenigen Cultursprachen beschränken darf, auf welche sich sein Unterricht erstreckt. Der Sprachforscher dagegen darf an eine solche Beschränkung nicht denken. Je mannigfaltiger die lautgeschichtlichen Probleme sind, an deren Lösung er arbeitet, um so umfassender und sicherer muss auch sein Ueberblick über die sprachlichen Entwicklungszustände lebender Idiome sein, wenn er sich nicht fort und fort der Gefahr aussetzen will, zu einem falschen Erklärungsmittel zu greifen.

9. Vor allem muss der Sprachforscher, der aus phonetischen Studien ernstlichen Gewinn für seine Wissenschaft zu erarbeiten strebt, sich von vorn herein von einer Masse von Vorurtheilen zu befreien suchen, zu denen theils die Schule, theils die praktische Uebung des Lebens hintreibt, und von denen gerade gelehrte Kreise am allerwenigsten frei sind. In erster Linie steht unter diesen Vorurtheilen die Meinung, dass allein in den Schrift- oder Cultursprachen das sprachlich Normale und Natürliche geboten werde. Die nothwendige Voraussetzung dieser Lehre, die Einheitlichkeit der Sprachen, besteht ja überall nur auf dem Papier: und so müssen, wenn der Einzelne nach alter Unsitte den Lautzeichen der Schrift willkürlich seine individuelle Aussprache unterlegt und diese zur einzigen Grundlage seiner Beurtheilung fremder Sprachen macht, schliesslich eine unzählbare Masse von Standpunkten in unlöslichen Conflict gerathen. Und bestünde nun auch wirklich in einer Cultursprache irgendwo eine grössere Einheit (und diese könnte erfahrungsgemäss doch nicht anders als durch künstliche Züchtung auf Grund eines aus einer früheren Sprachperiode überlieferten Schriftsystems entwickelt sein), wie könnten aus ihr gewonnene Anschauungen zur Aufklärung der so oft von der Einheitlichkeit zur Vielfachheit hindrängenden Sprachentwicklung dienen? Dazu kommt, dass die einzelnen modernen Cultursprachen einander zu fern stehen, als dass man aus ihrer Vergleichung allein mit der erforderlichen Sicherheit allgemeinere Sätze über Laut- und Sprachentwicklung ableiten könnte. Hier müssen die Mundarten ergänzend eintreten, weil sie allein die dort fehlenden Mittelglieder zu liefern im Stande sind. Zudem vermögen die Mundarten dem Beobachter in der Regel ein viel deutlicheres Bild von der Consequenz der Lautgebung und Lautentwicklung zu geben als die Schrift- und Cultursprachen, die nicht nur in ihrem jeweiligen Bestande ein Gemisch von Sprach- und Lautformen verschiedenartigsten Ursprungs darzubieten pflegen, sondern auch allzeit viel mehr willkürlichen Beeinflussungen seitens des einzelnen Individuums unterliegen, als die nur durch die unbewusste und deshalb stetigere Tradition des mündlichen Verkehrs fortgepflanzten Idiome des niederen Volkes.

10. Den Ausgangspunkt für alle phonetischen Studien muss sonach dem Sprachforscher die ihm von Jugend auf geläufige Mundart bilden. Ist ihm eine eigentliche Volksmundart nicht zugänglich, so halte er sich zunächst wenigstens an die unbefangene, leichte Umgangssprache der Gebildeten seiner Heimath, nicht an die meist künstlich gemachte und darum oft inconsequente Sprechweise der Schule, der Kanzel, des Theaters oder des Salons. Erst wenn man zu völliger Klarheit über alle lautlichen Erscheinungen der eigenen Mundart gekommen ist, gehe man zum Studium erst näher liegender, dann allmählich auch zu dem ferner stehender Mundarten und Sprachen über, und wenn es irgend angeht, suche man sich eine oder mehrere Mundarten vollkommen anzueignen.

11. Ueber die Art, wie man bei diesem fortschreitenden Studium insbesondere die Lautsysteme verwandter Mundarten zu betrachten hat, sind unten namentlich in den Schlussbetrachtungen des Cap. 11 (**285 ff.**) einige nähere Andeutungen gegeben. Es sei aber auch hier schon nachdrücklichst darauf hingewiesen, dass die Aufgaben der historischen Phonetik nicht durch blosse statistische Betrachtung von Einzellauten und deren Veränderungen gelöst werden können. Denn im Allgemeinen ist es nicht der einzelne Laut, welcher nach gewissen, überall gültigen Gesetzen der Veränderung unterliegt, sondern es findet gewöhnlich eine correspondirende Entwicklung correspondirender Lautreihen in correspondirender Stellung statt (vgl. z. B. die gleichmässige Verschiebung der Tenues-, Medien- und Aspiratenreihen in der germanischen Lautverschiebung, oder die Umsetzungen ganzer Vocalsysteme durch Steigerung oder Minderung der specifischen Articulation der Vocale u. dgl.); ja in der Regel werden sich auch noch besondere Gesichtspunkte auffinden lassen, welche die Veränderung einer solchen Lautreihe aus dem Gesammthabitus des Systems und der besonderen Stellung jener Reihe in ihm erklären helfen.

12. Vor allen Dingen suche man sich also einen genauen Einblick in den Bau jedes zu behandelnden Lautsystems zu verschaffen. Man wird gut thun, dabei stets im Auge zu behalten, dass dieser nicht so sehr durch die Anzahl der zufällig in ihm zusammengewürfelten Laute an und für sich, als durch das Verhältniss dieser einzelnen Glieder unter einander bedingt wird, und dass nicht der akustische Eindruck eines Lautes das Wesentliche bei der Sache ist, sondern die Art, wie er gebildet wird. Denn das was wir Lautwandel nennen, ist ja erst eine secundäre Folge der Veränderungen eines oder mehrerer derjenigen Bildungsfactoren, durch deren Zusammenwirken ein Laut erzeugt wird.

13. Die Erwerbung einer derartigen phonetischen Vorbildung ist, wie hier von vorn herein betont werden soll, keine leichte Sache. Sie erfordert eine unermüdliche, ausdauernde Schulung der Sprachorgane und, namentlich mit Beziehung auf den zuletzt angeführten Satz, des Gehörs. Denn einerseits pflegt das Ohr für ihm fremdartige Laute oder deren Unterschied von den ihm geläufigen stets bis zu einem gewissen Grade taub zu sein, oder wo wirklich ein Unterschied wahrgenommen wird, pflegen wir oft Mittelldinge zwischen den fremden und den eigenen Lauten zu hören, die nur dadurch entstehen, dass die Vorstellung der eigenen Laute mit der der entsprechenden gehörten fremden Laute zusammenschmilzt. Andererseits laufen wir bei der nun einmal erworbenen Unempfindlichkeit des Gehörs für kleinere Verschiedenheiten im Klange der Laute oft Gefahr, fremden Lauten, die man nur mit dem Gehör erfassen kann, solche Articulationen zuzuschreiben, mit denen man bei dem Versuche der Nachbildung dem akustischen Effect derselben einigermassen nahe kommt, obwohl oft genug diese eigenen Articulationen den fremden nicht entsprechen. Man wird also erst dann sagen dürfen, dass ein vorläufiger Abschluss in der phonetischen Vorbildung nach dieser Richtung hin erreicht ist, wenn es dem Beobachter gelingt, jeden fremden Laut, womöglich auch nach dem Gehör allein, richtig zu erfassen und nach seiner Stellung im eigenen wie nach seinem Verhältniss zu entsprechenden Lauten anderer Systeme zu charakterisiren. Als eine Vorbereitung für die Erreichung dieses Zieles mag auch die vorsichtige Beschäftigung mit experimentalphonetischen Studien hie und da von Nutzen sein, insofern sie zumal den stumpfhörigen Anfänger über bisher übersehene Lücken in seinem Beobachtungsvermögen aufklären können. Wirkliche Herrschaft über das Errungene erlangt aber dann doch wieder nur derjenige, dem es gelingt seine Sinne so zu schärfen, dass er nicht mehr dem Banne der vielfach täuschenden todten Apparate zu unterliegen braucht. —

14. Die landläufige Grammatik nimmt gewöhnlich von den Buchstaben oder Lauten ihren Ausgang und steigt von da zu der Betrachtung der Silben, Wörter und Sätze auf. Es ist aber von selbst einleuchtend, dass eine streng systematisch vorgehende Phonetik bei der Untersuchung des Satzes beginnen müsste, denn der Satz allein ist ein in der gesprochenen Sprache selbst gegebenes, direct zu beobachtendes Object. Das Wort, die Silbe, der Einzellaut aber nehmen gar oft im 'Satze' (dies Wort in dem weiteren Sinne gefasst, in dem es gewöhnlich gebraucht wird; zur Sache selbst s. **611** ff.) verschiedene Gestalt an, und der Einzellaut existirt in der absoluten Form, wie ihn uns die Grammatik vorzuführen gewohnt ist, häufig gar nicht einmal isolirt in der Sprache. So sollte also zunächst der 'Satz' untersucht werden, mit allen denjenigen Veränderungen, die er beim mündlichen Ausdruck erfahren kann (z. B. denjenigen, welche derselbe 'Satz' erleidet, wenn er als einfache Aussage, als Ausrufs-, als Fragesatz etc. verwandt wird, u. a. m.). Erst nachdem man gelernt hat, diesen veränderlichen Eigenschaften des Satzes Rechnung zu tragen, sollte man zur Zerlegung des Satzes selbst fortschreiten, d. h. zur Untersuchung der einzelnen Sprechtakte (**620** ff.) und der Silben als Glieder dieser Sprechtakte. Daran erst hätte sich dann die Analyse der Silben als solcher und die ihrer Einzellaute anzuschliessen. Was sich dann am Ende als Definition des Einzellautes ergibt, ist schliesslich doch nur eine zum guten Theil von willkürlich gewählten Gesichtspunkten abhängige Abstraction von den vielfach veränderlichen Gestalten, unter denen derselbe sogenannte Einzellaut in der zusammenhängenden menschlichen Rede auftreten kann. Aus praktischen Gründen pflegt man aber auch beim Studium der Phonetik von den einfachsten Elementen zu den complicirteren Gebilden fortzuschreiten, und diese allgemein angenommene Methode ist auch in dem vorliegenden Werke festgehalten worden. Will man sie aber befolgen, so muss man sich stets die wichtige Thatsache vergegenwärtigen, dass wir mit den wenigen Dingen, die wir von dem künstlich isolirten Einzellaut aussagen können, noch keineswegs das Wesen desselben in der lebendigen Sprache erschöpft haben. Jedenfalls ist die Aufstellung eines blossen Lautsystems, so wichtig sie an sich ist, doch immer nur eine der elementarsten Thätigkeiten des Phonetikers, in dessen Bereich die gesammten Erscheinungsformen der gesprochenen Sprache fallen. Man beruhige sich also nicht bei dem Studium der Laute an sich, sondern prüfe, immer zunächst wieder an der Hand der Muttersprache, ebenso genau die Silben-, Takt- und Satzbildung. Alle so erworbenen Kenntnisse erprobe man dann weiter zunächst an der Behandlung lebender Sprachen und Mundarten, und erst wenn man sich hier völlig gerüstet findet, gehe man zur Anwendung der phonetischen Kriterien zur Erläuterung älterer Sprachzustände und ihrer allmählichen Veränderung bis zu ihren modernen Repräsentanten über.

Cap. 2. Allgemeine akustische Sätze.

15. Unter dem Namen Schall fassen wir sämmtliche vermittelst der Gehörorgane und nur vermittelst dieser wahrgenommenen äusseren Eindrücke zusammen. Schall entsteht dadurch, dass ein elastischer Körper in rasche hin- und hergehende Bewegung (Schwingungen) versetzt wird. Diese Bewegung theilt sich zunächst den den Körper umgebenden elastischen Medien (in weitaus den meisten Fällen der Luft) mit und wird von diesen wieder auf gewisse Theile des Gehörorgans übertragen, welche nun ihrerseits durch Reizung der Gehörnerven in uns die Empfindung des Schalles hervorrufen. Die Fortpflanzung der Schallbewegung geschieht in der Form von Wellen (Schallwellen).

16. Der erste und Hauptunterschied verschiedenen Schalles, den unser Ohr auffindet, ist der Unterschied zwischen Geräuschen und musikalischen Klängen. Die Empfindung eines Klanges wird durch schnelle periodische Bewegungen der tönenden Körper hervorgebracht, die eines Geräusches durch nicht periodische Bewegungen. Unter einer periodischen Bewegung verstehn wir dabei eine solche, welche nach genau gleichen Zeitabschnitten immer in genau derselben Weise wiederkehrt.

17. Geräusche lassen sich nicht weiter akustisch classificiren; dagegen unterscheidet man musikalische Klänge nach ihrer Stärke, ihrer Tonhöhe und ihrer Klangfarbe. Die Stärke wächst und nimmt ab mit der Weite (Amplitude) der Schwingungen des tönenden Körpers, die Tonhöhe mit der Schnelligkeit, mit der die einzelnen Schwingungen auf einander folgen, oder, was dasselbe ist, mit der Anzahl der innerhalb eines bestimmten Zeitraums (einer Secunde) gemachten Schwingungen, der Schwingungszahl. Die Klangfarbe (das Timbre) endlich hängt ab von der Schwingungsform, oder, was auf dasselbe hinauskommt, von der Zusammensetzung des Klanges.

18. Die durch die einfachste Form periodischer Bewegung, d. h. durch einfache Pendelschwingungen hervorgerufene Klangempfindung nennt man einen (einfachen) Ton. Solche einfache Töne geben von den gebräuchlichen musikalischen Instrumenten fast nur die Stimmgabeln. Die meisten übrigen erzeugen nur akustisch complicirtere Gebilde, die sog. Klänge im engeren Sinne. Diese Klänge haben nicht mehr jene 'einfachen', sondern 'zusammengesetzte' Schwingungsformen, die aber wiederum alle von der Art sind, dass sich eine jede einzelne von ihnen, und zwar wieder immer nur in éiner ganz bestimmten Weise, in eine Reihe einfacher Pendelschwingungen auflösen lässt. Da nun aber jeder einfachen Pendelschwingungsform ein sog. einfacher Ton entspricht, so kann man auch sagen, dass ein jeder 'Klang' sich in ganz bestimmter Weise in eine Reihe 'einfacher Töne' auflösen lässt oder aus einer Reihe bestimmter einfacher Töne zusammengesetzt ist.

19. Die Töne, aus denen sich diesergestalt ein Klang zusammensetzt, heissen seine Theiltöne (Partialtöne). Besonders charakteristisch für die Reihe der Theiltöne, die in einem Klange auftreten können, ist, dass ihre Schwingungszahlen sich wie die einfachen ganzen Zahlen 1, 2, 3, 4 u. s. w. verhalten.

Den tiefsten Theilton des Klanges (also den mit der relativen Schwingungszahl 1) nennt man dessen Grundton. Nach ihm wird die Tonhöhe des ganzen Klanges bemessen. Die übrigen Theiltöne heissen, weil sie in der musikalischen Scala über dem Grundton liegen, auch die (harmonischen) Obertöne.

Dem ungeübten Ohre verschmelzen die Theiltöne eines Klanges leicht zu einer durchaus einheitlichen Empfindung; doch kann man ihr gleichzeitiges Vorhandensein im Klange durch Hülfsapparate (Resonatoren) leicht nachweisen.

20. Die Farbe eines Klanges hängt nach **17** ff. von der Art ab, wie in ihm verschiedene Theiltöne gemischt sind, oder mit andern Worten von der verschiedenen Anzahl und Stärke seiner Theiltöne. Sie kann also durch Verstärkung, Schwächung oder gänzliche Beseitigung eines oder mehrerer Theiltöne willkürlich verändert werden. Hierzu bietet sich ein Hauptmittel in der Resonanz.

21. Jeder überhaupt zur Klangerzeugung fähige Körper hat einen Eigenton (z. B. also eine Saite eines Streichinstruments oder eines Claviers, aber auch jeder begrenzte Luftraum).

22. Wird ein Körper von den Schallwellen eines Klanges getroffen, in welchen ein dem Eigenton des Körpers gleicher oder doch nahezu gleicher Theilton enthalten ist, so wird der Körper zum Mittönen erregt. Dadurch wird der betreffende Theilton verstärkt, und infolge davon auch die Farbe des gesammten Klanges verändert.

23. Je elastischer der zum Mittönen bestimmte Körper ist, um so besser ist er für seinen Zweck geeignet. Insonderheit sind daher begrenzte Lufträume, Resonanzräume, dazu anwendbar. Diese haben aber zugleich noch die Eigenschaft, den Durchgang von Tönen, die nicht mit dem Eigenton des Hohlraums zusammenfallen, mehr oder weniger verhindern, d. h. diese Töne, falls sie durch den Hohlraum durchgeleitet werden sollen, dämpfen zu können.

24. Auch die Geräusche sind Gemische von Tönen, nur stehen diese Töne nicht in dem harmonischen Verhältniss zu einander wie die Theiltöne der Klänge (daher die Unregelmässigkeit der — nicht periodischen — Schwingungsform).

Es versteht sich aber von selbst, dass auch die unharmonischen Töne, aus denen ein Geräusch zusammengesetzt ist, der Verstärkung durch Resonanz und der Dämpfung fähig sind.

25. Resonanzräume von veränderlicher Gestalt und veränderlichem Rauminhalt werden bei den meisten Blasinstrumenten verwandt. Man pflegt sie in dieser Anwendung mit dem Namen Ansatzrohr zu bezeichnen, weil sie meistens mit der Schallquelle direct verbunden sind. Eine ebensolche Verbindung einer Schallquelle mit einem Ansatzrohr, das der mannigfaltigsten Umgestaltung (d. h. der vielfältigsten Modification eines hindurchgeleiteten Schalles) fähig ist und innerhalb dessen zugleich wieder Geräusche verschiedenster Art erzeugt werden können, bietet das menschliche Sprachorgan dar, dessen Einrichtung und wesentlichste Functionen die folgenden Capitel besprechen werden.

Cap. 3. Das menschliche Sprachorgan.

26. Das menschliche Sprachorgan besteht aus drei wesentlich verschiedenen Theilen mit wesentlich verschiedener Function: dem Respirationsapparat, dem Kehlkopf und dem dem letzteren vorgelagerten Ansatzrohr.

27. Die Aufgabe des Respirationsapparats ist die Herstellung des zur Erzeugung von Sprachlauten nothwendigen, aber noch nicht selbst schallbildenden Luftstroms. Kehlkopf und Ansatzrohr dienen entweder gleichzeitig oder unabhängig von einander zur Bearbeitung dieses Luftstroms; und zwar erregt der Kehlkopf denselben in der Regel zum Tönen, nur in selteneren Fällen (namentlich bei der Bildung des h und des Kehlexplosivs, vgl. Cap. 17, sodann aber regelmässig beim Flüstern) zur Hervorbringung von blossen Geräuschen; das Ansatzrohr aber wird entweder zur Modification der im Kehlkopf erzeugten Klänge oder Geräusche, oder aber zur Hervorbringung selbständiger, von der Thätigkeit des Kehlkopfs unabhängiger Geräusche verwandt. Es ist von grosser Wichtigkeit, von vorn herein sich dieses Functionsunterschiedes deutlich bewusst zu werden.

28. Zur Veranschaulichung des Gesagten achte man auf die verschiedene Thätigkeit der einzelnen Organe, während man die Sprachlaute, die man von Jugend auf zwanglos zu bilden gelernt hat, in systematischer Anordnung nach einander ausspricht. Man kann hierbei dem ungeübten Ohre durch das Gefühl zu Hülfe kommen, indem man einen Finger auf den Kehlkopf legt (Kempelen 232). Jedesmal wenn die Stimmbänder tönen, geräth der Kehlkopf in deutlich fühlbare zitternde Schwingungen. Diese wird man z. B. bei allen Vocalen und den Nasalen leicht wahrnehmen (bei diesen Lauten dient das Ansatzrohr nur zur Modification). Dagegen ist es alsbald einleuchtend, dass z. B. bei k, t, p; ch, s, f innerhalb des Ansatzrohrs selbst ein Geräusch gebildet wird. Der Kehlkopf bleibt während der Bildung dieser Laute ganz ruhig. Er geräth aber sofort wieder in das charakteristische Zittern, wenn man die sogenannten tönenden Mediae *g*, *d*, *b* oder sog. weiches *s* (franz. engl. *z*) oder franz. engl. *v* ausspricht. Für die Selbstbeobachtung ist vielleicht das beste Verfahren, sich beide Ohren fest zuzuhalten oder zu verstopfen. Auch der leiseste Klang des Kehlkopfs gibt sich dann als ein ganz charakteristisches lautes Schmettern im Ohre zu erkennen, während die Geräusche der Mundhöhle keine wesentliche Aenderung erfahren. Für die Beobachtung anderer empfiehlt sich die Anwendung eines Kautschukschlauchs, dessen eines Ende in den Gehörgang eingepasst wird, während man das andere, zur Auffangung der Schallwellen mit einem kleinen Glastrichter versehen, vor den Mund (bei Nasalen vor die Nasenöffnung) führt. Man kann dann sehr leicht und deutlich unterscheiden, ob ein beliebiger Laut bloss aus Klängen oder aus Geräuschen oder aus beiden zugleich besteht. Zur Controle der Kehlkopfthätigkeit kann man auch den Trichter, wie beim Auscultiren, luftdicht auf den Kehlkopf aufsetzen (vgl. Brücke, Wiener Sitz.-Ber., mathem.-naturw. Cl. XXVIII, 69 f.).

29. Auch das Ansatzrohr kann zur Erzeugung von Klängen benutzt werden; dies geschieht z. B. beim Pfeifen. Diese Klänge kommen aber in der Sprache nicht zur Verwendung. Für diese ist also die Beschränkung der Thätigkeit des Ansatzrohrs auf die Bildung von eigenen Geräuschen und die Modification der Kehlkopfklänge und -geräusche streng festzuhalten.

30. Was den Bau der einzelnen Theile des Sprachorgans betrifft, so ist ein näheres Eingehen auf den des **Respirationsapparats** für die Zwecke der Sprachwissenschaft nicht erforderlich (über seine Function wird **60** ff. das Wesentlichste beibringen). Unerlässlich ist dagegen das Studium des Kehlkopfs und insbesondere des Ansatzrohrs. Volle Klarheit kann hier freilich nur die Autopsie bringen, und zumal beim Kehlkopf ist die Betrachtung eines anatomischen Präparats oder guten Modells fast unerlässlich. Eine in's Einzelne gehende Beschreibung ohne diese Autopsie oder zahlreiche Abbildungen würde dagegen eher verwirrend als aufklärend wirken. Es sollen daher hier nur die hauptsächlichsten Punkte angegeben werden, die für das Verständniss der Lautbildung in Betracht kommen. Wir beginnen mit dem Kehlkopf.

31. Der Kehlkopf (*larynx*) besteht der Hauptsache nach aus folgenden beweglichen Theilen. Auf der Luftröhre (*trachea*), welche den Zutritt der Luft zu den Lungen vermittelt, ruht als ihr oberstes abschliessendes Glied und als Träger des ganzen Kehlkopfs der Ringknorpel (*cartilago cricoidea*). Er hat ungefähr die Gestalt eines Siegelrings, dessen breite, plattenförmige Fläche nach hinten gekehrt ist. Ueber ihm ruht der Schildknorpel (*cartilago thyreoidea*, der Adamsapfel nach unserer vulgären Bezeichnung). Dieser besteht aus zwei etwa viereckigen Platten, die nach vorne unter einem Winkel an einander gelehnt sind und so eine auch von aussen leicht fühlbare Kante bilden. Nach hinten zu klaffen diese beiden Flügel soweit auseinander, dass sie die Platte des Ringknorpels zwischen sich aufnehmen können. Die hinteren Kanten der Flügel laufen nach oben zu je in einen hornförmigen Fortsatz aus. Vermittelst dieser Hörner hängt der Schildknorpel zusammen mit dem Zungenbein (*os hyoideum*), einem Knochen von der Gestalt eines Hufeisens, dessen Oeffnung wie die des Schildknorpels nach hinten zu liegt. Das Zungenbein gehört bereits nicht mehr zum Kehlkopf, doch bildet es für diesen wie der Ringknorpel eine Hauptstütze.

32. Ueber die Lage der drei besprochenen festen Theile kann man sich leicht durch Betasten des Kehlkopfs unterrichten. Geht man auf der vorderen Kante des Schildknorpels (des Adamsapfels also) mit der Fingerspitze aufwärts, so gelangt man über eine nachgiebige Stelle hinweg auf den nach vorn zu liegenden Bogen des Zungenbeins, dessen beide Arme sich dann ziemlich weit nach rechts und links verfolgen lassen. Geht man umgekehrt auf dem Grat des Schildknorpels abwärts, so stösst man auf den vordern schmalen Rand des Ringknorpels, der sich durch seine grössere Widerstandsfähigkeit gegen den Druck leicht von den Knorpelringen der Luftröhre unterscheiden lässt, die sich nach unten an ihn anschliessen.

33. Der durch Ring- und Schildknorpel umschlossene Hohlraum ist durch Muskeln und Schleimhäute derartig ausgekleidet, dass man das Ganze als eine Röhre betrachten kann, aus deren Hinterwand ein Stück herausgeschnitten ist. Auf der Basis dieses Ausschnitts, also auf dem obern Rande der Platte des Ringknorpels, sind zwei kleine Knorpel von dreieckiger Grundfläche verschiebbar und drehbar befestigt, die **Stellknorpel** (auch **Giessbeckenknorpel** oder **Giesskannenknorpel**, *cartilagines arytaenoideae*). Von den drei Ecken ihrer Grundfläche springt je eine in den Hohlraum der Röhre vor; sie wird bezeichnet als der **Stimmfortsatz** (*processus vocalis*). Die beiden andern sind für uns gleichgültiger. Von den beiden Stimmfortsätzen aus ziehen sich von hinten nach vorn quer durch die Röhre hindurch zwei mit Schleimhaut überkleidete Muskelbündel, die **Stimmbänder** (*chordae vocales*). Nach vorn zu sind dieselben unmittelbar neben einander in der Höhlung des Schildknorpels angeheftet, nach rechts und links laufen sie in die Seitenwände der Röhre aus. Diese wird also durch die von beiden Seiten aus vorspringenden Stimmbänder bis auf einen in der Richtung von hinten nach vorn verlaufenden Spalt von wechselnder Breite verengt, die **Stimmritze** (*glottis*, auch *glottis vera* im Unterschied von der nachher zu nennenden *glottis spuria*). Die Glottis zerfällt wieder in zwei Abschnitte, die Bänderglottis oder die eigentliche Stimmritze, d. h. das Stück zwischen der vordern Insertion im Schildknorpel und den *processus vocales*, und die Knorpelglottis oder Athemritze, d. h. den Raum zwischen den einander zugekehrten Innenflächen der Stellknorpel. Durch Drehung und Verschiebung der Stellknorpel kann die Gestalt der Stimmritze dergestalt variirt werden, dass entweder beide Theile geöffnet oder beide geschlossen oder nur die Bänderglottis geschlossen ist. Ausserdem können die Stimmbänder durch besondere Muskeln verlängert oder verkürzt und in verschiedenen Graden gespannt werden.

34. Die Stimmritze bildet die erste Einengung, die sich dem aus den Lungen ausgetriebenen Luftstrom entgegenstellt. Unmittelbar über derselben erweitert sich der Kehlkopf rechts und links wieder zu zwei häutigen Taschen (*ventriculi Morgagni*), deren obere Begrenzung abermals durch zwei in den innern Raum vorspringende Bänder von mehr wulstiger Gestalt gegeben wird, die Taschenbänder oder falschen Stimmbänder. Sie unterscheiden sich von den Stimmbändern besonders dadurch, dass sie keinen eigenen Muskel enthalten und dass sie weiter von einander abliegen, also auch nicht zur Schallerzeugung verwandt werden. Den spaltförmigen Zwischenraum zwischen ihnen findet man bisweilen mit dem Namen der falschen Stimmritze (*glottis spuria*) bezeichnet. Auch er ist wie die Stimmritze, nur nicht in demselben Grade, der Verengerung und Erweiterung, ja selbst des theilweisen Verschlusses fähig.

35. Endlich gehört zum Kehlkopf noch der Kehldeckel (*epiglottis*), ein platter Knorpel von birnförmiger Gestalt. Mit seiner schmalen Spitze ist derselbe unmittelbar über der vorderen Insertion der Stimmbänder am Schildknorpel angeheftet, der obere, breite Theil ragt dagegen wie eine Klappe über die obere Oeffnung des Kehlkopfs hinaus. Durch einen besondern Muskelapparat kann diese Klappe mehr oder weniger geneigt oder auch vollständig auf die Oeffnung des Kehlkopfs niedergedrückt werden.

36. Die oberen Theile des Kehlkopfs, von den Stimmbändern an gerechnet, kann man auch am lebenden Individuum vermittelst des Kehlkopfspiegels untersuchen. Derselbe besteht aus einem kleinen runden oder eckigen Spiegelchen, das an einem Stiele unter einem Winkel von etwa 45° in den über dem Kehlkopf liegenden Theil des Mundraums eingeführt wird. Zur Selbstbeobachtung genügt ausser einem solchen

Spiegelchen noch ein kleiner Handspiegel, der das Bild des Kehlkopfs nach dem Auge des Beobachters reflectirt, und eine hellbrennende Lampe, deren Cylinder rings mit einem Schirm umgeben ist, der nur durch eine dem Munde zugewandte Oeffnung die Strahlen der Lampe durchdringen lässt. Ausführlichere Angaben über die Handhabung des Instruments s. u. A. bei Czermak, Der Kehlkopfspiegel, 2. Aufl., Leipzig 1863 (z. Th. wiederholt aus den Wiener Sitz.-Ber., math.-naturw. Cl. XXIX (1858), 557—584).

37. Unter dem Namen **Ansatzrohr** fassen wir alle die dem Sprachorgan zugehörigen und oberhalb der Stimmritze liegenden Hohlräume zusammen. Von diesen gehört der kleinste, der **Kehlraum**, noch dem Kehlkopf selbst an; es ist das nach oben durch den Kehldeckel, nach unten durch die Stimmbänder begrenzte Stück desselben. Ueber ihm befindet sich der **Rachenraum**, welcher seinerseits nach vorn und oben in die beiden wichtigsten Theile des Ansatzrohrs, den **Mundraum oder die Mundhöhle** und die **Nasenräume** oder die **Nasenhöhlen** übergeht. Seine Abgrenzung gegen den ersteren ergibt sich ungefähr durch die Stellung des weichen Gaumens (s. unten **48**) bei der Aussprache des velaren n (s. **322** und **163**), die gegen die Nasenhöhlen durch die Stellung des Gaumens bei der Aussprache der nicht nasalirten Vocale.

38. Kehlraum und Rachenraum (die man auch wohl unter dem Namen **Kehlraum** oder **Schlundkopf** zusammenfasst) werden bei der Bildung aller Sprachlaute von dem schallerzeugenden Luftstrom passirt. Ihre Gestaltveränderungen sind nicht allzu erheblicher Art, und können hier um so eher übergangen werden, als sie bei weitem nicht in dem Grade wie die übrigen Theile des Ansatzrohrs die Sprachlautbildung beeinflussen. Mund- und Nasenraum können dagegen einerseits beim Sprechen je nach Willkür entweder einzeln oder gemeinschaftlich in Anspruch genommen werden, andererseits verlangt die bedeutende Einwirkung, welche Combination oder Nichtcombination dieser Theile, sowie die Gestaltveränderungen des Mundraums auf die Sprachlautbildung ausüben, hier ein etwas detaillirteres Eingehen.

39. Die **Mundhöhle** ist der complicirteste Theil des ganzen Ansatzrohrs; sie ist aber zugleich auch am leichtesten zu studiren, da alle ihre Theile mit blossem Auge, bei Selbstbeobachtung mit Hülfe eines gewöhnlichen Spiegels, zu überschauen sind.

40. Im Allgemeinen ist zunächst daran zu erinnern, dass der Mundraum zwischen dem unbeweglichen **Oberkiefer** und dem beweglichen **Unterkiefer** eingeschlossen liegt. Den

Winkel, welchen der Unterkiefer mit dem Oberkiefer macht, pflegt man als Kieferwinkel zu bezeichnen. Sind die beiden Zahnreihen fest auf einander gepresst, so ist der Kieferwinkel gleich Null; er wächst, je mehr der Unterkiefer gesenkt wird und nimmt ab bei jeder Hebung desselben. Der Grösse des Kieferwinkels entsprechen daher die Veränderungen des Rauminhalts wie der Form der Mundhöhle, welche durch einfache Senkung oder Hebung des Unterkiefers bedingt werden. Die Mannigfaltigkeit dieser Veränderungen wird sodann noch vermehrt durch die Bewegungen der an Ober- und Unterkiefer angehefteten selbständig beweglichen Weichtheile, nämlich des weichen Gaumens, der Zunge und der Lippen.

41. Für die Praxis ergibt sich hieraus die Regel, im Einzelfalle jedesmal festzustellen, welchen Antheil an einer Raumveränderung der Mundhöhle der Kieferwinkel und die Stellung der beweglichen Weichtheile hat. Im Allgemeinen ist jedoch zu bemerken, dass dem Kieferwinkel als solchem eine besondere Wichtigkeit nicht zukommt. Die erforderliche Mundstellung wird in der Regel durch einen Ausgleich zwischen den beiden genannten Factoren hergestellt, und zwar so, dass bei geringeren Umstellungen meist nur die Weichtheile thätig sind und nur bei grösseren Veränderungen der Stellung auch der Unterkiefer je nach Bequemlichkeit oder Gewohnheit mehr oder weniger mit bewegt wird.

42. Ueber Form und Bewegung der Lippen, mit deren Beschreibung wir aus Rücksichten der Anschaulichkeit beginnen, lehrt die einfache Anschauung alles Nöthige. Man unterscheide zunächst zwischen passiven und activen Bewegungen der Lippen. Passiv sind diejenigen Bewegungen, welche allein durch die Hebung oder Senkung des Unterkiefers bedingt sind. Die Oeffnung der Lippen, welche diesergestalt durch Senkung des Unterkiefers hervorgebracht wird, und deren Grösse, wie sich aus dem oben Gesagten ergibt, der Grösse des Kieferwinkels proportional ist, kann man als indifferente oder neutrale Lippenöffnung bezeichnen. Solche Lippenöffnung haben beispielsweise Vocale wie *a*, *ä*, *e*. An activen Lippenbewegungen sind drei zu unterscheiden, nämlich

a) die spaltförmige Ausdehnung der Lippenspalte durch Auseinanderziehen der Mundwinkel, wie eventuell beim hellen *i* (oder z. B. beim Lächeln oder Lachen).

b) die Rundung, d. h. eine (active) Verkürzung des Längendurchmessers der Mundspalte, die zu einer mehr oder weniger ringförmigen oder ovalen Verengung der Mundöffnung führt, wie etwa bei *u*, *o*, *ö*, *ü*; endlich

c) die **Vorstülpung**, die man ebenfalls bei der Bildung der *u, o, ö, ü* oder gewisser Arten von *sch* beobachten kann.

43. Die Rundung selbst geschieht entweder dadurch, dass man die seitlichen Theile der Lippen auf einander presst und demnach nur in der Mitte eine Oeffnung lässt (**verticale Rundung**), oder dadurch, dass man die beiden Mundwinkel einzieht (**horizontale Rundung**). Beide Arten können sich auch mit einander verbinden, die verticale Rundung auch mit spaltförmiger Ausdehnung der Lippen.

44. Die Vorstülpung ist immer mit einer gewissen Rundung verbunden. Auch bei ihr sind verschiedene Formen zu unterscheiden, je nachdem der vorgestülpte Lippensaum eine mehr kreisförmige oder mehr viereckige Oeffnung bildet. Erstere ist den Vocalen wie *u, o, ö, ü* eigen, letztere findet sich namentlich öfter bei *sch*-Lauten vertreten.

45. Im Uebrigen versäume man nicht, sein Augenmerk auch auf die verschiedenen Stärkegrade zu richten, in denen die Lippen sich bei der Sprachlautbildung betheiligen. So pflegt z. B. beim *u* die Rundung stärker zu sein als beim geschlossenen *o*, und bei diesem stärker als beim offenen *o*; ähnlich bei der Reihe *ü, ö*, so zwar, dass die Rundung des *ü* die des *u* oft noch übertrifft, während die des geschlossenen *ö* etwa der des *u* gleichkommt, u. dgl. mehr.

46. Bei der Beobachtung der Bildung der einzelnen Sprachlaute pflegt sich unwillkürlich die Aufmerksamkeit auf die Thätigkeit der Zunge und des Kehlkopfs zu concentriren, und man geräth dabei leicht in Gefahr, die der Lippen zu übersehen. Vor diesem Fehler ist aber eindringlichst zu warnen, da auch die Lippenthätigkeit insbesondere bei der Vocalbildung eine sehr bedeutende Rolle spielt. So beruht, um nur eins gleich hier anzuführen, der eigenthümliche Klangcharakter des englischen Vocalismus wesentlich mit auf der geringen Theilnahme der Lippen an der Sprachlautbildung (wie es denn in England eine ausgesprochene Anstandsregel ist, die Lippen beim Sprechen möglichst wenig zu bewegen). Für manche deutsche Mundart ist die starke Vorstülpung der Lippen bei der Rundung charakteristisch, so dass ein Deutscher leicht zu der Meinung geführt werden kann, als seien Rundung und Vorstülpung im Wesentlichen eine einheitliche Handlung. Aber das Schwedische zeigt z. B. sehr starke Verengungsgrade bei dichter Anpressung der Lippen an die Zähne, es erscheint also dort die Zusammenziehung der Lippenspalte durchaus unabhängig von der Vorstülpung. Auch dem Englischen geht die Vorstülpung fast ganz ab, ohne dass dieser Sprache deshalb die Rundung fehlte.

47. Hinter den Lippen bilden die Zähne eine abermalige Verengung des Ansatzrohrs, welche unter Umständen für die der Lippen vicarirend eintreten kann.

48. Verfolgt man nun, von der Innenseite der Oberzähne beginnend, mit der Fingerspitze die obere Wandung der Mundhöhle, so gelangt man zuerst an eine kleine nach innen zu convexe Wölbung, die **Alveolen der Oberzähne**. An diese schliesst sich der nach innen concav gewölbte **harte Gaumen**, der etwa soweit rückwärts reicht wie die beiden Zahnreihen. Ist man mit dem Finger bis zu dieser Grenze fortgeschritten, so fühlt man, wie an die Stelle des bis dahin harten Gaumendachs plötzlich eine weiche, dem Drucke nachgebende Platte tritt. Dies ist der **weiche Gaumen** oder das **Gaumensegel** (*velum palati*). Man kann dieses in seiner ganzen Ausdehnung am bequemsten übersehen, wenn man ein recht breites *ä* ausspricht und wo möglich die Zungenspitze aus dem Munde hervorstreckt. Hierbei sieht man, wie das Gaumensegel nach hinten zu durch einen bogenförmigen Muskel, den **hintern Gaumenbogen** (Schlundgaumenbogen, *arcus pharyngopalatinus*) begrenzt wird, dessen untere Enden nach dem Pharynx zu verlaufen. Durch die von diesem Bogen freigelassene Oeffnung hindurch erblickt man die hintere Rachenwand. Ungefähr in seiner Mitte ist das Gaumensegel von einem zweiten, nur stärker gewölbten Bogenmuskel durchzogen, dem **vordern Gaumenbogen** (Zungengaumenbogen, *arcus glossopalatinus*), dessen beide senkrechten Pfeiler seitwärts in die Zunge verlaufen. Zwischen den beiden Gaumenbögen liegen seitlich die **Mandeln** (*tonsillae*), und von der höchsten Wölbung des vordern Gaumenbogens herab zieht sich nach dem hintern Gaumenbogen hin und über diesen noch etwas hinausragend das **Zäpfchen** (*uvula*).

49. Die Bewegungen des Gaumensegels sind einfach. Es kann entweder nach vorn gezogen werden, bis zum Zungenrücken hin (dies geschieht z. B. bei der Aussprache des velaren *n*, s. unten **322**), oder nach rückwärts an die hintere Rachenwand gepresst werden (z. B. bei der Aussprache der Vocale), wobei es zugleich mehr oder weniger gehoben wird. Im ersteren Falle sperrt es, wie schon oben bemerkt, den Rachenraum vom Mundraum, im letzteren vom Nasenraum ab. Beim ruhigen Athmen und bei der Aussprache von nasalirten Lauten hängt es freischwebend zwischen Zungenrücken und Rachenwand, so dass Mund- und Nasenraum ein Continuum, oder doch mindestens zwei communicirende Hohlräume darstellen.

50. Auf der untern Seite des Mundraums begegnen wir von den Lippen nach innen fortschreitend zunächst wieder einer

Zahnreihe, sodann der Zunge, welche nach vorn zu in eine freiliegende, weniger massige Spitze ausläuft. An ihren rückwärtsliegenden, absteigenden Theil schliesst sich der Kehldeckel (s. 35) an, den man leicht fühlen kann, wenn man eine Fingerspitze auf dem Rücken der Zunge abwärts führt.

Die verschiedenen Bewegungen der Zunge werden, da sie fast sämmtlich zur Unterscheidung von Einzellauten dienen, erst später im Einzelnen besprochen werden.

51. Um zum Verständniss der complicirten Bewegungen der Zunge zu gelangen, ist es sehr rathsam, sich einige Kenntniss von ihrer Musculatur zu verschaffen. Hierbei kommen zunächst die beiden Wurzeln der Zunge in Betracht. Die vordere Zungenwurzel (*musculus genioglossus*) setzt an der innern Seite des Unterkiefers an und zieht die Zunge durch ihre Contraction nach vorn; die hintere Zungenwurzel (*musculus hyoglossus*) ist am Zungenbein (s. 31) angeheftet und zieht die Zunge nach hinten und unten. Ausserdem besitzt die Zunge noch einen obern Längsmuskel, der die Zungenspitze nach oben gegen den harten Gaumen hebt, und einen untern Muskel, der sie gegen die untern Schneidezähne senkt; ferner quere und senkrechte Muskelfasern, welche die Zunge ganz oder stellenweise verschmälern, verlängern, hügelförmig aufheben oder umgekehrt verbreitern, verkürzen und aushöhlen können. Endlich besteht noch ein vielfach zusammengesetztes Muskelsystem, welches die Zunge in ihrem vorderen, mittleren oder hinteren Theile hebt oder senkt.

52. Ueber dem Mundraum liegt seiner ganzen Länge nach der, abgesehen von dem beweglichen Gaumensegel, rings von festen Wänden umschlossene, also wesentlich unveränderliche Nasenraum. Vom Mundraum scheiden ihn der harte und der weiche Gaumen (das Gaumensegel), welcher letztere je nach seiner Stellung die Communication zwischen beiden verhindert oder gestattet. Charakteristisch ist für den Nasenraum, dass er in zwei Mündungen, die Nasenlöcher, endigt und dass diese nicht wie die Mundöffnung verschlossen werden können.

53. Das gesammte Ansatzrohr besteht hiernach im Wesentlichen aus drei Theilen, deren Communicationen unter einander durch zwei klappenartige Verschlüsse regulirt werden können: dem Kehlraum nebst dem zugehörigen Kehldeckel, und Mund- und Nasenraum, denen als gemeinschaftliche Klappe der weiche Gaumen dient; den Verkehr mit der äussern Luft reguliren die Lippen.

54. Von allen in diesem Capitel besprochenen Theilen des Sprachorgans verlangen die sichtbaren das genaueste Studium. Eine vollständige und sichere Kenntniss der Theile des Mundraums und ihrer Bewegungen ist ganz unerlässlich. Man beginne also mit dem Studium des Mundraums. Sodann versuche man mittelst des Kehlkopfspiegels einen Einblick in den Kehlkopf zu gewinnen, und endlich orientire man sich über den innern Bau des ganzen Organs womöglich durch das Studium anatomischer Präparate, sei es vom menschlichen, sei es vom thierischen Körper. — Von ausführlicheren Beschreibungen, wie sie sich fast in jedem anatomischen oder physiologischen Handbuch finden, nenne ich hier nur als für die Zwecke des Sprachstudiums besonders empfehlenswerth (auch wegen der Abbildungen) die von Merkel, Laletik S. 5—36, auf welche auch die hier gegebene Darstellung vielfach zurückgeht, und den Atlas von Techmer; weitere Literatur s. bei Grützner 38 ff.

Cap. 4. Die Functionen der Sprachorgane im Allgemeinen.
(Ruhelage. Articulation. Respiration. Die Stimmregister. Schallbildende und schallmodificirende Articulationen.)

1. Die Ruhelage des Sprachorgans.

55. Während des ruhigen Ein- und Ausathmens ist die Respiration einer willkürlichen Einwirkung von Seiten des Individuums in der Regel nicht unterworfen. Das Ansatzrohr und der Kehlkopf befinden sich dabei in einer Stellung, welche der Athmungsluft gestattet, ungehemmt und geräuschlos hindurchzuströmen. Die Stimmritze ist zu diesem Zwecke in ihren beiden Theilen weit geöffnet. Das Gaumensegel hängt schlaff herab, so dass der Athmungsstrom sowohl in die Mundhöhle wie in den Nasenraum eintreten kann. Die Zunge liegt schlaff in der Mundhöhle, welche sie zum Theil ausfüllt. Die Kiefer sind mässig von einander entfernt, die Lippen normalerweise geschlossen. Wir nennen diese Lagerung der Organe die Indifferenz- oder Ruhelage.

56. Genauere Angaben, namentlich über die Stellung der Zunge, lassen sich nicht machen, weil hier zu viele individuelle Abweichungen in Frage kommen. Diese zu bestimmen ist die Sache des einzelnen Beobachters.

57. Die Ruhelage des Sprachorgans ist die natürliche Basis für die einzelnen Articulationsbewegungen, welche zur Bildung von Sprachlauten führen (vgl. 58). Es ist daher wichtig, dass der Beobachter sich von vorn herein der Lagerung der einzelnen Theile seines Sprachorgans, namentlich des Ansatzrohrs, klar bewusst werde und sein Muskel- und Tastgefühl bezüglich dieser Theile dergestalt übe, dass er jede Bewegung alsbald bemerkt und nach ihrer Richtung, Stärke u. s. w. abschätzen lernt.

2. Der Begriff der Articulation.

58. Eine Erzeugung von Sprachlauten findet nicht statt, so lange Kehlkopf und Ansatzrohr in der Ruhelage verharren und die ruhige Athmung ihren Fortgang behält. Auch durch blosse Steigerung des Drucks beim gewöhnlichen Athmen bringt man, auch bei geöffnetem Munde, nicht eigentliche Sprachlaute hervor (auch nicht das *h*, s. **391** f.), sondern nur gewisse Geräusche, wie Schnaufen, Keuchen, Schnarchen, je nachdem Mund und Nase oder bloss die letztere geöffnet ist. Zur Bildung sog. articulirter Sprachlaute ist erforderlich, dass der durch das Sprachorgan geführte Luftstrom in bestimmter Weise willkürlich geregelt und ihm auf seinem Wege durch Kehlkopf und Ansatzrohr irgendwo ein Hemmniss entgegengestellt wird, das zur Erzeugung eines Schalles führt. Es gehören demnach zum Begriffe der Articulation streng genommen nicht nur die Bewegungen, durch welche Kehlkopf oder Ansatzrohr zur Bearbeitung dieses Luftstroms aus ihrer Ruhelage herausbewegt werden, sondern auch jene willkürliche Regelung des Luftstroms selbst. Doch ist es vielfach üblich gewesen, das Wort 'Articulation' in dem engeren Sinne etwa von 'specifischer Einstellung' zu gebrauchen, also nur von Articulationen des Kehlkopfs und des Ansatzrohrs zu sprechen. In diesem engeren Sinne soll denn der Ausdruck auch im Folgenden allein gebraucht werden.

59. Für die Ausdehnung des Begriffes der Articulation auch auf die vom normalen Athmungsrhythmus abweichende, zum Zweck der Sprachbildung willkürlich geregelte Respiration plaidirt namentlich Techmer (s. besonders Zeitschr. f. allg. Sprachwissenschaft I, 106 ff.).

3. Die Respirationsverhältnisse.

60. Beim Athmen wird die Luft unter wesentlich gleichen Druckverhältnissen und in gleichen Zeiträumen langsam und gleichmässig eingezogen und ausgetrieben. Beim Sprechen wird dagegen zunächst durch einen raschen Hub des Brustkastens ein grösserer Vorrath von Luft schnell in die Lungen eingeführt. Die Austreibung aber geschieht mehr in abgebrochenen einzelnen Stössen von verschiedener, aber geregelter Dauer und sehr verschiedenem, aber geregeltem Druck. Trotz dieser Discontinuität der einzelnen Luftstösse pflegt man aber auch hier zusammenfassend von einem Respirations- oder Athmungsstrom zu sprechen. Um aber diesen arbeitenden Strom von dem des gewöhnlichen Athmens zu unterscheiden, kann man ihn, anknüpfend an die erwähnte Druckregulirung etwa als Druckstrom bezeichnen, die einzelnen Stösse als Druckstösse. Von der jeweiligen Stärke des Druckstroms (dem Stromdruck) hängt dann wiederum primär die Stärke der einzelnen sprachlichen Gebilde ab, welche in den betreffenden Momenten hervorgebracht werden (Laute, Silben, Worte etc.). Dabei ist indessen nicht zu übersehen, dass die (primäre) Druckstärke, mit welcher die Luft aus den Lungen in das Sprachorgan eingetrieben wird, nicht immer allein massgebend ist für die Stärke des specifischen Klanges eines Lautes. Bei einem Laut wie f wirkt z. B. der Druckstrom mit voller Stärke auf die ihm an den Lippen und Zähnen entgegengestellten Hemmnisse ein, und das Reibungsgeräusch des f ist daher entsprechend kräftig. Anders bei v. Bei diesem Laute wirkt die Stimme mit. Durch den Widerstand, welchen der Druckstrom hier bereits im Kehlkopf findet, wird ihm ein Theil seiner Kraft geraubt, er arbeitet also an der Hemmungsstelle des Mundes nur noch mit verminderter Kraft (secundärer Druckstärke); daher ist das Reibungsgeräusch des v verhältnissmässig schwächer als das eines f, welches mit gleichem primären Druck von Seiten der Lungen aus gebildet wird (auch abgesehn davon, dass bei v die mittönende Stimme das Reibungsgeräusch noch zum Theil verdeckt). Man muss sich möglichst bald daran gewöhnen, diese secundäre Druckstärke von der primären streng zu unterscheiden. In der Regel wird es genügen, Lungendruck (= primäre Druckstärke) und Ansatzrohr- oder Munddruck (je nachdem = primärer oder secundärer Druckstärke) auseinander zu halten.

61. Directe Messungen der Druckstärke lassen sich nur in verhältnissmässig seltenen Fällen ausführen. Am leichtesten sind sie noch bei den Verschlusslauten (besonders den Labialen) und bei Reibelauten mit starker Engenbildung vorzunehmen. Der einfachste Demonstrationsapparat dazu ist eine U-förmig gebogene, zu etwa einem Drittel mit Wasser gefüllte Glasröhre, an deren einem Ende ein dünner Kautschukschlauch befestigt ist. Das andere Ende dieses Schlauches wird in den Mund eingeführt, bis hinter den Verschluss oder die schallbildende Enge. Man sieht übrigens leicht, dass bei diesem Verfahren nur der Munddruck gemessen werden kann, einerlei, ob er dem primären Stromdruck gleich oder bereits secundär durch Hemmung im Kehlkopf vermindert ist. Doch empfiehlt sich dieser Versuch gerade für Demonstrationszwecke, weil er die Wirkung der Kehlkopfhemmung auf die wirkende Kraft des Druckstroms (z. B. bei der Vergleichung von f und v) sehr gut veranschaulicht. Im Uebrigen muss für die Beobachtung im Allgemeinen noch die Entscheidung hauptsächlich massgebend sein, welche das Ohr nach den Stärkegraden der Schallempfindung gibt. Als Aushülfe dient dabei vielfach das verschiedene Muskelgefühl, das sich bei der Aussprache von Lauten verschiedener Druckstärke in den Articulationsorganen (z. B. bei b und p in den Lippen) kundgibt.

62. An und für sich ist die Zahl der Möglichkeiten verschiedener Druckstärke unbeschränkt: für die Sprache kommt es aber nicht so wesentlich auf ihr absolutes Mass, als auf das Verhältniss der innerhalb einer Sprache oder Sprachgruppe zur Unterscheidung gewisser sprachlicher Gebilde thatsächlich verwandten Druckgrade an. Hierdurch wird die Beobachtung sehr vereinfacht, da die Anzahl der verschiedenen Grade selten über zwei oder drei hinausgeht. Es kommt z. B. bei der Unterscheidung von *b* und *p*, *d* und *t*, *g* und *k* bezüglich ihrer Druckverhältnisse zunächst nur darauf an, dass hier überhaupt zwei Grade von Druckstärke einander gegenüber stehen. Die Einzelmasse des Drucks bei der Aussprache dieser Laute können vielfach wechseln und wechseln thatsächlich, je nachdem man dieselben z. B. in lauterer oder leiserer Rede oder im Flüstern verwendet, aber überall bleibt der Gegensatz zwischen den zwei Graden. Hat man also zunächst die Anzahl der überhaupt unterschiedenen Grade festgestellt, so folgt als zweite Aufgabe, den Abstand derselben von einander festzustellen (in Süd- und Mitteldeutschland liegen z. B. *b* und *p* u. s. w. einander vielfach näher als in Norddeutschland, u. dgl.). — Ebenso verhält es sich mit den Druckabstufungen der complicirteren sprachlichen Gebilde, wie der Silben, Sprechtakte u. s. w. Ueber diese ist Cap. 25 ff. zu vergleichen.

63. Im Vorhergehenden ist stillschweigend vorausgesetzt, dass die Sprachbildung nur während des Processes der **Austreibung** oder **Exspiration** vor sich gehe. In der That ist diese Art der Lautbildung durchaus die gewöhnlichere und nach dem Bau und der relativen Lage der Sprachorgane die natürlichere; denn nur so kommt der arbeitende Luftstrom (Druckstrom) der fortschreitenden Bewegung der Schallwellen zu Hülfe.

64. Spricht man die einzelnen Sprachlaute **inspirirend** statt exspirirend, so wird die klare und scharf abgegrenzte Färbung derselben verwischt, die Stimme wird rauher und dumpfer. Zu einer regelmässigen Verwendung ist denn auch die inspiratorische Lautbildung in den meisten Sprachen nicht gekommen.

65. Im Deutschen werden allenfalls in nachlässiger Rede Partikeln wie *ja, juch* mit Inspiration gesprochen, seltener auch *so* (gewöhnlich dann *ho* ausgesprochen), beide aber auch nur dann, wenn sie für sich allein in die Rede eines andern eingeworfen werden. Ueberhaupt hängt sehr vieles dabei lediglich von persönlicher Angewöhnung ab. Sonst kommt es wohl vor, dass dies oder jenes Wort während eines Gähnanfalles mit Inspiration hervorgebracht wird. Zuerst beobachtet wurde die inspiratorische Sprechweise von Kempelen S. 103 f. bei 'geschwätzigen Weibern und eifrigen Betern in katholischen Kirchen'. Aus der Schweiz berichtet Winteler S. 5 ihre gelegentliche Anwendung zur Unkenntlichmachung der Stimme.

66. Ohne eigentliche Respiration werden ausser den Schnalzlauten (**67**) nur noch die Tenues mit Kehlkopfverschluss (**365**) gebildet.

67. Von den inspiratorischen Lauten sind wiederum zu trennen die sog. **Schnalzlaute**, die man bisweilen irrig mit jenen zusammengeworfen hat. Sie sind in Wirklichkeit vielmehr (wie bereits Chladni S. 216 richtig erkannte) sog. Sauglaute, d. h. Schälle die durch Abreissen einer angesaugten Druckfläche von einer Gegenfläche gebildet werden. Meist kommen solche Schnalze (so z. B. im Deutschen) nur als isolirte Interjectionen oder Lock- und Treibrufe vor; anderwärts, z. B. im Hottentottischen, treten sie aber auch als eigentliche Sprachlaute auf. Sie erscheinen dann regelmässig in Begleitung von Lauten exspiratorischer Bildung. Auch dies trennt sie von den oben gegebenen Beispielen von inspiratorischer Bildung, die sich stets auf ganze Silben, Wörter oder Sätze erstreckten.

4. Die Thätigkeit des Kehlkopfs.

68. Der erste Theil des Sprachorgans, welcher sich dem arbeitenden Druckstrom articulirend entgegenstellen kann, ist der Kehlkopf. Die Articulation besteht hier in der stufenweisen Verengerung der Stimmritze bis zu völligem Verschluss. Je nachdem mit diesen verschiedenen Verengungsgraden der Stimmritze verschiedene Grade des Luftdrucks combinirt werden, entstehen im Kehlkopf Geräusche oder Klänge verschiedenster Art. Man bezeichnet die ersteren als Kehlkopfgeräusche, die letzteren mit einem zusammenfassenden Namen als Stimme (Chladni 187 f.), engl. voice. 'Stimme' ist demnach jeder durch periodische Schwingungen der Stimmbänder hervorgebrachte musikalische Klang, einerlei welcher Höhe, Stärke u. s. w., und ganz abgesehen von seiner Verwendung zur Erzeugung verschiedener Sprachlaute.

69. Für das einfache Wort 'Stimme' wird vielfach auch das zusammengesetzte 'Stimmton' gebraucht, ohne dass jedoch unter dem letzteren irgend etwas anderes zu verstehen wäre, als was man gemeinhin auch ausserhalb der phonetischen Terminologie unter 'Stimme' versteht.

70. Von den Producten des Kehlkopfs schliessen wir hier zunächst diejenigen aus, welche als mehr oder weniger selbständige Einzellaute auftreten (die sog. Laryngale, s. darüber **178** etc.) und beschränken uns vorläufig auf die Besprechung derjenigen, welche als Ingredienzien der Schälle ganzer Reihen von Sprachlauten erscheinen. Unter diesen steht wenigstens beim gewöhnlichen lauten Sprechen die Stimme an Wichtigkeit voraus. Wir behandeln sie daher zuerst.

71. Hierbei ist allerdings gleich darauf aufmerksam zu machen, dass eine directe Untersuchung der Eigenschaften der Stimme am lebenden Sprachorgan nicht möglich, wenigstens bis jetzt nicht erreicht ist. Denn die Stimme gelangt vermöge des eigenthümlichen Baues des Sprachorgans niemals unverändert, sondern bereits umgestaltet durch die Resonanzwirkungen des Ansatzrohrs, zum Ohre des Hörenden, sei es z. B. als Vocal oder als Liquida oder als Nasal u. s. w. Nun bleiben aber für jeden dieser Einzellaute die Resonanzverhältnisse des Ansatzrohrs sich wesentlich gleich, da sie von der Thätigkeit des Kehlkopfs unabhängig sind. Daraus folgt aber wieder, dass die verschiedenen Bildungsarten der Stimme sich in ähnlicher Weise auch bei jedem Einzellaut finden müssen, bei dessen Erzeugung die Stimme betheiligt ist, mit andern Worten, dass sich die Eigenschaften der Stimme ohne erheblichen Schaden auch an einem Einzellaut (z. B. jedem beliebigen Vocal) demonstriren lassen.

a. Die Stimme (Vollstimme).

72. Bei der gewöhnlichen lauten Stimme (**Vollstimme**) hat man im Allgemeinen zu unterscheiden die **Stärke** oder **Intensität**, die verschiedenen **Stimmregister**, die **Tonhöhen** im Einzelnen und die **Qualität** (**Stimmqualität**).

73. Die Stärke hängt wie bei jedem Klang von der Energie ab, mit welcher der tönende Körper zu Schwingungen erregt, d. h. hier von der Energie, mit welcher der arbeitende Druckstrom durch die Stimmritze getrieben wird: je stärker der Stromdruck, um so lauter die erzeugte Stimme bez. der erzeugte Vocal etc.

Es versteht sich übrigens leicht, dass gegenüber dem Wechsel des Stromdrucks der Kehlkopf sich nicht indifferent verhält. Vielmehr wächst, nach einem für alle Articulationen geltenden Gesetze, mit der Energie des Stromdrucks auch die der Hemmung, also hier die der Kehlkopfarticulation. Die articulirenden Kehlkopfmuskeln müssen gegenüber einem gesteigerten Stromdruck stärker angespannt werden, um die Stimmbänder in ihrer Articulationsstellung verharren und nicht gewaltsam auseinandertreiben zu lassen. Daher ermüdet auch bei lauterem Sprechen der Kehlkopf in demselben Masse wie die Brust schneller als bei leiserem.

74. In Bezug auf die sog. **Stimmregister** sind hauptsächlich zwei Arten von Stimme, die **Bruststimme** und die **Kopf-** oder **Falsetstimme**, zu unterscheiden. Physiologisch ist dieser Unterschied begründet durch die verschiedene Stellung und Action der Stimmbänder.

75. Bei der Bruststimme werden die Stimmbänder fest schliessend mit ihren Innenrändern an einander gelegt; der

Stimmbandmuskel zieht sich zusammen und gestaltet so den ganzen Stimmbandkörper zu einer festen, elastischen Masse. Durch den aus den Lungen kommenden Luftstrom wird der in dieser Weise gebildete Verschluss des Kehlkopfs derart unterbrochen, dass die Stimmbänder für einen Moment nach oben und damit zur Seite gedrängt werden, um im nächsten vermöge ihrer Elasticität wieder zusammen- und nach unten durchzuschlagen, worauf derselbe Vorgang von neuem beginnt. So entsteht eine Reihe discontinuirlicher Luftstösse, welche durch ihre rasche periodische Aufeinanderfolge im Ohre die Empfindung des Klanges hervorrufen.

76. Bei der Kopfstimme wird der Stimmbandmuskel nicht contrahirt; die Stimmritze ist in ihrem vorderen Theile nicht ganz geschlossen, sondern nur bis auf einen schmalen elliptischen Spalt verengt; die Stimmbänder schwingen (nach den stroboskopischen Untersuchungen von Carl Müller und Oertel, vgl. Grützner 97) zwar wie bei der Bruststimme in ihrer ganzen Breite, aber nicht als ganze Massen, sondern so, dass sich sagittale Knotenlinien darin bilden. Ferner findet Berührung der Innenränder beim jedesmaligen Durchgang durch die Articulationslage nicht statt, sondern der erwähnte Spalt wird nur in periodischer Folge erweitert und verengt. Die hierdurch entstehenden Luftpulsationen verhalten sich übrigens bezüglich ihrer Einwirkung auf das Ohr ebenso wie die der Bruststimme.

77. Genaueres über diese beiden, sowie die zum Theil noch daneben angenommenen anderen Register s. bei Grützner S. 87 ff.

78. Innerhalb beider Register liegt eine lange Reihe von Klängen verschiedener Tonhöhe. Diese hängt nach 17 von der Schnelligkeit der Stimmbänderschwingungen ab, und diese wird wieder bestimmt durch das Verhältniss des jeweiligen Stromdrucks zu der Länge und der Spannung der Stimmbänder.

79. Die Stimmqualität endlich beruht, abgesehen von Verschiedenheiten des feineren anatomischen Baues bei den einzelnen Individuen, hauptsächlich auf der verschiedenen Art der Einstellung der Stimmbänder. Bei der gewöhnlichen Sprechstimme wirken die Stimmbänder meist mehr oder weniger als aufschlagende Zungen, d. h. ihre Ränder schlagen beim Durchgang durch die Mittelstellung auf einander auf; bei der Singstimme sind sie präciser als durchschlagende Zungen eingestellt, d. h. ihre Ränder berühren sich eben nur beim Durchgang durch jene Stellung. Innerhalb beider Stimmarten, besonders aber in der Sprechstimme, gibt es wieder mannigfache Abstufungen der Qualität, je nachdem die Stimmbänder mehr oder weniger gegen einander gepresst, mehr oder weniger straff, mit grösserer oder geringerer Elasticität gespannt werden, u. dgl. Sie dienen insbesondere dem Ausdruck der verschiedenen Affecte (vgl. **678**). Ueber die **intermittirende** oder **Knarrstimme** s. **309**.

80. Die besondere Stimme, deren sich die Bauchredner bedienen, besteht theils in einer schwachen, gedämpften Fistelstimme, theils in einem Quetschton, der durch starkes Aufeinanderpressen der Stimmbänder gebildet wird. Im Uebrigen aber wird die Täuschung besonders durch den Contrast dieser 'Bauchstimme' und der natürlichen Stimme des Bauchredners hervorgebracht.

b. Die Flüsterstimme.

81. Beim Flüstern (engl. whisper) ist die Stimmritze wie bei der Kopfstimme nicht völlig verschlossen; zugleich ist aber der Stromdruck soweit herabgesetzt, dass der Druckstrom nicht mehr die Kraft hat, die Stimmbänder zum Tönen zu bringen, sondern nur durch seine Reibung an ihnen Geräusche, die bereits oben genannten Kehlkopfgeräusche zu erzeugen. Diese verhalten sich, soweit es ihr akustischer Charakter zulässt, der Stimme analog. Allerdings kommen dabei die Unterschiede bezüglich der Tonhöhe mehr in Wegfall, so dass man wesentlich nur verschiedene Grade der Stärke und der Rauhigkeit unterscheiden kann. Dieselben sind ihrerseits bedingt durch die Stärke des Drucks auf der einen, und die Energie und die Art der Engenbildung auf der andern Seite. Hinsichtlich dieser letzteren sind drei Hauptformen zu unterscheiden.

82. Die erste Form kann man die des **sanften Flüsterns** nennen. Hier ist bei ganz geringem Stromdruck die ganze Stimmritze spaltförmig verengt. Verstärkt man den Stromdruck, um damit zum **mittleren Flüstern** überzugehn, so wird gleichzeitig die Bänderglottis geschlossen, so dass nur die Knorpelglottis offen bleibt. Dies mag die gewöhnlichste Bildungsweise sein; nur ausnahmsweise begegnet man der dritten Form, der des **heiseren Flüsterns** (wheeze der Engländer). Bei dieser sind auch die Taschenbänder in ihrem vordern Theile geschlossen; der Kehldeckel wird gleichzeitig stark gesenkt, so dass nur eine kleine Oeffnung für die Luft bestehn bleibt. Diese Form verlangt übrigens sehr starken Druck und ermüdet den Kehlkopf wegen der energischen Contraction aller seiner Theile sehr schnell.

83. Im ausdrücklichen Gegensatz zu Helmholtz (Tonempfindungen S. 170), welcher nur die mittlere Form anzuerkennen scheint, verweise ich auf die wichtigen Ausführungen von Czermak, Wiener Sitz.-Ber., math.-naturw. Cl. XXIX (1858), 570 ff. (daraus wiederholt in seiner Schrift über den Kehlkopfspiegel S. 69 ff., beidemal mit vorzüglichen Abbildungen der verschiedenen Articulationsformen des Kehlkopfs) und besonders LII (1865), 623 ff., mit denen meine eigenen laryngoskopischen Beobachtungen vollkommen übereinstimmen.

c. Die Murmelstimme.

84. Eine Art Mittelstellung zwischen der Vollstimme und dem Flüstern nimmt die **Murmelstimme** (**Halbstimme**) ein, deren man sich beim Murmeln, d. h. halblauten Sprechen bedient und die auch in verschiedenen Variationen beim Stöhnen erzeugt wird. Beim lauten Sprechen tritt sie nicht selten an unbetonten Stellen der Rede ein, z. B. im Deutschen gewöhnlich bei der Bildung des sog. geschwächten *e* (Weiteres s. **279** ff.).

85. Von der Vollstimme unterscheidet sich die Murmelstimme insbesondere dadurch, dass die Stimmbänder infolge zu weiter Stellung und zu geringen Stromdrucks nur schwach und unvollkommen ansprechen, der Stimme also Flüster- und Hauchgeräusche beigemischt werden, welche die beim Murmeln entweichende Nebenluft hervorbringt. Sie kann vermuthlich durch beliebig schlaffe Articulation des Kehlkopfs erzeugt werden, vielleicht aber ist für sie typisch die zuerst von Czermak, Wiener Sitz.-Ber., math.-naturw. Cl. LII (1865), 630 beobachtete Bildungsweise, dass die Knorpelglottis geöffnet bleibt (vgl. auch Grützner S. 224).

86. Das Mischungsverhältniss von Stimme und Hauch- oder Flüstergeräusch kann sehr verschieden sein. Ueberwiegt das Stimmelement, so kann die Murmelstimme sich der Vollstimme sehr nähern, so zwar, dass eine ganz bestimmte Grenze vielleicht überhaupt nicht festzulegen ist, namentlich nicht zwischen sog. 'dumpfer' Sprechweise und dem eigentlichen Murmeln. In jedem Falle wird aber hier die Murmelstimme als das Beherrschende, also als eine Parallele zur Vollstimme empfunden.

87. Ueberwiegt andrerseits der Hauch, so kann das Stimmelement auch für die Empfindung dahinter zurücktreten: man wird dann nicht sowohl von 'gemurmelter' oder 'gehauchter' 'Stimme' als vielmehr von einem '**stimmhaften** (oder genauer **gemurmelten**) **Hauch**' reden. Solche stimmhafte

Hauche erscheinen z. B. bei der Bildung gewisser Aspiraten im Armenischen (**436. 442**), aber auch sonst neben echt stimmlosen 'ʰ' (**283**).

88. Wie weit speciell bei der Bildung stimmhafter 'Consonanten' auch beim lauten Sprechen die Murmelstimme statt der Vollstimme verwendet wird, ist noch nicht genügend erforscht.

5. Die Thätigkeit des Ansatzrohrs.

89. Im Vorhergehenden wurde gezeigt, dass die Hauptaufgabe der Kehlkopfarticulationen darin besteht, für die Bildung ganzer Reihen von Sprachlauten (Vocalen, Liquiden, 'stimmhaften' Medien und Spiranten, also Vertretern durchaus verschiedener Lautclassen) ein gemeinschaftliches Element, die Stimme (bez. Murmelstimme, Flüsterstimme u. s. w.) zu liefern; bei anderen Lautreihen bleibt hinwieder der Kehlkopf ganz passiv (vgl. **28**). Seltener liefert der Kehlkopf eigene Einzellaute (die sog. Laryngale, **178**). In allen diesen Beziehungen verhält sich das Ansatzrohr abweichend: es ist niemals ganz passiv (d. h. ohne merkbaren Einfluss auf den Charakter des einzelnen Sprachlauts) und seine Articulationen ergeben stets nur Producte von wesentlich einheitlicherem Charakter, innerhalb deren nur noch etwa graduelle Unterschiede auftreten, die von der wechselnden Stärke des Stromdrucks abhängen, oder qualitative, die sich je nach der Betheiligung oder Nichtbetheiligung des Kehlkopfs an der Articulation ergeben.

90. Hat man z. B. dem Ansatzrohr die zur Bildung eines *a* nothwendige Articulationsform gegeben, so wird man unveränderlich immer nur wieder ein *a* hervorbringen, so lange man die gegebene Stellung festhält, mag man nun lauter oder leiser oder flüsternd, höher oder tiefer sprechen. Aehnliches kann man bei der Bildung eines *f, s, ch*, oder auch eines *b—p d—t, g—k* u. s. f. beobachten. — Uebrigens bedingen die graduellen Unterschiede meist auch zugleich kleine Aenderungen der Articulation, wie das stärkere Zusammenpressen der Lippen bei *p* als bei *b* etc. (vgl. **185**).

91. Die Möglichkeit, verschiedene, scharf von einander abgegrenzte Sprachlaute hervorzubringen, beruht also in erster Linie auf der Möglichkeit, dem Ansatzrohr verschiedene Articulationsformen zu geben. Diese werden demnach später bei der Besprechung der einzelnen Sprachlaute selbst die Aufmerksamkeit wesentlich in Anspruch nehmen: hier soll zunächst nur ein Fundamentalunterschied in der Form und der Wirkung der Articulationen überhaupt klargelegt und festgestellt werden.

92. Wenn man die Bildung z. B. eines *p*, *t*, *k* oder eines *f*, *s*, *ch* beobachtet, so findet man leicht, dass dabei der Kehlkopf keinen Antheil als Schallerzeuger hat (**28**). Vielmehr erfährt ein stimmloser Druckstrom irgendwo im Ansatzrohr, z. B. bei *p* und *f* an den Lippen (bez. Zähnen) eine Hemmung, welche zur Erzeugung eines Geräusches an dieser Stelle Veranlassung gibt. Wird die Hemmung aufgehoben, so erlischt das Geräusch, auch wenn die Exspiration noch weiter fortdauert. Wird die Hemmung an einer andern Stelle des Ansatzrohrs hergestellt, so erscheint ein von dem ersten Geräusch verschiedenes. In jedem Falle lässt sich aber innerhalb des Ansatzrohrs eine Stelle bestimmen, an welcher das Geräusch seine Entstehung findet.

93. Ganz anders bei der Bildung z. B. eines Vocals, sagen wir *a*. Wir wissen, dass hier der Kehlkopf als Substrat des Lautes die Stimme liefert. Diese liegt aber auch dem *i*, *u* u. s. f. zu Grunde; man gelangt von *a* zu *i* oder zu jedem beliebigen andern Vocal durch blosse Gestaltveränderungen des Ansatzrohrs, während der Kehlkopf in der alten Articulationsstellung beharrt. Der Unterschied zwischen *a*, *i*, *u* beruht also eben so gut auf der Articulation des Ansatzrohrs, wie der von *f*, *s*, *ch*; aber nirgends kann man innerhalb des Ansatzrohrs eine Stelle fixiren, an welchem der dem *a* im Gegensatz zu *i* und *u* eigenthümliche Klang (als etwas von der Stimme Unabhängiges) gebildet würde. Vielmehr wirkt hier das Ansatzrohr als Ganzes nach dem Princip der Resonanz (s. **21** ff.) umgestaltend auf die im Kehlkopf erzeugte Stimme ein.

94. Im ersteren Falle bewirkt also die Articulation des Ansatzrohrs die Erzeugung eines selbständigen Schalles oder genauer gesagt Geräusches (*f*, *s*, *ch*), im zweiten Falle nur die Modificirung eines bereits anderwärts erzeugten Schalles, hier speciell eines Klanges. Wir nennen danach eine Articulation der ersteren Art eine schallbildende, eine der zweiten Art eine schallmodificirende.

95. Man sieht leicht, dass der Kehlkopf, sobald er überhaupt an der Articulation theilnimmt und nicht bloss rein passiv die Luft durch die weitgeöffnete Stimmritze durchströmen lässt, immer nur schallbildend wirkt, und dass auf diesen Schall das Ansatzrohr stets modificirend einwirken muss. Die Fähigkeit der Schallbildung ist aber nicht auf den Kehlkopf beschränkt, sondern auch dem Ansatzrohr eigen, wie wir oben bei *f*, *s*, *ch* gesehen haben. Die Producte dieser Schallbildung im Ansatzrohr verhalten sich denen des Kehlkopfs analog: auch sie gelangen nicht unverändert zum Ohr des Hörers, sondern auch sie werden stets durch einen Theil des Ansatzrohrs resonatorisch modificirt. Bei dem am Gaumen gebildeten *ch* wirkt z. B. der Theil der Mundhöhle, welcher vor der *ch*-Enge liegt, als Resonanzraum mit. Es sind also ohne Ausnahme bei jedem Sprachlaut beide Arten von Articulation vorhanden. Dass wir die Wirkung der schallmodificirenden Articulationen bei den 'Consonanten' nicht so wahrzunehmen pflegen wie bei den 'Vocalen', hat seinen Grund theils darin, dass wir überhaupt nicht gewohnt sind darauf zu achten, theils darin, dass sie in der That nicht so sehr ins Ohr fallen wie bei den Vocalen. Man kann sich aber leicht überzeugen, dass sie thatsächlich jederzeit vorhanden sind. Man spreche z. B. anhaltend ein *s* oder *ch* und verändere während dessen die Gestalt der Mundöffnung beliebig; jede Veränderung der Lippenstellung wird dann eine andere Färbung des *s* oder *ch* zur Folge haben. Denselben Versuch kann man beim *m* bezüglich der Unterkiefer- und Zungenstellung machen, u. s. w. mit den nöthigen Modificationen bei allen Consonanten. Ueberall bleiben hierbei die schallbildenden Articulationen ungeändert bestehn, nur ein an diese Articulationsstellen angrenzender Resonanzraum wird verschieden umgestaltet. Ob den Einwirkungen desselben ein musikalischer Klang, wie bei den 'Vocalen' und einigen 'Consonanten', oder ein Geräusch, wie bei den übrigen 'Consonanten', unterliegt, ist nur insofern nicht gleichgültig, als die akustisch einfacheren Klänge (also auch die Stimme) viel empfindlicher gegen resonatorische Einflüsse sind, als die Geräusche.

96. Aus diesem (und dem gleich nachher zu nennenden) Grunde erscheint uns nämlich der Unterschied zwischen *i* und *u* z. B. um so viel bedeutender als der ganz analoge zwischen einem *s* mit spaltförmiger oder gerundeter Mundöffnung (s. 469 ff.), dass wir nicht nur *i* und *u* als gesonderte Laute betrachten, sondern zwischen ihnen noch eine ganze Vocalscala einschieben, während wir die Verschiedenheit jener *s* gar nicht oder doch nur selten wahrnehmen.

97. Ausserdem ist noch zu beachten, dass ein Laut um so mannigfacher und deutlicher modificirt werden kann, je grösser und veränderungsfähiger das zur Resonanz dienende Stück des Ansatzrohrs vor der Articulationsstelle ist, d. h. je weiter rückwärts im Sprachorgan seine schallbildende Articulation stattfindet. In erster Linie stehen also hier die Vocale (deren Unterschiede überhaupt bloss auf schallmodificirender Articulation beruhen), dann folgen die Velare, Dentale und schliesslich die Labiale. Bei diesen ist zwar (wie oben beim *m* gezeigt wurde) das Ansatzrohr selbst sehr veränderungsfähig, aber der Resonanzraum liegt hier hinter der schallbildenden Articulationsstelle und wirkt in Folge dessen weniger stark auf den Klang des Lautes ein.

6. Zusammenfassung.

98. Zum Zustandekommen eines Sprachlauts sind demnach jederzeit drei Factoren erforderlich:

1. **Ein arbeitender Druckstrom**, dessen wechselnde Stärke und Dauer durch die Thätigkeit der Athmungsmusculatur regulirt wird.

In selteneren Fällen wird eine der Wirkung des Druckstroms analoge Wirkung durch andere Mittel erzielt; so bei den Schnalzlauten (**67**) durch Saugen, oder bei den Tenues mit Kehlkopfverschluss (**365**) durch Compression der Luft im Mundraum ohne Zufuhr von Seiten der Lungen.

2. **Eine schallbildende Hemmung** dieses Stroms, die nach dem **Orte** (theils im Kehlkopf, theils im Ansatzrohr, theils in beiden gleichzeitig), dem **Grade** (Verschluss oder Engenbildung, letztere wieder mehrfach abgestuft), der **Dauer** und der **Stärke** verschieden sein kann. Die Stärke der Hemmung richtet sich nach derjenigen des Stromdrucks (vgl. **73** und **90**), braucht also im Allgemeinen nicht weiter besonders betrachtet zu werden.

3. **Ein Resonanzraum**, welcher dem durch das Zusammenwirken von 1. und 2. erzeugten Schall seine specifische Färbung gibt.

99. Alle Veränderungen von Sprachlauten, welche die Sprachgeschichte aufweist, entstehen hiernach entweder durch Veränderungen der Stärke und Dauer des Stromdrucks, oder solche des Grades, des Ortes und der Dauer der Hemmung, oder solche des Resonanzraums, oder Combinationen derselben. Ohne genaue Rücksicht auf diese drei Factoren der Sprachbildung ist also auch eine systematische Betrachtung des Lautwandels nicht möglich.

100. Früher hat man die Lautwandlungen oft nur vom Gesichtspunkt der Veränderungen in der Druckstärke und der schallbildenden Articulation aus betrachtet (z. B. Uebergang von Tenues zu Medien und umgekehrt, oder Wandel von Verschlusslauten zu Spiranten u. dgl.); das weite Gebiet des von den Einwirkungen der modificirenden Articulationen abhängigen Lautwandels hat erst in geringerem Masse eine zusammenfassende Behandlung gefunden. Das Verdienst, auf eine strenge Scheidung der beiden verschiedenen Articulationsfactoren nachdrücklich und mit voller Klarheit aufmerksam gemacht zu haben, gebührt nach den ersten Anregungen von Heyse S.15 und Merkel Anthrop. 771 namentlich Winteler (Ker. Mundart 5 ff.), auf dessen Angaben die hier gegebene Darstellung wesentlich zurückgeht; nur habe ich **schallbildend** und **schallmodificirend** an die Stelle der Winteler'schen **lautbildend** und **-modificirend** treten lassen, weil diese zu Missverständnissen Anlass geben können; denn ein **Laut**, d. h. ein Sprachlaut, entsteht ja eben erst durch das Zusammenwirken von **Schallbildung** und **-modification**.

Cap. 5. Die Eintheilung der Sprachlaute.

(Principielle Vorfragen.)

1. Sprachlaute oder Sprachelemente?

101. Als die einfachsten Elemente, aus denen sich die Silben oder Wörter aufbauen, betrachtet man in der Regel das, was man Sprachlaute zu nennen pflegt, und man versteht darunter meist Schälle, die erzeugt werden, während der arbeitende Druckstrom durch eine bestimmte Stellung der der Hemmung und Resonanzbildung dienenden Theile des Sprachorgans geführt wird. Diese Auffassung bedarf jedoch der Ergänzung in mehrfacher Hinsicht. Ein Wort wie *ama* oder *amma* besteht, wie man leicht sieht und weiter unter unten Cap. 16 ff. näher ausgeführt werden wird, nicht bloss aus $a + m + a$, d. h. den Lauten oder Schällen, welche erzeugt werden, während die Sprachorgane fest eingestellt sind, d. h. sich ruhend in der a-Stellung, der m-Stellung und wieder der a-Stellung befinden. Denn auch während sich die Sprachorgane aus der a-Stellung in die m-Stellung u. s. w. bewegen oder gleiten, ertönt die Stimme weiter. Während dieser Uebergangszeit aber erklingt natürlich weder der reine a-Laut, noch der reine m-Laut, sondern zwischen den Anfangslaut a und den Endlaut m schiebt sich eine continuirliche Reihe von **Uebergangs- oder Gleitlauten** ein; ebenso wieder beim Uebergang vom m zum a, und so überhaupt überall, wo eine Umstellung der Organe während fortdauernder Exspiration stattfindet. Die Sprache besteht daher nicht nur aus einer Reihe unverknüpfter **Stellungslaute**, wie sie die obige Definition ansetzt, sondern aus einer Kette, in der Stellungs- und Gleitlaute mit einander regelmässig abwechseln.

102. Für das Verhältniss dieser beiden Arten von Lauten ist besonders charakteristisch, dass die Stellungslaute selbständig,

d. h. unabhängig von ihrer Umgebung sind. Ein jedes einzelne *a* hat wie jedes einzelne *m* seine bestimmte Stellung. Die Gleitlaute sind dagegen unselbständig, sie richten sich nach der speciellen Nachbarschaft, in der ein Laut erscheint. In *am* ist der Uebergangslaut zum *m* hin ein anderer als bei *em*, *im*, *om*, *um*, oder auch als bei *al*, *ar*, *af* u. s. w., weil im ersten Falle der Ausgangspunkt, im zweiten der Endpunkt der Bewegung ein verschiedener ist. Aber gerade wegen dieser Unselbständigkeit der Gleitlaute, die überhaupt nicht isolirt darstellbar sind, kann man dieselben bei der ersten vorläufigen Betrachtung der constituirenden Elemente der Sprache bei Seite lassen. Sie finden dann in dem Abschnitt über Combinationslehre ihre ausführlichere Besprechung.

103. Von grösserer Bedeutung ist ein anderer Einwand gegen die Annahme von 'Sprachlauten' als constituirenden Sprachelementen, den namentlich Flodström betont hat. Nicht alle Momente der gesprochenen Sprache sind lautend. Die Reihe der Sprachschälle wird oft durch Pausen, d. h. lautlose Momente von grösserer oder geringerer Dauer unterbrochen. Dies ist der Fall bei allen sog. stimmlosen Verschlusslauten, wie *p*, *t*, *k*. Es kann ja gar keinem Zweifel unterliegen, dass in einem Worte wie *apa* oder *appa* in der Zeit zwischen dem Verschluss und der Wiederöffnung der Lippen keine Schallbildung stattfindet, und dass also die Hörbarkeit des *p* bez. des *t*, *k* u. s. w. in ähnlichen Fällen auf dem beruht, was vor dem ersten bez. mit oder nach dem zweiten dieser Momente producirt wird. Ebenso ist es ohne Weiteres klar, dass in dem Worte *appa* die *p*-Pause genau der Zeit entspricht, in welcher in dem Worte *amma* die *m*-Stellung eingehalten wird. Die *p*-Pause des einen Wortes ist dem Stellungslaut *m* des anderen Wortes gleichwerthig. Da man aber Pausen, d. h. Negationen der Schallbildung, nicht als Laute bezeichnen könne, so wird gefolgert, dass man den Ausdruck Sprachlaut als allgemeinen Namen der constituirenden Sprachelemente aufgeben und einen andern, noch allgemeineren Ausdruck, wie Sprachelemente, dafür einführen müsse. Ein solches Element ist nach Flodström 'das was hervorgebracht wird — sei es nun laut oder nicht — indem Luft aus den Lungen herausgetrieben wird und die Sprachorgane eine gewisse Stellung in Verbindung mit einem gewissen Grad von Spannung inne haben'.

104. Diese Auffassung ist ohne Zweifel bis zu einem gewissen Grade correcter als die frühere Ansicht, welche nur

Sprachlaute anerkannte. Aber die Terminologie, die darauf aufgebaut wird, ist höchst unbequem. Darf man p, t, k nicht mehr 'Laute' nennen, so müssen auch Ausdrücke wie 'Lautgeschichte, Lautlehre, Lautwandel' verworfen werden; dass man sich aber zur Annahme von 'Sprachelementgeschichte, Sprachelementlehre, Sprachelementwandel' je allgemein entschliessen werde, ist mindestens höchst zweifelhaft, und so lohnt es sich wohl zu erwägen, ob die Neuerung in Namen und Definition so vollkommen ist, dass man ihr nothwendig folgen muss.

105. Gegen den Namen 'Sprachelement' statt 'Sprachlaut' lässt sich ausser der angedeuteten Unbequemlichkeit nichts einwenden. Er ist umfassender und greift weniger einer Definition vor, als das Wort 'Sprachlaut'. Aber die Flodström'sche Definition ist ohne Zweifel zu eng. Für die Laute, die uns in den indogermanischen Sprachen zu begegnen pflegen, könnte man sie sich im Ganzen gefallen lassen, aber sie schliesst z. B. die Schnalzlaute (s. **67**) aus; denn während die Zunge an die Zähne oder den Gaumen festgesaugt wird und in dieser Stellung verharrt, wird sicherlich keine Luft aus den Lungen herausgetrieben. Und selbst innerhalb des Gebietes indogermanischer 'Laute' lassen sich begründete Zweifel an der Allgemeingültigkeit der Definition erheben. Wie in **365** gezeigt ist, werden in gewissen Sprachen die sog. Tenues k, t, p mit Kehlkopfverschluss gebildet; die Compression der Luft im Mundraum geschieht nicht durch Austreiben der Luft aus den Lungen, sondern durch Zusammendrücken der Weichtheile des Mundes und Hebung des Kehlkopfs. Ob diese letztere stets durch einen Luftdruck von unten her unterstützt wird, ist sehr zweifelhaft; jedenfalls ist diese Unterstützung nicht nothwendig, und auf alle Fälle kann dieser Subsidiärdruck nicht mit dem Druck des direct wirkenden Exspirationsstroms auf eine Linie gestellt werden. Bezüglich der Respirations- oder Luftdrucksverhältnisse verlangt also auch die Definition Flodströms eine nicht unerhebliche Erweiterung.

106. Eine weitere Frage ist diese: Darf man wirklich decretiren, dass nur durch Verbindung von Stellung (incl. der Spannung und Exspiration bez. der eventuellen Surrogate für diese) ein selbständiges 'Sprachelement' erzeugt werde? Mit andern Worten: Sind es wirklich nur Gleitlaute zu und von der Verschlussstellung, welche die sog. Verschlusslaute (immer mit Beschränkung auf die stimmlosen) hör- und unterscheidbar machen? Die Frage ist für die vordere Hälfte der Verschlusslaute zu bejahen. In *ap* hört man, von der Explosion des *p* abgesehen (die man ja auch beliebig unterdrücken kann, indem man die Lippen geschlossen hält) wirklich weiter nichts als das *a* und den Gleitlaut zur *p*-Stellung (vgl. **444** f.). Anders aber verhält es sich mit dieser Explosion selbst. Dieselbe besteht in einem rein momentanen Knall, der in dem Augenblicke entsteht, wo der Lippenverschluss gelöst wird. Dieser rein momentane Charakter ist besonders deutlich zu beobachten bei den Tenues, die mit verschlossenem Kehlkopf gesprochen werden, und bei diesen wiederum am besten, wenn sie im isolirten Auslaut stehen. Die Explosion der Tenues steht in dieser Beziehung völlig auf einer Stufe mit dem Knalle der Schnalzlaute, der bei Lösung des Saugverschlusses entsteht. Beide können eben deswegen nicht als Gleitlaute gefasst werden, weil sie momentan sind und nicht wie die wahren Gleitlaute gebildet werden, während das Sprachorgan eine continuirliche Reihe von Gestaltveränderungen durchläuft. Die Explosionsgeräusche können unter Umständen ganz von allen folgenden Schällen getrennt sein. So ist es z. B. ganz unmöglich, einen Gleitlaut zwischen einem Schnalzlaut und einem folgenden exspiratorisch gebildeten Schall zu statuiren. Auch wird man schwerlich behaupten können, ein auslautendes *p* oder *t* oder *k* (alle stets unaspirirt gedacht) stelle bloss einen Gleitlaut von Pause zu Pause, vom Nichts zum Nichts dar. Dass sich an die Explosion der Verschlusslaute sehr oft, ja gewöhnlich, wirkliche Gleitlaute anschliessen, verschlägt dabei natürlich nichts, ebenso wenig als es für die Definition der Verschlusslaute in Betracht kommen kann, dass in gewissen Combinationen die Explosion unterdrückt werden kann (**457** ff.), d. h. dass ausnahmsweise Pausen auch ohne nachfolgende Explosion auftreten können.

107. Aus diesen Thatsachen folgt, dass man die 'Verschlusslaute' mit den übrigen Sprachlauten überhaupt nicht unter éine Definition bringen kann, es sei denn, dass man sie bloss als 'Sprachelemente' charakterisirt, womit aber ihre Natur in keiner Weise aufgeklärt oder bestimmt wird. Muss man aber dies zugeben, so kann man sich weiterhin begnügen festzustellen, dass zur Sprachbildung dienen 1) Stellungslaute, 2) Explosionslaute, 3) Gleitlaute und endlich 4) Pausen, die während der Dauer gewisser Stellungen eintreten, und dadurch eine gewisse Parallele zu den Stellungslauten bilden.

Auf der andern Seite sind diese Pausen und Explosionen in der Sprache im Allgemeinen derart an einander gebunden, dass man sie für praktische Zwecke getrost unter éinem Namen zusammenfassen kann. Als solcher Name empfiehlt sich nach wie vor die alte Bezeichnung Verschlusslaute, weil dieser die Einstellung der Organe richtig angibt, welche sowohl zur Pausenbildung wie für Explosionen nothwendig ist. Natürlich müssen diesen 'stimmlosen Verschlusslauten' = 'Folgen von Pause und Explosion' noch die stimmhaften Schallgebilde zugerechnet werden, welche entstehen, wenn während derselben Articulationsfolge die Stimme ertönt, bei denen also statt der Pause als erstes Glied der durch die Verschlussstellung gedämpfte Stimmton erscheint.

108. Zusammenfassend können wir hiernach constatiren, dass die Sprache allerdings aus lautenden und nicht lautenden Elementen besteht, dass aber die letzteren hinter den ersteren so zurücktreten und derartig an sie gebunden sind, dass man unter gebührenden Cautelen den althergebrachten Namen Sprachlaute für die verschiedenen Elemente der Sprache beibehalten darf.

Nach diesen Vorerörterungen können wir uns der Frage nach der Eintheilung und Gruppirung der verschiedenartigen Sprachlaute zuwenden.

2. Eintheilung der Sprachlaute im Allgemeinen.

109. Seit den ältesten Zeiten zerlegt die Grammatik die Masse der Sprachlaute in zwei grosse Hälften, Vocale und Consonanten. Diese Eintheilung hat einen nicht geringen praktischen Werth, insofern sie einen wesentlichen Functionsunterschied der Laute bei ihrer Verbindung zu Silben und Wörtern im Ganzen richtig bezeichnet. Sie ist ausserdem mit unserer gesammten einschlägigen Terminologie, überhaupt mit allen Forschungen über Lautlehre so innig verwachsen, dass es wohl für unmöglich gelten muss, sie vollständig durch eine andere zu ersetzen, obschon sie, namentlich mit Rücksicht auf ihre Verwendung auf dem Gebiete wissenschaftlicher Lautlehre, an manchen Gebrechen leidet. Von diesen sollen hier nur die zwei am meisten in die Augen fallenden erwähnt werden.

110. Der erste, principielle, Fehler ist der, dass bei der von den römischen Grammatikern überkommenen Zerlegung der Sprachlaute in *vocales* und *consonantes* Beobachtungen über die Bildungsart von Sprachlauten mit solchen über ihre Verwerthung bei der Silbenbildung unentwirrbar verquickt sind. Etymologisch betrachtet heisst *litterae vocales* nichts anderes als 'Stimmlaute', der Name geht also von der Lautbildung aus. Dann ist er aber auf alle Fälle zu eng, denn auch andere Laute als die 'Vocale' im traditionellen Sinne haben Stimme. Er ist auch dann noch zu eng, wenn man ihn auf die Laute beschränkt, die nur aus resonatorisch modificirter Stimme bestehen (s. **71. 188** ff. etc.), denn zu diesen gehören ausser den 'Vocalen' mindestens meist auch noch die sog. 'Liquidae' und 'Nasale', welche die alte Auffassung doch wieder zu den 'Consonanten' rechnet. Wiederum wird der Name *vocales* auch wieder mit der Silbenbildung in Verbindung gebracht, indem er — für das Griechische und Lateinische auch wirklich ganz zutreffend — für jede Silbe einen 'Vocal' gewissermassen als 'Hauptlaut' der Silbe fordert. Der Name *consonantes* aber ist zunächst rein functioneller Natur, denn er benennt eine Summe von Lauten nur nach der Rolle, die sie als 'Begleiter' der Vocale (d. h. eben jener Hauptlaute) bei der Silbenbildung spielen, und ohne alle Rücksicht auf die specifische Art ihrer Erzeugung.

111. Trotz dieser Inconsequenz der Bezeichnungsweise würden sich die — nunmehr neu zu definirenden — Namen *vocales* und *consonantes* doch vielleicht weiter verwerthen lassen, wenn sich mit ihnen überhaupt irgend eine bestimmte Scheidung der Laute sei es nach der genetischen, sei es nach der functionellen Seite hin glatt durchführen liesse. Das ist aber nicht der Fall, und darin liegt der zweite, praktische, Hauptfehler des alten Systems. Für die Unmöglichkeit einer solchen Scheidung legen schon die alten Hülfstermini wie 'Diphthonge', 'Halbvocale', 'Liquidae' und wie sie alle heissen mögen, ein halb unfreiwilliges Zeugniss ab. Genetisch widersinnig ist ferner die alte Scheidung, weil sie, wie bemerkt, die 'Vocale', d. h. *a, e, i, o, u* u. s. w. von den ihnen nächstverwandten Lauten, wie den Liquidae *l, r* und Nasalen *m, n* etc. willkürlich losreisst und so einen Gegensatz statuirt, der nicht vorhanden ist.

112. Ebenso schlecht steht es aber auch nach der functionellen Seite hin. Silben wie *ai, au* haben z. B. zweifellos genau denselben Typus der Bildung wie *al, ar*, indem sie sämmtlich aus einem 'Hauptlaut' (hier *a*) und je einem 'Begleiter' (*i, u; l, r*) bestehen, und doch schreibt die alte Auffassung der ersteren

Gruppe je zwei 'Vocale' oder einen 'Diphthong' zu, der zweiten je einen 'Vocal' und einen 'Consonanten'. Sind aber die *l, r* des zweiten Falles 'Consonanten', d. h. Begleiter des Hauptlants *a*, so müssen auch die *i, u* von *ai, au* als eben solche Begleiter 'consonantisch' fungiren bez. demgemäss hier als 'Consonanten' bezeichnet werden. Das was man genetisch 'Vocale' nennt, tritt also, wie man sieht, functionell bald als 'Vocal', bald als 'Consonant' auf. Ebenso verhält es sich aber auch mit den 'Consonanten' des alten Systems. Muss, wie dieses System, gestützt auf die thatsächlichen Verhältnisse des Griechischen und Lateinischen (**110**), es verlangt, jede Silbe einen 'Vocal' enthalten, so treten in überaus vielen Sprachen auch Laute, welche jenes System zu den 'Consonanten' zählt, ebensowohl in der Function von 'Vocalen', wie in der von 'Consonanten' auf, dergestalt dass diese Verschiedenheit der Function grossentheils etwas Zufälliges ist, dass sie zum Theil von der Stellung des einzelnen Lautes innerhalb der Silbe oder dem Wort, überhaupt von seiner nächsten Lautumgebung abhängt, in andern Fällen aber auch ganz willkürlich geregelt werden kann. Niemand kann z. B. daran zweifeln, dass Worte wie *ritten, handel* in ihrer landläufigen Aussprache eben so gut zweisilbig sind wie *ritte, hünde*, dass also die Silben *-ten, -del* und *-te, -de* gleichwerthig sind. Untersuchen wir dieselben auf ihre Zusammensetzung hin, so finden wir, dass die beiden letzteren aus den 'Consonanten' *t, d* und dem 'Vocal' *e* bestehn. Während der Bildung des *t, d* sperrt die Zungenspitze den Mundraum luftdicht ab, zur Bildung des *e* senkt sie sich, der Luft freien Austritt aus dem Munde gestattend. Nur unter dieser Bedingung kann überhaupt ein *e* hervorgebracht werden. In *-ten, -del* schreiben wir zwar dasselbe Vocalzeichen *e* wie in *-te, -de*, aber der Aussprache ist es fremd. Spreche ich *ritten* aus, so bleibt die Mundhöhle von dem Moment an durch die Zungenspitze abgesperrt, wo das erste *t* articulirt wird; es kann also auf das *t* in Wirklichkeit ein *e* nicht folgen, vielmehr schliesst sich das *n* direct an das *t* an. Aehnlich bei *-dl*; die Zungenspitze bleibt in ihrer absperrenden Stellung bis zu Ende der Silbe; statt dass sie sich wie bei *-de* zur Bildung des *e* senkt, wird die Zunge weiter hinten so zusammengezogen, dass eine oder zwei kleine Seitenöffnungen entstehen, aus welchen das *l* heraustönt. Man spricht also *rit-tn, han-dl*, d. h. *n* und *l* sind dem *e* in *rit-te, hün-de* gleichwerthig, haben 'vocalische' Function. Kehrt man die Lautfolge um. so werden *n, l* zu

Consonanten, wie in *hand*, *bald*. Aber auch ohne dies kann derselbe Functionswechsel eintreten, z. B. durch Anschiebung eines 'Vocals', wie in *berittne*, *behandle*, sobald diese Wörter dreisilbig ausgesprochen werden. Der Vocal allein ist aber wiederum nicht massgebend, denn man kann eben so gut auch *be-rit-tn-(n)e*, *be-han-dl-(l)e* viersilbig aussprechen, ohne zwischen *t-n*, *d-l* ein *e* einzuschieben, d. h. man kann den *n*, *l* auch vor einem 'Vocal' 'vocalische' Function ertheilen. Genauer betrachtet, betrifft dies aber wieder nur die erste Hälfte der *n*, *l*, denn ihre zweite Hälfte wird doch als Anlaut der letzten Silbe *-ne*, *-le* und zwar als 'Consonant' empfunden. Auch unter einander können *n* und *l* beliebig ihre Functionen vertauschen; in *handeln*, gesprochen *han-dln*, ist *l* 'Vocal', *n* 'Consonant', in *schallend*, gesprochen *schal-lnd*, umgekehrt. Ja, die Spaltung desselben Lautes in einen 'vocalischen' und einen 'consonantischen' Theil, die wir eben in *be-rit-tn-(n)e* u. s. w. kennen lernten, kann sogar so weit ausgedehnt werden, dass derselbe Laut zwei ganze Silben für sich allein ausfüllt und dabei abwechselnd als 'Vocal', 'Consonant', 'Vocal' und wieder 'Consonant' fungirt. Das geschieht z. B. in Worten wie *berittenen*, welche man sehr häufig als *be-rit-tn-nnn* aussprechen hört (man spreche rasch und unbefangen einen Satz wie: *die berittenen Offiziere...*, und man wird fast unwillkürlich zu dieser Aussprache greifen; mit *n* bezeichne ich nach Kräuter hier das *n* in 'vocalischer' Function). Ein und derselbe Laut wird also fortwährend zwischen den beiden Kategorien hin- und hergeworfen, und vielfach hängt es ganz vom Belieben des Sprechenden ab, ihm die eine oder die andere Function zuzutheilen.

Worin der Unterschied dieser Functionen besteht, soll gleich hier mit einigen Worten zur weiteren Klarlegung des Gesagten angedeutet werden; wir werden dann weiter unten in dem Abschnitt über die Silbenbildung eingehender darauf zurückkommen (**515** ff.).

113. Zur Bildung einer Silbe genügt, wie eine einfache Sprechprobe lehrt, schon ein einziger Sprachlaut. So stellen beispielsweise die isolirt gesprochenen Vocale *a*, *e*, *i*, *o*, *u* functionell zugleich fünf isolirte Silben dar. Ein jeder so functionirende Laut ist also hinsichtlich seiner Function ohne Weiteres als silbenbildend oder kürzer als silbisch zu bezeichnen.

114. Andrerseits können aber auch mehrere Laute zu einer Silbe zusammentreten, vgl. etwa Silben wie *na*, *la*, *ba*, *pa* oder *an, ar, as, af* u. dgl. In diesem Fall dominirt dann für das Ohr allemal einer der verbundenen Laute (als 'Hauptlaut') über den oder die andern (in den gegebenen Beispielen ist es jedesmal der 'Vocal', bei Silben wie *ai, au* der erste 'Vocal'). Mit Rücksicht auf diese dominirende Stellung innerhalb der Silbe wird der betreffende Hauptlaut ebenfalls als an sich silbenbildend oder silbisch empfunden. Die begleitenden übrigen Laute sind aber dann ihrer Function nach unsilbisch, insofern ihre Hinzufügung nicht neue Silben hervorruft. Die *n, l* in *rit-tn, han-dl* gelten uns also für 'silbisch', weil sie gegenüber dem *t, d* ihre Silbe dominiren, in *be-ritt-ne, be-hand-le* aber sind sie 'unsilbisch', weil hier das *e* ihnen gegenüber dominirt.

115. Dieser Gegensatz der Function wird durch die Adjectiva silbisch und unsilbisch hinlänglich gekennzeichnet, aber diese gestatten nicht zugleich auch die Bildung entsprechender und bequemer substantivischer Namen. Als solche hat neuerdings W. von Hörschelmann die nach manchen Seiten hin sehr passlichen Ausdrücke Dominant (für den Hauptlaut) und Dominaten (für die etwaigen Begleiter des Hauptlauts) vorgeschlagen: nur fehlen da wieder gleich empfehlenswerthe adjectivische Parallelen.

116. Unter diesen Umständen behält auch jetzt noch ein zuerst von Thausing (Das natürl. Lautsystem S. 97) vorgeschlagenes Namenpaar seine praktischen Vorzüge. Thausing gebraucht nämlich das Wort Con-sonant ausschliesslich in seinem ursprünglichen functionellen Sinn als Namen für das was wir oben als Begleiter des Hauptlauts der mehrlautigen Silbe bezeichneten, und stellt ihnen statt des alten nun nicht mehr zutreffenden Gegensatzes 'Vocal' den Ausdruck 'Sonant' als Bezeichnung des Hauptlauts der Silbe entgegen. Diese Ausdrücke sind auch insofern bequem, als man von ihnen wieder ohne Weiteres die adjectivischen Parallelen 'sonantisch' (= 'silbisch') und 'consonantisch' (= 'unsilbisch') ableiten kann.

117. Demgegenüber fällt der kleine Uebelstand kaum in's Gewicht, dass die Wörter 'Consonant' und 'consonantisch' nunmehr in einem von der älteren Grammatik abweichenden Sinne gebraucht werden, wie das ja in der neueren Wissenschaft auch von andern termini technici gilt: man hat sich lediglich zu merken, dass diese Ausdrücke phonetisch nur der Functionslehre angehören. Wer daran Anstoss nimmt, wird am besten thun, den Ausdruck 'Consonant' überhaupt zu vermeiden und sich mit dem Substantiv 'Dominant' oder 'Sonant' und den Adjectivis silbisch und unsilbisch zu behelfen.

118. Hiermit wäre für den functionellen Theil der Lautforschung, welcher die Verwendung der Sprachlaute zur Silben- und Satzbildung zu behandeln hat (s. unten Cap. 25 ff.) ein erster Grund gelegt. Die Eintheilung nach dem Princip der Sonanz und Consonanz ist aber natürlich nicht geeignet, zur Grundlage für die Betrachtung des Wesens der Laute zu dienen, welche sich vielmehr auf die Bildung der Laute und den daraus resultirenden akustischen Werth derselben zu richten hat.

3. Was sind Einzellaute?

119. Hier ist nun etwas genauer auf die Frage einzugehen, was denn ein Einzellaut (oder Einzelelement) sei und was für dessen Charakteristik in Betracht komme. Streng theoretisch wäre wohl zu antworten, dass darunter ein isolirbares Etwas (meist ein Schall) zu verstehen sei, das durch eine bestimmte Zusammenwirkung bestimmter Factoren der Sprachbildung und nur durch diese erzeugt wird. Aber in der Praxis hat Niemand daran gedacht, diesen Satz in voller Strenge durchzuführen. Um überhaupt eine Uebersicht über die zahllose Menge der Einzellaute, die durch jene Definition gegeben sind, zu ermöglichen, hat man stets eine Anzahl naheverwandter Laute zu einer Gruppe oder Kategorie zusammengefasst und als 'Einzellaute' betrachtet. So fasst man z. B. alle diejenigen Schälle unter der Kategorie des 'Lautes' a zusammen, welche bei einer gewissen Mundstellung und tönender Stimme hervorgebracht werden können, ohne Rücksicht auf Tonhöhe, Stärke u. s. w. der einzelnen Lautexemplare, aus deren Gesammtheit die Kategorie a abstrahirt ist. Diese Verallgemeinerung kann nur geschehen, wenn man gewisse Factoren der Sprachbildung als nebensächlich für die Definition ignorirt. So ist in dem gegebenen Beispiel a abgesehen worden von der qualitativen Art der Hemmung im Kehlkopf, nach der sich Tonhöhe, Reinheit oder Rauhheit des Klanges u. s. w. reguliren, und von der Grösse des Stromdrucks, welche die Stärke der verschiedenen Einzel-a bedingt. Dies Verfahren ist an sich willkürlich, aber praktisch berechtigt, weil a von verschiedener Tonhöhe, Stärke u. dgl. thatsächlich von den Sprechern und Hörern nicht als verschieden empfunden und demnach nicht in einen Gegensatz zu einander gestellt werden. Wie viel von den Unterscheidungsmerkmalen der einzelnen Lautexemplare als gegensätzlich und demnach als wesentlich empfunden wird, lässt sich natürlich nicht allgemein bestimmen. Es herrscht da grosses Schwanken. Wie wir gesehen haben, werden z. B. bei den Vocalen (bez. bei den Sonanten überhaupt) Unterschiede der Tonstärke nicht als wesentliche Unterscheidungsmomente aufgefasst. Wenn im Deutschen das *a* einer 'unbetonten' Silbe regelmässig schwächer ist als das einer 'betonten' Silbe, so trifft diese Unterscheidung ja nicht den Vocal an sich, sondern die Silbe, in der er steht. Anders bei den Consonanten. Auch die Consonanten unbetonter Silben stehen denen der Tonsilben an Stärke nach, wie die Vocale in entsprechender Stellung; aber unabhängig von dieser Abstufung nach der Silbenstärke haben viele Sprachen auch noch eine selbständige Abstufung der Consonanten nach Stärke und Schwäche entwickelt, unterscheiden also z. B. starke und schwache *f, s, ch* oder starke und schwache stimmlose Verschlusslaute (**359**) u. dgl. Man kann also keineswegs behaupten, dass die Druck- bez. Tonstärke bei den Definitionen der 'Einzellaute' und ihrer Gruppen als unwesentlich überall bei Seite zu lassen sei, und so zeigt sich auch von dieser Seite, dass es unmöglich ist, eine zweckdienliche Eintheilung der Sprachlaute bloss auf Grund ihrer Articulationsstellung zu geben.

120. Allerdings ist es richtig, dass Unterschiede der Articulationsstellung in der Regel auffälligere Verschiedenheiten bedingen, als Unterschiede der Tonstärke oder Tonhöhe. Ein *f* und *s* stehen z. B. sicher einander ferner, als ein starkes und schwaches *f* oder ein starkes und schwaches *s*. Man wird also zugeben dürfen, dass die Frage nach der Articulationsform eines Lautes im Allgemeinen der nach seiner Stärke vorauszugehen hat. Bedingt aber jede Verschiedenheit der Articulationsform nun auch die Aufstellung eines besonderen Einzellautes (der dann eventuell sogar noch nach Abstufungen der Stärke zu spalten wäre)? Theoretisch gewiss, aber in praxi lässt sich auch diese Regel nicht durchführen. Die Zahl der hiernach zu unterscheidenden Einheiten behält immer noch eine verwirrende Grösse, und so bleibt abermals nichts anderes übrig, als von gewissen, weniger wesentlichen Unterschieden auch der Articulationsform unter Umständen für die Definition des Einzellauts abzusehen, und wieder bietet sich uns hier das Princip der Unterscheidung nach gegensätzlicher und nicht gegensätzlicher Verwendung als eine Handhabe dar. Ein Beispiel mag erläutern, wie auch hier allgemeingültige Bestimmungen nicht zu machen sind. Niemand wird bezweifeln, dass die drei Vocale *a, e, i* als selbständige Einzellaute aufzufassen sind. Ihre Unterschiede beruhen auf einer Verschiedenheit der Zungenstellung. Bei der Aussprache eines *m* hat die Zunge an sich nichts zu thun; sie kann in der Ruhelage verharren. In den Silben *ma, me, mi* wird aber (vgl. namentlich unten **469** ff.) die Zunge schon während der Bildung des *m* mehr oder weniger die für das *a, e, i* nöthige Stelluug annehmen. Sind nun die *m* dieser drei Silben als drei selbständige Einzellaute anzusetzen oder nicht? Thatsächlich sind ihre Articulationsformen verschieden, so gut wie die der *a, e, i*; aber die Zungenstellung, welche bei diesen Vocalen den specifischen Klangunterschied bewirkt, verändert nicht in gleicher Weise stark den specifischen Klang des *m*, der im Unterschied zu dem Vocalklang in allen jenen drei *m* hervortritt. Was dort specifisch ist, ist hier nebensächlich, und kann demgemäss hier für die Definition des *m* ebenso gut ignorirt werden, wie die Tonstärke bei der Definition der Vocale. Auch hier also lässt sich eine Grenzlinie nur auf Grund praktischer Einzelerwägungen ziehen, nicht nach theoretischen Gesichtspunkten, denn es lässt sich nicht allgemein theoretisch feststellen, was für specifisch zu gelten hat und was nicht.

121. Die Zahl der an sich unterscheidbaren 'Sprachlaute' ist also, wie die Erfahrung in Uebereinstimmung mit der Theorie lehrt, eine unbeschränkte zu nennen. Aber aus dieser unendlichen Zahl wählt die Praxis zunächst nur eine beschränkte Anzahl von gegensätzlich verwendeten Typen oder Kategorien aus, um an deren specifische Charakteristica ihre Definitionen anzuknüpfen. Für jeden einzelnen Sprachlaut in diesem weiteren Sinne bleibt dabei ein gewisser Spielraum übrig, innerhalb dessen die Unterarten oder Varietäten ihren Platz finden, welche in der Sprache oder den verschiedenen Sprachen auftreten, und deren genaue Feststellung eine der Hauptaufgaben der beschreibenden Phonetik ist.

122. Bei dieser Betrachtung mussten die Gleitlaute ausgeschlossen werden, weil sie nicht einheitliche, isolirbare Theile der Sprache sind und daher auch keine einheitliche Definition gestatten. Sie werden eben deswegen nicht als selbständige Sprachlaute behandelt (vgl. **102**) und finden deshalb erst bei der Combinationslehre ihre Besprechung.

4. Aufstellung eines Sprachlautsystems.

123. Mit der angedeuteten Reduction der Sprachlaute auf ein übersehbares Minimum von Typen sind indessen die Schwierigkeiten nicht erschöpft, welche sich der Aufstellung eines Sprachlautsystems hemmend in den Weg stellen, wenn man darunter eine Anordnung versteht, in der jedem Typus oder Sprachlaut ein für allemal seine feste Stelle angewiesen ist. Wenn, wie wir gesehen haben, jeder Sprachlaut das Product des Zusammenwirkens verschiedener Bildungsfactoren ist, welcher von diesen ist dann nothwendig der oberste und wesentlichste, und muss also für die Anordnung des Systems in erster Linie den Ausschlag geben? In welcher Reihenfolge müssen die andern beim Aufbau des Systems ihm untergeordnet werden? Und wenn eine Lautgruppe y durch einen gemeinsamen Bildungsfactor mit einer Gruppe x, durch einen zweiten mit einer Gruppe z zusammenhängt, nach welchen Gesichtspunkten ist da zu gruppiren, wenn einmal aus diesem oder jenem Grunde zwei von diesen drei Gruppen zu einer höheren Einheit verbunden werden sollen? Eine allgemein gültige Vorschrift für die Lösung dieser und ähnlicher Fragen, wie sie namentlich auch dem Sprachhistoriker auf Schritt und Tritt sich darbieten, lässt sich nicht geben, weil man die einzelnen Laute häufig von ganz verschiedenen Gesichtspunkten aus betrachten kann und muss, und sich die Werthverhältnisse der einzelnen Bildungsfactoren mit diesem Wechsel des Gesichtspunktes verschieben. Versuchen wir z. B. zur Veranschaulichung des Gesagten die Lautgruppe *amba* zu analysiren. Der Vocal a ist reiner Stimmlaut, d. h. Stimme modificirt durch die Resonanz der Mundhöhle. Eine Geräuschbildung im Ansatzrohr findet nicht statt. Isoliren wir das folgende m, so ist auch dieses ein reiner Stimmlaut, ebenfalls ohne Geräuschbildung im Ansatzrohr, also dem a nahe verwandt, von ihm nur geschieden, aber doch in sehr charakteristischer Weise geschieden, durch den Schluss der Lippen und eine andere Stellung des Gaumensegels (**134** f.). Es folgt das b, das wir ebenfalls isoliren können. Mund und Nase sind abgesperrt, in den Hohlraum des Mundes hinein ertönt die Stimme (**357**), ebenfalls ohne begleitendes Geräusch. Also auch das stimmhafte b kann, was die Lautgebung während der Verschlussstellung anlangt, als einfacher Stimmlaut charakterisirt werden, und ist gelegentlich so charakterisirt worden. Mit dem m ist dieser der

Articulationsstellung nach verwandt durch den gemeinschaftlichen Verschluss der Lippen. Ja man kann das *m* ebenso gut als ein nasalirtes stimmhaftes *b* bezeichnen wie man von einem nasalirten Vocal spricht, denn *m* unterscheidet sich von *b* eben wie der nasalirte Vocal vom reinen Vocal nur dadurch, dass bei dem erstern das Gaumensegel frei im Munde schwebt, der Luft Eingang in Mund- und Nasenraum verstattend, bei letzterem aber der Rachenwand fest anliegt. Müsste man danach die Nasale als selbständige Classe nicht ganz aus dem System der Sprachlaute eliminiren und sie vielmehr als Unterabtheilung der Mediae fassen, wie man die Nasalvocale als Varietät der reinen Vocale darzustellen pflegt? Wir haben aber weiter oben beim *b* die Acte des Verschlusses und der Oeffnung ignorirt, die im Zusammenhang der Rede das Ertönen der Stimme begleiten und die dergestalt charakteristische Schälle erzeugen, dass sie, namentlich bei schwach tönender Stimme, als das Wesentlichere empfunden und demgemäss auch von der Theorie angesehen werden können. Dadurch tritt das *b*, das wir eben als nahen Verwandten der 'Stimmlaute' *a* und *m* kennen gelernt hatten, in nächste Beziehung zu dem stimmlosen *p*, das doch sonst als vollkommenster Gegensatz zum Vocallaut aufgefasst werden muss. Wollen wir nun *b* und *p* vergleichen, was ist denn da das Wichtigere: die Verschlussbildung und Oeffnung, oder das Tönen und Nichttönen der Stimme? Und wenn wir uns etwa aus diesem oder jenem Grunde entschliessen, *b* und *p* in erster Linie als Verschlusslaute zu charakterisiren, gehört dann das *m*, bei dessen Bildung die Lippen geschlossen, ein Canal aber, der Nasencanal, geöffnet ist, zu diesen Verschlusslauten, welche beide Luftwege (durch Mund und Nase) absperren, oder zu den Vocalen, welche auch einen Luftweg offen lassen, nämlich den durch den Mund, während der Nasencanal abgesperrt wird? Unterscheiden sich ferner *b* als 'stimmhafter' und *p* als 'stimmloser' Verschlusslaut lediglich durch die Betheiligung oder Nichtbetheiligung der Stimme an der Hervorbringung dieser Laute? Eine einfache Messung des Exspirationsdrucks mit dem oben **61** erwähnten Instrument zeigt sofort, dass *b* nicht nur stimmhaft ist, sondern auch einen geringeren Munddruck (**60**) bez. Explosionsdruck besitzt. Wenn nun in einer ganzen Reihe von Sprachen an die Stelle des 'stimmhaften' *b* ein Laut getreten ist, welcher zwar nicht selbst stimmhaft, aber vom *p* doch durch schwächeren Explosionsdruck deutlich geschieden ist (**359**), soll man denselben nun als ein 'stimmloses *b*' oder als ein 'schwächeres *p*' bezeichnen? oder mit anderen Worten, wenn die alten Ausdrücke Media und Tenuis beibehalten werden sollen, welche ursprünglich den stimmhaften und schwachen bez. den stimmlosen und starken Laut bezeichnen sollten, welcher von ihnen muss denn die Erweiterung seines Begriffes erfahren? Es ist doch sehr natürlich, dass derjenige, welcher sein *b* stimmhaft spricht, in diesem Mittönen der Stimme das eigentliche Charakteristicum des Lautes findet, daher auch geneigt sein wird, jenen schwachen, stimmlosen Laut dem *p* näher zu stellen, während umgekehrt derjenige, welcher ein 'stimmloses *b*' zu bilden und nur durch den Explosionsdruck vom *p* zu unterscheiden gewöhnt ist, ein feineres Ohr für alle Unterschiede der Druckstärke haben und also in der Abstufung der Stärke das Wesentliche erblicken wird (vgl. jedoch hierzu **367** ff.). Ihm rangirt dann das Mittönen der Stimme bei Andern, wenn er es überhaupt beachtet, erst in zweiter Linie. Der strenge Systematiker wird vielleicht sagen, dass solche subjective Bedenken oder Auffassungen nicht in Betracht kommen dürfen, wo es die Aufstellung eines abstracten Systems gilt. Aber es bedarf doch auch wieder nur eines geringen Nachdenkens, um zu erkennen, dass dies subjective Empfinden gewisser charakteristischer Eigenheiten gewisser Laute im Vorzug vor anderen Eigenheiten derselben Laute für die geschichtliche Entwicklung derselben, mithin auch für die geschichtliche Entwicklung einer ganzen Sprache von bedeutendem Einfluss sein kann. Für denjenigen, welcher die Phonetik zu sprachgeschichtlichen Untersuchungen benutzen will, ergibt sich geradezu die Nothwendigkeit, auch auf diese subjectiven Momente in der Auffassung der Laute durch die Sprechenden Rücksicht zu nehmen, selbst auf die Gefahr hin, sein abstractes System dadurch zu stören.

124. Aus solchen und ähnlichen Erwägungen ergibt sich, dass ein allgemeines System für die Eintheilung der Sprachlaute, das namentlich auch für die Bedürfnisse des Sprachhistorikers überall ausreiche, nicht aufgestellt werden kann. Mehr nebensächlich ist dabei die Schwierigkeit, dass Niemand von vorn herein alle überhaupt möglichen Combinationen der einzelnen Articulationsformen überschauen kann. Das 'allgemeine System' wäre, was diesen Punkt anlangt, einfach von Zeit zu Zeit zu modificiren, je nachdem neues Beobachtungsmaterial neue Combinationen aufweist. Vor allem aber ist es, wie bemerkt, unmöglich, eine allgemein gültige

Rangordnung für die einzelnen Eintheilungsprincipien ausfindig zu machen. Am ehesten lässt sich noch für eine einzelne sprachliche Einheit (Mundart oder Sprache) ein bestimmtes System, d. h. eine bestimmte Anordnung der einzelnen Eintheilungsprincipien aufstellen. Aber ein Princip, das für die Gliederung der einen Sprache von höchster Bedeutung ist, tritt oft genug in einer andern ganz zurück, würde also für diese erst an einer andern Stelle des Systems zu berücksichtigen sein.

125. Ich meine also, wenn auch im ausdrücklichen Gegensatze zu den den grössten Theil der phonetischen Literatur beherrschenden Tendenzen, durchaus an der Meinung festhalten zu müssen, dass das Streben nach einem allgemeinen Lautsystem nutzlos sei, zumal für die historische Phonetik. Der Sprachhistoriker bedarf (wie übrigens auch der Praktiker) zunächst einer genauen Erforschung und Charakterisirung der Einzelsysteme derjenigen Idiome, welche den Gegenstand seiner sprachgeschichtlichen Untersuchung bilden. Für die historische Verknüpfung der Einzelsysteme verwandter Idiome, die sich aus gemeinschaftlicher Grundlage entwickelt haben, braucht er sodann eine klare Uebersicht über die einzelnen natürlichen Gruppen, in welche die Laute einer Sprache zerfallen, je nachdem man ihre Gesammtheit von dem einen oder andern Gesichtspunkt aus betrachtet. Er wird es beispielsweise einmal mit der Geschichte aller Verschlusslaute im Gegensatz zu den mit offenem Munde gebildeten zu thun haben, ein anderes Mal mit der Geschichte der reinen Stimmlaute im Gegensatz zu den Lauten, die ganz oder theilweise auf Geräuschbildung beruhen, oder mit der Geschichte der Labiale, Dentale, Palatale, Velare, oder der Nasallaute im Gegensatz zu den nichtnasalirten Lauten, u. s. w. Dabei wird er vielfach dieselben Laute verschiedenen Gruppen zutheilen müssen: ein *m* beispielsweise bald als reinen Stimmlaut, bald als Labial, bald als Nasal, bald als Halbverschlusslaut betrachten müssen. Alle diese Betrachtungsweisen sind für ihn gleich wichtig, und mit der Wahl des Standpunkts wechselt auch die Gestalt des Systems in entsprechender Weise.

126. Derartige Verschiedenheiten der Betrachtung machen sich insbesondere auch bei der Classificirung der verschiedenen Varietäten eines 'Lautes' im weiteren Sinne geltend. Für die Entscheidung der Frage, welche von diesen Varietäten im einzelnen Falle als die normale zu betrachten sei — einer Frage, die ja vom absoluten Standpunkt aus überhaupt nicht zu beantworten ist — haben bei der speciellen Aufgabe des vorliegenden Werkes vorwiegend sprachgeschichtliche Momente herbeigezogen werden müssen. Insbesondere hat in der Regel diejenige Varietät zur Grundlage der Definition gedient, welche sprachgeschichtlich als die Mutterform der übrigen gelten darf. So gibt es z. B., wie unten **312** ff. ausgeführt ist, zwei Arten von *l*-Lauten, deren eine bloss aus resonatorisch modificirter Stimme besteht, während die andere ein eigenes Mundgeräusch hat. Ebenso zeigt **500** f., dass es neben den spirantischen, d. h. auf Mundgeräuschbildung beruhenden Lauten wie ð, ʒ auch Formen ohne dieses Geräusch gibt, die also auch nur aus resonatorisch veränderter Stimme bestehen. Streng systematisch müssten beide Lautclassen vollkommen parallelisirt werden; sie werden aber hier absichtlich getrennt, weil man Grund hat anzunehmen, dass *l* mit Geräuschbildung innerhalb der indogermanischen Sprachen das Secundäre sind, während sich für ð, ʒ das Umgekehrte wahrscheinlich machen lässt. Doch ist hin und wieder anmerkungsweise auf die verschiedenen Möglichkeiten der Auffassung hingewiesen.

5. Gesichtspunkte der Gruppirung.

127. Was nun endlich die leitenden Gesichtspunkte für diese gruppenweise Betrachtung der Sprachlaute betrifft, so ist zuvörderst die These Flodström's, die Sprache könne theils als **vernommen** oder **gehört**, theils als **hervorgebracht** oder **gesprochen** betrachtet werden, dahin zu berichtigen, dass nächst der Art der Hervorbringung der Sprache bez. ihrer Elemente auch die Natur der hervorgebrachten Producte zu erforschen ist. Allerdings hängt die Natur der sprachlichen Producte von der Art ihrer Erzeugung ab, und ihre Betrachtung hat daher erst an zweiter Stelle zu geschehen. Aber es wäre mehr als willkürlich, wollte man darauf hin die Erörterung der Natur der Sprachlaute aus der Phonetik verbannen, oder ihr gar ein Recht auf Existenz absprechen. Denn nicht nur ist die Natur der producirten Sprachlaute oder -Elemente für die Lehre von der Bildung sprachlicher Complexe höherer Ordnung (namentlich die Lehre von der Silbenbildung) von der grössten Bedeutung, sondern es spielt auch die Verschiedenheit des Schallmaterials in der Entwicklungsgeschichte der Sprache eine wichtige Rolle. Wir werden also neben der Erörterung der einzelnen Factoren der Sprachbildung auch den akustischen Gesammtwerth der fertigen Laute ins Auge zu fassen haben, d. h. nicht sowohl die specifische Schallqualität (Klangfarbe) des einzelnen Lautes, als gewisse durchgreifende Verschiedenheiten des zur Sprachbildung verwendeten Schallmaterials namentlich mit Bezug auf die **16** ff. behandelte Unterscheidung zwischen musikalischen Klängen und Geräuschen.

II. Abschnitt.

Die Gruppen der Sprachlaute und die Einzellaute.

I. Die Gruppen.

Cap. 6. Die Articulationsarten des Ansatzrohrs.

A. Nasenraum.

128. Die Gestalt des Nasenraums kann, abgesehen von den durch die verschiedenen Stellungen des Gaumensegels bedingten unwesentlichen Gestaltveränderungen (**49. 52**), nicht willkürlich verändert werden. Nimmt er also überhaupt an der Lautbildung Theil, so dient er entweder als blosser Resonanzraum, wie bei den stimmhaften Nasalen *m*, *n*, *ŋ* u. s. w. oder den nasalirten Vocalen, oder die hindurchstreichende Luft bringt an den Engen des Canals ein reibendes Geräusch hervor, wie z. B. beim Schnaufen durch die Nase, oder schwächer bei manchen stimmlosen Nasalen.

B. Mundraum.

129. Für die Articulationsformen des Mundraums ist charakteristisch, dass derselbe zwei veränderliche Ausgänge hat, nämlich durch die eigentliche Mundöffnung und durch die Nase. Fassen wir zunächst nur die Articulationen des ersteren Luftwegs ins Auge, so ergeben sich für diesen folgende drei principiell verschiedene Stellungen oder Abstufungen der Articulation:

130. Weitstellung: Der Mundcanal ist durchgehends so weit geöffnet, dass die ausgetriebene Luft ungehindert hindurchströmen kann, ohne durch Reibung an den Rändern einer entgegenstehenden Enge ein Geräusch zu erzeugen; höchstens bringt der Anfall des Luftstroms an die

Wände des Hohlraums, den die articulirende Mundhöhle bildet, ganz schwache Geräusche hervor, die sich indessen (als sog. **Anfallgeräusche**) von den Engenreibungsgeräuschen deutlich unterscheiden. Der Mundraum dient in diesem Falle fast nur als Resonanzraum. Dies ist z. B. gewöhnlich der Fall bei den stimmhaften Vocalen und Nasalen, meist auch den *r*- und *l*-Lauten, d. h. derjenigen Gruppe, welche nach den Erörterungen von **188** ff. als Sonorlaute zu bezeichnen sind.

131. 2. **Reibungsstellung**: Der Mundcanal ist an einer bestimmten Stelle so weit verengt, dass der Exspirationsstrom an den Rändern der Enge ein reibendes Geräusch erzeugt. Dies geschieht z. B. bei Lauten wie *f*, *s*, *ch* oder franz. engl. *v*, *z* u. ä.

132. 3. **Verschlussstellung**: Der Mundcanal ist an einer Stelle vollkommen geschlossen, z. B. an den Lippen bei *b*, *p*, hinter oder an den Zähnen bei *d*, *t*, am Gaumen bei *g*, *k*, aber auch z. B. bei den sog. Nasalen *m*, *n*, *ŋ*, s. unten **137**, 6.

133. Mit diesen Stellungen combiniren sich nun die verschiedenen Stellungen, welche das Gaumensegel als Regulator des zweiten Mundausgangs einnimmt. Dieser letzteren scheint es nur zwei zu geben, da bisher (abgesehn vom Schnarchen) eine Stellung desselben nicht beobachtet worden ist, welche zur Erzeugung eines Reibungsgeräusches durch einen durch die Nase geführten Luftstrom diente. Es kommen also nur folgende Stellungen in Betracht:

134. 4. Der Nasenraum ist durch Anpressen des Gaumensegels an die hintere Rachenwand abgesperrt, also von der Articulation ausgeschlossen. So werden die meisten Sprachlaute gebildet; man kann diese demnach als reine **Mundlaute** bezeichnen.

135. 5. Der Eingang zum Nasenraum ist durch Senkung des Gaumensegels geöffnet. Bei dieser Stellung entstehen Laute, die man als **Mundnasenlaute** charakterisiren kann, weil bei ihrer Erzeugung sowohl Mund- wie Nasenraum betheiligt sind. Bezüglich der verschiedenen Betheiligungsweisen des Nasenraums s. oben **128**.

136. Das Verhalten des Gaumensegels bei der Bildung der Sprachlaute, insbesondere der Vocale, hat lange den Gegenstand einer Controverse gebildet, und es sind eine Menge zum Theil sehr mühsamer Experimente ausgeführt worden, um die Frage nach dem vollständigen Abschluss der Nasenhöhle speciell bei der Bildung der reinen Vocale objectiv zu entscheiden (vgl. z. B. Brücke, Grundzüge 28; Wiener Sitz.-Ber., math.-naturw.

Cl. XXVIII (1858), 90 ff. Czermak, ebenda XXIV (1857), 4 ff. XXVIII (1858), 575 ff. Merkel 62 ff.). Sehr einfach und überzeugend ist Czermak's Verfahren. Man bringe während der Bildung des zu untersuchenden Lautes eine kalte polirte Platte, etwa eine Messerklinge, vorsichtig unter die Nasenöffnung. Ist die Gaumenklappe fest geschlossen, so bleibt die Platte rein, bei der geringsten Oeffnung aber beschlägt sie sich mit Wasserbläschen. Fast ebenso empfindlich und für die Demonstration besser geeignet ist folgende Modification des Brücke'schen Verfahrens (Grundz. 28), eine brennende Kerze vor die Nasenöffnung zu bringen. Man befestigt in die Enden zweier Kautschukschläuche kleine Metall- oder Glasröhren, die in eine feine Spitze auslaufen; vor den Mündungen derselben werden zwei kleine Kerzenflammen angebracht. Die beiden andern Enden führt man möglichst luftdicht in die eine Nasen-, bez. die Mundöffnung ein (bei der letztern kann man auch zur bequemern Auffangung des Luftstroms einen kleinen Trichter benutzen). Spricht man dann einen reinen Vocal aus, so wird nur die vor der Mündung des Mundschlauchs befindliche Flamme umgeblasen, bei einem Nasal nur die andere, bei einem nasalirten Vocal, auch bei der geringsten Spur von Nasalirung, gerathen beide in heftiges Flattern. Um die Sache auch durch das Gehör entscheiden zu können, kann man bei stimmhaften Lauten auch die Enden der Kautschukschläuche (ohne jene Spitzen) in die Ohren einführen; man hört dann das charakteristische Schmettern des Stimmtons je nach der Art des untersuchten Lautes nur in je einem oder gleichzeitig in beiden Ohren. Ein sehr einfaches Experiment ist auch das, während der Aussprache des betreffenden stimmhaften Lautes die Nase plötzlich zuzuhalten. Ist der Laut nasalirt, so verändert er sofort merklich seinen Klang, weil sein bisher offener Resonanzraum in einen gedeckten verwandelt wird. Ganz empfindlich ist übrigens dieser Versuch nicht, weil auch bei reinen Vocalen mit straff angespanntem Gaumensegel (namentlich *i*) die Schallschwingungen durch das letztere in den Nasenraum übertragen werden, so dass auch dieser einen geringen Einfluss auf den Gesammtklang des Vocals erhält.

137. Nennen wir alle diejenigen Geräusche, welche durch Reibung eines Luftstroms an den Rändern einer Enge entstehen, Reibelaute oder Spiranten (auch Fricativae wird dafür gebraucht), alle diejenigen Sprachlaute aber, welche mittelst eines völligen Verschlusses des Sprachorgans gebildet werden, einstweilen Verschlusslaute, so ergeben sich aus den oben angegebenen Factoren folgende verschiedene Lautgruppen:

1. Aus 1 und 4 die rein sonor gebildeten Arten der Vocale und Liquidae (Cap. 10 ff.).

2. Aus 1 und 5 die nasalirten Vocale und Liquidae (Cap. 10 ff.).

3. Aus 2 und 4 die Mundspiranten oder Spiranten im engeren Sinne; z. B. stimmloses *f, s, ch* oder stimmhaftes *v, z, ʒ* (Cap. 14).

4. Aus 2 und 5 nasalirte Spiranten, wie sie an Stelle einfacher Mundspiranten in 'nasalirenden' Sprachen, z. B. vielfach im nordamerikanischen Englisch, auftreten. Die Nasalirung ist meist nur gering, da sich sonst, bei der doppelten Ausflussöffnung, das spirantische Reibungsgeräusch zu leicht verlieren würde.

5. Aus 3 und 4 die Mundverschlusslaute oder Verschlusslaute im engeren Sinne; hierher gehören die sog. Tenues *k*, *t*, *p* und Mediae *g*, *d*, *b* nebst ihren Aspiraten (Cap. 15).

6. Aus 3 und 5 die sog. Nasale, *m*, *n*, *ŋ* u. s. w. (Cap. 13), die, wie bereits oben **123** angeführt, als nasalirte Mundverschlusslaute aufgefasst werden können.

138. Die Praxis hat diese 6 Classen von Lauten, aus denen ohnehin die vierte meist in Wegfall kommt, noch weiter reducirt, indem sie die zweite nur als eine Unterabtheilung der ersten betrachtet, während sie 5 und 6 als getrennte Classen bestehen lässt. Ein Gesammtname für die in unserer ersten Classe vereinigten Laute ist bisher nicht üblich gewesen, man kann dafür etwa (mit Bezug auf die **188** festgestellte Unterscheidung von Sonoren und Geräuschlauten) den Namen Mundsonore gebrauchen. Classe 2 wäre demnach als die der nasalirten Mundsonoren zu bezeichnen. Classe 3 und 5 pflegen schlechthin als Spiranten und Verschlusslaute aufgeführt zu werden. Für Classe 6 ist von Alters her der Name Nasale üblich gewesen; seit Brücke ist dafür auch der nichtssagende Name Resonanten aufgekommen, der besser vermieden wird.

139. Man unterscheide in der Praxis scharf zwischen einem Nasal als einem Laute unserer sechsten, und einem nasalirten Laute als einem unserer zweiten (und vierten) Classe. Namentlich aber muss vor einer Vermischung der dritten und fünften Classe, insbesondere vor einer Verwechselung der Ausdrücke Spirans (zu Cl. 3) und Aspirata (zu Cl. 5) nachdrücklichst gewarnt werden. Die grosse Verwirrung, an welcher lange Zeit z. B. die Lehre von der Entwicklung der Medialaspiraten in den indogermanischen Einzelsprachen litt, ist wesentlich eine Folge unklarer Vorstellungen auf diesem Gebiete gewesen. Obwohl die hier in Betracht kommenden Verhältnisse so ausserordentlich einfach sind, hat man doch die in sich selbst widerspruchsvollsten Definitionen mit Ruhe hingenommen; wie wenn z. B. Corssen das lat. *f* als eine 'labiodentale Spirans mit festem Kern' bezeichnete. Von einem solchen Kern, unter dem wohl ein Verschluss verstanden werden soll, kann natürlich bei einer Spirans keine Rede sein. Geht der Spirans ein Verschluss voraus, so bekommen wir einen Doppellaut, eine Affricata, d. h. Verschlusslaut + Spirans 's. **454** ff.), folgt der Oeffnung des Verschlusses ein einfacher

Hauch (statt der Spirans), so entsteht das, was wir Aspirata nennen (s. **401. 434** ff.). Zu den Verschlusslauten gehören eben nur die sog. Tenues und Mediae nebst deren Aspiraten nach der landläufigen Terminologie; zu den Spiranten dagegen alle übrigen 'Geräuschlaute' (**188**), insbesondere auch die nur in Folge missverständlicher Namensübertragung so vielfach fälschlich als Aspiraten bezeichneten lat. deutschen *f* und *ch*, engl. *th*, oder φ, χ, ϑ der neugriechischen Aussprache.

140. Das indische System stellt die Nasale wegen ihrer Mundcanalverschlüsse zu den Verschlusslauten, und einige Neuere möchten sich dem anschliessen. Es ist in der That nicht unwichtig, auf diese Verschlüsse bei den Nasalen hinzuweisen: sie spielen bei der Combination der Laute eine wesentliche Rolle. Aber man darf nicht vergessen, dass doch der Nasencanal bei der Hervorbringung der Nasale geöffnet ist, und dass sie dadurch den Vocalen und Liquiden, überhaupt allen Lauten nahe stehen, die nicht mit völligem Verschluss aller Luftwege gebildet werden. Richtiger wird man die Nasale daher als Halbschlusslaute bezeichnen. Zu diesen stellt sich dann in gewissem Sinne auch die Liquida *l*, welche wie die Dentale *t*, *d*, *n* eine Absperrung des Mundcanals in der Mittellinie des Mundes aufweist (**312**).

Cap. 7. Die Articulationsstellen des Ansatzrohrs.

141. Eine grosse Anzahl von Sprachlauten entsteht, wie wir oben **89** ff. und öfter gesehen haben, dadurch, dass irgendwo im Ansatzrohr eine Enge oder ein Verschluss gebildet wird, welcher den exspirirten Luftstrom in Schallschwingungen versetzt. Den Ort dieser Engen- oder Verschlussbildung nennen wir die Articulationsstelle des betreffenden Lautes. Wir sagen also z. B., dass *p*, *b*, *m* (abgesehen von der eventuell begleitenden Stimme) ihre Articulationsstelle an den beiden Lippen, dass *f* die seinige zwischen Unterlippe und Oberzähnen habe, u. s. f.

Solche Articulationsstellen nun haben alle Sprachlaute, auch diejenigen, bei denen eine Geräuschbildung im Ansatzrohr nicht stattfindet; so theilt z. B. das geräuschfreie (stimmhafte) *m* den Lippenverschluss mit *p*, *b*, das ebenso gebildete *l* die Stellung der Vorderzunge mit *t*, *d*, *n*. Der Unterschied ist nur dieser, dass bei der einen Reihe von Sprachlauten die Articulationsstelle schallbildend auftritt, bei der andern dagegen nur die Gestalt des Resonanzraums und damit den Charakter der Resonanz bedingt.

142. Die Bestimmung der Articulationsstelle eines Lautes gelingt um so leichter, je prägnanter ausgeführt die Einengung des Mundcanals (bis zum völligen Verschluss) ist. Daher bieten die Laute, welche durch Articulation der mittleren Zungenpartien gegen den Gaumen gebildet werden, viel erheblichere Schwierigkeiten für die Bestimmung dar, als die anderen Laute, zumal man meist auf Tastversuche angewiesen ist. Am schwierigsten sind im Allgemeinen die Articulationen der Vocale zu fixiren, weil bei diesen am wenigsten prägnante Verengungen des Mundcanals auftreten. Es soll daher ihre Beschreibung bis zu dem die Einzelvocale behandelnden Abschnitt aufgehoben und hier nur von den schärfer hervortretenden Articulationsstellen der übrigen Laute gehandelt werden.

143. Einen sehr wesentlichen Fortschritt in der genaueren Bestimmung der Articulationsstellen bezeichnet die sehr sinnreiche Färbungsmethode von Oakley-Coles und Grützner (S. 204 u. ö., vgl. auch Techmer S. 30), die dann später durch Kingsley durch die Einführung des künstlichen Gaumens (s. u.) vervollkommnet wurde. Grützner bestreicht die trocken abgewischte Zunge dick mit Carmin- oder chinesischer Tusche, und articulirt dann möglichst deutlich und zwanglos die Laute. Hierauf wird der Mund geöffnet gehalten und bei passendem Licht mit einem grossen Kehlkopfspiegel, der schräg oben nach dem Gaumen sieht, und einem gewöhnlichen Toilettenspiegel betrachtet. Kingsley führt statt dessen einen künstlichen Gaumen in den Mund ein, d. h. eine dünne genau nach dem Gaumen des einzelnen Individuums gearbeitete Platte, auf welcher sich die Contactflächen der Zunge markiren, die dann nach Herausnahme der Platte direct abgelesen werden können. Abbildungen des *l*, Zungen-*r*, *s*, *š* gibt Grützner S. 204. 207. 219. 221; anderes bei Techmer, Atlas tab. IV, R. Lenz, Zs. f. vergl. Sprachf. 29, 1 ff., N. W. Kingsley in Techmer's Zs. 3, 225 ff. und sonst.

144. Es fragt sich hier zuerst, wie viele solcher Articulationsstellen wir anzunehmen haben, und wie dieselben zu einander liegen.

Im Anschluss an die Lautsysteme des Griechischen und Lateinischen pflegte man sonst nur drei verschiedene Articulationsstellen anzunehmen, deren Producte als gutturale, dentale und labiale Laute bezeichnet wurden. Nach der Kenntnissnahme vom Sanskrit fügte man hierzu noch die sog. palatalen und cerebralen Laute, die man nach dem indischen Lautsystem zwischen Gutturalen und Dentalen einschob. Das so entstehende System ist indessen physiologisch nicht ohne Weiteres verwendbar. Die Rücksicht auf die bei der Bildung der einzelnen Laute betheiligten Organe wie auf die Lautgeschichte fordert vielmehr, wie Winteler gezeigt hat, zunächst eine Zweitheilung, in Lippenlaute oder Labiale, die nur vermittelst der Lippen unter gelegentlicher Zuhülfenahme der Zähne, und Zungengaumenlaute oder Linguopalatale, die vermittelst der Articulation irgend eines Zungentheils gegen irgend einen Theil des innern Mundraums, speciell des weichen oder harten Gaumens, eventuell auch der Zähne hervorgebracht werden. Als dritte Gruppe schliessen sich diesen die faucalen Laute an, die durch Articulation des weichen Gaumens gegen die hintere Rachenwand erzeugt werden.

145. Es versteht sich übrigens aus der Unabhängigkeit der Lippen- und Zungenarticulationen von einander von selbst, dass beide auch gleichzeitig bei der Bildung eines Lautes mitwirken können. Das Weitere hierüber wird die Combinationslehre bringen.

An Einzelheiten ist folgendes zu bemerken:

1. Die Lippenlaute.

146. Die Lippenlaute zerfallen je nach der Nichtbetheiligung oder Betheiligung der Zähne an der Articulation in bilabiale (rein labiale, labiolabiale) und labiodentale. Zu den ersteren gehören unsere gewöhnlichen *b*, *p*, *m* und das mitteldeutsche *w*. Hier sind die beiden Lippen entweder bis zum völligen Verschluss zusammengebracht (wie bei *b*, *p*, *m*) oder einander bis auf einen kleinen Spalt genähert (wie beim *w*). Die Labiodentalen entstehen dagegen durch leichtes Anpressen der Unterlippe an die Oberzähne; die Oberlippe bleibt zwar wesentlich in der Ruhelage, doch nimmt sie in den meisten Fällen ebenfalls an der Lautbildung Antheil.

147. Die Variationsfähigkeit der Labiale ist (abgesehen von ihren Modificationen durch gleichzeitige Zungenarticulationen) im Ganzen keine sehr grosse. Alles in dieser Richtung zu Beobachtende ergiebt sich leicht durch das 42 ff. über die verschiedenen Formen der Lippenarticulation Bemerkte.

2. Die Zungengaumenlaute.

148. Viel grössere Mannigfaltigkeit und damit erhöhte Schwierigkeiten für die Classificirung bieten die Linguopalatale. Die articulirenden Theile sind hier die obere und hintere Innenfläche des Mundraums (das Munddach), speciell der Gaumen in seiner ganzen Ausdehnung, und die Zunge. Die letztere allein aber ist eigentlich das bewegliche Instrument der Articulation. Durch ihre Formveränderungen (unterstützt durch die Hebung und Senkung des Unterkiefers) werden hauptsächlich die betreffenden Engen oder Verschlüsse zu Wege gebracht. Das Munddach verhält sich dabei mehr passiv, namentlich der ganze harte Gaumen. An dem festen Dache des Mundraums werden daher am besten die Orte zu markiren sein, an denen die Articulation stattfindet. Ein zweiter Gesichtspunkt für die Charakteristik der Linguopalatale- ist gegeben in der Frage nach der Form der Theile, mit welchen die Zunge articulirt.

149. Gehen wir, um die Frage nach den Orten der Articulation zu beantworten, von den sog. 'Gutturalen' der alten Terminologie aus, so ist der äusserste Verschlusslaut dieser Reihe nach rückwärts zu ein tiefes k, das durch Berührung des hinteren Zungenrückens mit einem möglichst weit nach hinten und unten gelegenen Theil des Munddachs gebildet wird (man kann dabei selbst bis unter die Region des Zäpfchens hinabsteigen). Es ist nun ohne Weiteres klar, dass man von hier aus nach vorn fortschreitend nach einander jeden Theil der Zunge mit einem entsprechend gelegenen Theile des Munddachs in Berührung bringen; dass man die Berührungsstelle ganz allmählich und unmerklich von hinten nach vorn verschieben kann. Jeder der verschiedenen Berührungsstellen muss ein eigener Laut entsprechen, und ganz analog verhalten sich die neben den Verschlüssen einhergehenden Engenbildungen und ihre Lautproducte. Man bekommt also eine continuirlich abgestufte Reihe von Lauten, deren Anzahl der Theorie nach unendlich ist. In der Praxis aber werden jedesmal eine ganze Reihe solcher Laute, die sich durch einen wesentlich gleichen Klangcharakter auszeichnen, zu einer Einheit zusammengefasst, so dass für die Articulation eines jeden Lautes ein gewisser Spielraum innerhalb bestimmter Grenzen gelassen wird. Unsere Ausdrücke Palatale, Dentale, Gutturale u. s. w. weisen also, wie die meisten Namen für Sprachlaute oder deren Gruppen, nicht auf eine absolut feststehende Articulation oder einen unabänderlich fixirten Sprachlaut, sondern sie bezeichnen nur ganze Lautkategorien, deren Anordnung sich nach der Verwandtschaft ihrer Articulationsweisen und deren Anzahl sich nach ihrem Vorkommen in gegensätzlicher Verwendung bestimmt (s. **119**). Im Allgemeinen aber wird es genügen, zunächst drei grosse Gebiete, ein vorderes, mittleres und hinteres aufzustellen, je nachdem die Laute mit der Zungenspitze, dem mittleren oder hinteren Theile des Zungenrückens articulirt werden. Das erstere umfasst, wie man sieht, die **Dentale** des alten griechischen Systems (einschliesslich der sanskritischen Cerebrale), das zweite die sog. **Palatale**, das dritte die **Gutturale** der älteren Terminologie, die man aber deutlicher und besser als **Velare** bezeichnet.

150. Was den zweiten Punkt anlangt, so sind zu unterscheiden:
A. **Mediane Articulation**: die Articulationsstelle liegt in der Mittellinie des Mundes, und zwar:
1. **Coronale Articulation**: die Articulation wird durch den **vorderen Zungensaum** bewirkt, welcher sich als eine mehr oder weniger scharfe Kante dem Gaumen entgegenstellt (z. B. beim Zungenspitzen-*r* und verschiedenen der sog. Dentallaute).
2. **Dorsale Articulation**: die nothwendigen Engen bez. Verschlüsse werden durch Emporheben eines Theiles des **Zungenrückens** (z. B. beim *j* des vordern, bei *k, ch* des hintern) zum Gaumen gebildet.
Ueber besondere Modificationen dieser beiden Articulationsweisen bei den sog. emphatischen Lauten s. unten **166**.
B. **Laterale Articulation**: hier liegen die charakteristischen Engen oder Verschlüsse zwischen den **Seitenrändern** der Zunge und den Backenzähnen (bei den *l*-Lauten).

151. Die Articulationen des hinteren und mittleren Theils der Zunge sind aus leicht ersichtlichen Gründen sämmtlich dorsal, was die Gestalt der Zungenoberfläche anlangt (wodurch laterale Articulation natürlich nicht ausgeschlossen ist). Die Zungenspitze aber vermag wegen ihrer grösseren Beweglichkeit sowohl coronal als dorsal zu articuliren. So bilden denn die sog. Dentale im herkömmlichen Sinne des Wortes eine Vermittelung zwischen den Gruppen coronaler und dentaler Bildung, indem man zu ihnen sowohl coronal als dorsal gebildete Laute rechnet. Eine Art Uebergangsstufe scheinen die gewöhnlichen *s*-Laute zu bilden. Bei diesen ist nämlich der äusserste Zungenrand ein wenig nach unten umgeknickt, so dass die eigentliche Enge mit einem dicht hinter dem Zungensaume gelegenen Theile des Zungenrückens gebildet wird. Für diesen Theil der Zungenspitze hat Sweet den Ausdruck **blade** 'Zungenblatt' eingeführt.

152. Ueber die Nothwendigkeit der Unterscheidung coronaler und dorsaler Articulation s. Michaelis, Ueber die Physiologie und Orthographie der *s*-Laute, Berlin 1862, und Kuhn's Zeitschr. XXIII, 518 ff. Nur fasst Michaelis den Begriff 'dorsal' enger, indem er ihn nur für die zwischen dem Zungenrücken und dem vorderen Theile des Gaumens oder den oberen Schneidezähnen gebildeten Laute anwendet. Statt 'coronal' sagt Michaelis 'apical', was mir weniger passend erscheint, da man dabei unwillkürlich zu sehr bloss an die vordere Spitze denkt: jedenfalls aber hatte Michaelis Recht, den früher von mir gebrauchten missverständlichen Ausdruck 'oral' statt 'coronal' zu verwerfen. — Die laterale Articulation ist, wenn man will, nur eine Unterabtheilung der allgemeinen Kategorie der Randarticulationen der Zunge; die andere Abtheilung derselben bilden die coronalen.

Hiernach gewinnen wir folgende Gruppen von Zungengaumenlauten:

A. Mediane Articulationen.

1. Vorderes Gebiet.

153. In der Indifferenzlage ruht die Zungenspitze hinter den Unterzähnen. Sie kann von dort ausgehend stufenweise gehoben und mit entsprechenden Theilen der beiden Zahnreihen, der Alveolen der Oberzähne und des harten Gaumens in Berührung gebracht oder diesen genähert werden. Hat sie so die obere Grenze der Alveolen überschritten, so kann sie selbst etwas nach hinten übergebogen werden. Die Unterfläche der Zunge wird dabei nach vorn zu convex und berührt theilweise den harten Gaumen (Brücke S. 36 f.). Die Articulation selbst kann dabei entweder coronal oder dorsal sein, vgl. oben **150**.

154. Dies ganze Articulationsgebiet pflegt die vergleichende Grammatik im Anschluss an das indische Lautsystem gewöhnlich nur in zwei Unterabtheilungen zu zerlegen, die der Cerebrale und Dentale. Brücke theilte sodann die letztere Gruppe wieder in Alveolare, Dorsale und (eigentliche) Dentale ein, fasste aber selbst innerhalb seiner Dentale Laute von ganz verschiedenem Mechanismus zusammen, indem er z. B. lehrte, dass ein 'dentales' *t* gebildet werden könne, 'indem man die Zahnreihen ein wenig von einander entfernt und den Spalt mit dem Zungenrande verstopft, oder indem man den Rand der flach liegenden Zunge ringsum an die obere Zahnreihe anpresst, oder endlich indem man die Spitze der flach liegenden Zunge nach abwärts biegt und hart über derselben durch festes Aufdrücken der Oberzähne den Verschluss bildet' (Grundz.[1] 37). Nach ihm hat dann namentlich zuerst Michaelis strenger die Orte und Arten der Articulation (ob dorsal oder coronal gebildet) zu unterscheiden gelehrt, da diese namentlich bei der Bildung von Spiranten (*s*-Lauten) sehr wesentlich sind. So erhalten wir von oben beginnend:

a. Laute coronaler Articulation.

155. 1. Cerebrale (dies die übliche, wenn auch falsche Uebersetzung des sanskr. *mūrdhanya*, des indischen Namens dieser Lautclasse) oder cacuminale (M. Müller), auch höchst unpassend von einigen als linguale bezeichnet; deutlicher ist der englische Name 'inverted'. Die Zungenspitze ist hier nach dem Gaumendache auf- und zurückgebogen. Dorsal gebildete Nebenformen dieser Classe gibt es meines Wissens nicht, die angegebene Zungenstellung lässt ihre Bildung nicht wohl als möglich erscheinen. — Es fallen hierher die bekannten Cerebrallaute der dravidischen Sprachen und des Sanskrit (*t̤*, *t̤h*, *d̤*, *d̤h*, *n̤*, *ṣ*, *r̤*, Brücke's t^2, d^2 u. s. w., Sweet's (*t*+), *d*+) u. s. w.), auch im Schwedischen sind sie häufig; im Englischen kommt cerebrales *r̤* dialektisch vor.

156. 2. Alveolare, Brücke's t^1, d^1 u. s. w., Sweet's point consonants, Lundell's Supradentale. Der Zungensaum wird durch Hebung der Vorderzunge nach den Alveolen der Oberzähne hingeführt, ohne die Oberzähne selbst zu berühren, aber auch ohne ersichtliche Rückbiegung der Zunge, die zu cerebraler Articulation führen würde. Bei der räumlichen Ausdehnung der Alveolen sind eine ziemliche Anzahl von Varietäten möglich: man kann etwa vordere und hintere Alveolare unterscheiden, je nachdem die eigentliche Articulationsstelle mehr an der Unterfläche oder der nach innen gewendeten Seite der Alveolen stattfindet. Alveolare *t*, *d*, *n* u. s. w. sind in Deutschland sehr verbreitet.

157. 3. Postdentale (Lundell), Sweet's point-teeth consonants, von Michaelis noch unterschieden in Superficiale (nach der superficies interna dentis) und Marginale, je nachdem die Articulation zwischen Zungensaum und der Hinterfläche oder dem untern Rande der Oberzähne stattfindet. Hierher gehören die *t*, *d* mancher Sprachen, auch z. Th. das engl. *th*. Brücke's t^4, d^4 u. s. w. umfassen auch noch die folgende Gruppe, die

158. 4. Interdentale (Brücke, Sweet, Lundell). Wir verstehen hierunter nur diejenigen Laute, bei welchen der

Zungensaum selbst den Spalt zwischen den beiden Zahnreihen verstopft. Hierher gehören z. B. die *t, d* des Armenischen (doch nicht ausnahmslos) und anderer orientalischer Sprachen, neugriech. δ, ϑ, auch oft engl. *th.*

Diese Interdentalen halten die neutrale Mitte zwischen coronaler und dorsaler Articulation, indem die Vorderzunge flach und ohne Knickung ausgebreitet daliegt. Sobald eine Hebung der Zunge stattfindet, gelangen wir zu der Articulationsweise der Postdentalen, Alveolaren und Cerebralen. Wird aber die Zungenspitze nach unten gedrückt und ein weiter rückwärts gelegener Theil der Zunge gehoben, so bekommen wir die specifische Articulationsform der

b. Laute dorsaler Articulation.

159. Brücke beschreibt nur eine Art dorsaler Laute der Vorderzunge, die er schlechthin Dorsale nennt (Lundell's Dentipalatale). Sein dorsales *t* wird z. B. gebildet, indem man mit dem vorderen convex gemachten Theile des Zungenrückens gegen den vorderen Theil des Gaumens schliesst, während die Zungenspitze nach abwärts gebogen und gegen die untern Schneidezähne gestemmt wird. Man kann aber auch z. B. ein *s* bilden, dessen Enge zwischen dem Zungenrücken und den Oberzähnen liegt, während der eigentliche Zungensaum noch immer hinter den Unterzähnen ruht (so wird z. B. das franz. *s, z* articulirt). Manche Personen, die mit der Zunge 'anstossen', bilden ein *s* zwischen dem 'Zungenblatt' und der Kante der oberen Schneidezähne. Man kann also fast alle die Articulationen auch dorsal bilden, die oben bei den coronalen Lauten aufgeführt wurden. Eine praktische Einschränkung erfährt dieser Satz aber dadurch, dass die dorsale Wölbung des Zungenblatts die Bildung rein postdentaler Verschlusslaute fast unmöglich macht, da gar leicht bei dem Versuche dazu auch die obern Alveolen mit berührt werden. Jedenfalls aber ist das dorsal-dentale franz. *s* von den dorsal-alveolaren *t*-Lauten Brücke's zu trennen.

160. Die Scheidung der Laute dorsaler Bildung rührt wieder zunächst von Michaelis her. — Uebrigens lässt sich der Unterschied der beiden zuletzt genannten Gruppen deutlich fast nur bei den Spiranten beobachten. Bei den Verschlusslauten ist die Berührungsfläche von Zungenrücken und Gaumen meist so breit, dass es schwer ist, deren Begrenzung genügend zu ermitteln.

2. Mittleres Gebiet (Palatale).

161. Unter Palatalen (Praepalatale Lundell) verstehen wir die durch Articulation des mittlern Zungenrückens gegen den harten Gaumen gebildeten k-ähnlichen Verschlusslaute und die diesen entsprechenden Spiranten. Dieser Art sind z. B. diejenigen k-Laute, welche die Slaven, aber auch viele deutsche Mundarten vor den sog. 'weichen' oder 'palatalen' Vocalen ($ü$, e, i u. ähnl.) bilden, von Spiranten der deutsche ich-Laut, u. dgl. Man sieht, dass bei der Ausdehnung des Articulationsgebiets, das sich von der hintern Grenze der Alveolen bis zum weichen Gaumen erstreckt, wieder eine grosse Mannigfaltigkeit von Lauten möglich ist. Man kann dies leicht verfolgen, wenn man der Reihe nach die Verbindungen $kü$, ke^2 (offenes e), ke^1 (geschlossenes e), ki^2 (offenes i), ki^1 (geschlossenes i) spricht. Je weiter man sich dem Ende dieser Reihen nähert, um so mehr wird auch die Articulationsstelle des k nach vorn verschoben. Man kann die einzelnen Laute dieser Palatalgruppe nach Massgabe von Cap. 23 etwa durch einen übergesetzten Vocalexponenten bezeichnen (c^i, c^e u. dgl.), oder auch zu genauerer Scheidung noch zunächst die Unterabtheilungen der hinteren und vorderen Palatale (c^2, c^1 u. s. w.) verwenden.

162. Es ist besonders darauf zu achten, dass wir unter dem Namen Palatalen nicht auch die zusammengesetzten $tsch$-Laute begreifen, die man vielfach mit diesem Namen bezeichnet. Diese werden erst im folgenden Abschnitte Cap. 21, 1 ihre genauere Besprechung finden.

3. Hinteres Gebiet (Velare).

163. Als Velare (früher meist als Gutturale bezeichnet) bleiben hiernach nur diejenigen Zungengaumenlaute übrig, bei denen der hintere Zungenrücken gegen den weichen Gaumen bez. die weitere Fortsetzung des Munddachs nach hinten und unten (**149**) articulirt. Viele Sprachen unterscheiden hier abermals zwei Gebiete, das der vorderen und der hinteren Velare (k^1, g^1 und k^2, g^2 u. s. w.; Mediopalatale und Postpalatale Lundell). Zu der hinteren Reihe gehören z. B. die tiefen Gutturale der semitischen und mancher kaukasischen Sprachen (sem. koph, georgisch q), von Spiranten z. B. das tiefe schweizerische ch und die diesem entsprechenden stimmhaften Laute, die man vielfach als Ausartungen des uvularen r findet (zu ihnen gehört auch das armenische γat). Hier articulirt überall die Zunge mit dem unteren Rande des weichen Gaumens. Zur vorderen Reihe gehören die gewöhnlichen europ. *k*, *g* vor *a*, *o*, *u* und ähnlichen Vocalen, der deutsche *ach*-Laut u. a. m.

164. Ueber die hier dem Worte Velare gegebene Bedeutung s. 171.

165. Für die Sprachgeschichte ergibt sich aus dem Gesagten der Satz, dass eine continuirliche Lautreihe und also eine entsprechende Lautentwicklung von den hinteren Velaren bis zu den dorsalen Lauten der Vorderzunge besteht. Von diesen gelangen wir zu den alveolaren und cerebralen Lauten nur durch einen Sprung, insofern nicht etwa im einzelnen Falle interdentale Laute den Uebergang vermittelt haben. Zu den Labialen gelangen wir abermals nur durch einen Sprung in der Articulation.

4. Anhang.

Die Articulation der sog. emphatischen Laute.

166. Neben den gewöhnlichen medianen Zungengaumenlauten besitzen die semitischen Sprachen noch eine Reihe abweichend gebildeter Laute, die man als emphatische Laute und in den üblichen Transcriptionssystemen durch einen untergesetzten Punkt zu bezeichnen pflegt. So stehen im Arabischen den gewöhnlichen Tenues ك *k*, ت *t* die emphatischen ق *ḳ*, ط *ṭ*, der Media د *d* die emphatische ض *ḍ*, der stimmlosen und stimmhaften Spirans س *s* und ز *z* die emphatischen Parallelen ص *ṣ* und ظ *ẓ* gegenüber. Das Aethiopische hat auch ein emphatisches *p*. Die Articulation dieser Laute im Einzelnen ist noch nicht mit hinlänglicher Sicherheit erforscht. Ihren Namen tragen sie deshalb, weil sie mit kräftigerer Anspannung der articulirenden Theile gebildet werden. Diese erstreckt sich insbesondere auch auf die Zunge, welche namentlich in ihren hinteren Partien stark gewölbt, sozusagen klossförmig verdickt wird. Bei den Tenues kommt ausserdem vielleicht Kehlkopfverschluss hinzu (vgl. **365**), bei den stimmhaften Lauten wahrscheinlich auch Pressstimme statt der gewöhnlichen Stimme (vgl. **172**, 7. **175**).

B. Laterale Articulationen.

167. Oben **150**, B wurde bereits ausgeführt, dass die specifische Articulation der Laterallaute darin bestehe, dass ihre Articulationsstelle zwischen den Seitenrändern der Zunge und den Backenzähnen liege. Das bekannteste Beispiel derselben sind die *l*-Laute. Laterale Verschlusslaute finden sich, soweit bekannt, in den indog. Sprachen nur vor oder nach *l*-Lauten als Vertreter von medianen Verschlusslauten, namentlich Dentalen und Palatalen.

3. Die Faucallaute.

168. Faucale Laute werden, wie bereits **144** angegeben wurde, durch Articulation des weichen Gaumens gegen die hintere Rachenwand gebildet. Da nun, wie ebenfalls bereits früher (**133**) angedeutet wurde, zwischen Gaumensegel und Rachenwand ein eigenes Reibungsgeräusch, das zur Sprachlautbildung diente, nicht erzeugt wird, wenn das Gaumensegel gesenkt ist, so ergibt sich, dass faucale Reibelaute einstweilen nicht zu statuiren sind. Dagegen wirkt die Schliessung und Oeffnung der Gaumenklappe ganz ebenso wie z. B. die Schliessung und Oeffnung der Lippen von *p*- oder *b*-Lauten u. dgl., d. h. durch die Schliessung und Oeffnung (sammt der Verschlussstellung) der Gaumenklappe entstehen faucale Verschlusslaute in demselben Sinne wie labiale Verschlusslaute bei ähnlicher Action der Lippen u. s. w. (vgl. oben **107**).

169. Ein Durchgang durch die Verschlussstellung der Gaumenklappe ist natürlich überall da vorhanden, wo ein reiner Mundlaut neben einem Mundnasenlaut oder einem Nasenlaut gebildet wird (vgl. **133** ff.), aber die Wirkung des Faucalschlusses bez. der Faucalöffnung kommt fast nur dann deutlicher zur Geltung, wenn der Mundcanal gleichzeitig abgesperrt und die Schliessung und Oeffnung der Gaumenklappe demnach der einzige schallbildende Articulationsact des Ansatzrohrs ist. So hört man z. B. den Knall bei der Oeffnung der Gaumenklappe leicht beim Uebergang vom *t* zu *n* oder *b* zu *m* in Wörtern wie *Aetna, abmachen*, viel schwieriger (fast nur beim Flüstern) den schwächeren Knall, der durch die Oeffnung des Halbverschlusses (vgl. **140**) bei der Verbindung von Spiranten mit Nasalen, wie *sna, sma* entsteht, und bei der Verbindung von beliebigen Mundlauten mit Nasalvocalen erfassen wir überhaupt wohl nur die Mundlaute, in Verbindungen wie *pq̃, fq̃* also nur die Lippenlaute *p, f*. Die Gleitlaute, die durch Schliessung der Gaumenklappe entstehen, sind ebenfalls im Ganzen wenig deutlich ausgeprägt.

170. Die eigentliche Articulationsstelle der Faucallaute ist nur wenig variabel, insofern das Gaumensegel höchstens etwas mehr gesenkt oder mehr in die Höhe gezogen sein kann. Es ist daher streng genommen auch nur eine Gruppe von Faucallauten anzusetzen (innerhalb deren nach Massgabe der folgenden Capitel stimmlose und stimmhafte, Fortes und Lenes u. dgl. zu unterscheiden sind). Dagegen wird der Klang der Faucalen stark beeinflusst durch die durch gleichzeitigen Mundverschluss oder -halbverschluss bedingte verschiedene Resonanz: man glaubt also z. B. beim Uebergang von *p* zu *m* (faucale Explosion nach labiofaucalem Schluss) einen *p*-ähnlichen, beim Uebergang von *t* zu *n* (faucale Explosion nach dentifaucalem Schluss) einen *t*-ähnlichen Explosivlaut zu hören, u. s. w. Bei den stimmhaften Verschlusslauten *b*, *d*, *g* wirkt ausserdem der verschiedene Klang des Blählauts (**357**) in derselben Richtung. In unseren Schriftsystemen haben daher die Faucallaute keine gesonderte Bezeichnung empfangen, und da sie, wie wir gesehen haben, thatsächlich an Mundschlüsse oder -halbschlüsse gebunden sind, so kann man sie wohl als Unterabtheilungen der Mundverschlusslaute betrachten, die aus ihnen durch den assimilatorischen Einfluss nasaler oder nasalirter Laute hervorgehen. Sie werden also wie die lateralen Verschlusslaute hauptsächlich erst in der Combinationslehre weiter behandelt werden.

171. In den ersten Auflagen dieses Buches sind die Faucale als Velare bezeichnet worden, weil sie durch Action des Gaumensegels, *velum palati*, erzeugt werden. Da indessen bei den Zungengaumenlauten die verschiedenen Unterarten in der Hauptsache nicht nach den verschiedenen Theilen der articulirenden beweglichen Zunge, sondern nach den verschiedenen Theilen des festen Munddachs unterschieden werden, gegen welches die Zunge articulirt, so empfiehlt es sich auch hier den Namen nicht von dem articulirenden beweglichen Velum, sondern von der festen Wand der Fauces abzuleiten, zumal der Name Velare jetzt fast allgemein zur Bezeichnung der 'Gutturalen' im alten Sinne, d. h. der durch Articulation der Hinterzunge gegen das Velum palati gebildeten Laute, verwendet wird (vgl. oben **163**). Ganz einwandfrei ist freilich auch der Name 'Faucale' nicht, da er die Beziehungen der betr. Laute zu den Nasenlauten nicht scharf hervortreten lässt und auch eine Articulation der Zunge gegen die Rachenwand möglich ist (**149**), deren Producte aber praktisch doch den Velaren zugerechnet werden müssen. Man muss eben auch hier des Satzes eingedenk sein, dass eine Benennung nur a potiori geschehen kann.

Cap. 8. Die Articulationen des Kehlkopfs.

a. Allgemeines.

172. Der Kehlkopf besitzt im Gegensatz zum Ansatzrohr nur éine Articulationsstelle, die Stimmritze. Dagegen weist er gegenüber den drei Articulationsstufen des Ansatzrohrs (Weitstellung, Reibestellung, Verschlussstellung, 130 ff.) ein entschiedenes Mehr von Stufen auf. Es sind nämlich mindestens folgende, zum Theil wieder in sich abgestufte Stellungen zu unterscheiden (vgl. dazu **68** f.):

1) **Weitstellung**: die Stimmritze ist so weit geöffnet, dass die ausgetriebene Luft ohne geräusch- oder klangbildende Hemmung hindurchstreichen kann. Der Kehlkopf nimmt in diesem Falle an der Schallbildung keinen Antheil. Er wirkt höchstens insofern activ oder positiv mit, als die Stimmritze gegenüber der ganz weiten Stellung beim freien Athmen beim Sprechen mehr oder weniger verengt sein kann, um den Luftdruck besser reguliren bez. ein übermässiges Ausströmen von Sprechluft vermeiden zu können. Diese relative Engenstellung der Stimmritze kann natürlich dem Grade und der Form nach verschieden sein.

2) Die **Reibestellung**, genauer die **Hauchreibestellung**: die Stimmritze ist soweit verengt, dass die ausgetriebene Luft an ihren Rändern ein mehr oder weniger deutlich hauchartiges bez. von einem Hauche begleitetes Reibungsgeräusch erzeugt. Dies ist z. B. der Fall bei den deutlicher geriebenen Formen der stimmlosen *h* (**392**).

3) Die **Flüsterstellung**, genauer gesagt die Gruppe der **Flüsterstellungen** (**81** f.): die Stimmritze ist so weit verengt, dass eines der specifischen Flüstergeräusche entsteht. Von den Producten der Hauchreibestellung unterscheiden sich diese durch das Fehlen des hauchartigen Charakters.

4) Die **Stimmstellung**, genauer gesagt die Gruppe der **Stimmstellungen** (**72** ff.): die Stimmritze ist so weit verengt und die Stimmbänder sind derart elastisch gespannt, dass sie durch die ausgetriebene Luft in Klangschwingungen versetzt werden.

5) Die **Murmelstellung** (**84** f.), eine Art Mittelstufe zwischen Stimm- und Flüster- oder Reibestellung, bei der zugleich Klang und Reibegeräusch erzeugt wird. Eine Unterart hiervon ist die **Hauchmurmelstellung** (**87**), bei der die

Stimmritze so weit geöffnet ist, dass sich neben dem Murmelklang auch ein Hauchelement bemerkbar macht.

6) Die einfache Verschlussstellung: die Stimmritze ist unter mässigem Druck verschlossen. Bei der Durchbrechung des Verschlusses entsteht ein ganz momentaner, stimmloser Knall, der stimmlose Kehlkopfexplosivlaut (vgl. **353** etc.).

7) Die Pressstellung: die Stimmbänder sind so fest auf einander gepresst, dass nur mit forcirtem Druck Luft durchgetrieben werden kann, diese aber doch die Stimmbänder zu (unreinen) Klangschwingungen erregt. Eine schwächere Pressstellung findet sich statt der gewöhnlichen Stimmstellung bei der Quetsch- oder Pressstimme der Bauchredner (**80**), aber auch sonst als Charakteristicum mancher Sprachen überhaupt (z. B. sehr deutlich im Somali). Eine forcirte Pressstellung zeigt wie es scheint das arab. ε (**354**).

173. Was die Benennung der einzelnen Lautclassen mit Rücksicht auf diese verschiedenen Stellungen und Leistungen des Kehlkopfs anlangt, so hat man sich jetzt ziemlich allgemein dahin geeinigt, mit Trautmann alle diejenigen Laute als stimmhaft zu bezeichnen, welche mit irgendwie tönender Stimme gebildet werden. Alle übrigen Laute der gewöhnlichen 'lauten' Sprache heissen dem entsprechend stimmlose Laute. Als dritte Hauptgruppe gesellen sich hierzu die Flüsterlaute oder geflüsterten Laute; diese finden aber gewöhnlich nur in der Flüstersprache ihre Verwendung, und stehen da den stimmhaften Lauten der lauten Sprache parallel: beim lauten Sprechen werden eigentliche Flüsterlaute verhältnissmässig selten eingemischt. Für die laute Sprache besteht also im Allgemeinen nur der Hauptgegensatz von stimmhaft und stimmlos.

174. Statt stimmhaft und stimmlos pflegte man früher meist tönend und tonlos zu sagen mit Beziehung auf das Tönen oder Nichttönen der Stimme. Doch ist der Ausdruck tonlos missverständlich, weil er auch im Sinne von unbetont gebraucht wird. Es ist daher besser, die alte Terminologie ganz zu vermeiden, obwohl sie auch jetzt noch nicht ganz ausgestorben ist.

175. Die stimmhaften Laute zerlegen sich nach den Ausführungen von **172** wieder in mehrere Unterabtheilungen, die gegebenen Falles auch terminologisch auseinanderzuhalten sind. Vor allen Dingen ist der Gegensatz von vollstimmigen Lauten mit der Stellung 4 und von gemurmelten oder halbstimmigen Lauten mit der Stellung 5 im Auge zu behalten, zumal auch beim lauten Sprechen namentlich in unbetonten

Silben die Vollstimme oft zur blossen Murmelstimme herabsinkt. Für die Producte der Hauchmurmelstellung (172, 5) könnte man etwa den Ausdruck hauchstimmig verwenden, für die Producte der schwächeren Formen der Pressstellung (172, 7) den Ausdruck pressstimmig, für die der forcirten Pressstellung (s. ebenda) den Ausdruck Kehlpresslaute (vgl. 354).

176. Die Articulationen des Kehlkopfs sind von denen des Ansatzrohrs im Princip unabhängig, d. h. jede der genannten Stellungen der Stimmritze kann mit jeder Stellung des Ansatzrohrs combinirt werden. Namentlich können also bei jeder Mundstellung sowohl die verschiedenen Arten von stimmhaften wie von stimmlosen Lauten erzeugt werden. Nur versteht es sich von selbst, dass der Kehlkopfverschluss auch die Schallbildung im Ansatzrohr unterbricht. Die Schallbildung beginnt beim Kehlkopfverschluss ebenso wie bei den Verschlüssen des Ansatzrohrs erst mit dem Moment, wo der Verschluss gesprengt wird.

177. Ueber den Einfluss der Kehlkopfarticulationen auf den akustischen Werth der Sprachlaute s. Cap. 10.

b. Die Laryngallaute.

178. Unter Laryngallauten versteht man im Gegensatz zu denjenigen Producten des Kehlkopfs, welche ganzen Reihen oder Gruppen von Sprachlauten als Ingrediens dienen (Vollstimme, Murmelstimme, Flüsterstimme u. s. w.), diejenigen im Kehlkopf gebildeten Schälle, welche als besondere Sprachlaute für sich fungiren. Sie sind wie die Mundlaute (137) entweder laryngale Reibelaute (wie die *h* mit deutlichem Reibungsgeräusch, z. B. das arab. ح), oder laryngale Verschlussbez. Explosivlaute, wie das semit. Aleph, arab. Hamza oder das arab. ع. Weiteres über sie s. 353 f.; über ihre Verwerthung als 'Einsätze' s. 382 ff.

Cap. 9. Die Sprachlaute nach ihrer Stärke und Dauer.

1. Stärke.

179. Die Stärke der Sprachlaute ist für diese selbst nicht von so durchgreifender Bedeutung wie die bisher erörterten Factoren der Lautbildung. Zu einem guten Theile dient die Unterscheidung von Lauten grösserer oder geringerer Stärke bloss den Zwecken der Silben- und Wortbildung, insofern

z. B. alle Laute einer dynamisch betonten Silbe (**637** ff.) durchgehends stärker sind als die einer dynamisch unbetonten. Diese Unterschiede dienen also nicht zur Charakteristik der Sprachlaute an sich. Wohl aber treten in einigen Fällen auch Stärkeabstufungen auf, welche vom Accent durchaus unabhängig und demnach als integrirende Charakteristica der Sprachlaute zu betrachten sind. Prüft man z. B. mittelst des oben **61** beschriebenen kleinen Apparats den Luftdruck stimmloser und stimmhafter Parallellaute wie *p* und *b*, oder *f* und *v* (indem man Verbindungen wie *paba*, oder *bapa*, *fava*, *vafa* mit möglichst gleicher Stärke aller Silben spricht), so findet man, dass er bei allen stimmlosen grösser ist als bei den entsprechenden stimmhaften. Es thut nichts zur Sache, dass man ein leises *p* mit absolut geringerem Luftdruck aussprechen kann als ein lautes, nachdrücklich tönendes *b*: es kommt nur darauf an, dass bei sonst gleicher Sprechstärke die erwähnte Abstufung vorhanden ist. In Beziehung auf das relative Mass des Luftdrucks bei der Erzeugung ihres Geräusches sind daher *p* und stimmhaftes *b*, *f* und stimmhaftes *v* einander als Fortis und Lenis entgegenzustellen.

180. Zweierlei ist hierbei zu beobachten: einmal ist der geringere Luftdruck im Munde bei den stimmhaften *b*, *v* gegenüber *p*, *f* mindestens zum Theil nur die Folge der Hemmung des Exspirationsstroms, welche dieser im Kehlkopf durch das Einsetzen der Stimmbänder zum Tönen erfährt (s. **60**), und zweitens liegt es auf der Hand, dass die geringere Stärke, mit welcher die specifischen Geräusche der *b*, *v* erzeugt werden, nicht nothwendig als der wesentlichste Unterschied dieser Laute von *p*, *f* betrachtet werden muss. Im Gegentheil, das Mittönen der Stimme bei *b*, *v* wird immer das am ersten in die Ohren fallende Merkmal sein. Aber alles dies stösst die Thatsache nicht um, dass die specifischen Schälle der *b*, *v*, soweit sie im Munde erzeugt werden, mit weniger starkem Druck (genauer Munddruck) gebildet werden als die von *p*, *f*, denn für diese Frage ist es völlig gleichgültig, ob der schwache Luftstrom direct als solcher aus den Lungen kommt, oder ob er erst unterwegs aus einem stärkeren abgeschwächt worden ist.

181. Ist also anzuerkennen, dass in Sprachen, welche solche Parallellaute wie *p* und *b* etc. durch Nichttönen und Tönen der Stimme unterscheiden, die geringere Stärke des *b* etc. nicht als wichtigstes Unterscheidungsmerkmal aufgefasst zu werden braucht, so muss auf der anderen Seite doch auch wieder zugestanden werden, dass es Sprachen gibt, welche **stimmlose Laute verschiedener Stärke einander gegenüberstellen. Der Schweizer** z. B. unterscheidet die Silben *pa* und *ba*, *ta* und *da* durch stärkeren Druck beim *p*, *t*, schwächeren beim *b*, *d*, aber stimmlos sind beide Laute. Ebenso unterscheidet er z. B. genau ein starkes und ein schwaches stimmloses *s*, *f*, *ch* u. s. w. (z. B. in *hafe*: *gaffe*, *jese*: *esse*, *tsche*: *tsechche*, Winteler 20) unabhängig vom Accent oder der Stellung in der Silbe. Hier bleibt eben der Stärkeunterschied das einzige greifbare Unterscheidungsmerkmal, hier müssen die Ausdrücke **Fortis** und **Lenis** angewandt werden, wenn man den factisch bestehenden Unterschied der Laute charakterisiren will. Der Unterschied erweist sich aber auch sonst nützlich. So ist z. B. das deutsche anlautende *s* (wo es stimmlos gesprochen wird) meist eine Lenis im Vergleich zu dem gleichstehenden englischen *s*.

182. Auch auf die Laute, bei denen eine Schallbildung nur im Kehlkopf stattfindet (die Sonorlaute, **188** f.) kann natürlich das Princip der Scheidung nach der Stärke der Stimme ausgedehnt werden. Die Stimme erfährt aber durch blosse Steigerung nicht eine wesentliche qualitative Veränderung, während die Veränderung des Klanges bei den Geräuschlauten eine sehr wesentliche sein kann. Daher werden 'sonore' Fortes und Lenes wohl kaum in gegensätzlicher Verwendung gebraucht, ihr Wechsel hängt hauptsächlich von den verschiedenen Arten der Silbenbildung und des Accents ab. Vergleicht man Fälle wie *alle*: *ahle*, *Amme*: *ahme*, *Amt*: *ahmt* in der gewöhnlichen nord-, mittel- und süddeutschen Aussprache, oder noch besser etwa schweizerisches *mäne* mahnen, *mäle* mahlen mit deutschem *Manne*, *falle*, so wird man leicht erkennen, dass das den kurzen Vocal noch während eines Momentes voller Energie abschneidende *ll*, *mm*, *nn* an der Stärke des Vocals participirt, also Fortis ist im Vergleich mit dem *l*, *m*, *n* nach langem (in den angeführten *mäne*, *mäle* auch kurzem) Vocal mit schwachem Ausgang (**589** ff.). Selbst bei stimmhaften **Geräuschlauten** (**183**) lässt sich gelegentlich eine solche Abstufung erkennen; wenigstens scheint mir, dass die stimmhaften *s* in norddeutschem *dusseln* oder engl. *puzzle* ein wenig stärker sind, als die von norddeutschem *rieseln*, engl. *measles* u. ä.

183. Man wird hiernach gut thun, auch abgesehen von dem Gegensatz von **Lungendruck** und **Munddruck** (s. **60**), überall den Gegensatz von 'Lautstärke' und 'Silbenstärke im Auge zu behalten. Zum Gebiet der 'Silbenstärke' rechnen wir alle diejenigen Stärkeunterschiede, welche nur vom Accent und ähnlichen Einflüssen abhängen. Sie sind also erst in der Silbenbildungslehre zu behandeln. Dagegen gehört die Lehre von der Lautstärke schon in die Lehre von den Einzellauten, indem sie über alle diejenigen Stärkeunterschiede zu handeln hat, welche für einzelne Laute an sich charakteristisch sind.

184. Man achte darauf, dass die schweizerischen Fortes an vielen Orten als Geminaten gesprochen werden. In den oben angeführten Beispielen bedeutet aber das *ff, ss, chch* in *gaffe, esse, tsechche* durchaus nur einen einfachen, nicht geminirten (**555** ff.) *f*-, *s*-, *ch*-Laut. — Uebrigens macht Heusler, Der alem. Consonantismus der Mundart von Baselstadt S. 24 mit Recht darauf aufmerksam, dass stimmlose Lenis und Fortis ihre gegensätzliche Natur oft (wenigstens in der von ihm behandelten Mundart) nur in sonorer (**189**) Umgebung bewahren. Treten zwei oder mehrere stimmlose Laute zusammen, so erhalten ihre Articulationen eine gewisse mittlere Stärke, kräftiger als die der Lenis, etwas schwächer als die der Fortis. Heusler bezeichnet diese Laute als neutrale.

185. Für diejenigen, welche gewöhnt sind, nur die Qualitätsunterschiede zwischen Tenuis und stimmhafter Media oder stimmloser und stimmhafter Spirans zu erfassen, sind einerseits die Explosivlaute, andererseits die Liquiden und Nasale zur Veranschaulichung des Gesagten am besten geeignet. Man hört in Worten wie *Amme* im Gegensatz zu *ahme* oder *mahne* die grössere Stärke des *m* ganz deutlich, sobald man nur gelernt hat sich von der durch das Schriftbild erzeugten Vorstellung eines durch *mm* bezeichneten Doppellauts zu emancipiren. Bei *k, t, p*: *g, d, b* achte man auf das Gefühl in den sich berührenden articulirenden Theilen des Mundes; man wird dann ohne Mühe die stärkere Zusammenpressung z. B. der Lippen bei *p* im Gegensatz zu *b* erkennen, und von da aus gelangt man zu dem sicheren Rückschluss auf die grössere Stärke des Drucks (vgl. **60**). Hat man sich an die gesonderte Auffassung der Explosionsgeräusche gewöhnt, so wird man auch lernen, sich von der geringeren Stärke des Reibungsgeräusches der stimmhaften Spiranten gegenüber den stimmlosen zu überzeugen und nun auch das Verhältniss der ohne Beihülfe des Stimmtons unterschiedenen Fortes und Lenes richtig zu würdigen. — Auf der anderen Seite empfiehlt sich für diejenigen, welche alle Laute mit Geräuschbildung im Ansatzrohr (Geräuschlaute, **189**) stimmlos sprechen und also die Beimischung des Stimmtons in stimmhaften 'Geräuschlauten' schwer mit dem Gehöre zu erfassen vermögen, die Anwendung des oben **28** näher beschriebenen Auscultationsschlauchs.

2. Dauer.

186. Die Dauer oder Quantität eines Lautes hat an sich keinen Einfluss auf dessen Qualität. Sie kann daher auch nicht zu einem eigentlichen Eintheilungsprincip erhoben werden. Indessen hat man wohl mit Rücksicht auf die Dehnbarkeit oder

Nichtdehnbarkeit der specifischen Schälle der Sprachlaute zwischen Continuae oder Dauerlauten und momentanen Lauten unterschieden. Zur letzteren Gruppe gehören bloss die Explosionen der Verschlusslaute, welche letzteren nur eine Dehnung der zwischen Verschluss und Oeffnung liegenden Pause (**103**) bez. der während dieser Zeit ertönenden Stimme gestatten. Im Uebrigen wird über die Quantität der Sprachlaute im dritten Theile (**684** ff.) zu handeln sein.

187. Es ist jedoch zu beachten, dass die Fortes häufig gegenüber den correspondirenden Lenes desselben Lautsystems zugleich eine etwas grössere Zeitdauer beanspruchen. So wird die Verschlussstellung bei den schweiz. *p, t, k* Winteler's z. B. länger eingehalten als bei seinen *b, d, g*. In wie weit dies auf einem natürlichen Zusammenhang zwischen Stärke und Dauer der Exspiration oder auf willkürlicher Gewohnheit beruht, mag dahin gestellt bleiben.

Cap. 10. Die Sprachlaute nach ihrem akustischen Werth.

Sonore und Geräuschlaute.

188. Wie bereits oben verschiedentlich ausgeführt wurde, kommen bei der Sprachbildung sowohl musikalische Klänge als Geräusche zur Verwendung. Die ersteren, die wir als Stimme zusammenfassen, haben ihren Ursprung nur im Kehlkopf, die letzteren vorwiegend im Ansatzrohr. Nennen wir mit Rücksicht auf diese Verschiedenheit des akustischen Materials diejenigen Sprachlaute, bei denen eine Stimmbildung stattfindet, Klanglaute oder, da hier Klang und Stimme identisch sind, Stimmlaute (bez. stimmhafte Laute, vgl. **173**), diejenigen aber, welche ein Geräusch enthalten, Geräuschlaute, so ergeben sich folgende Hauptabstufungen der Sprachlaute nach ihrem akustischen Werthe:

1. Reine Stimmlaute oder Sonore.
2. Reine (stimmlose) Geräuschlaute.
3. Laute, in denen Stimme und Geräusch verbunden sind.

Zur dritten Gruppe gehören z. B. das franz. engl. *v, z*, wie man nach den oben **28** gegebenen Andeutungen leicht ermitteln kann. Diese Mischlaute sind, je nachdem das eine oder andere Element in ihnen vorwiegt, als stimmhafte Geräuschlaute oder als geräuschhafte Stimmlaute zu charakterisiren. Doch ist gleich hier hinzuzufügen, dass in der Regel die

Geräuschbildung der wesentlichere Factor ist, man also meist nur von stimmhaften Geräuschlauten zu sprechen hat.

189. Für die Praxis ordnet man daher diese Mischlaute besser der Gesammtgruppe der Geräuschlaute unter, und zerlegt demnach besser so:

I. Sonore.
II. Geräuschlaute, und zwar:
  1. Stimmhafte.
  2. Stimmlose.

190. Man achte genau auf den Unterschied der Begriffe **stimmhaft** und **sonor**. Jeder Sonorlaut ist zwar zunächst auch stimmhaft (doch vgl. **197** f.), aber nicht umgekehrt jeder stimmhafte Laut auch ein Sonorlaut. Ebenso hüte man sich vor Verwechselungen zwischen **sonor** und **sonantisch**. Sonor bezeichnet einen bestimmten akustischen Werth gewisser Laute, sonantisch aber bezieht sich auf die Functionen beliebiger Laute bei der Silbenbildung (**116**).

191. Die vorstehenden Bestimmungen sind zunächst nur für das laute Sprechen massgebend; sie lassen sich aber auch ohne weiteres auf die Murmel- und Flüstersprache übertragen, wenn man statt der Vollstimme die Murmelstimme bez. das Flüstergeräusch einsetzt. Die Terminologie braucht dabei nicht besonders abgeändert zu werden.

192. Eine vollkommen feste Grenze zwischen den Sonorlauten und den stimmhaften Geräuschlauten kann nicht gezogen werden. Bei normaler Sprechweise bestehen die Sonoren lediglich aus **resonatorisch modificirter Stimme**, d. h. der tönende Luftstrom bringt weder durch seinen Anfall an die Wände des Ansatzrohrs noch durch Reibung an den Rändern einer entgegenstehenden Enge ein deutliches eigenes Geräusch hervor. Doch ist das hierzu nothwendige Gleichgewichtsverhältniss zwischen der Druckstärke und der Hemmung im Kehlkopf einerseits und der Weite der Ausflussöffnung andererseits leicht Störungen ausgesetzt, welche die Bildung von Nebengeräuschen veranlassen. Insbesondere kommen hierbei in Betracht: 1) **Verengerungen der Ausflussöffnung**; 2) **Steigerung des Exspirationsdrucks** ohne gleichzeitige Verstärkung des Widerstands im Kehlkopf; 3) **Erschlaffung der Kehlkopfarticulation** (eventuell Oeffnung der Knorpelglottis, **33**) bei gleichbleibendem Exspirationsdruck. Im ersten Fall genügt bereits die geringe fortschreitende Bewegung des tönenden Luftstroms im Mundraum, um an der verengerten Ausflussöffnung ein Geräusch zu erzeugen; in den beiden andern Fällen wird diese fortschreitende Bewegung so gesteigert, dass sie auch bei grösserer Weite der Ausflussöffnung noch schallbildend zu wirken vermag.

193. Beim gewöhnlichen Sprechen, weniger beim Singen, mögen wirklich derartige Nebengeräusche vielfach vorhanden sein, je nach der individuellen Fähigkeit oder Gewohnheit, den Einklang zwischen Exspiration und Hemmung mehr oder weniger vollkommen herzustellen. Sie werden aber meist durch die Stimme überdeckt und höchstens bei ganz geschärfter Aufmerksamkeit wahrgenommen; man vergleiche z. B. den Klang eines *m*, *n*, *l* oder nicht gerollten engl. *r* mit dem eines stimmhaften *s* (franz. engl. *z*) oder *v* u. dgl.

194. Im Allgemeinen können sich solche Nebengeräusche um so leichter bemerklich machen, je stärkere Engenbildung die Articulationsstellung eines Lautes aufweist. Aber auch in diesem Falle heben sich die Geräusche erst dann als etwas bestimmt Gesondertes von der Stimme ab, wenn die Stärke der Exspiration sehr bedeutend die der Kehlkopfarticulation übersteigt. So bedarf es z. B. schon einer erheblichen Steigerung des Luftdrucks, um ohne Veränderung der Kehlkopfarticulation und der Mundstellung ein sonores *i* in den Reibelaut *j*, oder ein sonores *l* in ein spirantisches *l* überzuführen. Bei Sonorlauten von grösserer Oeffnung, wie beispielsweise dem Vocal *a*, gelingt es gar nicht, diesergestalt ein Geräusch zu erzeugen. Viel leichter stellt sich Geräuschbildung bei Verengerung der Ausflussöffnung ein; aber auch dies ist wieder nur möglich bei Lauten, die an sich schon eine verhältnissmässig geringe Oeffnung besitzen, wie etwa das *i* oder stark gerundetes *u* (vgl. **272**) oder *l*, *r*; bei *a* und ähnlichen Lauten versagt aber auch dies Mittel, weil bei der Verkleinerung der *a*-Oeffnung zur Reibungsenge die specifische *a*-Stellung ganz verloren gehen würde.

195. Umgekehrt können auch stimmhafte Geräuschlaute (Reibelaute) durch Erweiterung ihrer Reibeenge oder Minderung der fortschreitenden Bewegung ihres tönenden Luftstroms in sonore Laute übergeführt werden. Man kann z. B., wie in **500** des Näheren ausgeführt ist, auch sonore Formen neben den spirantischen stimmhaften *s* (franz. engl. *z*), neugriech. *δ*, 'weichem' engl. *th*, franz. engl. *v*, deutschem *ʒ* (wie in nordd. *tage*, *bogen*) u. s. w. bilden.

196. Man könnte geneigt sein, auch die stimmhaften Verschlusslaute wie *b*, *d*, *g* hierher zu stellen, da bei ihnen während der Dauer der Verschlussstellung in der That ein reiner Stimmlaut gebildet wird (der sog. Blählaut, **357**). Da wir aber Verschlussstellung und Explosion bei den 'Verschlusslauten' als zusammengehörig betrachten (vgl. oben **107**), die Explosion aber in einem Geräusch besteht, so müssen wir die stimmhaften *b, d, g* vielmehr zu den stimmhaften Geräuschlauten rechnen.

197. Weiterhin ist darauf aufmerksam zu machen, dass auch bei den stimmlosen Dauerlauten eine ähnliche Abstufung stattfindet wie zwischen Sonoren und stimmhaften Spiranten. Bei Lauten wie *f, s* wird ein deutliches Reibungsgeräusch an der Articulationsenge gebildet; ebenso z. B. bei dem stimmlosen welschen *ll* oder isländ. *hl*, **317** (in Deutschland hört man ein solches deutlich spirantisches stimmloses *l* als Ersatz für *sch* oft bei Personen, welche 'mit der Zunge anstossen'). Ebenso stimmlos wie diese Arten des *l* ist aber auch z. B. das englische *l* vor und nach stimmlosen Lauten wie in *shalt*, *felt* oder *flat*, *pligt* u. dgl., nur fehlt das kräftige Reibungsgeräusch. Dies beruht darauf, dass der Luftdruck im Verhältniss zu der Grösse der Ausflussöffnung zu gering (oder umgekehrt die letztere im Verhältniss zur ersteren zu gross) ist, als dass an der Articulationsstelle bez. -enge ein deutliches Reibungsgeräusch erzeugt werden könnte. Das schwache Geräusch, welches man bei diesem *l* wahrnehmen kann, wird vielmehr durch den Anfall des Exspirationsstroms an die Wände des Ansatzrohrs hervorgebracht. Man muss also hier stimmlose *l* mit und ohne Reibungsgeräusch oder spirantische und nicht spirantische stimmlose *l* unterscheiden. Ebenso ist z. B. das englische *r* nach *p* und *k* meist stimmlos und nicht spirantisch, nach *t* aber spirantisch (**303** f.). Fernere Beispiele für nicht spirantische stimmlose Dauerlaute sind die 'stimmlosen Vocale' (**282** ff.).

198. Wie man sieht, beruht die Bildung der stimmlosen, nicht spirantischen Dauerlaute wie die der Sonoren auf der Herstellung eines gewissen Gleichgewichts zwischen Oeffnung und Exspirationsstärke. Sie verhalten sich zu den Sonoren wie die stimmlosen Spiranten zu den stimmhaften, und können daher wohl als **stimmlose Sonore** bezeichnet werden, wenn man mit einer Erweiterung des Begriffs unter Sonoren **Dauerlaute ohne Engenreibungsgeräusch** versteht.

199. Nach dieser Erweiterung umfassen die Sonorlaute, wie leicht ersichtlich, alle Laute, welche bei der **130** unter 1 aufgeführten Stufe der Mundstellung gebildet werden. Das Wort Sonore bezeichnet das freilich nicht und sollte es von Hause aus nicht bezeichnen, da es ursprünglich bloss als Name für **stimmhafte** Laute ohne Engenreibungsgeräusch eingeführt wurde, zu einer Zeit, wo die stimmlosen Parallelen dieser Laute in Deutschland wenigstens noch nicht genügend bekannt geworden waren. Da es aber zur Zeit noch an einem brauchbaren Gesammtnamen für stimmhafte und stimmlose Dauerlaute ohne Reibungsgeräusch fehlt, so möge es auch ferner gestattet sein, den eigentlichen, d. h. stimmhaften, Sonoren zur Bezeichnung von stimmlosen Lauten, die sonst wie die Sonoren, d. h. ohne Reibungsgeräusch gebildet werden, 'stimmlose Sonore gegenüberzustellen. Die an sich gewiss widerspruchsvolle Zusammenstellung von 'stimmlos' und 'sonor' ist ja nicht schlimmer als z. B. der allgemein übliche Terminus 'stimmlose Vocale', der gerade auch von solchen Phonetikern mit Vorliebe gebraucht worden ist und gebraucht wird, welche die Zusammenstellung von 'stimmlos' und 'sonor' aufs Heftigste bekämpfen.

200. Was die Bezeichnung und Classification der bisher besprochenen Parallelformen anlangt, so ist die Praxis der Grammatik und Sprachwissenschaft darin nicht consequent gewesen. Man pflegt z. B. ein sonores i einen Vocal zu nennen, bei Stimmlosigkeit aber zum Theil unter die h einzurechnen (vgl. **282**); ein stimmhaftes i mit Reibungsgeräusch bezeichnet man als die Spirans j, die stimmlose Parallele dazu als die palatale Spirans ch. Auf der andern Seite fasst man sonore und spirantische l, v, $\mathfrak{z}$ etc. im Anschluss an die hergebrachte Orthographie (die sich nur je eines Zeichens bedient) in der Regel als Varietäten desselben Lautes auf; bei den Liquiden und Nasalen rechnet man aus demselben Grunde auch die stimmlosen Formen meist als Unterarten mit ein, während man den stimmhaften 'Spiranten' v, $\mathfrak{z}$ die stimmlosen f, ch als gesonderte Laute gegenüberstellt. Bei all diesen Abgrenzungen ist man von dem verhältnissmässig einfachen Lautbestande der älteren indogermanischen Sprachen ausgegangen, und an diesen schliessen sich denn in der Regel die üblichen Definitionen der verschiedenen hierher gehörigen Laute oder Lautgruppen an. Mit wachsender Kenntniss des bunteren Lautbestands der moderneren Sprachen hat man das neu hinzutretende Material meist nach seinem historischen Zusammenhang mit dem älteren betrachtet, und nur in entsprechender Weise die alten Definitionen der einzelnen Gruppen erweitert. So stützen sich z. B. die herkömmlichen Definitionen der Vocale, Liquidae und Nasale auf die sonoren Formen dieser Laute, die geräuschhaften oder stimmlosen Formen werden als abgeleitete betrachtet, wie umgekehrt etwa sonore Nebenformen zu den spirantischen z, th, v, $\mathfrak{z}$ als Abkömmlinge dieser aufgefasst.

201. Für die rein phonetische Betrachtung und Gruppirung der Sprachlaute ist natürlich eine solche Auffassungsweise zu verwerfen; dem Sprachhistoriker aber bietet die historische Gruppirung erhebliche Vortheile dar. Insbesondere ist für die indogermanische Lautgeschichte die Eintheilung der Sprachlaute in (ursprüngliche) Sonore und Geräuschlaute von grösster Wichtigkeit, und ebenso spielt dieser Unterschied in der Lehre von der Silbenbildung eine grosse Rolle.

202. Im Sanskrit wirken z. B. die Sonorlaute beim Sandhi in ganz anderer Weise ein als die Geräuschlaute (Whitney, Ind. Gramm. § 117). Ferner konnten in der indogermanischen Grundsprache alle Sonorlaute als Sonanten fungiren, die Geräuschlaute dagegen nur als Consonanten (vgl. namentlich K. Brugmann, Nasalis sonans in der indogermanischen Grundsprache, in Curtius' Studien IX, 287 ff., und überhaupt die neueren Untersuchungen über indogermanischen Vocalismus).

203. Von diesen Erwägungen ausgehend, stellen wir bei der folgenden Besprechung der Einzellaute diejenigen Gruppen voraus, welche für die älteren indogermanischen Sprachen als normaler Weise sonor gebildet anzusetzen sind. Es sind dies die sogenannten Vocale einschliesslich ihrer unsilbischen Formen (der sog. Halbvocale, **422**), die Liquidae (d. h. die *r*- und *l*-Laute) und die Nasale. Die nasalirten Vocale und Liquidae, welche im Indogermanischen stets aus nicht nasalirten durch den Einfluss benachbarter Nasale hervorgegangen sind, werden dabei als Anhänge zu den nichtnasalirten Vocalen und Liquiden behandelt. Auf die Besprechung dieser ursprünglichen indogermanischen Sonorlaute lassen wir sodann die Erörterung der ursprünglichen Geräuschlaute, d. h. der Spiranten und der Verschlusslaute nach der herkömmlichen Bezeichnung folgen. Die Processe, durch welche Laute der einen Gruppe in die der andern übertreten, also Sonorlaute sich in Geräuschlaute wandeln und umgekehrt, werden dann an einer spätern Stelle ihre Besprechung finden (s. namentlich Cap. 24), soweit nicht schon bei der Besprechung der Einzellaute darauf Rücksicht zu nehmen ist.

II. Die einzelnen Sprachlaute.

A. Die ursprünglichen Sonoren.

Cap. 11. Die Vocale.

204. Unter Vocalen verstehen wir im Allgemeinen eine Gruppe von Sonorlauten, welche mit offenem Munde und dorsaler Articulation der Zunge gebildet werden, einschliesslich ihrer stimmlosen Parallelen. In diesen beiden Charakteristicis liegt der wesentliche Unterschied der Vocale von den Nasalen und Liquiden begründet, über deren Articulation die folgenden Capitel das Nähere bringen werden. Nichtdorsale Articulation von Vocalen findet sich, soweit bekannt, nur als Resultat der Verschmelzung von Vocalarticulationen mit den nichtdorsalen Articulationen von Nachbarlauten, die nach Cap. 23 zu beurtheilen sind.

205. Um die bunte Mannigfaltigkeit der Laute dieser Bildung besser überschauen zu können, hat man dieselben zunächst in gewisse Reihen geordnet, und innerhalb dieser Reihen eine grössere oder geringere Anzahl von Normalvocalen angenommen, denen dann die übrigen Glieder als Varietäten untergeordnet wurden. Bei diesem Ordnungswerk, wie bei der Vergleichung der einzelnen Reihen unter einander, ist man von verschiedenen Standpunkten ausgegangen, deren jeder in seiner Art praktische Vortheile bot oder zu bieten schien. Das gilt insbesondere von den verschiedenen Gesichtspunkten, welche zu der Aufstellung der Vocalreihen geführt haben. Man kann wohl sagen, dass auch heutzutage noch drei Principien der Anordnung sich um den Sieg streiten, und über diese soll im Folgenden etwas eingehender, jedoch stets mit Beschränkung auf einige hervorragendere Vertreter der verschiedenen Richtungen, gehandelt werden.

1. Die Anordnung nach Klangreihen.

206. Die ältesten Versuche einer Reihenordnung der Vocale gingen nicht sowohl von einer Untersuchung der verschiedenen Articulationsstellungen aus, als von einer Betrachtung der **Klangunterschiede** der einzelnen vocalischen Laute. Erst in zweiter Linie wurden dann auch die Articulationsstellungen geprüft und ihr Verhältniss zu den verschiedenen Klangqualitäten untersucht. Man nahm diesergestalt an, dass die indogermanische Ursprache nur drei bestimmte 'Vocalqualitäten' besessen habe, a, i, u (was beiläufig durch die neueren Untersuchungen über indogermanischen Vocalismus als irrig erwiesen ist). Auch innerhalb der complicirteren Vocalsysteme der modernen Sprachen schienen diese drei Laute, als 'die entschiedensten und stärksten Gegensätze vocalischer Klangfarbe' darstellend, besonders hervorzutreten. Ihr Verhältniss und ihre relative Lage musste also zuerst fixirt werden, damit auch den zwischenliegenden Vocallauten ihre Stellung im 'System' richtig angewiesen werden konnte.

207. Zunächst pflegte man diese 'drei Grundpfeiler' des Vocalismus ungefähr in Gestalt einer Pyramide oder eines gleichseitigen Dreiecks mit dem a an der (unteren, oberen oder seitlichen) Spitze zu gruppiren, damit andeutend, dass zwischen je zweien derselben (i—a, a—u, u—i) ein gleicher Abstand vorhanden sei. Die übrigen Vocale wurden zwischen denjenigen Lauten eingetragen, zwischen welchen sie ihrem Klange nach eine Art Mittelstufe zu bilden schienen, also e zwischen a und i, o zwischen a und u. Durch weitere Ausbildung dieser zuerst von Hellwag (1781) in der Form

$$\begin{array}{ccc} u & \ddot{u} & i \\ o & \ddot{o} & e \\ \mathring{a} & \ddot{a} & \\ & a & \end{array}$$

aufgestellten Pyramide (näheres bei Vietor, Phonetik⁴ 41 ff.) gewann zuletzt Brücke folgendes Schema:

$$\begin{array}{ccccccc} & & & a & & & \\ & & a^e & & a^o & & \\ & e^a & & a^{oe} & & o^a & \\ & e & & e^o & & o^e & & o \\ i & & i^u & & & u^i & & u \end{array}$$

(a^e bezeichnet hier ein dem a nahestehendes $\ddot{a}$, e^a das gewöhnliche $\ddot{a}$ oder offene e u. s. w.).

208. Dies Vocaldreieck ist in verschiedenen Modificationen auch heute noch vielfach in Gebrauch. Eine wesentliche Modification, und zwar eine Verbesserung, erfuhr es zunächst durch Winteler, welcher, davon ausgehend, dass die Articulationsabstände zwischen *a*, *i*, *u* nicht überall gleich seien, vielmehr das *a* eine Art neutraler Mitte zwischen *i* und *u* bilde, vielmehr vorschlug, jene drei Laute in der Folge *u—a—i* oder umgekehrt auf einer geraden Linie zu verzeichnen, und die Laute wie *ü*, *ö* als 'Vermittelungsvocale' auf einer zweiten, zur ersten senkrecht stehenden Geraden einzutragen.

Zur Begründung dieses Anordnungsprincips und seiner Durchführung im Einzelnen lässt sich etwa das Folgende sagen:

209. Beim *a* ist der Mundcanal durchgehends mässig geöffnet. Die Zunge entfernt sich nicht viel aus ihrer Ruhelage. Bei *i* und *u* werden dagegen durch kräftigere Articulation bedeutende Engen im Ansatzrohr hervorgebracht, die Articulation nähert sich also mehr derjenigen der 'Consonanten' im alten Sinne des Wortes. Da nun bei stärkerer Engenbildung kleine Differenzen in der Articulation stärkeren Einfluss auf den Charakter der entsprechenden Laute haben als bei geringerer, so sind auch *i* und *u* viel empfindlicher gegen Veränderungen der Articulation als *a*, welches bei sehr verschiedener Mundweite doch stets mit derselben Klangfarbe hervorgebracht werden kann. Aus diesem Grunde fand Winteler es rathsam, nicht, wie man bisher meist zu thun pflegte, von dem *a* als dem 'einfachsten und reinsten' Vocal auszugehn, sondern (nach einer schon von du Bois-Reymond, Kadmus 193 gegebenen Vorschrift) von den beiden mit grösserer Sicherheit zu bestimmenden Endpunkten der Vocallinie *u—i* und von da aus erst nach der Mitte vorzuschreiten.

210. Dies Verfahren gewährte zugleich noch den Vortheil, dass es von Anfang an die Articulationen der beiden verschiedenen Theile, welche zur Bildung des vocalischen Resonanzraums dienen, die der Zunge und die der Lippen, schärfer hervortreten liess; denn bei *u* und *i* articuliren beide viel energischer als beim *a* und den diesem zunächst liegenden Vocalen, und die Formen ihrer Articulation sind die möglichst entgegengesetzten.

211. Die Zunge wird beim *u* in ihrer ganzen Masse nach hinten gezogen und in ihrem hintern Theile zum weichen Gaumen emporgehoben. Beim *i* dagegen ist sie nach vorn gedrängt und mit ihrem Vordertheile dem harten Gaumen genähert.

212. Die Lippen ziehen sich bei dem möglichst voll gesprochenen u bis auf eine kleine kreisförmige Oeffnung zusammen und werden gleichzeitig, das Ansatzrohr verlängernd, etwas vorgeschoben; beim möglichst hellen i werden die Mundwinkel auseinander gezogen und es entsteht ein breiter Spalt an Stelle jener kreisrunden Oeffnung beim u (vgl. oben **42**).

213. Beim u wird also im vordern Munde ein ziemlich grosser, kugelähnlicher Resonanzraum mit kleiner runder Ausflussöffnung hergestellt; beim Uebergang zum i wird das Volumen desselben auf ein Minimum reducirt und dabei zugleich die Ausflussöffnung möglichst vergrössert. Demgemäss werden beim u die tieferen Theiltöne des Stimmklangs verstärkt und die höheren gedämpft; beim i umgekehrt (vgl. dazu unten **234** ff.).

214. Hierauf beruht es, dass das u auch beim gewöhnlichen Sprechen tiefer klingt als das i, auch wenn die Stimmbänder beidemal dieselbe Schwingungszahl haben, und dass das u auf sehr hohen Tönen, das i umgekehrt auf sehr tiefen nicht mehr anspricht.

215. Ausser den beiden genannten Factoren zog man übrigens auch noch die Hebung des Kehlkopfs bei i und seine Senkung bei u in Betracht (Chladni 190 f. u. ö.). Diese Bewegungen sind aber grossentheils nicht willkürlich, sondern wesentlich durch das Vorschieben bez. Zurückziehn der Zunge bedingt (so richtig Thausing S.15 gegen Brücke, der ein umgekehrtes Verhältniss annimmt). Man kann sie deshalb bei der Beobachtung ohne grossen Schaden ausser Acht lassen, weil sie unwillkürlich eintreten, wenn man die Zungenarticulation richtig ausführt.

216. Um nun aus der Menge der möglichen Variationen von u und i die beiden äussersten Grenzpunkte auswählen zu können, lehrte Winteler namentlich auf die Engenbildungen bei der Articulation dieser Laute zu achten. Beim u liegt die grösste Enge zwischen den Lippen, beim i zwischen der Vorderzunge und dem harten Gaumen. Beide Engen können nach **194** auch schallbildend auftreten, und zwar um so leichter, je stärker der Grad der Verengung ist; damit wird aber die Existenz des Vocals, welcher doch ein reiner Stimmlaut sein soll, beeinträchtigt. Man erhält also nach Winteler die äussersten Grenzwerthe von u und i, wenn man bei der eben beschriebenen Articulationsweise bis zu dem äussersten Grade von Verengung fortschreitet, welcher noch erlaubt, jene Vocale bei normalem Exspirationsdruck ohne Beimischung jener Geräusche hervorzubringen.

217. Schwieriger als die Bestimmung dieser äussersten u und i ist die der 'neutralen Mitte', des a, weil hier die sehr einfache Geräuschprobe in Wegfall kommen muss. Man geht hier am besten von der Indifferenzlage aus. Bringt man nun abwechselnd ein 'dunkles' a und ein 'breites' $ä$ hervor, so sieht man, wie bei ersterem der Zungenkörper nach hinten, beim zweiten etwas nach vorn geschoben wird (die gleichzeitig wahrnehmbare Hebung der Zunge ist wesentlich nur eine Folge der Hebung des Gaumensegels, welches bei der Vocalbildung den Nasenraum abschliessen muss). Verringert man diese Vorwärts- und Rückwärtsbewegung allmählich, so müsste man schliesslich mit der Rückkehr zur Ruhelage zu einer ganz neutralen Mittelstellung gelangen, welche als Articulationsproduct das ganz reine, neutrale a lieferte. Bei dieser Stellung wird aber ein breiter $ä$-ähnlicher Laut erzeugt, den man nicht mehr zu den Arten des a rechnen kann. Ein eigentlicher a-Laut kommt erst bei einer merklichen Rückwärtsbewegung der Zunge zu Stande, also durch eine positive Articulation aus der Indifferenzlage heraus. Daher setzte Winteler an die Stelle der bisher angenommenen Einheit eine Zweiheit von Lauten, die er nicht unpassend die u- und die i-Basis nannte, insofern durch Steigerung ihrer specifischen Articulationen — Zurückziehung der Zunge aus der Ruhelage bei der u-Basis, Vorschiebung der Zunge bei der i-Basis — die Zwischenlaute zwischen a und i, a und u und endlich i und u selbst erreicht werden. Die möglichst geringe Rück- oder Vorwärtsbewegung der Zunge stellt also die äussersten Nähepunkte der beiden Basen dar.

218. Dass man hiernach das a nicht, wie vielfach (seit Kempelen 201) geschehen, als den 'natürlichen Vocal' bezeichnen darf, leuchtet von selbst ein, da auch zu seiner Bildung die einzelnen Theile des Ansatzrohrs Articulationsbewegungen ausführen müssen. Lässt man die Stimme ertönen, während die Mundorgane sich in der Ruhelage befinden, so erhält man den seiner Klangfarbe nach zwischen $ä$ und $ö$ liegenden nasalirten Laut, den wir unwillkürlich beim Stöhnen hervorbringen. Auch der blosse Abschluss der Nasenhöhle durch Hebung des Gaumensegels genügt noch nicht, um ein a hervorzubringen, man bekommt vielmehr, wie schon angedeutet, bei Ausführung dieser Articulation (wobei man behutsam darauf achten muss, die Zunge nicht aus ihrer Ruhelage zu bewegen) ein $ä$, den ersten Schreilaut der Kinder, den man mit viel mehr Recht als das a einen Naturlaut nennen könnte, wenn das Ganze nicht doch auf eine blosse Spielerei hinausliefe.

219. Was nun die weitere Gliederung der Reihe u—a—i anlangt, so lassen sich die Zwischenlaute wie o und e nicht so sicher bestimmen, wie jene drei Markpunkte. Doch zeigt eine Betrachtung der Articulationen dieser Laute im Verhältniss zu der von u, a, i wenigstens den Weg zu einer weiteren, ziemlich exacten Vocaleintheilung.

6*

220. Geht man vom äussersten *u* allmählich zu einem im Uebrigen beliebigen *o*-Laute über, so wird der hintere emporgehobene Theil der Zunge ebenso stufenweise gesenkt, und die ganze Zunge etwas vorgeschoben (in der Richtung zur Indifferenzlage); die Mundöffnung erweitert sich in entsprechendem Verhältniss, ohne ihre gerundete Gestalt zu verlieren. Verfolgt man diese allmähliche Verschiebung unter gleichzeitiger Senkung des Unterkiefers weiter, so gelangt man zur *u*-Basis des *a*, bei welcher die Zunge nun bereits der Ruhelage ziemlich nahe flach ausgestreckt im Munde liegt; die willkürliche Articulation der Lippen (d. h. ihre kreisförmige Zusammenziehung) hat aufgehört, die Gestalt der Mundöffnung ist einfach abhängig von der Senkung des Unterkiefers.

221. Durchläuft man nun vom *a* ausgehend die Zwischenstufen zum *i* hin, so wird die Vorschiebung der Zunge fortgesetzt und ihr Vordertheil hebt sich stufenweise zum harten Gaumen in die Höhe; der beim Gange von *u* zu *a* hin etwas gesenkte Unterkiefer steigt ebenso allmählich wieder mit empor, und es kann abermals eine willkürliche Articulation der Lippen beginnen, indem die Mundwinkel auseinander gezogen werden.

222. Man durchläuft also vom *u* ausgehend sämmtliche mögliche Vocalnüancen der Reihe *u—i*, indem man die **209** ff. gegebenen Charakteristica der *u*-Articulation gradweise verringert, bis sie gleich oder fast gleich 0 werden, dann aber zu der ebenda charakterisirten *i*-Stellung gleichfalls durch gradweise Steigerung der beiden Articulationsfactoren (Zungen- und Lippenthätigkeit) fortschreitet. Zwischen *u* und *i* liegt also eine lange ganz continuirliche Reihe gleichmässig abgestufter und in einander übergehender Vocalnüancen. Alle hier zu machenden Unterschiede sind folglich auf der oben **208** erwähnten Vocallinie *u—i* einzutragen.

223. Da man nun doch nicht für jeden einzelnen Punkt dieser Linie, d. h. für jede mögliche Nüance, ein gesondertes Zeichen aufstellen kann, so bleibt nichts anderes übrig, als die Linie in eine gewisse Anzahl von Theilen zu zerlegen, d. h. statt einzelner Vocalnüancen vielmehr Gruppen oder Kategorien (vgl. schon oben **121**) von solchen aufzustellen, deren einzelne Varietäten sich einem Normalvocal unterordnen, der als eigentlicher Repräsentant der Kategorie gilt. Als Normalvocal ist diejenige Nüance zu bezeichnen, welche den Klangcharakter der Kategorie am ausgesprochensten wiedergibt.

224. Für die Aufstellung dieser Normalvocale sind nun nach Winteler besonders zwei Gesichtspunkte massgebend: Erstens, dass der **Abstand** derselben unter einander gleich sei, d. h. also, dass wenn z. B. zwischen *a* und *u* nur ein Mittellaut (*o*) eingeschoben werde, dies Normal-*o* dann erzeugt werde, wenn man die Uebergangsbewegung der Organe von *a* zu *u* genau in der Mitte unterbricht. Bei zwei Mittellauten hätte diese Unterbrechung zweimal, beim ersten und beim zweiten Drittel, stattzufinden. Natürlich kann man die so festzusetzenden Normalvocale nur durch allmähliches, sorgfältiges Durchprobiren der ganzen Articulationsreihe *u—a—i* ermitteln. Hat man dies aber gethan und sich die Articulationsweise und den Klang der gefundenen Normalwerthe genau eingeprägt, so wird es leicht sein, das Verhältniss derselben zu einer jeden abweichenden Vocalnüance zu erkennen und auch für andere zu charakterisiren.

225. Was sodann die **Anzahl der Kategorien** betrifft, so glaubte Winteler für die indogermanischen Sprachen mit einer Verdoppelung der bisher vorgeführten Vocalkategorien *u, o, a, e, i* auskommen zu können (zwei *i* und *u* waren jedoch schon vor ihm von den Engländern, in Deutschland auch von Böhmer aufgestellt worden).

226. Zu den so erhaltenen zehn Normalvocalen der Reihe *u—a—i* kommen nun noch die bisher ausser Acht gelassenen Laute von der Klangfarbe *ü*, *ö*, die man als **Vermittelungsvocale** bezeichnen könne. Während nämlich bei der Bildung der Laute *u—a—i* die beiden die Klangfarbe bedingenden Factoren (die Articulation der Zunge und die der Lippen, s. **211** f.) auf dasselbe Resultat hinwirken, treten bei *ü*, *ö* diese Factoren in Gegenwirkung, d. h. es verbindet sich die Zungenarticulation eines hellen Vocals mit der Lippenarticulation eines dunkeln oder umgekehrt. So ist z. B. beim deutschen *ü* die Zunge vorgestreckt und gehoben wie beim *i*, die Mundöffnung aber rundlich contrahirt wie beim *u*. Dieser Articulationsweise entsprechend liegen denn auch die Klangfarben dieser Vocale in der Mitte zwischen denen der Reihe *u—a* und der Reihe *a—i*.

227. Die Eintheilung dieser Vermittelungsvocale ergibt sich nach dem Gesagten leicht.

Es sind ebenso viele Vermittelungsvocale aufzustellen, als Stufen zwischen *a* und *u* vorhanden sind, bez. zwischen *a* und *i*, nur dass eine Vermittelung zwischen den beiden Basen des *a* wegfällt, weil beide ohne selbständige Articulation der Lippen gebildet werden.

228. Hiernach stellte sich das Winteler'sche Schema folgendermassen dar:

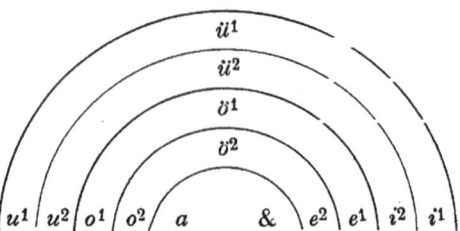

Dabei sind nur die Bezeichnungen durch Zahlenexponenten an Stelle anderweitiger typographischer Auszeichnungen Winteler's gesetzt. Der Exponent ^{1} deutet an, dass der Vocal unter den beiden dasselbe Grundzeichen tragenden Lauten die specifische Klangfarbe am deutlichsten habe; in der Praxis kommt ^{1} mit dem üblichen 'geschlossen', ^{2} mit 'offen' zusammen.

229. Zur Vergleichung mögen hierneben die sonst gebräuchlichsten deutschen Transscriptionssysteme, die von Lepsius, Brücke und Böhmer Platz finden:

	$u^1\ u^2$	o^1	o^2	a	$\&$	e^2	e^1	$i^2\ i^1$	$ü^1\ ü^2$	$ö^1$	$ö^2$
Lepsius:	u	o	$\underline{o}$	a	$\underline{a}$	e	$\underline{e}$	i	$ü$	$ö$	$\underline{ö}$
Brücke:	u	o	o^a	a	a^e	e^a	e	i	u^i	o^e	a^{oe}
Böhmer:	$u\ u̜$	o	$o̜$	$a\ a̰$	$a̤$	$e̜$	e	$i̙\ i$		$v\ v̭$	$œ\ œ̧$

230. Es ist unmöglich, für die gegebene Vocalreihe ohne mündliche Erläuterung genau treffende Beispiele aus den lebenden Sprachen und Mundarten anzuführen, da die individuelle Sprechgewohnheit des Lesers fast überall zu Missverständnissen führen würde. Ungefähr treffen u^1, o^1, e^1, i^1, $ü^1$, $ö^1$ mit den Lauten der deutschen **langen** *u, o, e, i, ü, ö* überein oder mit franz. *ou, au, é, i, u* (*eu*); die mittel- und norddeutschen **kurzen** *u, o, e* (*ä*), *i, ü, ö* fallen meist in die Sphäre von unseren u^2, o^2, e^2, i^2, $ü^2$, $ö^2$. Das & ist der breite *ä*-Laut, welchen die Bewohner der Ostseeprovinzen in Worten wie *Bär, Meer* bilden und der auch in süddeutschen und schweizerischen Mundarten als Umlaut von kurzem und langem *a* mehrfach auftritt. Unter *a* ist das sog. reine *a* des Italienischen und Französischen zu verstehen. Langes o^2 ist der auch in Mittel- und Norddeutschland öfter gehörte Zwischenlaut zwischen *a* und *o* im englischen *corn, fall* u. dgl. Auch sein Umlaut $ö^2$ kommt als Länge in Norddeutschland öfter vor.

231. In der ersten Ausgabe dieses Buches war auf Grund einer von Lepsius übernommenen falschen Analyse der Bildung des russischen jery und einiger ähnlicher Laute das Winteler'sche System durch Annahme einer zweiten Reihe von Vermittelungsvocalen erweitert, die als durch Combination der Zungenarticulation der Reihe u—a mit der Lippenarticulation der Reihe i—a entstanden gedacht wurden. Das erweiterte System bekam dadurch (mit Weglassung der Kreislinien) die Gestalt:

$$\begin{array}{c}
\ddot{u}^1 \\
\ddot{u}^2 \\
\ddot{o}^1 \\
\ddot{o}^2 \\
u^1 \; u^2 \; o^1 \; o^2 \; a \quad \& \quad e^2 \; e^1 \; i^2 \; i^1 \\
\dot{o}^2 \\
\dot{o}^1 \\
\dot{u}^2 \\
\dot{u}^1
\end{array}$$

Diese Anordnung ist später in mehr oder weniger modificirter Gestalt von Trautmann und Techmer aufgenommen und weiter ausgebildet worden.

232. Dies sogenannte **Normalsystem bedarf aber noch verschiedener allgemeiner Modificationen**, um den Anforderungen der Praxis gerecht zu werden, denn es beruht auf willkürlicher Auswahl bestimmter Momente der Lautcharakterisirung. Der Satz, dass zur Bildung der Laute der Vocalreihe u—a—i die Articulation der Zunge und die der Lippen gleichmässig und in möglichster Energie vorhanden sein müsse, ist wesentlich deswegen aufgestellt, weil man doch nun einmal von einer bestimmten Articulationsweise ausgehn musste, und gerade die gewählte die sicherste Bestimmung der Endpunkte der Vocalreihe zu ermöglichen schien. Nun lehrt aber die Beobachtung, dass selbständige Lippenthätigkeit, namentlich bei den Lauten der i-Reihe, vielfach gar nicht, vielfach wenigstens nur in sehr geringem Masse vorhanden ist. Was hier an der Lippenthätigkeit erspart wird, wird oftmals durch gesteigerte Zungenthätigkeit ersetzt, damit einigermassen dieselbe Klangfarbe herauskomme, wie bei den Vocalen mit stärkerer Lippenbetheiligung. Gegenüber diesen letzteren haben die auf die erstere Weise erzeugten Vocale zwar etwas weniger scharf ausgeprägte Klangfarben als die vorher beschriebenen, aber man kann doch auch bei ihnen sämmtliche Unterschiede der ganzen Scala durchlaufen (es ist also z. B. ein ohne Lippenrundung gesprochenes u^1 nicht etwa einem mit Lippenrundung gesprochenen u^2 gleichzusetzen; denn bei letzterem findet doch immerhin, wenn auch schwächer als beim u^1, eine

Lippenrundung statt). Beim *a* hört natürlich der Unterschied der beiden Bildungen auf, da dieses stets ohne selbständige Lippenarticulation gebildet wird.

233. Man hatte seit Brücke (Grundzüge S. 23 ff.) diese ohne energische Lippenbetheiligung hervorgebrachten Vocale **unvollkommene** genannt, weil dabei 'nicht alle Mittel in Gebrauch gezogen werden, welche die menschlichen Sprachwerkzeuge darbieten, um den Vocallaut deutlich unterscheidbar und klangvoll hervortreten zu lassen'. Dieser Name ist bequem, aber Missdeutungen ausgesetzt, weil man unter unvollkommenen Vocalen auch oft die unter dem Einfluss der Accentlosigkeit nur mit mangelhafter Articulation gebildeten **gemurmelten** Vocale (**279** ff.) versteht. Man würde deshalb auch von diesem Standpunkt besser thun, zunächst Vocale mit **activer** und **passiver** Lippenarticulation (vgl. **42**) zu unterscheiden. Weiterhin würde man für jeden Einzelfall genau angeben müssen, ob Zungen- und Lippenstellung den angenommenen Normalstellungen dieser Organe entsprechen, oder ob und wie weit sie sich davon entfernen. Namentlich würde dabei auch auf die verschiedenen Stufen der Energie der Lippenbetheiligung Gewicht zu legen sein. Auch die Stellung der Vermittelungsvocale, welche Winteler's Schema in die Mitte der beiden vermittelten Laute gestellt hat, würde noch jedesmal näher zu präcisiren sein, je nachdem die charakteristische Articulationsform des einen oder andern dieser Laute überwiegt.

2. Die Anordnung nach Eigentonreihen.

234. Das eben skizzirte Klangfarbensystem leidet — von einigen weiter unten zu erhebenden Einwänden abgesehen — an dem praktischen Uebelstande, dass es sehr schwer ist, die Gebiete der einzelnen Laute oder Klangfarben scharf von einander abzugrenzen. Schon die Bestimmung der Endpunkte der Linie *u—i* bereitet Schwierigkeiten. Die Geräuschprobe liefert allenfalls einen brauchbaren Grenzwerth für das *i*, aber schon bei dem *u* lässt sie im Stich. Zwar kann man mit ihr den äussersten Grad der Lippenverengung beim *u* feststellen, aber die Zunge hat dabei freien Spielraum, und ihre Stellung lässt sich demnach nicht ohne Weiteres fixiren. Ferner wird für die einzelnen Normalvocale gleicher Abstand von einander gefordert, aber es wird kein Mittel angegeben, das uns in den Stand setzte, die Bewegungen, die von einem Laute zum andern führen, genau zu messen, und danach die Abstände der Einzellaute von einander zu bestimmen. So war es denn natürlich, dass man ein Mittel zu objectiverer Constatirung der Normalstellungen suchte, und man glaubt vielfach, ein solches Mittel in den Eigentönen der Vocale gefunden zu haben.

235. Der Unterschied der vocalischen Klangfarben beruht nach den Untersuchungen besonders von Grassmann, Donders und Helmholtz (die Hauptliteratur s. bei Grützner S. 174 ff.) auf der verschiedenen Einwirkung, welche das Ansatzrohr auf den Stimmklang ausübt, indem es kraft seiner Eigenschaft als hohler Resonanzraum einzelne Theiltöne der Stimme verstärkt, andere dämpft (vgl. 23). Kann nun auch die akustische Theorie der Vocalbildung noch nicht als durchaus gesichert und abgeschlossen gelten, so steht doch der Fundamentalsatz fest, dass jeder Articulationsform des Ansatzrohrs ein bestimmter Eigenton entspricht. Die Höhe dieses Tones kann man auf verschiedene Weise bestimmen, z. B. durch Percussion der Mundhöhle bei geschlossenem Kehlkopf, oder durch Beobachtung der Flüstergeräusche der Vocale, am sichersten endlich durch die Stimmgabelprobe. Hält man nämlich angeschlagene Stimmgabeln von verschiedener Höhe vor die Oeffnung des für einen bestimmten Vocal eingestellten Ansatzrohrs, so wird nur der Ton derjenigen Gabel durch das Mittönen der Luft im Mundraum eine deutliche Verstärkung erfahren, deren Eigenton dem des Mundraums gleich ist (**22**). Man kann hiernach nicht nur die Höhe des Eigentons jeder Vocalstellung ermitteln, sondern umgekehrt auch das Ansatzrohr mit Hülfe der Stimmgabelprobe jederzeit auf einen geforderten Eigenton einstellen.

236. Bestimmungen der Eigentöne von Vocalen sind in älterer und neuerer Zeit vielfach vorgenommen worden. Einige Zusammenstellungen darüber s. z. B. bei Merkel, Laletik S. 47, Grützner S. 177 ff., Trautmann, Sprachlaute S. 27 ff., Vietor[4] S. 27 ff., Bremer S. 170. Wenn die Resultate der einzelnen Beobachter stark von einander abweichen, so hat dies, wie Trautmann richtig hervorhebt, darin seinen Grund, dass ein Jeder zunächst die Eigentöne seiner eigenen Vocale bestimmte, während doch die Aussprache der Vocale bekanntlich in den einzelnen Sprachen und Mundarten, ja selbst bei einzelnen Individuen, sehr erheblich differirt. Dem gegenüber hat dann Trautmann den Satz aufgestellt, dass man, um zu einem brauchbaren System zu gelangen, nicht von beliebigen Einzelvocalismen ausgehen müsse, sondern von einem idealisirten

Vocalsystem, welches die Hauptlaute der bekannteren Sprachen enthalte. Ein solches gewinnt er auf Grund der Vergleichung der wichtigsten Vocallaute insbesondere des Deutschen, Französischen und Italienischen nach ihrer mustergültigen Aussprache. Diese Sprachen liefern ihm zunächst drei Reihen von je 4 Vocalen, welche ungefähr den drei Halbreihen bei Winteler entsprechen, nur noch durch eine vierte Reihe ergänzt werden (vgl. **231**). Setzen wir statt der besonderen Zeichen Trautmann's die oben verwandten Typen mit Zahlexponenten, so gewinnt Trautmann's System die Gestalt:

$$\ddot{u}^1$$
$$\ddot{o}^1$$
$$\ddot{o}^2$$
$$u^1 \; o^1 \; o^2 \; a \quad \& \quad e^2 \; e^1 \; i^1$$
$$\dot{o}^2$$
$$\dot{o}^1$$
$$\dot{u}^1$$

Von dem System Winteler's unterscheidet sich dasselbe, abgesehen von der Annahme der vierten Reihe, dadurch, dass nur einerlei u, i, $\ddot{u}$ ($\dot{u}$) angesetzt werden, während Winteler auch diese Vocale in je zwei Abtheilungen zerlegt.

237. Charakteristisch ist für Trautmann's System die Begründung. Auch er findet, dass sein System eine Ordnung der Vocale nach ihrer Articulationsverwandtschaft enthalte. Seine Vocalreihen sind ihm aber nicht nur Articulationsreihen, sondern stellen zugleich harmonische Reihen von Eigentönen dar. Die Eigentöne der Reihe $u^1 \; o^1 \; o^2 \; a$ bilden nach ihm zusammen den Septimenaccord $g_2 \; h_2 \; d_3 \; f_3$, die der Reihe $\& \; e^2 \; e^1 \; i^1$ einen Septimenaccord, der genau eine Octave höher liegt als der erste, also $g_3 \; h_3 \; d_4 \; f_4$. Die Eigentöne von $\ddot{o}^2 \; \ddot{o}^1 \; \ddot{u}^1$ sind dieselben wie die von $\& \; e^2 \; e^1$, die von $\dot{o}^2 \; \dot{o}^1 \; \dot{u}^1$ dieselben, wie die von $a \; o^2 \; o^1$. Dies vierzehnvocalige System wird sodann erweitert durch die Annahme von Zwischenvocalen, die sowohl was den Eigenton als die Mundstellung betrifft, genau die Mitte zwischen zwei Grundvocalen halten, ferner durch die Annahme von Nebenvocalen, die durch Beimischung mehr oder minder geräuschartiger Oberhalle (Hall = Eigenton) charakterisirt sind, welche ihrerseits darauf beruhen, dass das Ansatzrohr an einer gewissen Stelle etwas eingeengt wird, und demnach in Vordergaumen-, Hintergaumen-, Gaumensegel-, Rachen- und Kehl-Nebenvocale zerfallen.

238. Trautmann glaubt dieses System nicht als ein künstlich harmonisch gemachtes, sondern, da die meisten seiner Glieder die am häufigsten begegnenden Vocale seien, als ein der Natur abgelauschtes bezeichnen zu können (S. 51). Dagegen ist zunächst einzuwenden, dass es nicht angeht, nur den Vocalismus einiger ausgewählter Cultursprachen zur Grundlage eines Vocalsystems zu machen, das allgemeinen Zwecken dienen soll, namentlich wenn der Vocalismus dieser Mustersprachen ein so einförmiger ist, wie etwa der des Deutschen, Französischen und Italienischen. Ein Vocalismus wie der des Englischen lässt sich, um nur ein praktisches Beispiel anzuführen, nur vermittelst so vieler Modificationen dieses Systems ausdrücken, dass schliesslich von dem Grundsystem selbst nichts mehr übrig bleibt. Es ist ferner zu bezweifeln, dass jene harmonischen Reihen Trautmann's wirklich die normalen Sprechvocale der genannten Cultursprachen darstellen. Soweit ich nach den Einzelangaben Trautmann's (namentlich auch bezüglich der wechselnden Grösse des Kieferwinkels, welche beim gewöhnlichen Sprechen fast gar keine praktische Bedeutung hat (vgl. **40 f.**), urtheilen kann, sind seine deutschen Normalvocale zum grossen Theile Laute, die der gesprochenen Sprache, selbst in ihrer reinsten, bühnenmässigen Form, fremd sind, und in dieser Abstufung höchstens hie und da beim Gesang oder beim Vor- und Nachsprechen isolirter Einzelvocale gebildet werden. Wenn man aber doch einmal für jede einzelne Sprache, auch das Deutsche, noch besondere Angaben über die Höhe der Eigentöne ihrer Vocale haben muss, so nützt die Erkenntniss nicht viel, dass man sich auch eine Idealsprache denken kann, in der die Eigentöne gewisser Vocale eine harmonische Reihe bilden.

Dieselben Bedenken scheinen mir ebenso dem wieder anders gearteten Eigentonsystem Bremer's entgegenzustehn.

239. Erwägt man ferner, dass die Eigentöne der Vocale stets von der jeweiligen Stellung des Ansatzrohrs abhängen, also etwas Secundäres sind, so gelangt man zu dem Resultate, dass sie höchstens als Controlmittel bei der Feststellung dieses oder jenes Vocals Verwendung finden, nicht aber zu einem wesentlichen Factor bei der Anordnung der Vocale gemacht werden können. Aber auch als Controlmittel sind sie nur mit Vorsicht zu gebrauchen, schon aus dem Grunde, weil ganz verschiedene Organstellungen doch denselben Eigenton besitzen können. Ferner ist die Bestimmung der Eigentöne an sich, wie auch die Anhänger des Eigentonsystems zugeben, mit erheblichen Schwierigkeiten verknüpft. Ohne genaueste mündliche Anweisung seitens eines erfahrenen Lehrers wird wohl kaum ein Anfänger je im Stande sein, die Flüsterprobe praktisch zu verwerthen. Auch die Stimmgabelprobe ist nicht so leicht zu machen, als man wohl denken möchte. Der Anfänger, der sein Sprachorgan noch nicht völlig in der Gewalt hat, ist stets der Gefahr ausgesetzt, nur einseitig die Lippenöffnung oder die Stellung der Zunge zu variiren, um zu einer Stellung von bestimmtem Eigenton zu gelangen, mag man ihm auch noch so deutliche Vorschriften über die Bildung der gesuchten Articulationsstellung geben: ja in den meisten Fällen gelingt dem Anfänger das ganze Experiment der Einstellung auf einen bestimmten Ton überhaupt nicht, wenn nicht etwa zufällig ein ihm geläufiger Vocal den geforderten Eigenton hat. In der Regel führt eine Beobachtung der Klangfarben der gesprochenen Vocale rascher und sicherer zu dem gewünschten Ziele.

240. Das Eigentonsystem gewährt daher weder in theoretischer noch in praktischer Beziehung irgendwie erhebliche Vortheile vor dem Klangfarbensystem, durch dessen Modification es entstanden ist. Dafür hat es an allen wesentlichen Gebrechen desselben Antheil, und muss also mit ihm stehen oder fallen.

241. Das Klangfarbensystem wie das Eigentonsystem ist in letzter Instanz auf der altüberlieferten Vocalreihe *u, o, a, e, i* aufgebaut. Von diesen Vocalen erfordern *a, e, i* in der Regel nur eine selbständige Zungenarticulation, *o* und *u* dagegen neben dieser auch eine selbständige Lippenarticulation, die Rundung. Das Gleiche gilt von Lauten wie *ö, ü*. Was berechtigt nun dazu, *o* und *u* als Grundlaute zu betrachten, *ö* und *ü* dagegen als 'Vermittelungsvocale'? Wo ist ferner in einem so aufgebauten System Raum für die gar nicht seltenen Vocale, die mit der Zungenstellung von *o, u*, aber ohne deren Lippenrundung gesprochen werden? Sie fehlen auch in dem Vierreihensystem Trautmann's, denn dessen vierte Reihe umfasst ja, wenigstens seiner Definition nach, nicht Laute mit rein passiver Lippe. So gut man aber *ö, ü* als aus *e, i* abgeleitet betrachtet, so gut müsste man consequenter Weise auch das *o, u* aus der Reihe der Grundvocale streichen, denn auch sie verbinden eine modificirende Lippenarticulation mit der Zungenarticulation. Es fehlen ferner in jenen Systemen die Vocale, welche durch Articulation der Mittelzunge gegen den Gaumen gebildet werden.

Diese Vocale sind nach Klang, Eigenton und Articulation von den Vocalen der Vorderzunge, wie *i*, *e* ebenso geschieden, wie von denen der Hinterzunge, wie *a*, *o*, *u*. Was berechtigt also, wenn man ihre Existenz anerkennt (wie dies z. B. Trautmann thut), dieselben nur als Nebenvocale zu charakterisiren? Warum sind sie nicht eben so gut in das Normalsystem aufzunehmen wie die Vocale der Vorder- und Hinterzunge?

242. Der Hauptfehler beider Systeme indessen liegt darin, dass sie auf irrthümlichen Voraussetzungen über das Verhältniss der Klangreihen bez. Eigentonreihen zu den Articulationsreihen aufgebaut sind. Die Vertreter beider Systeme sind zwar der Meinung, dass ihre Reihen den Abstufungen der Articulationen parallel gehen, aber diese Meinung beruht in vielen Fällen einfach auf einer leicht nachweisbaren Täuschung. Man betrachtet z. B. die Reihe *a*, *ä*, *e*, *i* (genauer etwa Winteler's & e^2 e^1 i und die entsprechenden Vocale Trautmann's) als eine gleichmässig abgestufte Klangreihe mit gleichmässig abgestuften Eigentönen (nach Trautmann steigen hier z. B. die Eigentöne von Vocal zu Vocal je um eine Terz). Aber man gelangt von *a* oder & zum *ä* (e^2) durch Vorschiebung der Zunge in horizontaler Richtung, vom *ä* (e^2) zum e^1 und *i* dagegen durch Hebung der Vorderzunge, also eine Articulationsbewegung anderer Richtung und anderer Art. Nach dem Verhältniss der Articulationsstellungen bez. der Bewegungen, durch die man von dem einen Laut zum andern gelangt, müsste man jene Vocale etwa so ordnen:

aber nicht auf einer geraden Linie. Noch schlagender ist etwa der folgende Fall. Die Folge *a*, offenes *o*, geschlossenes *o* in engl. *fast*, *fall*, *foal* stellt ohne Zweifel eine gleichmässig abgestufte Klangreihe dar; auch die Eigentöne fallen in derselben Richtung, wie der Klang der Vocale dumpfer wird. Bei dem offenen *o* von *fall* steht aber die Hinterzunge tiefer als bei *a* und dem geschlossenen *o*. Der Klangfolge *a*, o^2, o^1 entspricht also hier die Articulationsfolge o^2, *a*, o^1, und so in vielen anderen Fällen. Fragt man sich aber, was für die systematische Anordnung der Vocale den Ausschlag geben muss, die Aehnlichkeit der Klangfarben bez. die damit zusammhängende Abstufung der Eigentöne, oder aber die Articulationsstellungen, aus denen Klangfarbe wie Eigenton resultiren, so kann die Antwort natürlich nur zu Gunsten der letzteren ausfallen. Für die Aufstellung eines Vocalsystems kann nur die Anordnung nach Articulationsverwandtschaft massgebend sein. Die Klangfarben und Eigentöne sind zwar schätzbare, ja unentbehrliche Hülfsmittel für die Controle der Einstellung im Einzelfall, aber auch nichts mehr.

3. Die Anordnung nach Articulationsreihen.

243. Das Verdienst, ein Vocalsystem eingeführt zu haben, welches das subjective Moment der Abschätzung der Articulationsverwandtschaft nach der akustischen Aehnlichkeit ausschliesst, gebührt dem Schotten A. Melville Bell. Sein Vocalsystem baut sich ebenso ausschliesslich wie das System der übrigen Laute auf einer Analyse der Articulationsweise auf, ohne Rücksicht auf grössere oder geringere Klangverwandtschaft der einzelnen Vocale, und hierin liegt ein grosser principieller Fortschritt, den auch diejenigen nicht wegleugnen können, welche mit Vorliebe betonen, dass Bell bei der Durchführung des Systems im Einzelnen Fehler begangen hat (wie sie übrigens einem jeden Phonetiker ohne Ausnahme mit untergelaufen sind). Jedenfalls darf das System Bell's nach den Verbesserungen, welche es durch Sweet und Storm erfahren hat, als das relativ vollkommenste aller bisher aufgestellten Vocalsysteme gelten. Natürlich soll mit dieser Anerkennung des Systems nicht gesagt sein, dass es nicht für weitere Durchbildung und Verbesserung im Einzelnen noch hinlänglich Raum böte.

244. Die Beschreibung des Systems gebe ich im Folgenden in möglichst engem Anschluss an die Darstellungen von Sweet, Handbook 8 ff., und Storm, Englische Philologie[1] 56 ff. (vgl. 1[2], 111 ff.), aus denen ich das System zuerst kennen gelernt habe. Später habe ich dann Gelegenheit gehabt, die einzelnen Aufstellungen mit Sweet mündlich durchzuprüfen.

245. In dem alten Vocaldreieck wie in der Vocallinie $u-a-i$ werden, wie gelegentlich schon bemerkt wurde, Vocale mit einfacher Zungenarticulation mit solchen zusammengeworfen, welche Zungen- und Lippenarticulation haben. Dem gegenüber hält Bell's System die Articulationen der Zunge und der Lippen streng auseinander, und classificirt die Vocale zunächst nur nach den Stellungen der Zunge: beides mit Recht, da ja im Princip zu jeder beliebigen Zungenstellung jede beliebige Lippenstellung modificirend hinzutreten kann.

Ausserdem wird, was in keinem der älteren Systeme der Fall war, auf die verschiedenen **Spannungsverhältnisse** der articulirenden Weichtheile Rücksicht genommen, durch welche die Resonanzverhältnisse und demnach auch die Klangfarben der einzelnen Vocale sehr wesentlich mit bestimmt werden, insofern Resonanzräume mit gespannt-elastischen Wänden anders resoniren als solche mit schlaffen Wänden (vgl. Helmholtz, Tonempfindungen[4] 185 f.).

246. Zungenlage. Die Zungenstellungen der Vocale sind besonders ausgezeichnet durch mehr oder minder starke dorsale (**204**) Erhebungen bestimmter Theile des Zungenrückens, welche zur Bildung einer mehr oder weniger ausgeprägten charakteristischen Enge zwischen Zunge und Munddach führen. Für jeden Vocal ist also zunächst festzustellen, wo diese charakteristische Enge liegt und wie gross dabei der Abstand zwischen Zunge und Munddach ist. Um hier systematisiren zu können, muss man vorerst lernen, die verschiedenen und zum Theil recht complicirten Bewegungen des Zungenkörpers, durch die man von der Stellung eines Vocals zu der eines andern gelangt, in ihre einfachsten Factoren zu zerlegen. Wie dies zu geschehen hat, können ein paar einfache Tastversuche zeigen, bei denen man einen Finger möglichst weit in den Mund einführt und auf die Zunge auflegt. Spricht man nun eine Vocalfolge wie $i-u$ oder $e-a$, so findet man, dass sich jedesmal die Gesammtmasse der Zunge von vorn nach hinten bewegt, um zu der Stellung des zu zweit genannten Vocals zu kommen, und umgekehrt: legt man den Finger fest auf die Zunge, so folgt er einfach ihrem Zug nach hinten bez. dem Vorschieben nach vorn, legt man ihn lockerer auf, so gleitet die Zunge unter ihm fort. Anders bei einer Vocalfolge wie $i-e$ oder $u-a$. Hier braucht keinerlei Verschiebung der Zungenmasse nach hinten (oder bei umgekehrter Folge nach vorn) einzutreten, wohl aber senkt sich der Zungenkörper, und zwar von i zu e in seinem vordern, von u zu a in seinem hintern Theil, und entsprechend steigt er von e zu i, von a zu u, u. s. w. Mit andern Worten, man gelangt von i zu u, von e zu a und umgekehrt durch **Horizontalbewegungen**, von i zu e, von u zu a und umgekehrt durch **Verticalbewegungen** der Zunge, und auf diese beiden Grundformen der Bewegung lassen sich auch alle anderen Bewegungsformen zurückführen, die man ausführen muss, um von einer Vocalstellung zu einer andern zu kommen. Man fühlt z. B. wie bei einer Folge wie $a-i$ die

Theil gehoben wird, u. dgl. mehr. Man kann aber diese beiden Theile der Bewegung auch von einander isoliren, indem man z. B. zunächst die Zunge von der *a*-Stellung aus einfach vorwärts schiebt bis zur *e*-Stellung, und dann den vordern Theil der Zunge hebt bis zur *i*-Stellung. Man vergleiche etwa die beiden Diagramme

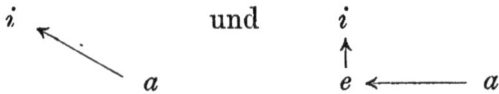

247. Die (relative) Zungenstellung eines jeden einzelnen Vocals (genauer gesagt, die relative Lage der charakteristischen Enge) wird also durch zwei Stellungselemente bestimmt, die man kurzweg als Horizontal- und Verticalstellung bezeichnen kann. Doch darf man diese beiden Ausdrücke nicht allzu buchstäblich nehmen, weil der Mundraum nicht eine gerade, horizontal liegende Röhre bildet, sondern eine gekrümmte Gestalt hat, bei der sich ein vorderer, mehr horizontal liegender Theil (zwischen Vorder- und Mittelzunge und dem harten Gaumen sowie dem Anfang des Gaumensegels), und ein hinterer, mehr absteigender Theil (zwischen dem hintern Zungenrücken und dem hintern Theil des Gaumensegels und der Rachenwand) unterscheiden lässt. Auch ist zu beachten, dass der vordere Theil infolge der Wölbung des Gaumendachs in der Mitte an sich weiter ist als an seinem vordern und hintern Ende. Von allen diesen Unregelmässigkeiten der Gestalt des Mundraums ist bei jener Nomenclatur und der Ausgestaltung der entsprechenden Vocaltabelle (s. **266**) abgesehn, indem der Mundraum schematisch als eine gerade horizontale Röhre gedacht wurde. Dies Verfahren ist durchaus zweckmässig und entspricht nur der allgemein bei der Aufstellung orientirender Schemata üblichen Praxis. Es ist daher kaum mehr als Selbsttäuschung, wenn einige Phonetiker geglaubt haben, Bell's System dadurch im Wesen zu verbessern, dass sie die geradlinig-rechtwinklige Anordnung Bell's (s. die Diagramme in **246** und die Vocaltabelle in **266**) durch eine andere typographische Anordnung der Vocalzeichen ersetzten, die den Krümmungsverhältnissen des Mundraums genauer angepasst sein soll.

248. Die Zahl der möglichen Abstufungen der Zungenstellung in horizontaler wie in verticaler Richtung ist an sich wieder unendlich gross. Doch genügt es, für praktische

Zwecke, zunächst in jeder Richtung drei Abstufungen aufzustellen.

249. Horizontale Zungenstellungen. Die Vocale sind in dieser Beziehung entweder hintere (*back*, velare), wenn die Zunge zu ihrer Bildung aus der Ruhelage nach hinten gezogen wird und demnach die charakteristische Enge zwischen Hinterzunge und weichem Gaumen bez. hinterer Rachenwand liegt, wie beim sog. reinen *a*; oder vordere (*front*, palatale), wenn die Zunge vorgeschoben wird und demnach gegen den harten Gaumen articulirt, wie etwa beim *i*; oder endlich gemischte (*mixed*[1]), palatovelare), wenn die Zunge auf ihrer Basis eine mittlere Stellung einnimmt, wie etwa bei engl. *err* oder deutschem *e* in *Gabe* (es ist nur das *ö*-ähnlich klingende unbetonte *e* zu verstehn, wie es etwa im Bühnendeutschen gesprochen wird; die Dialekte haben vielfach auch *e*- oder *ä*- oder *a*-ähnliche Varietäten, auf die dann das oben Gesagte nicht mehr passt).

250. Neben diesen Hauptstellungen sind eventuell noch Zwischenstufen zu unterscheiden, die man als innere und äussere (*inner* und *outer*) bezeichnen kann. So wäre z. B. ein *e*, bei dem die Zunge gegen die *i*-Stellung nicht nur gesenkt, sondern zugleich auch ein wenig zurückgezogen würde, als ein 'inneres *e*' zu bezeichnen, u. dgl. mehr, oder ein Laut der nach der horizontalen Lage der Zunge zwischen dem *front* e^1 und dem *mixed* $ė^1$ (s. unten) liegt, entweder als 'inneres e^1' oder als 'äusseres $ė^1$' zu bezeichnen, je nachdem er dem einen der beiden genannten Normalvocale näher liegt. In der Praxis wird aber kaum je mehr als éine Mittelstufe anzusetzen sein.

251. Verticale Zungenstellungen. Je nach der grösseren oder geringeren Erhebung des articulirenden (horizontalen) Zungentheils gegen das Munddach hin sind die Vocale entweder hohe (*high*) wie etwa das *i*, mittlere (*mid*) wie etwa das *e*, oder niedrige (*low*) wie etwa der Vocal in engl. *air*. Hohe Vocale sind also die mit geringstem Abstand der dorsalen Zungenwölbung vom Munddach, mittlere die mit mittlerem, niedrige die mit grösstem Abstand. Als Zwischenstufen

---

[1]) Der Ausdruck *mixed* für Vocale mit horizontaler Mittelstellung der Zunge beruht auf einer irrthümlichen Analyse Bell's, welcher ursprünglich glaubte, dass bei diesen Vocalen Vorder- und Hinterzunge gleichzeitig articulirten. Er empfiehlt sich aber durch seine Kürze und wird schwer durch einen andern, ganz sachentsprechenden zu ersetzen sein, da der Ausdruck 'mittlere Vocale' für die Scheidung nach Verticalstellungen vorbehalten bleiben muss (s. **251**).

kann man ausserdem noch gesenkte (*lowered*) und erhöhte (*raised*) unterscheiden, z. B. zwischen dem *high-front*-Vocal *i* und dem *mid-front*-Vocal *e* noch einen *lowered high-front* und einen *raised mid-front*-Vocal einschieben. In der Praxis wird man aber auch hier meist mit einer einzigen Mittelstufe auskommen.

252. Spannung. Vocale wie beispielsweise deutsches oder englisches langes ī und ē sind, wie im Vorhergehenden ausgeführt ist, durch (primär, vgl. **255**) verschiedene Zungenstellung oder Zungenlage charakterisirt. Man muss also, um vom ī zum ē zu gelangen, entweder den Kieferwinkel vergrössern (d. h. bei eventuell vollständig innerhalb des Kiefers fixirter Zunge den ganzen Unterkiefer senken) oder den articulirenden Vordertheil der Zunge innerhalb des Unterkiefers herabdrücken. Wesentlich anders ist aber der Mechanismus, wenn man z. B. vom deutschen oder englischen langen ī zum kurzen ĭ, von ē zu ĕ u. dgl. übergeht. Beim langen ī, ē fühlt man bei einiger Aufmerksamkeit leicht, wie die Zunge zumal in dem articulirenden Vordertheil straff angespannt ist; geht man dann zu ĭ, ĕ über, so wird sie schlaffer und sinkt gewissermassen in sich zusammen.

253. Man kann den Spannungsunterschied bei den vorderen Vocalen wie ī, ē : ĭ, ĕ auch von Aussen her leicht durch Betasten feststellen, indem man einen oder besser zwei Finger von unten her gegen die vorn zwischen den beiden Unterkieferknochen eingebetteten Weichtheile presst; bei ī, ē ist dann die ganze Unterwand stärker angespannt, bei ĭ, ĕ aber erschlafft sie. Bei den hintern Vocalen wie ū : ŭ oder ō : ŏ muss man dagegen weiter rückwärts gelegene Theile betasten, etwa so dass man Daumen und Zeigefinger zu beiden Seiten des Kehlkopfs einsetzt und sie dann entsprechend in die Höhe schiebt.

254. Bei genauerem Aufmerken findet man übrigens leicht, dass der hier geschilderte Spannungsunterschied sich nicht auf die Zunge allein beschränkt, sondern in analoger Weise bei allen an der Lautbildung activ betheiligten Organen wiederkehrt, welche überhaupt verschiedene Spannungsgrade gestatten. Dies gilt bei der Vocalbildung einmal von den Lippen, bei deutlicher Rundung (**261** ff.) oder spaltförmiger Erweiterung (**264**), sodann aber namentlich auch von den Stimmbändern. Beim Nachlassen der Mundspannung nimmt auch die Stimmbandspannung ab, und umgekehrt. Dies macht sich praktisch in einer entsprechenden 'Verdumpfung' bez. 'Erhellung' des betreffenden Vocalklangs bemerkbar (vgl. noch **256**); insbesondere ist dabei charakteristisch, dass auch die Tonhöhen der 'ungespannten' Vocale (**255**) etwas tiefer liegen als die der jeweilen correspondirenden 'gespannten Vocale'.

255. Solche Spannungsunterschiede ziehen sich nun durch das ganze Vocalsystem hindurch. Man hat daher auch überall zwischen gespannten und ungespannten Vocalen zu unterscheiden. Doch ist dabei darauf zu achten, dass der Unterschied der Spannungs- und Entspannungsgrade in den einzelnen Sprachen sehr verschieden sein kann, dass es sich also abermals um einen relativen Gegensatz handelt. Auch die Vertheilung der beiden Arten von Vocalen kann sehr verschieden sein. Die Beobachtung wird da wesentlich erleichtert, wo sich der Gegensatz zwischen Spannung und Nichtspannung mit einem andern, z. B. quantitativen, Gegensatz verbindet. Dies ist z. B. im Deutschen und Englischen der Fall, indem hier die langen Vocale wie $\bar{\imath}, \bar{e}, \bar{u}, \bar{o}$ meist gespannt, die kurzen wie $\breve{\imath}, \breve{e}, \breve{u}, \breve{o}$ meist ungespannt sind.

256. Die ungespannten Vocale klingen tiefer und dumpfer, weniger 'metallisch' als die gespannten. Dies beruht einerseits auf der Verschiedenheit der Resonanz von Lufträumen mit schlaffen und elastischen Wänden (**245**), andrerseits auf der Verschiedenheit der Stimmbänderspannung (**254**), endlich spielen auch Verschiedenheiten der Zungenform mit ein. Doch sind diese letzteren, wenn sie natürlich auch eine Verschiedenheit der Gesammtstellung der Zunge involviren, als secundär zu bezeichnen, da sie durchaus von Spannung und Nichtspannung der Zunge abhängen. Wie jeder angespannte Muskel wölbt sich nämlich auch die gespannte Zunge in dem articulirenden Theil stärker convex nach oben, als wenn sie entspannt wird und damit zusammensinkt. Die stärker gespannte Zunge tritt daher auch bei gleicher Höhenstellung (**251**) dem Munddach näher als die ungespannte, daher ist denn auch die Mundweite der ungespannten Vocale etwas grösser als die der entsprechenden gespannten, aber der Gegensatz ist wesentlich andrer Art als etwa der zwischen hohen und mittleren oder mittleren und tiefen Vocalen. Man vergleiche etwa den Gegensatz zwischen $\bar{\imath}$ und $\bar{e}$, $\breve{\imath}$ und $\breve{e}$ einerseits, und den zwischen $\bar{\imath}$ und $\breve{\imath}$, $\bar{e}$ und $\breve{e}$ andrerseits: der erstere beruht auf der Verschiedenheit der Zungenhöhe, der letztere auf der Spannungsverschiedenheit der articulirenden Weichtheile.

257. Den hier geschilderten Gegensatz zwischen 'gespannt' und 'ungespannt' bezeichnete Bell mit den Namen *primary* und *wide*; dafür hat Sweet seinerseits *narrow* und *wide* eingeführt, was man dann abermals mit 'eng' und 'weit' übersetzt hat. Diese (auch noch in der 4. Auflage dieses Buches gebrauchte) Bezeichnungsweise ist an sich nicht unrichtig, da sie an die thatsächlich bestehenden Unterschiede der Mundweite (**256**) anknüpft, aber doch nicht ganz empfehlenswerth, insofern sie Verwechslungen mit den durch verschiedene Höhenstellungen der Zunge hervorgerufenen Verschiedenheiten der Vocalbildung nicht ganz ausschliesst. Diese Gefahr vermeidet man bei consequenter Anwendung der Namen 'gespannt' und 'ungespannt', welche die entsprechende Besonderheit der Articulation ganz unmissverständlich zum Ausdruck bringen.

258. Man hüte sich auch davor, die Begriffe 'gespannt' (oder 'eng') und 'ungespannt' (oder 'weit') mit denen zu verwechseln, welche die althergebrachten Ausdrücke 'geschlossen' und 'offen' bezeichnen sollen. Diese letzteren wollen nur aussagen, dass ein Vocal geringere oder grössere Mundweite habe als ein anderer, aber ohne alle Rücksicht auf die Verschiedenheit der Articulationsweise, welche die Differenzen der Mundweite im einzelnen Fall hervorruft, speciell also ohne Rücksicht darauf ob die specifische Mundweite auf grösserer oder geringerer Erhebung (**251**) oder auf grösserer oder geringerer Spannung der Zunge beruht, oder auf einem Gemisch von beiden. Ein Vocal kann also 'offener' sein als ein anderer, weil er geringere Zungenhöhe hat, oder aber weil er geringere Spannung hat, und umgekehrt bei den 'geschlossenen' Vocalen. Im einzelnen Fall kann sich also wohl einmal 'gespannt' mit 'geschlossen' decken, aber es muss nicht so sein. So nennen wir z. B. das kurze deutsche i 'offen' im Gegensatz zum 'geschlossenen' langen $\bar{\imath}$ (oder 'offener als das lange $\bar{\imath}$'), und das deckt sich hier auch wirklich mit dem Unterschied von 'ungespannt' und 'gespannt'. Wir sagen aber z. B. auch das engl. ai, e in Wörtern wie *air, there* sei 'offener' als das deutsche lange $\bar{e}$ in *See* u. dgl.: hier sind aber beide Vocale gespannt, aber sie haben verschiedene Zungenhöhe (das deutsche $\bar{e}$ als mittlerer, der englische Laut als tiefer Vocal). Nicht minder nennen wir auch z. B. das engl. a in *man, hat* 'offener' als das deutsche $e, ä$ in *helfen, Mächte*, da doch beide trotz verschiedener Zungenhöhe in gleicher Weise ungespannt sind. Da wo die Grammatik mit 'geschlossenen' oder 'geschlosseneren' und 'offenen' oder 'offeneren' Vocalen operirt, muss also die Phonetik jedesmal erst des Genaueren constatiren, was mit dem mehrdeutigen Ausdruck gemeint ist.

259. Lippenarticulation der Vocale. Zu jeder Zungenstellung und -spannung kann eventuell eine besondere, selbständige Articulation der Lippen hinzutreten. Diese Articulationen bestehen nach dem, was in **42** erörtert worden ist, entweder in einer Rundung (*rounding*, Labialisirung), die mit oder ohne Vorstülpung der Lippen ausgeführt werden kann, oder in einer spaltförmigen Ausdehnung der Lippenöffnung.

260. Zu beachten ist dabei, dass nach **254** Vocale mit gespannter Zunge die Spannung bis zu einem gewissen Grade auch auf die Lippen ausdehnen, sofern diese bei der Articulation activ betheiligt sind. Man beachte etwa den Spannungsunterschied der Lippen bei deutschem langem ('gespanntem') $\bar{u}$ und kurzem ('ungespanntem') u oder entsprechendem $\bar{o} : \breve{o}$ u. dgl. Je grösser die Activität der Lippen, um so deutlicher ist auch der Spannungsunterschied, d. h. er ist deutlicher bei stark als bei schwach gerundeten Vocalen (vgl. **261**), u. dgl.

261. Rundung. Innerhalb dieser sind im Einzelnen wieder Abstufungen nach dem Grade der Verengung der

Lippenöffnung und nach ihrer Form zu unterscheiden. Was die ersteren anlangt, so unterscheidet Sweet drei natürliche Hauptabstufungen, welche häufig den Abstufungen der Zungenhöhe entsprechen, indem gerundete hohe Vocale sehr gewöhnlich die engste, niedrige Vocale die weiteste, mittlere Vocale eine mittlere Lippenöffnung haben. Man vergleiche z. B. die Vocale in engl. *who, no, saw*, deutsch *du, so*, dialektisch *jå*. Bei dem *u* sind die Lippen bis auf eine ganz enge Oeffnung zusammengezogen, bei *o* ist die Oeffnung weiter und breiter, und beim *å* sind nur die Mundwinkel etwas zusammengezogen. Doch ist dieser Parallelismus zwischen Zungenhöhe und Rundungsgrad meist nur ein habitueller, und nur insofern durch natürliche Verhältnisse geboten, als Vocale mit niedriger Zungenstellung und dem entsprechender stärkerer Senkung des Unterkiefers kaum eine sehr starke Verengung der Lippenöffnung gestatten. Sonst kann sich auch eine Rundung ersten Grades, wie wir sie etwa bei dem 'geschlossenen' (d. h. hier 'gespannten') *u* haben, auch mit einer niedrigeren Zungenstellung verbinden, u. s. w. Als Beispiel kann das deutsche 'geschlossene' *ü* wie in *über* dienen; dasselbe hat die starke Rundung des *u*, aber die Zungenstellung des 'geschlossenen' *e*, welches ein Vocal von mittlerer Zungenhöhe ist.

262. Was sodann die Formunterschiede in der Rundung betrifft, so unterscheide man im Einzelnen, ob die Rundung bloss durch Verticalbewegung der Lippen gegeneinander erzeugt wird (verticale Rundung), oder durch Einziehung der Mundwinkel (horizontale Rundung), oder durch beides zugleich (gemischte Rundung); ferner ob die Lippen ihren natürlichen Abstand von den Zähnen behalten oder an diese stärker angepresst oder aber vorgestülpt und dadurch von den Zähnen abgehoben werden (42 ff.).

263. Sweet definirt Rundung als 'a contraction of the mouth cavity by lateral compression of the cheek passage and narrowing of the lip aperture'. Er unterscheidet daher mit Bell neben der Lippenrundung auch noch eine innere oder Wangenrundung (*inner rounding, cheek-rounding, cheek-narrowing*), und bemerkt, dass die Rundung immer auf den Theil des Mundes concentrirt sei, wo der betreffende Vocal gebildet werde (vgl. auch Primer S. 15 f.). Bei der Rundung von vorderen Vocalen, wie des franz. *u*, sei die Wangencompression hauptsächlich auf die Mundwinkel und die unmittelbar daran grenzenden Partien der Wangen beschränkt, während bei hinteren Vocalen, wie dem (deutschen) *u*, die Hauptcompression in den hinteren Theilen der Wangen stattfinde. Wenn hintere Vocale bloss mit Lippenverengung, ohne gleichzeitige innere Rundung ausgesprochen werden, erhält man nach ihm nicht die entsprechenden gerundeten Vocale, sondern nur dumpfe (*muffled*) Varietäten der gewöhnlichen Laute. Ebenso ist, wenn ein vorderer Vocal nur mit innerer Rundung ausgesprochen wird, das Resultat nur ein dumpfer 'gutturalisirter' Vordervocal, nicht ein gerundeter Vordervocal (Sweet S. 13 ff.). Es ist richtig, dass bei der Rundung durch Anpressung der Lippen an die Zähne auch die Wangen z. Th. eine straffere Spannung annehmen, aber ich vermag nicht dieser eine derartig besondere Bedeutung beizulegen wie Bell und Sweet es thun, da doch die Wangen auch in schlaffem Zustande an den Zahnreihen anzuliegen pflegen, also wenigstens die Gestalt des Resonanzraums auf diese Weise nicht wesentlich verändert werden kann. Einen Einfluss der Spannung auf die Resonanzwirkung des Mundraums wird man allerdings nach dem in **245** Bemerkten auch hier nicht principiell leugnen dürfen. Doch bedarf die Sache noch näherer Aufklärung, namentlich auch nach der Seite der Frage hin, welche Rolle die in **254** erwähnte Verschiedenheit der Stimmbänderspannung im einzelnen Falle spielt.

264. Spaltförmige Ausdehnung der Lippenöffnung (**42**) findet sich namentlich oft bei den vorderen Vocalen, die dadurch einen helleren Klang erhalten, kann aber auch, wie Sweet bemerkt, auf andere Vocale ausgedehnt werden. Auch eine Verbindung von verticaler Rundung und Auseinanderziehen der Mundwinkel ist möglich und scheint sich hie und da thatsächlich zu finden.

265. Von diesen Gesichtspunkten ausgehend stellt das englische System zunächst 18 (= 9 gespannte und 9 ungespannte) Normalvocale ohne active Betheiligung der Lippen auf, und stellt diesen weitere 18 entsprechende gerundete Normalvocale gegenüber, indem es die spaltförmige Ausdehnung der Lippenöffnung als weniger wesentlich bei Seite lässt und von den verschiedenen Arten und Formen der Rundung für jede Zungenhöhe je nur eine correspondirende Stufe in Rechnung zieht. Die so gebildete Vocaltafel umfasst danach 36 Grundvocale, s. die Tabelle S. 103.

266. Diese Tabelle ist die von Sweet aufgestellte Vocaltafel mit den Verbesserungen und Zusätzen von Storm. Nur weicht die Anordnung in so weit ab, als Sweet die gespannten und ungespannten Vocale von einander trennt; bei ihm lautet die oberste Vocalreihe **y, ih, i; A, *ih*, *i*,** während ich vorgezogen habe, die gespannten und ungespannten Formen der Vocale sonst gleicher Zungenstellung neben einander zu geben.

266. Die Vocale: 3. Bell's System.

	Velare (back)		Palato-velare (mixed)		Palatale (front)	
	Gespannt (narrow)	Ungespannt (wide)	Gespannt (narrow)	Ungespannt (wide)	Gespannt (narrow)	Ungespannt (wide)
Hoch (high)	A¹ (ɯ high-back) Gael. la*o*gh	A² (A high-back)	i¹ (ïh high-mixed) nordwelsch. tag*u*, russ. *syn*	ï² (ïh high-mixed) geleg. engl. *pretty*	i¹ (ï high-front) frz. *fini*, d. *ihn*, *sie*	i² (ï high-front) engl. *bit*, *pity*, nordd. F*i*sch
Mittel (mid)	a¹ (ɐ mid-back) engl. *but*	a² (a mid-back) engl. *father*, it. *padre*, nordd. V*a*ter	e¹ (eh mid-mixed) d.Gabe, dän.norw. Gave, schw. *gosse*	e² (eh mid-mixed) engl. *eye*	e¹ (e mid-front) frz. *été*, d. *See*	e² (e mid-front) dän. tr*æ*, d. M*ä*nner, *Aehre*, engl. m*e*n
Niedrig (low)	ɒ¹ (ɒ low-back) geleg. schott. b*u*t	ɒ² (ɒ low-back) schott. *father*, südostd. V*a*ter	æ¹ (æh low-mixed) engl. b*i*rd	æ² (æh low-mixed) engl. *how*	æ¹ (æ low-front) engl. *air*, schwed. *lära*	æ² (æ low-front) engl. *man*
	Gerundet (round)					
Hoch (high)	u¹ (u high-back) frz. *sou*, d. d*u*	u² (u high-back) engl. f*u*ll	u¹ (uh high-mixed) norw. h*us*	u² (uh high-mixed) norw. h*u*ska	y¹ (y high-front) frz. l*une* [d. *über*] dän. L*y*s	y² (y high-front) [d. Sch*ü*tzen], dän. L*y*st
Mittel (mid)	o¹ (o mid-back) d. s*o*, frz. s*eau*, it. d*o*lore	o² (o mid-back) nordd. St*o*ck, v*o*ll	ȯ¹ (oh mid-mixed)	ȯ² (oh mid-mixed) frz. *homme*, norw. schwed. dial. g*o*dt	ɵ¹ (ɵ mid-front) frz. p*eu*, [d. sch*ö*n, T*ö*ne]	ɵ² (ɵ mid-front) frz. p*euple* [d. V*öl*ker(niederd. *sön*= Sohn?)]
Niedrig (low)	ɔ¹ (ɔ low-back) engl. s*aw*	ɔ² (ɔ low-back) engl. n*o*t, f*o*lly	ɔ̇¹ (ɔh low-mixed)	ɔ̇² (ɔh low-mixed)	œ¹ (œ low-front) schwed. f*ör*	œ² (œ low-front)

267. In dieser Tabelle sind die Transscriptionen, welche Sweet im Handbook gebraucht, an zweiter Stelle in Klammern beigefügt. Abweichend von ihm sind bei unserer Transscription im Anschluss an das oben bei der Darstellung der älteren deutschen Systeme befolgte Verfahren die gespannten Vocale durch den Exponenten ^{1}, die ungespannten durch den Exponenten ^{2} bezeichnet, während Sweet die ersteren unbezeichnet lässt, die letzteren durch Cursivdruck unterscheidet. Die 'gemischten' Vocale bezeichnet Sweet im Handbook durch beigesetztes h, später durch Uebersetzen eines Doppelpunkts, also $ü$, $ë$ etc. Unsere Transscription folgt dem Vorschlage von Storm, welcher nur éinen Punkt zur Bezeichnung dieser Vocalreihe anwendet (einen Doppelpunkt erhält danach nur das $ï$ neben i).

268. Um dieses System zu studiren beginnt man nach Storm am besten mit dem langen 'geschlossenen', genauer 'gespannten' i in *ihn*, *sie* (i^1, high-front-narrow). Wenn man aus dieser Stellung den Zungenrücken (oder aber den ganzen Unterkiefer, 252) allmählich senkt, sonst aber dieselbe Spannung und Form der Zunge behält, erhält man erst das gespannte ('geschlossene') e in *See* (e^1, mid-front-narrow), dann das breite $ä$ im schwed. *lära* ($æ^1$, low-front-narrow), welches Storm im Wesentlichen mit dem ital. e in *bello*, *spavento* identificirt.

269. Doch gibt Sweet nachträglich S. 211 zu, dass beim Uebergang von engl. i^1 zu e^1 und $æ^1$ nicht nur die Zunge gesenkt, sondern der Ort der grössten Enge weiter rückwärts verlegt wird, so dass die Grösse des Resonanzraums nach beiden Richtungen hin wächst. Ebenso bemerkt Sweet richtig, dass man dem e^1 denselben Grad der Enge geben kann wie dem i^1, ohne die beiden Laute zu vermischen. Solche Specialitäten sind bei der Lautbeschreibung im Einzelnen natürlich jedesmal genau zu vermerken. Auf jeden Fall aber ist zu beachten, dass eine Zurückziehung der Zunge bei tieferem Stand keinesfalls nothwendig ist, wenn sie auch an sich nahe liegt (um die erforderliche Grösse und Gestalt des Resonanzraums im Vordermund bequemer herzustellen).

270. Dann spreche man das 'offene' (d. h. hier 'ungespannte') i in *Fisch* (i^2, high-front-wide, man hüte sich aber dabei in den $ü$-ähnlichen Laut zu verfallen, mit dem man in Norddeutschland oft das kurze i spricht). Dabei wird die Vorderzunge loser und schlaffer als beim geschlossenen i^1. Wenn man von dieser Stellung aus die Zunge senkt, so erhält man zuerst das 'offene' bühnendeutsche e in *Mensch*, *helfen* (e^2, mid-front-wide), welches mit $ä$ in *Männer* identisch ist, engl. e in *men*, *pen*, dann durch noch tiefere Senkung das engl. a in *man* ($æ^2$, low-front-wide).

271. Zur Veranschaulichung der entsprechenden gerundeten Vocale ist der deutsche Vocalismus nicht geeignet. Es wird zwar meist (auch noch von Sweet und Storm) angenommen, dass dem i^1 als Rundungsvocal (y^1, high-front-narrow-round) das deutsche *ü* in *über*, *Sühne* entspreche, dem e^1 als θ^1 das 'geschlossene' *ö* in *Söhne* (mid-front-narrow-round), ferner dem i^2 als y^2 das 'offene' *ü* in *Sünde, schützen* (high-front-wide-round), und dem e^2 als θ^2 das 'offene' *ö* in *Götter, Stöcke* (mid-front-wide-round), doch beruht diese Annahme auf einer falschen Analyse der Stellungen dieser Laute (weswegen die betreffenden Beispiele in der Tabelle eingeklammert sind). Abgesehen von individuellen Schwankungen hat das 'geschlossene' *ü* deutscher Wörter die Zungenstellung des 'geschlossenen' *e*, das 'offene' *ü* die eines etwas 'offeneren' *e*; das 'geschlossene' *ö* die des *ä*, das 'offene' *ö* etwa die des engl. *a* in *man, hat*, d. h. in den deutschen *ü, ö* steht die Zunge je um eine Stufe tiefer als in den *i, e* (dafür ist die Rundung sehr stark: beim $ü^1$ werden oft die Lippen an die Zähne gepresst, auch wo sie beim *u* vorgestülpt werden). Das deutsche *ü* ist also sozusagen nicht sowohl als '*i/ü*', als vielmehr als '*e/ü*' zu charakterisiren, wenn man die beiden Factoren der Zungenstellung und des Gesammtklangs bezeichnen will. Wirkliche *i/ü* sprechen wir dagegen (mindestens oft) in Fremdwörtern, zumal für griechisches *y*, also z. B. in *Lyrik, Physik, Myrte* u. dgl. Andere Sprachen, wie das Französische und die skandinavischen Sprachen, besitzen dagegen ganz allgemein *ü*- und *ö*-Laute, welche den ungerundeten Vordervocalen *i, e, æ* fast ganz genau entsprechen. Das *u* von franz. *lune*, das *y* von dän. *Lys* hat wirklich die Zungenstellung des i^1, das franz. *eu* von *peu* die des e^1; durch nochmalige Senkung der Vorderzunge gelangt man von da zu dem breiten schwed. und ostnorw. *ö* in *för* ($œ^1$, low-front-narrow-round), welches auch in dem franz. nasalirten *un* die vocalische Grundlage bildet. Ebenso ist das dän. *y* in *Lyst* ein der Stellung in der Tabelle entsprechendes y^2 (high-front-wide-round), das franz. *eu* in *peuple*, gedehnt in *peur, beurre* ein ebensolches θ^2 (mid-front-wide-round) u. s. w.

272. Genau parallel der Reihe der Palatalvocale läuft, soweit überhaupt vertreten, auch im Deutschen die Reihe der gerundeten Velarvocale. Wir gelangen durch einfache Zungensenkung vom deutschen gespannten langen *u* in *du* (u^1, high-back-narrow-round) zu langem gespanntem *o* in *so* (o^1, mid-back-narrow-round) und zum gespannten englischen *aw* in *saw*

($ɔ^1$, low-back-narrow-round) und vom ungespannten ('offenen') kurzen $ŭ$ z. B. in deutschem *und*, engl. *full* (u^2, high-back-wide-round) zu deutschem ungespanntem *o* in *Stock* (o^2, mid-back-wide-round) und dem engl. ungespannten kurzen *o* in *not* ($ɔ^2$, low-back-wide-round).

273. Schwieriger ist für den Deutschen die Reihe der nicht gerundeten Velarvocale, d. h. des *a* und seiner nächsten Verwandtschaft. Hier ist das a^2 (mid-back-wide) das sog. reine *a* des Italienischen und der deutschen Bühnenaussprache (nicht aber das franz. kurze *a* in *madame*, *patte*, welches, wie Storm zeigt, etwas palatalisirt ist, Storm bezeichnet es als *à*); von ihm ist das englische *u* in *but* (a^1, mid-back-narrow) nur durch stärkere Wölbung der Hinterzunge nach dem Gaumensegel zu unterschieden, die sich aus der stärkeren Spannung der Zunge ergibt. Storm betont mit Recht nachdrücklich, dass dieser Laut mit dem deutschen *ö* gar nichts zu thun hat, obschon er ein deutsches, skandinavisches oder französisches Ohr daran gemahnt (namentlich müssen die Lippen durchaus geöffnet gehalten werden); vielmehr geht das *u* (a^1) im Englischen selbst nahezu in *a* (d. h. a^2) über. Den Laut $Λ^1$ findet Bell in dem gael. *laogh*, das ich nicht von Eingebornen gehört habe, und Sweet in dem armen. *ę* (Lepsius), z. B. in dem Artikel *ęz* (dieser letztere Laut klingt uns auch sehr *ö*-ähnlich). In Deutschland scheint sich das $Λ$ nur in Diphthongen zu finden. So bildet ein $Λ^1$ oder 'offenes' $Λ^2$ das Anfangsglied des Diphthongs *ei* (= mhd. *î*) wie in *sei*, *weil*, *Zeit* in vielen schwäbischen Mundarten, ein 'offenes' $Λ^2$ das Endglied des Diphthongs *au*, wie in *Haus* in thüringisch-sächsischen Dialekten, u. s. w. Der Laut $Λ^2$ erscheint nach Bell auch in der Cockney-Aussprache des langen *o*, z. B. in *no* gesprochen $nΛ^2ŏ^2$, nach Sweet auch vielleicht manchmal im diphthongischen *i*, z. B. dem Pronomen *I*, gesprochen $Λ^2i^2$ (gewöhnlicher $ĕ^2i^2$; soweit ich urtheilen kann, ist $Λ^2$ der regelrechte Anfangslaut des englischen diphthongischen *i* in der Irish brogue). Das v^1 erscheint nach Sweet häufig in der schottischen und provinciell auch in der englischen Aussprache in *but*, *cut* u. s. w.; Sweet findet es auch als gewöhnlichen Laut des kurzen *a* im 'Mittel- und Süddeutschen'(?), z. B. in *Kaffeekanne*. Das v^2 ist nach Sweet das schottische *a* in *man*, *hat* und das schwedische lange *a* in *fader*, *fara*, nach Storm auch das süd(ost)deutsche etwas dumpfe *a* in *Vater* u. s. w., auch das franz. *â* in *lâche*, *pâte*.

274. Am wenigsten leicht verständlich für den Deutschen sind die Articulationen der gemischten Vocale. An der Spitze steht das gespannte russ. jery (i^1), aus diesem entsteht durch Senkung der Zunge das deutsche ö-ähnliche unbetonte *e* in *Gabe* u. s. w. (vgl. **249**; doch ist die Spannung dieses Lautes fast mehr als fraglich, vgl. auch Storm[2] S. 137), aus diesem durch abermalige Senkung das $ə̈^1$ in engl. *bird*. Den ungespannten Laut, welcher dem russ. jery entspricht, findet Sweet oft gebraucht in *pretty* und *just* und einigen andern englischen Wörtern; nach Bell ist der zweite Vocal in Worten wie *fishes* dieses i^2; mir scheint sehr oft unbetontes langes *u* im Englischen zu ji^2 zu werden (wenn der Vocal nicht ganz verdrängt wird), z. B. in *regular*, *natural*, betontes *u* auch oft in *curious* (gesprochen $k(j)i^2ri̯es$ oder $k(j)i^2ri̯^2s$). Die beiden $\dot{u}$ kommen nach Sweet oft in nachlässiger Aussprache für engl. *oo* vor, z. B. in $t\dot{u}^1w$ oder $t\dot{u}^2w$ für *two*; $\dot{o}^1$ in der sogenannten 'affectirten' Aussprache des engl. *no* u. s. w., $\dot{o}^1$ ist nach Ellis das lange österreichische *a* in 'Euer Gnaden', $\dot{o}^2$ nach Bell die Cockney-Aussprache des *a* in *ask* u. s. w. —

275. Dies System bezeichnet, wie man sieht, einen Fortschritt insbesondere in zwei Richtungen. Einmal weil es sich von der alten irrigen Vorstellung von dem Parallelismus zwischen Klangreihen und Articulationsreihen emancipirt hat, sodann weil es die constituirenden Zungenstellungen und -spannungen von den modificirenden Lippenarticulationen nach Gebühr trennt. Gleichwohl darf auch dies System noch nicht für abgeschlossen gelten. Abgesehen davon, dass im Einzelnen, wie gelegentlich des deutschen *ü* und *ö* bemerkt wurde, den Bearbeitern desselben falsche Analysen der Stellung dieses oder jenes Vocals untergelaufen sein können (was aber natürlich kein Argument gegen die Richtigkeit der Eintheilungsprincipien ist), so sind einige der angeführten Kriterien z. Th. noch etwas zweifelhafter Natur und erfordern noch genauere Untersuchung. Namentlich gilt dies wohl auch heute noch von der Unterscheidung der gespannten und ungespannten Vocale, insbesondere auch, wenn man zugleich das in **254** Erörterte mit beizieht. Der Unterschied in der Spannung der articulirenden Organtheile ist zweifellos vorhanden, aber ob er das einzige bedingende Moment für die Scheidung der beiden Gruppen ist, muss einstweilen noch dahingestellt bleiben (s. hierzu besonders die Ausführungen von Storm[2] S. 136 ff.). Ferner liegt es auf der Hand, dass die Tabelle über den Bestand der gerundeten

Vocale keinen Anspruch auf allgemeine Gültigkeit haben kann, weil das Verhältniss von Rundung und Zungenarticulation nicht überall das gleiche ist. Das deutsche *ü* findet so, um bei diesem Beispiel stehen zu bleiben, in der Tabelle keinen Platz. An die Stelle des *y* gehört es nicht, weil es andere Zungenstellung hat, und die ihm nach der Zungenstellung gebührende Stellung ist bereits durch das *ø* der Tabelle occupirt, und wollte man es dahin versetzen, so fiele wiederum das *ø* aus. Unanfechtbar ist dagegen, wie mir scheint, das Anordnungsprincip für die Vocale ohne active Lippenthätigkeit. An die Stelle der éinen Tabelle für 'gerundete' Vocale müssen dagegen ohne Zweifel Specialtabellen treten, die sich nicht nur auf die gerundeten Vocale, sondern eventuell auch auf die Vocale mit spaltförmiger Erweiterung der Lippen zu erstrecken haben (soweit man die letztere nicht etwa durch Hülfszeichen hervorheben will, die man an den Zeichen für die Vocale ohne Lippenmodification anbringt). Für die Anordnung der Vocale in diesen Specialtabellen muss natürlich wieder die Zungenstellung massgebend sein. So würden z. B. die *ü* und *ö* des Französischen, Dänischen und Deutschen in den Specialtabellen in folgender Ordnung einzutragen sein:

franz. dän.	deutsch
ü	—
ö	*ü*
—	*ö*

Zu jeder Specialtabelle würde dann ein besonderer Vermerk über Grad und Form der Lippenmodification hinzuzufügen sein. Mit diesen Modificationen wird das System allen billigerweise zu machenden Anforderungen entsprechen, insofern es eine objectiv richtige und praktisch durchführbare Classification der Glieder jedes Einzelvocalismus gestattet.

276. Gegen diesen Satz darf nicht der Einwand erhoben werden (der thatsächlich erhoben worden ist), dass Niemand im Stande sei, 36 und mehr Vocale durch das blosse Muskelgefühl aus einander zu halten. Das ist auch niemals so verlangt worden. Für die Einübung jeder einzelnen Stellung sind natürlich die Controlmittel, welche das Gehör bez. die akustische Bestimmung der Eigentöne etc. bieten, hier ebenso anwendbar wie bei jedem andern System, und damit fällt jener Einwand zu Boden. Wie weit der Einzelne in der Sicherheit der

Nachbildung fremder Laute gelangt, ist Sache seiner Technik, und nicht jedem wird es gelingen, in dieser Beziehung idealen Anforderungen zu genügen. Dagegen kann man verlangen — und dies Ziel ist erreichbar —, dass jeder Beobachter sich über die relative Zungenlage und -spannung sowie die relative Lippenstellung seiner Vocale und deren Verhältniss zu den Articulationen fremder Vocale klar werde. Zu diesem Ziele führt, wie bereits in **246** angeführt wurde, am sichersten und leichtesten ein genaues Studium derjenigen Bewegungen des ganzen Zungenkörpers oder einzelner Theile desselben, welche von der Stellung eines Vocals zu der eines andern führen, und gerade zu dem Studium dieser Bewegungen gibt die Anordnung der Vocale in dem englischen System die beste Anleitung.

Nasalvocale.

277. Streng genommen kann jede Vocalnüance mit dem Nasenton gebildet werden. Dabei sind verschiedene **Stärkegrade** der Nasalirung zu beobachten, je nachdem sich das Gaumensegel mehr oder weniger von der hinteren Rachenwand abhebt und sich der Zunge nähert. Je mehr dies geschieht, um so stärker wird der nasale Klang des Vocals. Da aber, soviel wir wissen, keine Mundart mehr als éine Stufe der Nasalirung entwickelt hat, so braucht auch nur ein allgemeines Zeichen für ihr Vorhandensein festgesetzt zu werden; wir wählen dazu ein ͚ an dem Vocal ($a̜$, $e̜$, $i̜$, $o̜$, $u̜$ u. s. w.). Die Stufe der Nasalirung ist für die Einzelmundart jedesmal genauer zu bestimmen und eventuell durch ein Hülfszeichen auszudrücken.

278. Man darf nicht ohne Weiteres die französischen Nasalvocale als Repräsentanten dieser Gattung auffassen. Die Nasalirung derselben ist auf jeden Fall stärker als die der meisten deutschen Mundarten, welche die Nasalirung überhaupt kennen. Es ist aber noch zweifelhaft, ob diese stärkere Nasalirung bloss durch stärkere Senkung des Gaumensegels oder auch durch eine besondere velare Engenbildung zwischen Zungenrücken und Gaumensegel bedingt wird, wie Bell und nach ihm Sweet (doch zweifelnd, vgl. Handb. 211) und Storm annehmen. In einem Falle habe ich sicher eine stärkere Wölbung der Hinterzunge zum Gaumensegel hin beim Uebergang von a zu $a̜$ beobachtet. Die französischen Nasale sollten also, wie Storm[2] S. 59 bemerkt, eigentlich Velarnasalvocale heissen; die deutschen Nasalvocale aber scheinen auch ihm rein nasal, d. h. ohne velaren Charakter gebildet zu werden. Dagegen findet Storm im Polnischen auch noch dentale und labiale Varietäten: 'Die polnischen Nasalvocale ę, ą nehmen vor d, t einen mehr dentalen, vor b, p einen mehr labialen Charakter an, so dass ein unvollkommenes n oder m mit dem Vocal verschmilzt, indem bei Zähnen und Lippen eine ähnliche lose Annäherung stattfindet, wie sonst beim weichen Gaumen, pęta, Dąbrowski.'

Gemurmelte Vocale.

279. Zu allen vollstimmigen Vocalen können, wie geflüsterte (81 f.), so auch gemurmelte Parallelen (84 ff.) gebildet werden. Letztere treten namentlich auf bei durchgehender Anwendung der Murmelstimme statt der Vollstimme. Ausserdem finden sich aber auch beim lauten Sprechen an 'unbetonten', d. h. nachdruckslosen Stellen der Rede sehr oft Murmelvocale; es gehören dahin z. B. die sog. geschwächten e des Deutschen (deren richtige Aussprache solchen Ausländern, welche in ihrer Muttersprache keine Murmelvocale kennen, ziemliche Schwierigkeiten zu bereiten pflegt), das hebr. Schwa mobile (⁀) nebst den zugehörigen Chatephs (⁀, ⁀, ⁀), vermuthlich auch die sog. Svarabhaktivocale des Indischen u. dgl. Wir bezeichnen diese Murmelvocale durch kleine Vocalzeichen über der Linie, z. B. nhd. hatte, gesprochen 'atᵊ'.

280. Wie das Beispiel des Hebräischen zeigt, können auch da, wo Murmelvocale infolge blosser Nachdruckslosigkeit an die Stelle vollstimmiger Vocale in lauter Rede treten, noch verschiedene Vocalqualitäten unterschieden werden, aber ihr Klangunterschied fällt wegen der Schwäche der Stimme nicht so in's Ohr, und meist wird auch wegen der Nachdruckslosigkeit der betreffenden Silben die specifische Articulation weniger correct ausgeführt, so dass schliesslich an Stelle aller Vollvocale unterschiedslos ein einziger Murmelvocal (der sog. unbestimmte Vocal, jetzt auch wohl schlechthin Schwa genannt) treten kann, bei dem höchstens noch Unterschiede nach der lautlichen Nachbarschaft gemacht werden (da er oft nur als Gleitlaut auftritt, s. 506). Uebrigens ist die Qualität dieses 'unbestimmten Vocals' (ə) in den Sprachen und Mundarten, die ihn überhaupt kennen, im Einzelnen sehr verschieden.

281. Nicht alle 'unbetonten' Vocale werden zu Murmelvocalen oder Schwas, auch nicht im Deutschen, vgl. z. B. schwäb. giete 'Güte' mit

Vollvocal *e* gegen *guətᵊ* 'gute' mit Murmelvocal; jedenfalls ist die Stimme im zweiten Falle weit schwächer als im ersten. Ein ähnliches Verhältniss besteht z. B. zwischen engl. *father*, gesprochen *fāðə* und nhd. *hatte*, gesprochen ʻ*atᵊ*.

Stimmlose Vocale und *h*.

282. Führt man einen nicht tönenden (stimmlosen) Luftstrom durch die Mundstellungen beliebiger Vocale, so erzeugt er an den Wänden des Mundraums schwache Anfallgeräusche (**130**), die man systematisch als **stimmlose Vocale** zu bezeichnen hat (vgl. **198** f.). Solcher stimmloser Vocale kann es an sich ebenso viele geben als der gewöhnlichen stimmhaften, gemurmelten, geflüsterten u. s. w.

283. Dass alle diese stimmlosen Vocale in den herkömmlichen Alphabeten durch ein gemeinsames ʻHauch'-Zeichen wie *h* oder ʻ wiedergegeben werden, hat zuerst Whitney (Oriental and Linguistic Studies II, 268) ausgesprochen und nachher Hoffory (Kuhn's Zeitschr. XXIII, 554 ff.) weiter ausgeführt. Nach dieser Auffassung würde also z. B. *ha* die Lautfolge von stimmlosem *a* + stimmhaftem *a* darstellen (vorausgesetzt dass die *a*-Stellung schon vom Anfang des *h* an eingesetzt ist, was nicht immer der Fall ist). Früher pflegte man dagegen die *h* als selbständige und zwar stimmlose ʻHauche' oder entsprechende laryngale Reibelaute (**178**) zu fassen, und zu sagen, in *ha* habe dieser Hauch- oder Reibelaut die modificirende Mundstellung des *a* bez. *a*-Resonanz, in *he* die *e*-Resonanz u.s.w. (vgl. **469** ff.). Eine weitere Complication erfährt die Sachlage dadurch, dass es neben den **stimmlosen** *h* auch **stimmhafte** *h* gibt, genauer gesagt **halb-** oder **hauchstimmige** *h* (vgl. **172**, 5. **175**). Solche stimmhafte *h* sind zuerst von den alten indischen Grammatikern im Sanskrit beobachtet worden, welche sowohl die gewöhnlichen *h* dieser Sprache als die Hauche der stimmhaften Aspiraten *bh*, *dh*, *gh* (**436** f.) für stimmhaft erklärten. Deutlich stimmhaft sind auch die ʻHauche' der in **436**. **442** erwähnten armenischen Aspiraten im Dialekt von Aštarak. Auch einigen slavischen Sprachen, namentlich dem Čechischen, sind frühzeitig stimmhafte *h* zugeschrieben worden, ohne dass jedoch immer mit Sicherheit zu entscheiden wäre, ob damit ein echtes *h* und nicht vielmehr ein sehr schwacher (überweit gebildeter, **499** f.) **stimmhafter velarer Reibelaut** gemeint war (Geschichtliches hierzu s. bei E. A. Meyer, Stimmhaftes *h*, Marburg 1900). Bei einiger Uebung sind solche stimmhafte *h* ohne grosse

Schwierigkeit zu bilden; sie gelingen am leichtesten bei h zwischen Vocalen, wenn man mit möglichst tiefer, brummender Stimme spricht, lassen sich dann aber, wenn man die Articulationsweise einmal richtig erfasst hat, auch bei höherer Stimmlage und glatterer Stimme erzeugen. Dem Klange nach sind sie von den stimmlosen h deutlich zu unterscheiden.

284. Vermuthlich sind alle die verschiedenen Auffassungen der hier beschriebenen Sachlage bis zu einem gewissen Grade berechtigt, nur jede in ihrer Art und innerhalb bestimmter Grenzen. Zunächst ist es sicher, dass es so gut 'stimmlose h' wie 'stimmhafte h' gibt (um zunächst an dieser Terminologie festzuhalten). Völlige Stimmlosigkeit ist z. B. für das Deutsche bei den anlautenden h und den h hinter Stimmlosen auch durch die experimentellen Untersuchungen von E. A. Meyer (**283**) wieder festgestellt worden. Ebenso haben diese Untersuchungen wohl festgestellt, dass z. B. beim gewöhnlichen h des Deutschen zwischen Vocalen die Stimmritze nicht (wie beim anlautenden h und dem h hinter Stimmlosen) geöffnet ist, sondern dass die Stimmbänder hier in einer lockereren Schlussstellung verharren, welche schwingungsähnliche Bewegungen der Stimmbänder ermöglicht und thatsächlich hervorruft (vgl. dazu auch schon die Bemerkungen von Jespersen, Fonetik S. 317 f.). Dagegen ist noch keineswegs durch jene Untersuchungen erwiesen, dass diese Bewegungen echte Schallschwingungen sind. Vielmehr weist die Grösse und Gestalt der von Meyer mitgetheilten Schwingungscurven deutlich darauf hin, dass es sich mindestens zum Theil nur um eine Art von Schlotterbewegung der stark entspannten Stimmbänder handelt, die physikalisch nicht geeignet ist, einen musikalischen Klang hervorzurufen. Es beruht daher sichtlich auf falscher Ausdeutung der betreffenden Curven, wenn Meyer nun alle z. B. deutschen h für 'stimmhaft' erklärt, welche solche Schlottercurven aufweisen. Dieser Name ist vielmehr strengstens für diejenigen h zu reserviren, welche wirkliche und damit auch für das geschulte Ohr wahrnehmbare Schallschwingungen besitzen. Dass es im Deutschen neben echt stimmlosen h (auch zwischen Vocalen) auch gelegentlich solche wirklich stimmhafte h gebe, braucht deshalb nicht geleugnet zu werden (vgl. **283** Schluss).

Schlussbemerkungen.

285. Die ältere Grammatik, welche überhaupt mehr von den geschriebenen Lautzeichen als von den gesprochenen Lauten auszugehen pflegte, hatte sich im Anschluss an das consequent entwickelte Zeichensystem der alten Sprachen die Auffassung zu eigen gemacht, dass es nur eine beschränkte Anzahl von Vocalen gäbe, deren Unterschiede durch das traditionelle Zeichenmaterial hinlänglich bezeichnet wären. Zwar lehrte die Beobachtung, dass fast überall mehr Verschiedenheiten existirten als durch das Zeichensystem wiedergegeben waren. Allein, da man einmal daran gewöhnt war, nur die innerhalb des engsten Gesichtskreises als 'gebildet' bezeichnete Aussprache der Vocale (wie überhaupt aller Sprachlaute) als massgebend zu betrachten und alle Abweichungen davon als 'dialektische Rohheiten' oder 'Provincialismen' zu brandmarken, übertrug ein jeder ohne Weiteres die ihm geläufige Aussprache seiner Lautzeichen auf die Lautzeichen anderer Idiome, unbekümmert, ob er damit den eigenthümlichen Charakter derselben verwischte oder nicht. Dass bei einem solchen Verfahren von einem wirklichen Verständniss irgend eines Lautsystems keine Rede sein kann, ist ohne Weiteres klar. Dem gegenüber ist folgendes festzuhalten.

286. Da die Sprache nicht bloss in den Kreisen der 'Gebildeten', noch weniger auf dem Papier sich bildet und fortentwickelt, vielmehr im Munde des Volkes ihre eigentliche Entwicklungsstätte hat, so ist für die Sprach- und Lautgeschichte (die doch nicht nur Schulzwecken dienen soll) ein jeder Unterschied zwischen einer 'Sprache der Gebildeten' und den 'Dialekten' ein für allemal aufzuheben. Eine jede factisch bestehende Mundart, und wäre sie auch auf das allerengste Gebiet eingeschränkt, ist auf diesem Felde den andern vollkommen gleichberechtigt und vollkommen gleich wichtig. Nur stehen die Mundarten der Gebildeten darin hinter denen der Ungebildeten zurück, dass sie kaum jemals eine ungehinderte und consequente Entwicklung aufweisen, sondern meist willkürlichen Eingriffen von Seiten der Schule und des abschleifenden und nivellirenden Verkehrslebens ausgesetzt sind.

287. Es gibt nicht bloss eine kleine Anzahl absolut gültiger Vocale, sondern eine für den Einzelnen unübersehbare Reihe von solchen, die durch unmerkbare und ganz continuirliche Uebergänge unter einander verbunden sind.

288. Hiernach ist es unmöglich, ein Vocalsystem aufzustellen, das alle wirklichen und möglichen Vocalunterschiede enthielte. Ein solches System entspricht ausserdem nicht einmal den praktischen Bedürfnissen. Wir brauchen nicht zu wissen, wie viel Vocalnüancen es überhaupt gibt, sondern in welcher Weise das Vocalsystem einer jeden einheitlichen Sprachgenossenschaft zusammengesetzt ist (d. h. wie viele Vocale diese unterscheidet und wie dieselben zu einander liegen), und wie dieses System sich zu andern ebensolchen Systemen verhält.

289. Zur Veranschaulichung dieser Verhältnisse dient ein mit Rücksicht auf die wirklich innerhalb einzelner Sprachgenossenschaften vorkommenden Unterschiede entworfenes Normalzeichensystem. Die Abweichungen der einzelnen Mundarten von dieser Articulationsweise sind genau anzugeben, und eventuell durch Hülfszeichen zu bezeichnen.

290. Hierbei kommt es wiederum nicht sowohl auf das Verhältniss des einzelnen Lautes zum einzelnen Laute an, als auf das Verhältniss der Systeme. Man unterlasse also nie zu untersuchen, ob sich die Abweichungen der Einzelvocale zweier oder mehrerer Systeme nicht auf ein gemeinsames, die Stellung der Systeme ohne Weiteres charakterisirendes Princip zurückführen lassen.

291. Solche Principien sind beispielsweise die stärkere oder geringere Spannung der articulirenden Weichtheile (**252** ff.) und deren Folgeerscheinungen, die stärkere oder geringere Betheiligung der Lippen (**233** u. ö.), verschiedene Stufen der Nasalirung (**278**) u. dgl. Ferner gehört hierher namentlich auch eine durchgehends bei allen Vocalen des Systems abweichende Lagerung der Zunge, die von Differenzen in der Ruhelage der Organe herrührt und die man jetzt meist mit F. Franke als die specifische **Articulationsbasis** der betreffenden Idiome zu bezeichnen pflegt (früher hatte ich den Namen 'Operationsbasis' vorgeschlagen). Versuche ich als Mitteldeutscher z. B. eine prägnant norddeutsche Mundart wie etwa die holsteinische zu sprechen, so muss ein für allemal die Zunge etwas zurückgezogen und verbreitert werden; hat man diese Basis einmal gefunden und versteht man sie beim Wechsel verschiedener Laute festzuhalten, so folgen die charakteristischen Lautnüancen der Mundart alle von selbst. Füge ich zu dieser Articulationsweise noch die Neigung der Zunge zu supradentaler Articulation (**156**) bei passiver Lippenlage, so gewinne ich die

Basis zur Aussprache des Englischen. Manche Sprachen zeichnen sich durch tiefen Kehlkopfstand und im Zusammenhang damit durch die Neigung aus, die Gesammtmasse der Zunge nach hinten zu ziehen, also alle Laute etwas zu velarisiren, während andere (darunter namentlich wieder solche mit hohem Kehlkopfstand) 'vorn im Munde' gesprochen werden, u. dgl. Aber auch geringere Unterschiede haben noch sehr merklichen Einfluss auf den Charakter der Sprache. In der mir geläufigen niederhessischen Mundart articulirt die Zunge schlaff und mit möglichst geringer Anspannung aller ihrer Theile, auch die Kehlkopfarticulation ist wenig energisch. Um dagegen den richtigen Klangcharakter mancher sächsischen Mundarten (natürlich abgesehn von den Verschiedenheiten des Lautsystems) zu treffen, muss die ganze Zunge angestrafft werden und der Kehlkopf bei stärkerem Exspirationsdruck energischer articuliren. Daher machen auch diese Mundarten einen harten, etwas schreienden Eindruck gegenüber dem dumpfen, fast verdrossen und theilnamlos zu nennenden Charakter der hessischen Mundart. — Derartige Vergleichungen sind höchst lehrreich; wer irgendwie in der Lage ist, mehrere Mundarten sich aneignen zu können, versäume ja nicht dies zu thun und die Abweichungen derselben systematisch zu studiren. Dabei leistet die oben erwähnte Articulationsbasis die besten Dienste.

292. Was hier an dem Beispiel der Vocale, namentlich in Beziehung auf den Mangel objectiver Grenzen und die Nothwendigkeit systematischer Gliederung, erläutert worden ist, gilt mehr oder weniger von allen Sprachlauten und wird daher im Folgenden stets stillschweigend vorausgesetzt werden.

Cap. 12. Die Liquidae.

293. Unter Liquiden sind nach der alten Terminologie der Grammatik streng genommen nur die sonor gebildeten Arten der *r*- und *l*-Laute zu verstehen. Doch hat sich der Sprachgebrauch allmählich dahin geeinigt, dass man alle *r*- und *l*-Laute schlechthin als Liquidae bezeichnet. Neben den stimmhaften Sonoren *r, l* sind danach zunächst ihre stimmlosen Parallelen ohne Engenreibungsgeräusch aufzuführen (**197**), weiterhin die spirantischen *r, l*, die zu den sonoren Formen in einem ähnlichen Verhältniss stehen wie die Spirans *j* (der stimmhafte *ich*-Laut) zu dem Vocal *i*. Da nämlich auch bei den *r, l* bedeutende Engen im Ansatzrohr hergestellt werden, so können sich unter den oben **192** geschilderten Bedingungen auch bei ihnen leicht **Engenreibungsgeräusche** einstellen. Auch die spirantischen *r, l* können sowohl **stimmhaft** wie **stimmlos** gebildet werden.

294. Die Laute, welche wir in hergebrachter Weise mit *r* und *l* bezeichnen, werden also entweder als Sonore oder als Geräuschlaute gebildet. Doch scheint es ziemlich sicher zu sein, dass die indogermanischen Sprachen ursprünglich nur sonore Formen kannten. Wir stellen daher diese bei der Betrachtung wieder voran.

295. Wie bei den Vocalen, so haben wir auch bei den Liquiden Zungen- und Lippenarticulation zu scheiden; nur tritt die letztere gegen die erstere noch mehr zurück. Sie richtet sich gewöhnlich nach der betreffenden Lautumgebung. Der **specifische** *r*- oder *l*-**Klang**, auf den allein es zunächst bei der allgemeinen Charakteristik dieser Laute ankommt, wird durch die diesen Lauten im Gegensatz zu den Vocalen eigenthümliche Articulationsweise der Zunge bedingt.

296. Die Articulation der Vocale ist, wie wir gesehen haben (**204**), an sich durchaus **dorsal**, der liquide *r*-Laut entsteht (soweit er allein durch Zungenarticulation gebildet wird, vgl. **306** ff.) durch **coronale**, der *l*-Laut durch **laterale Articulation der Zunge**, d. h. für die *r*-Laute ist die Articulation des **vordern Zungensaums**, für die *l*-Laute die der beiden **Seitenränder** charakteristisch. Das Rollen der Zungenspitze beim *r* ist, wenigstens wenn wir den historischen Entwicklungsverlauf der indogermanischen Sprachen in's Auge fassen, als unwesentlich und mindestens zum Theil als secundär zu betrachten; desgleichen sind das sog. 'gutturale' oder 'uvulare' und das Kehlkopf-*r* offenbar erst spätere Substitutionen für das ursprünglichere Zungenspitzen-*r*. Diese letzteren Laute werden daher unten (**306** ff.) gesondert betrachtet.

1. Die *r*-Laute.

a. Cerebrales *r*.

297. Die am wenigsten leicht der Beimischung von Geräuschen ausgesetzte Art des liquiden *r* ist die **cerebrale** oder **cacuminale**. Sie ist häufig in den neuindischen Sprachen, kommt aber auch in Europa vor, z. B. dialektisch im Englischen (nach Sweet in den westlichen Grafschaften und in Kent, aber auch im amerikanischen Englisch). Von den im Deutschen üblichen r-Arten unterscheidet sie sich besonders durch den gänzlichen Mangel des Rollens. Ein stimmloses gerolltes Cerebral-r habe ich in der Sprache der Somali beobachtet.

298. Der vordere Zungensaum ist bei der Bildung dieses r rings herum aufgebogen, so dass die Zunge löffelartig ausgehöhlt erscheint, und dem harten Gaumen hinter den Alveolen der Oberzähne genähert. In dieser Stellung verharrt der Zungensaum, wenigstens bei den angeführten germanischen Lauten, während der ganzen Dauer des r ohne Schwingungen, einerlei ob dasselbe als Consonant, wie etwa in der erwähnten dialektischen Aussprache des Englischen bei Wörtern wie *row, morrow*, amerikanisch *hard, far*, oder als Sonant gebraucht wird, was z. B. in Amerika nicht selten der Fall ist bei Wörtern wie *sir, bird, heard* (gesprochen *sr, brd, hrd*; auch engl. *pretty* lautet oft *prte*[1], doch vgl. auch **495**).

b. Alveolare r.

299. Die Bildung des cerebralen r erfordert eine ziemlich starke Zurückbiegung der Zungenspitze, damit der Zungensaum hinter den Alveolen die Enge bilde. Durch einfache Hebung der Vorderzunge aus der Ruhelage gelangt man zu einer Engenbildung zwischen dem Zungenrand und den Alveolen. Dies ist die Stellung aus der im Deutschen und den meisten andern Sprachen in der Regel die sog. alveolaren r articulirt werden.

300. Der Spielraum der alveolaren r ist ziemlich bedeutend. Er erstreckt sich von der Hinterfläche der Alveolen bis an deren vorderste Grenze am Rande der Oberzähne. Man kann danach ein vorderes, mittleres und hinteres Alveolar-r unterscheiden (Sweet's *outer r, medium r* und *inner r*; Hoffory nennt das vordere r^1 alveolar, das mittlere und hintere r^2 gingival, Kuhn's Zeitschr. XXIII, 531 f.).

301. In diesem Gebiete stehen sich nun zunächst gerollte und nicht gerollte Varietäten gegenüber. Das Rollen (*trilling*) entsteht dadurch, dass der dünn emporgewölbte Saum der Zunge durch den Exspirationsstrom nach aussen geworfen wird, um im nächsten Moment vermöge seiner Elasticität wieder in seine alte Lage zurückzukehren. Die Anzahl der so gegebenen Schläge ist im Einzelnen verschieden. Charakteristisch ist für den Klang dieser r, dass bei jedem Zungenschlag der Klang der Stimme geschwächt wird, da bei jedem Schlage eine

Verengung der Ausflussöffnung stattfindet. Reibungsgeräusche brauchen dabei nicht erzeugt zu werden. Man kann daher auch die gerollten Alveolar-*r* in den meisten Fällen noch zu den reinen Sonoren rechnen. Die Bildung von Reibungsgeräuschen hängt zum guten Theile von der Grösse der Ausflussöffnung ab. So lange, wie beim stark gerollten deutschen Bühnen-*r*, nicht nur der vordere Saum der Zunge, sondern auch ein nicht unbeträchtlicher Theil der Seitenränder mitschwingt, stehn die Geräusche hinter der Stimme durchaus zurück. Erst dann, wenn die Seitenränder der Vorderzunge bis fast ganz nach vorn hin an die Zähne angepresst werden, so dass nur der vorderste Theil des Zungensaums in einer sehr verkleinerten Enge hin- und herschwingen kann, bekommen die Reibungsgeräusche einen deutlicheren *s*- oder *sch*-ähnlichen Klang, namentlich beim Flüstern (so z. B. in dem vordern armenischen *r*[1]). Je stärker der Exspirationsdruck und je kleiner die Oeffnung, um so deutlicher werden sie; ja es kann sich schliesslich an das *r* ein vollständiges stimmhaftes *sch* anschliessen (wie im czech. ř, aber poln. rz ist schon reines ž geworden). So entstehen spirantische gerollte Alveolar-*r*. Auch stimmlose gerollte Alveolar-*r̥* kommen oft vor, namentlich nach stimmlosen Geräuschlauten; als selbständige Consonanten auch z. B. im isl. *hr* (Hoffory, Kuhn's Zeitschr. XXIII, 533) etc., als Sonanten oft in der Aussprache der Bewohner der baltischen Provinzen in Wörtern wie *Vater*, *Mutter*, *Messer* etc. Ob das stimmlose *r* ein blosses Flattergeräusch ist, oder mehr sibilantischen Charakter annimmt, hängt dabei wieder von der speciellen Form der Articulation ab.

302. Das ungerollte Alveolar-*r* ist im Englischen häufig; es ist die normale Aussprache des anlautenden *r* im Englischen, wie jetzt wohl alle Phonetiker annehmen. Gelegentlich kommt es in Nordwestdeutschland vor (ich habe es von Ostfriesländern gehört). Man kann dieses *r* mit ziemlicher Intensität und lange anhaltend hervorbringen, ohne dass es deswegen zu einem gerollten wird. Es scheint, dass bei ihm die vorderen Partien der Zunge massiger geformt sind, also weniger leicht in jene Flatterbewegung versetzt werden können. Vielleicht liegt aber auch der Unterschied mit darin, dass die Oeffnung eine grössere ist als beim gerollten *r*. Vermuthlich hängt das dann weiterhin damit zusammen, dass die Zungenspitze beim gerollten *r* stärker gespannt, beim ungerollten aber schlaffer ist, sodass also hier der Gegensatz von gerolltem und ungerolltem *r* mit dem von gespanntem und ungespanntem *r* zusammenträfe.

303. Das entsprechende spirantische ungerollte Alveolar-*r* findet sich ebenfalls im Englischen sehr häufig, Es hat seine Hauptstelle in den Lautverbindungen *tr* und *dr* wie in *try, street, dry* u. s. w. Beim *t* und *d* sperrt hier nämlich die Zunge in der *r*-Lage die Mundhöhle vollkommen ab; wenn sich nun beim Uebergang zum *r* die Zunge nicht schnell genug vom Gaumen entfernt oder der Luftdruck nicht augenblicklich auf das für *r* gebührende Mass reducirt wird, so entsteht an der Enge zwischen Zungensaum und Gaumen ein dem engl. *sh* ähnliches Reibungsgeräusch, das sich mit dem Stimmton zu dem spirantischen *r* verbindet. Nach stimmlosen Lauten wie *t, p* wird das *r* vielfach stimmlos, wenigstens in seinem Anfang, erst beim Uebergang zum Vocal tritt Stimme hinzu.

304. Dies ist die gewöhnliche Aussprache des engl. *tr*, und so erklärt es sich, dass Wörter wie *tried* für ein ungeübtes Ohr nicht immer leicht von solchen wie *chide* zu unterscheiden sind; doch hat der Zischlaut im *ch* dorsalen, der in *tr* deutlich coronalen Charakter (s. **333**). Stimmloses *r* ohne deutliches Engenreibungsgeräusch hat das Englische namentlich oft in der Verbindung *pr, cr* wie in *pride, crow*, als Sonanten hört man es in Lautfolgen wie *I propose* (gesprochen *aï prpo^uz*, wenn nicht das *r* ganz übergangen und nur *p'p* mit doppelter Explosion gesprochen wird) und ähnlichen. — Ueber *r* als stimmloses *r* s. **512**.

c. Dentale *r*.

305. Weit seltener als alveolare *r* sind dentale *r* im eigentlichen Sinne des Wortes, bei denen der Zungensaum gegen die untere Kante oder die Hinterfläche der Oberzähne articulirt, ohne sich in specifischer Weise den Alveolen zu nähern (interdentale und postdentale *r*). Aus eigener Beobachtung kenne ich von dieser Gruppe nur die *r* des Irisch-Englischen in den Verbindungen *tr, thr, dr,* wie in *try, street, three, dry,* die mit rein dentalem *t, d* einsetzen. Die *r* sind hier leicht gerollt, nach *d* stimmhaft, nach *t* und *th* (das ebenfalls als dentaler Verschlusslaut gesprochen wird) stimmlos. Anderes s. bei Storm[2] S. 64 (wo aber zum Theil überweit gebildete [reducirte, **500**] ð-Laute mit untergelaufen zu sein scheinen).

Die Substitutionszitterlaute.

306. An Stelle der den ältesten indogermanischen Sprachen wahrscheinlich allein eigenen r-Laute der Zungenspitze sind in den moderneren Idiomen vielfach Laute ähnlichen Klanges, doch verschiedener Bildungsweise getreten. Indem man nämlich das Rollen als das Charakteristische der deshalb als Zitterlaute bezeichneten r empfand, substituirte man — natürlich unbewusst — statt des schwingenden Zungensaums andere ähnlicher Schwingungen fähige Theile des Sprachorgans, und gewann auf diese Weise eine Reihe neuer Laute, die wir im Gegensatz zu den älteren Zungenspitzenlauten als Substitutionszitterlaute bezeichnen können. Dieselben sind:

d. Uvulares r.

307. Das sog. gutturale oder besser uvulare r wird durch Schwingungen des Zäpfchens gebildet. Dies geschieht in der Weise, dass man den Zungenrücken zum weichen Gaumen emporhebt, wie beim velaren ch, jedoch in der Mittellinie der Zunge eine Rinne bildet, in der das Zäpfchen frei nach vorn und rückwärts schwingen kann. Je tiefer diese Rinne ist, um so leichter ist das r von auffallenden Reibungsgeräuschen freizuhalten. In den lebenden Sprachen wird aber die Rinnenbildung vielfach vernachlässigt, so dass das r einen sehr kratzenden Charakter bekommt und selbst vollständig in die stimmhafte velare Spirans γ übergeht; daher denn auch die bis auf Brücke, Wiener Sitz.-Ber. II, 202, gangbare Vorstellung, das 'Gaumen-r' werde durch Zittern des weichen Gaumens erzeugt; richtig ist, dass bei energischer Aussprache des kratzenden r ohne genügende Rinnenbildung der Rand des Gaumensegels etwas in flatternde Bewegung geräth.

308. Im Auslaut und neben stimmlosen Geräuschlauten wird auch das uvulare r sehr häufig stimmlos gebildet und wechselt demgemäss auch gelegentlich mit der stimmlosen velaren Spirans x.

e. Das Kehlkopf-r.

309. Dieser Laut entsteht nach Brücke, Sitz.-Ber. II, 207. Grundz. 13 f. (vgl. auch Merkel, Schmidt's Jahrbb. C, 86. Donders, Phys. 20. Ellis IV, 1099), wenn man zu immer tieferen Tönen herabsteigend die untere Grenze seines Stimmumfangs überschreitet, so dass die Stimmbänder nicht mehr in der gehörigen Weise tönen, sondern in einzeln vernehmbaren Stössen zittern. Es wäre hiernach das Kehlkopf-*r* als ein Stück **intermittirender Stimme** oder etwa **Knarrstimme** zu charakterisiren (vgl. auch Grützner 209). Wirklich gelingt es leicht einen solchen intermittirenden Klang zu erzeugen, namentlich bei Inspiration, wobei die einzelnen Stösse langsamer und deutlicher getrennt vernehmbar einander folgen. Aber seine Bildung ist keineswegs an die tiefsten Töne des menschlichen Kehlkopfs gebunden, sondern seine Tonhöhe kann, wie schon Donders beobachtete, wesentlich erhöht werden. Bei einiger Uebung kann man das Knarren durch den grössten Theil des Umfangs der Bruststimme durchführen, jedenfalls ist die Knarrstimme innerhalb der Tonlagen des gewöhnlichen Sprechens durchaus leicht bildbar. Hieraus folgt, dass sie unter Umständen für die gewöhnliche glatte Stimme vicarirend eintreten könne. So bemerkte Donders, dass Dickhälse die Neigung haben ihn statt der glatten Stimme zu gebrauchen (auch wir reden ja oft von 'knarrenden' Stimmen), und dass sich das Knarren bei Andern mit der Stimme verbindet oder mit ihr abwechselt und den Eindruck klagender Sentimentalität hervorbringt (dies hört man, wie ich hinzufüge, namentlich oft bei Kindern in weinerlicher Stimmung, und vielfach bei recht hoher Tonlage), während Knarrstimme bei geschlossenem Munde als klägliches Stöhnen erscheint. Abgesehen von diesen Fällen durchgehender Ersetzung der glatten Stimme durch die Knarrstimme tritt die letztere dialektisch auch als historischer Vertreter von Vocal + *r* auf. Entweder verschmelzen diese beiden Laute ganz zu (intermittirendem) Knarrvocal, oder der Vocal wird glatt eingesetzt und nur der Ausgang wird knarrend gebildet. So hört man, wie ebenfalls Donders beobachtete, im Londoner Dialekt z. B. $\varrho^2 s$ mit knarrendem Vocal für *horse*; ähnlich habe ich von Dänen Worte wie *kar*, *har* aussprechen hören. Aber in den von Brücke angeführten Beispielen *ōrt* Ort, *würt* Wort, *dürt* Dorothea, habe ich, soweit mir ihre Aussprache überhaupt bekannt ist, nichts anderes zu hören vermocht als einen dem *o*, *u*, *ü* folgenden, mehr nach der neutralen Mitte des Vocalsystems zu liegenden vocalischen Nachklang von sehr geringer Stärke, obgleich mir die Bildung der Knarrstimme seit meinen Kinderjahren vollkommen geläufig ist; vielleicht also dass die knarrende Aussprache jener und ähnlicher Wörter nicht so allgemein durch Niederdeutschland verbreitet ist. — Es ist übrigens zu beachten, dass da, wo knarrender Vocal für Vocal + r steht, das r oft durch eine mehr oder weniger starke velare Einschnürung markirt wird; dadurch wird der Rest des Vocals gedämpft und so wegen seiner geringeren Schallfülle (518) als Consonant gegenüber dem als sonantisch empfundenen Eingange gefühlt.

f. Das Lippen-r.

310. Auch mit den Lippen kann man einen Zitterlaut erzeugen. Die Lippen müssen dabei ganz locker auf einander gelegt und vorgeschoben werden. Man bildet diesen Laut, in Deutschland wenigstens, stimmlos oft beim tiefen Ausathmen bei grosser Hitze als eine Art Interjection, die Erschöpfung andeutet. Kürzer herausgestossenes *pr* (stimmlos) und *br* dient als Interjection des Abscheus und der Verachtung, lang gedehntes *br* findet sich oft bei Kutschern, wenn sie ihren Pferden Halt gebieten (Brücke[2] 49) neben *br* mit alveolarem oder uvularem *r*. Als eigentlicher Sprachlaut ist das Lippen-*r* selten. Kempelen beobachtete gelegentliche Bildung desselben als 'Sprachfehler' einzelner Individuen (S. 331), nach einer Angabe von Forster bei Chladni S. 213 soll es in der Sprache einer Insel in der Nähe von Neuguinea vorkommen. In den finnischen Idiomen findet es sich nach Genetz, Einführ. S. 15 in einigen Interjectionen und daraus abgeleiteten Wörtern, wie *pruu*, *prukottelen*.

Nasalirte r.

311. Nasalirte *r*, namentlich nicht-gerollte Arten, sind leicht zu bilden, und kommen oft bei Individuen vor, welche die Neigung haben zu nasaliren; sonst scheinen sie als besondere Sprachlaute in lebenden Sprachen wenigstens noch nicht nachgewiesen zu sein.

2. Die *l*-Laute.

312. Das Gemeinsame der *l*-Laute ist das, dass wie bei *d*, *t* die Zungenspitze die Mundhöhle in ihrer Mittellinie nach vorn zu absperrt, dagegen die mittlere Zunge sich seitlich von den hintern Backenzähnen abhebt und so zwei zur Mittellinie symmetrisch gelegene Ausflussöffnungen für den Schall bildet (daher der englische Name *divided* für diese Art der Articulation). Häufig aber wird nur éine solche Ausflussöffnung hergestellt;

wir erhalten so asymmetrische oder einseitige *l* (ein rechtes und ein linkes).

313. In der Menge der so erzeugten Laute sind ebensoviele Species zu unterscheiden als wir oben **154** ff. Articulationen der Vorderzunge aufgestellt haben: also cerebrale, palatale, alveolare, postdentale und interdentale (mit den Unterabtheilungen von Lauten coronaler oder dorsaler Articulation). Cerebrale *l̤* finden sich wieder im Sanskrit und den neuindischen Sprachen, palatale in den ital. *gl*, span. *ll*, port. *lh* (vgl. **484**), alveolare im Englischen und Norddeutschen u. s. w.

314. Die Unterschiede der Klangfarbe dieser Species sind nicht sehr bedeutend. Allenfalls treten die cerebralen *l̤* den drei übrigen Arten gegenüber. Dagegen wechselt der Klang des *l* sehr stark je nach dem Verhalten des Zungenkörpers und der Grösse der dadurch bedingten Ausflussöffnungen. Der dunkelste *l*-Laut entsteht, indem man nur die Zungenspitze zum Abschlusse verwendet, d. h. den vordern Zungenkörper im Uebrigen möglichst senkt und vom Gaumen entfernt hält, und dadurch zugleich jene Oeffnungen zu ziemlich langen Spalten ausdehnt. So wird im Vordermunde ein grosser Hohlraum tiefer Resonanz geschaffen, der dem *l* seinen eigenthümlichen 'dunklen' Klang verleiht. Der Klang wird immer heller, je mehr man den vordern Theil des Zungenkörpers hebt und dadurch den Resonanzraum und die Ausflussöffnungen verkleinert. Unser gewöhnliches deutsches *l* steht etwa in der Mitte, doch weichen auch die deutschen Mundarten vielfach nach der einen oder andern Seite ab; als Beispiel des 'hellen' *l* mag das slavische 'mouillirte' *l* genannt werden.

315. Die meisten Phonetiker setzen seit Purkinje auch ein gutturales, genauer velares *l* an und finden dies in dem 'harten' russ. *l* (*ł*, *л*), dem niederländ. *l* nach Vocalen, wie in *wel*, *helpen* und ähnlich klingenden Lauten. In der Auffassung dieses Lautes scheint aber noch keine Uebereinstimmung zu bestehen. Nach Bell und Sweet (welche den Laut als *back-divided* bezeichnen) muss ein 'centraler Verschluss' mit der ganzen Zungenwurzel ausgeführt werden, wobei die Zunge stark zurückzuziehen ist. Die Luft entweicht zwischen den Seiten der Zungenwurzel und den hintern Backenwänden (Sweet S. 44). Storm gibt dagegen (² S. 65) an, dass die hintere Zunge gehoben und der ganze hintere Mundcanal verengt (also nicht gespalten) werde, und dass hierdurch der velare Klangcharakter entstehe; diese Articulation erkläre auch die häufigen Uebergänge des *l* in *u, o* (als velare Vocale; übrigens spricht auch das armen. *ȝ*² für griech. λ, z. B. in *pavȝos = Παῦλος*, für eine solche Articulation). Ich kann in dieser Frage kein bestimmtes Urtheil abgeben, neige mich aber bezüglich des slavischen harten *l* der Auffassung Storm's zu; das gäl. *l* in *laogh* (gesprochen *lʌ*¹), welches Bell als Beispiel des back-divided *l* aufstellt, habe ich nicht von Eingeborenen gehört.

316. Zu diesen Unterschieden gesellen sich dann noch die durch die verschiedenen Lippenstellungen bedingten Abweichungen: das dunkle *l* wird durch Rundung der Lippen noch dumpfer, das helle *l* durch Zurückziehen derselben noch heller u. s. w. Die Art des Verschlusses ist hierbei überall ziemlich unwesentlich. Doch begreift man leicht, dass aus Bequemlichkeitsrücksichten ein cerebrales *l* vorwiegend mit dunkler, ein dorsales, bei dem der Zungenrücken schon ziemlich gehoben ist, vorwiegend mit heller Klangfarbe gebildet wird. Das palatale *l* ist selbstverständlich stets hell.

317. Spirantische *l* entstehen leicht bei stärkerer Engenbildung an der Articulationsstelle. Stimmlose *l* sind namentlich im Auslaut und in der Nachbarschaft stimmloser Geräuschlaute häufig. Das welsche *ll* und isländische *hl* sind ebenfalls einfach stimmlose *l* mit deutlichem Reibungsgeräusch. Ohne solches wird dagegen z. B. das stimmlose engl. *l* vor und nach Stimmlosen wie in *flat, play, clay, slow* oder *help, felt* u. dgl. gebildet. Die Stärke des Reibungsgeräusches der spirantischen Formen kann natürlich wieder mannigfach abgestuft sein, je nach dem Verhältniss der Grösse der Ausflussöffnung und der Stärke der Exspiration.

318. Nasalirte *l* sind leicht zu bilden und kommen öfter in nasalirenden Sprachen vor (im Sanskrit beim Zusammentreffen von Nasal + *l*: *yal̤lokam, mahāl̤lunāti* für *yam lokam, mahān lunāti*, Hoffory, Kuhn's Zeitschr. XXIII, 550).

319. Wir haben beim *l* wegen der Beweglichkeit des Zungenkörpers wie bei den Vocalen eigentlich eine ganze Scala von Lauten. Ein wesentlicher Unterschied beider Lautgruppen liegt aber darin, dass beim *l* weit weniger Stufen zu gegensätzlicher Geltung entwickelt sind. In der Regel werden nämlich vom *l* höchstens zwei Stufen, helles und dunkles *l*, unterschieden. Auch zwischen cerebralem und nicht-cerebralem *l* hat sich nur in wenigen Sprachen, wie z. B. im ältesten Sanskrit oder im Schwedischen, ein Gegensatz herausgebildet; noch weniger pflegt man sich des Unterschieds der nicht-cerebralen Species bewusst zu werden.

320. Der specifische *l*-Klang ist bedingt durch einen gewissen Grad der Enge der Ausflussöffnungen. Man kann alle Vocale, statt in der gewöhnlichen Weise, auch so bilden, dass man die Zungenspitze an den Gaumen andrückt, nur muss dann die Zunge ziemlich stark verschmälert werden. Verbreitet man sie in dieser Stellung allmählich bei tönender Stimme, so hört man, wie der Vocallaut immer mehr verschwindet und dafür der specifische *l*-Klang immer klarer hervortritt. Auf diesem Verhältniss beruhen grossentheils die Berührungen zwischen *l*-Lauten und Vocalen.

321. Bei dem cerebralen *l* kommen oft Berührungen mit dem cerebralen *r* vor, indem der centrale Verschluss des Mundcanals gelockert, aber die seitliche Einziehung der Zunge wie bei den *l*-Lauten beibehalten wird. Dieser Art ist das sog. 'dicke' *l* des Ostnorwegischen und Schwedischen, dessen Bildung Storm[2] S. 42 so beschreibt: 'Die Zungenspitze wird gegen den mittleren Gaumen, ohne ihn zu berühren, zurückgezogen und dann plötzlich, mit einem Schlage den Vordergaumen entlang wieder in ihre normale Lage versetzt. Dabei wird meistens im letzten Momente der Vordergaumen von der Zungenspitze flüchtig berührt, aber dies ist unwesentlich; wird die Berührung energischer, so entsteht (cerebrales) *rḍ*. Hierdurch entstehen verschiedene Lautnüancen dicht nach einander, namentlich lautet im ersten Moment mehr ein spirantisches cerebrales *r*, im nächsten ein cerebrales *l*, das bisweilen etwas von *d* hat. Diese Laute, die eigentlich nach einander folgen, verschmelzen dem Gehör zu einem einzigen gemischten Laut, der auf uns (Norweger) mehr den Eindruck von *l* macht, auf die Ausländer aber mehr den von *r*... Auch ist dieser Laut verhältnissmässig momentan und lässt sich nicht verlängern oder verdoppeln.' Einen andern, aber analogen Mittellaut zwischen ungerolltem (alveolarem) *r* und *l* (bei dem der Anschlag an den Vordergaumen oder die Alveolen fehlt) habe ich von einem Papua von der Insel Pentecoste (Neu-Hebriden) und einem Kretenser gehört (vgl. auch Ellis IV, 1133 und Sweet S. 85 über das japan. *r*), endlich einen dem norwegischen dicken *l* sonst ganz genau entsprechenden, speciell auch mit umgeknickter Zungenspitze, nur viel weiter nach vorn, von den Alveolen abwärts, gebildeten Laut in der Sprache der Somali (wo er aus einem ähnlich articulirten *d* hervorgeht, und mit diesem wechselt).

Cap. 13. Die Nasale.

322. Der specifische Nasalklang wird, wie wir oben S. 52 ff. gesehen haben, der Stimme dadurch mitgetheilt, dass zu einem mehr oder weniger grossen Theile der Mundhöhle die Nasenhöhle als Resonanzraum hinzutritt. Die einzelnen Species der Nasale aber beruhen auf der Verschiedenheit der Orte, an denen der Mundraum nach aussen hin abgesperrt wird. So erhalten wir wieder die Hauptgruppen der labialen (*m*), dentalen (*n*, mit allen den Unterabtheilungen die wir 154 ff. kennen gelernt haben), palatalen (*ṅ*) und velaren (*ŋ*) Nasale. Cerebrale *ṇ* finden sich z. B. im Sanskrit, den neuindischen Sprachen und im Schwedischen (für *rn*), palatales *ṅ* erscheint im span. ñ

z. B. in *año*, ital. *gn* in *campagna*, auch in der schweizerischen Aussprache des franz. *gn* z. B. in *compagnon, champagne*; das nordfr. *gn* ist aber nach Storm[2] S. 77 (vgl. auch 174) vielmehr ein mouillirtes halbvelares *n̑*, da seine Articulationsstelle weiter hinten, an der Grenze des harten und weichen Gaumens liegt. Jener vordere Palatallaut würde daher als *n̑*[1], der nordfranzösische Laut aber vielleicht als *n̑*[2] zu bezeichnen sein. Im Uebrigen muss auch hier wieder darauf aufmerksam gemacht werden, dass jede Species zahlreicher Unterabtheilungen fähig ist, je nachdem die nicht gerade den Verschluss bildenden Theile des Ansatzrohrs verschiedene Lagerung haben. Am deutlichsten ist dies beim *m*, denn bei diesem kann nicht nur die Zunge ungehemmt dieselbe Reihe von Articulationsstellungen durchlaufen wie bei den Vocalen, sondern auch die verschlussbildenden Lippen können noch durch Vorschiebung oder Zurückziehung u. s. w. auf den Klang des Nasals einwirken (Näheres s. Cap. 23). Stimmhafte Nasale mit Geräuschbildung können zwar auch erzeugt werden, aber sie kommen, soweit meine Erfahrung reicht, nicht vor. Stimmlose Nasale aber sowohl mit als ohne Reibungsgeräusch begegnen in vielen Sprachen, z. B. stimmloses spirantisches *n* im isländ. *hn* und *kn*, z. B. in *kniga, knif* (Hoffory, Kuhn's Zeitschr. XXIII, 546 ff.), desgleichen stimmloses *m* in der Interjection *hm* (worüber unten **397** Genaueres). Ohne wesentliches Reibungsgeräusch erscheint dagegen z. B. das stimmlose engl. *n* in *snow, lent, mint* u. dgl. Die Stärke des Reibungsgeräusches kann auch hier wieder eine verschiedene sein.

323. Ich habe früher die Existenz stimmloser Nasale geleugnet, indem ich das was oben als 'stimmloser Nasal' bezeichnet wurde, früher im Anschluss an die alte Definition der Nasale, welche nur stimmhafte Formen kannte, als einen 'durch die Nase geführten Hauch' betrachtete. Ueber die Zweckmässigkeit einer Erweiterung jener alten Definition vergleiche dagegen die ausführlichen Erörterungen von Hoffory a. a. O. Auch die englischen Phonetiker erkennen die Existenz stimmloser Nasale durchaus an.

B. Die Geräuschlaute.

Cap. 14. Die Spiranten.

1. Labiale und Labiodentale.

324. Rein labiale Spiranten sind im ganzen selten. Den bilabialen Verschlusslauten (**348**) entsprechen grossentheils labiodentale Spiranten, so dem *p* das *f*, dem stimmhaften *b* das *v*, wie es in Norddeutschland, ferner in den romanischen Sprachen und im Englischen ausgesprochen wird. Bilabiales *f* ist mir nur bei vereinzelten Individuen vorgekommen, während bilabiales *w* (oft, wie auch *v*, reducirt gesprochen, **505**) in einem grossen Theile von Mittel- und Süddeutschland herrscht. In Tirol habe ich auch ein bilabiales *w* beobachtet, das nach englischer Terminologie *divided* (**312**) gebildet wird, d. h. mit Verschluss der Lippen in der Mitte und mit zwei seitlichen Ausflussöffnungen. Doch scheint diese Bildungsart nicht für alle Individuen gut möglich zu sein. Es kommt bei dem mittleren Lippenschluss viel auf die Gestalt der Lippen des einzelnen Individuums an (leichter gelingt er bei stärkerer Ausdehnung der Lippenspalte, so z. B. wenn man mit lächelndem Munde spricht). Auch das span. *b* scheint, wenigstens zum Theil, mit Mittelschluss gebildet zu werden (vgl. dazu Storm[2] S. 154. [1] S. 434).

325. Da die meisten modernen *f* und *v* der indogermanischen Sprachen aus bilabialen Verschlusslauten hervorgegangen sind, so müssen wohl bilabiale *f* und *w* als deren Vorstufen in grösserem Umfange angesetzt werden. Der Grund für die fast vollständige Aufgabe des bilabialen *f* mag in dessen geringer Lautstärke liegen, die es zu leicht unvernehmlich werden liess. Beim labiodentalen *f* und *v* rührt die grössere Schärfe des Lautes von dem Anblasen der Oberlippe vermittelst des zwischen Unterlippe und Oberzähnen hervorgetriebenen Luftstroms her (man erkennt das leicht, wenn man während der Bildung eines *f*, *v* die Oberlippe mit dem Finger in die Höhe hebt). Beim *w*, dessen Stimmhaftigkeit den Laut vor der Unvernehmlichkeit etwas schützt, war eine derartige Verschärfung des Blasegeräusches nicht so nothwendig.

326. Die beiden stimmhaften Spiranten dieser Reihe, *v* und *w*, sind streng von dem 'Halbvocal' *u̯* getrennt zu halten, über den unten **410** ff. **422** zu vergleichen ist. Auch das stimmlose $u̯$ in engl. *wh* ist nicht mit dem bilabialen *f* zu identificiren. Die Scheidung documentirt sich schon äusserlich in der Articulation, indem bei den Spiranten *v*, *w* die Lippenränder mehr oder weniger gradlinig und parallel einander genähert sind, während der Halbvocal $u̯$ die Rundung und grössere Mundöffnung des Vocals *u* theilt, ausserdem aber auch wie dieser eine Zungenarticulation in Anspruch nimmt.

327. Eine eigenthümliche Abart des *f* findet man bei einzelnen Individuen (namentlich Juden) als Vertreter für *s̆*. Die Unterlippe ist dabei weit hinaufgezogen, sodass die Schneide der Oberzähne etwa in der Mitte der inneren Lippenfläche oder noch tiefer aufsetzt. Die Oberlippe ist ebenfalls dem entsprechend gehoben, und beide Lippen sind nach aussen vorgestülpt, sodass sie vor den Zähnen einen kesselförmigen Raum bilden (**337**). Ich bin nicht sicher, ob dabei auch die Zunge eine selbständige Articulation vornimmt (nämlich die Bildung eines ähnlichen Kessels hinter den Zähnen), möchte es aber fast glauben.

2. Die Zischlaute.

328. Hiermit betreten wir das für die Beschreibung schwierigste und auch in seiner historischen Entwicklung noch am wenigsten aufgeklärte Gebiet unseres Lautsystems. Dasselbe umfasst eine Reihe von Spiranten, deren Anfang das interdentale θ, deren Ende das palatale *s* bildet und in deren Mitte die verschiedenen *s*- und *s̆*-Laute liegen. Wir stellen voran die

329. Zischlaute coronaler Bildung. Hier begegnen zunächst die interdentale oder postdentale stimmlose Spirans θ nebst dem entsprechenden stimmhaften $\eth$. Die erstere Species wird durch Vorschieben des flach ausgebreiteten Zungensaums zwischen die ein wenig von einander entfernten Zahnreihen gebildet. Derselbe braucht nicht über die Kante der Oberzähne hervorzuragen. Die Hauptsache ist, dass die Enge zwischen dem Zungensaum und der Kante der Oberzähne gebildet wird (Michaelis' marginales *s*). Dieser Art sind neugriech. ϑ und $\eth$ und oft englisches 'hartes' und 'weiches' *th* nach dem Zeugniss von Storm[2] S. 69, dem ich nur beistimmen kann. Sweet findet dagegen das engl. *th* gewöhnlich postdental gebildet. Er unterscheidet nur zwei Hauptarten. Bei der einen wird der Zungensaum gegen die Hinterfläche der Oberzähne gepresst und die Luft entweicht durch die Zwischenräume der Zähne (interstitielles θ, $\eth$); die Berührung zwischen Zungensaum und Zähnen wird aber oft gelockert und unter Umständen der Zwischenraum so erweitert, dass das Reibungsgeräusch ganz verloren geht. Die zweite Art ist ein 'inneres *th*', bei welchem keine directe Berührung der Zähne stattfindet, sondern die Zunge bloss den Alveolen unmittelbar hinter der obern Grenze der Zähne genähert ist. Natürlich sind aber wieder noch mehrere Unterabstufungen möglich: Ein mittleres postdentales *ð* mit sehr weiter Oeffnung ist z. B. das span. *d* wenigstens in der chilenischen Aussprache. Stimmlos erscheint dasselbe für *s + d*, z. B. *laθoθientes* für *las dos dientes* (über das span. *d* s. Storm[2] S. 154. [1] S. 426).

330. Man kann das *θ* auch 'divided' und einseitig bilden. Die Engen liegen dann entweder beidseitig oder einseitig an den Eckzähnen. Dieser Laut scheint als Vertreter des *s* in Deutschland nicht ganz selten zu sein. Ich glaube ihn öfter von Berlinern sowie im Judendeutsch gehört zu haben, bin aber nicht sicher, ob er nicht vielmehr mit dem Zungenblatt gebildet wird. Vom engl. *th* unterscheidet er sich durch stärkeres Zischen, vielleicht weil die Lippen mit angeblasen werden oder doch die Luft sich in dem kleinen Hohlraum zwischen Zähnen und Lippen fängt.

331. Bei dem interstitiellen *θ* — welches natürlich nur von Personen mit auseinanderstehenden Oberzähnen gebildet werden kann — findet auch oft ein Anblasen der Oberlippe statt. Ich habe früher geglaubt, dass dieses Anblasen dem *θ* überhaupt erst seine eigentliche Hörbarkeit verleihe (wie beim *f, v*), habe mich aber überzeugt, dass dasselbe nur etwas Secundäres ist.

332. Der Articulation nach stehen diese Spiranten den labiodentalen *f, v* nahe, daher auch der häufige Uebertritt derselben in die letztere Classe. Es bedarf dazu nur eines geringen Hebens und Einwärtsbiegens der Unterlippe, um diese mit den Oberzähnen in Berührung zu bringen, d. h. sie an der Bildung der Enge für das Blasegeräusch theilnehmen zu lassen. Durch Rückkehr der beim *θ, ð* articulirenden Zunge zur Ruhelage ist dann der vollständige Uebergang zu *f, v* vollzogen.

333. Geht man mit dem Zungensaum noch mehr in die Höhe, sodass die Enge an den Alveolen gebildet wird, so entsteht das stimmlose Alveolar-*r* des Englischen nebst seinen stimmhaften Nebenformen mit und ohne Reibungsgeräusch (stimmhaftem spirantischem und sonorem *r*), bei noch stärkerer Hebung und Zurückbiegung der Zunge das stimmlose Cerebral-*r*, die man herkömmlicher Weise nicht zu den Zischlauten zu rechnen pflegt. Einen stimmlosen alveolaren Zischlaut dieser Art, über dessen Analyse ich aber nicht völlig sicher bin, glaube ich in der irischen Aussprache von *t* nach Vocalen, namentlich nach *i* gehört zu haben, z. B. in *meat, eating*; die Enge muss aber ziemlich weit sein, da das Zischen nicht sehr stark ist (das Volk substituirt gewöhnlich postdentales oder interdentales *θ* dafür; den entsprechenden alveolar-coronalen Laut habe ich nur bei Gebildeten gefunden, welche noch die Irish·brogue sprechen, aber doch bestrebt sind das gewöhnliche alveolare *t* zu bilden).

334. Die Zischlaute *s* und *š* nebst den entsprechenden stimmhaften *z* und *ž*. Hier gilt es vor allen Dingen den aus der Sanskritgrammatik z. Th. auch in die sprachwissenschaftliche Literatur eingedrungenen Irrthum zu beseitigen, als sei ʽcerebrales *s*ʼ ohne Weiteres identisch mit *š*, oder ʽpalatales *s*ʼ mit skr. *ç*, d. h. als verhielten sich die drei Laute *š*, *ç*, *s* so zu einander wie die skr. Verschlusslaute *ṭ*, *c*, *t*. Vielmehr existiren vollkommen ausgebildete Parallelreihen von *s*- und *š*-Lauten, d. h. es gibt sowohl cerebrale, palatale als dentale *s* und *š*.

335. Was nun zunächst die eigentlichen *s*-Laute anlangt, so ist nach den Untersuchungen von Bell und Sweet für sie charakteristisch, dass die Engen mit dem Zungenblatt (**151**) gebildet werden. Nicht minder wichtig ist aber, wie es scheint, dass bei ihrer Bildung die Zunge in ihrer Mittellinie zu einer schmalen mehr oder weniger tiefen Rinne eingekerbt wird, durch welche der Luftstrom gegen die obere Zahnreihe oder die Alveolen geblasen wird. Dies unterscheidet die eigentlichen *s*-Laute wesentlich von den rein coronalen Zischlauten. Die Enge selbst kann vom untern Rande der Oberzähne an aufwärts bis zu der Articulationsstelle der Cerebralen gebildet werden. Engenbildung an der Kante der Zähne bringt ein lispelndes *s* hervor, das man als individuelle Eigenthümlichkeit bei einzelnen Personen findet. Beim franz. *s*, *z* ruht die Zungenspitze ebenfalls noch hinter den Unterzähnen, die Enge liegt zwischen dem Zungenblatt und der Hinterwand der Oberzähne, an welche die Zunge stark angepresst wird. Aehnlich sind wohl die meisten mitteldeutschen *s* gebildet, doch liegt da die Enge bereits am untern Rande der Alveolen. In Norddeutschland dagegen, namentlich in den Mundarten, welche das *st*, *sp* am zähesten festhalten, findet man alveolare *s*, bei welchen auch die Zungenspitze bis über den untern Rand der Oberzähne hinauf gehoben ist. Diesem scheint das gewöhnliche englische *s* nahezukommen; doch hat dies nach Sweet weitere Oeffnung als der deutsche und französische Laut. Ausserdem scheint mir beim norddeutschen *s* die ganze

Vorderzunge mehr convex gewölbt zu sein, während das englische *s* eine Art Uebergang zur coronalen Articulation darstellen mag. Das palatale *š*, das z. B. im Russischen vor palatalen Vocalen (*e*, *i* u. s. w.) vorkommt, unterscheidet sich durch noch weiter rückwärts liegende Enge und stärkere Wölbung des gesammten Vorderkörpers der Zunge. Ein wirkliches cerebrales ṣ findet Storm[2] S. 70 im Ostnorwegischen und Schwedischen in der Verbindung rṣ, z. B. *börṣe* 'Büchse', und im baskischen ṣoṣa 'un sou' (im Dialekt von Bayonne). Emphatische alveolare *s*-Laute sind das arab. ص ṣ und ظ ẓ (**166**).

336. Ueber die eigentliche Articulation der *š*-Laute gehen die Ansichten der Forscher noch weit auseinander, weil diese Laute ausserordentlich viele und stark von einander abweichende Specialitäten entwickelt haben, die Articulation der Zunge aber sich noch mehr als bei den *s*-Lauten der directen Beobachtung entzieht. Nur so viel steht fest, dass die Zungenarticulation der *š* stets etwas weiter rückwärts liegt als die der *s* (s. die sehr instructiven Abbildungen und Beschreibungen beider Laute bei Grützner 219 ff.); wahrscheinlich ist mir auch, dass die Lippen an der Modification des specifischen Geräusches mehr oder weniger betheiligt sind (vgl. auch **342**). Diese Mitwirkung kann auf wesentlich zweifach verschiedene Weise herbeigeführt werden. Entweder wird die beim *s* vorhandene Rinne in der Zunge dergestalt verbreitert oder ganz in Wegfall gebracht, dass auch bei neutraler Lage die Lippen noch wenigstens in ihren seitlichen Partien von dem Exspirationsstrom getroffen werden, oder es werden, bei Beibehaltung jener Rinne, die Lippen gerundet und oft auch mehr oder weniger vorgestülpt und bilden dann eine annähernd rechteckige Oeffnung. Auch einseitige *š* finden sich; hier stemmt sich der linke, seltener der rechte Zungenrand gegen den Gaumen an und so wird der Luftstrom nach der entgegengesetzten Richtung in den Mundwinkel hinein, gegen die in der Regel etwas seitlich abgehobenen Lippen geführt. Diese Art findet sich recht oft in Norddeutschland, namentlich ist sie bei Berlinern ganz gewöhnlich, aber auch von Engländern habe ich gelegentlich diese einseitigen *š* gehört.

337. Das Wesentlichste ist vielleicht bei allen *š*-Articulationen die Bildung eines grösseren kesselförmigen Raumes im Vordermunde, in welchen der Exspirationsstrom hineingetrieben wird. Wenigstens scheinen mir die *š* sich von den entsprechenden

Species der s stets durch eine dumpfere Kesselresonanz zu unterscheiden (mit dieser Resonanz schwindet daher viel von dem specifischen Klangcharakter des š bei Personen, denen die untern Schneidezähne fehlen. Man beachte auch, dass z. B. die cerebralen ṣ, bei denen ein ähnlicher Kesselraum gebildet wird, einen š-ähnlicheren Klang haben). Die Lippenarticulation hilft diese Kesselbildung nur vervollständigen und modificiren. Aehnlich sagt auch Storm[2] S. 72: 'Wenn ich nur die Zungenspitze hebe, so entsteht nur supradentales s; erst wenn ich zugleich einen Theil des Zungenrückens ins Niveau bringe, entsteht š, indem sich hinter dem Gaumendach ein gewölbter Raum bildet, der einen tieferen Eigenton und ein mehr zusammengesetztes Geräusch hervorbringt.'

338. Brücke erklärte dagegen das ihm geläufige alveolare š für einen 'zusammengesetzten Consonanten', weil seine Articulation nicht einfach sei, sondern weil das š die 'Engenbildung eines alveolaren s mit der des gutturalen x^2 verbinde'. Abgesehen davon, dass die doppelte Engenbildung durch Brücke keineswegs ausser Zweifel gestellt ist (vgl. Merkel, Laletik 102 ff., Grützner 222) ist doch der Laut š durchaus einheitlich und hat nicht mehr Anspruch auf den Namen 'zusammengesetzt', als z. B. alle palatalisirten oder gerundeten Laute, welche durch gleichzeitige Wirkung verschiedener Articulationen des Ansatzrohrs erzeugt werden. — Sweet S. 39 beschreibt im Anschluss an Bell das š folgendermassen: 'Das š ist dem s sehr ähnlich, hat aber mehr von dem point-element (d. h. stärkere Betheiligung des Zungensaums); dies hat seinen Grund in der Annäherung an stimmloses r; das š ist in der That ein s, das auf dem Wege zu stimmlosem r angehalten ist. Dies geschieht, indem man die Zunge aus der s-Lage ein wenig zurückzieht und mehr nach oben wendet, was den Zungensaum mehr in Action bringt.' Ich halte auch diese Beschreibung nebst den weiteren Angaben Sweet's noch nicht für hinlänglich sicher oder geeignet eine deutliche Vorstellung von dem š-Mechanismus zu geben.

339. Varietäten des š ergeben sich namentlich noch durch die verschiedenen Stellungen der Zungenspitze und die Wölbung verschiedener Theile der Zungenfläche. Gewöhnlich sind die š wohl supradental, d. h. auch die Zungenspitze ist bis zu den Alveolen gehoben. Doch kommen auch š mit gesenkter Zungenspitze vor, z. B. in Mittel- und Süddeutschland und, wie mir scheint, auch wohl in den palatalen oder mouillirten š-Lauten der slavischen Sprachen. Beim poln. ś (auch in russ. *щ*, poln. *ć*) und dem damit von Storm[2] S. 72 gleichgesetzten norw. *sk, sj* in *skilling, sjæl* ist der mittlere Zungenrücken gehoben. Halbpalatale š sind fast überall die deutschen š vor Consonanten, die aus einfachem altdeutschen s hervorgegangen sind, wie in *stehn, sprechen, schlagen, schneiden, schwer*, gespr.

š'tēn etc., gegenüber dem deutlich nichtpalatalen š aus altdeutschem *sk*, wie in *Schade*, *schreiben* etc. Durch Hebung des hintern Zungenrückens entsteht nach Sweet und Storm das schwedische š in *skilling*, *sjül*, das besonders im Südschwedischen durch labiale Modification und Senkung der Vorderzunge verstärkt werden kann und das wie ein Zwischenlaut zwischen deutschem *sch* und *ch* in *ach* klingt (Storm[2] S. 72). Auch die franz. *ch*, *j* sind wohl mit gesenkter Zungenspitze gebildet, die norddeutschen und englischen š aber mit gehobener Zungenspitze. Dazu hat, wie Sweet bemerkt, das engl. *sh* grössere Oeffnung als das deutsche *sch* und dadurch liegt zugleich seine Enge etwas weiter rückwärts. Eigentlich cerebrales š scheint z. B. das Sanskrit besessen zu haben: gehört habe ich den Laut nicht.

340. Die palatalen š" nähern sich oft im Klange den Palatalen *ch*-Lauten (*ich*-Laut), mit denen sie oft wechseln (wie denn z. B. dem russ. *m*ь mit palatalem *ich*-Laut oder stimmlosem spirantischem *i* im Polnischen *ć* mit palatalem š entspricht).

3. Die palatalen und velaren x-Laute.

341. Neben dem palatalen Zischlaut š, ž steht der palatale Spirant χ, den wir im Deutschen mit dem Namen des *ich*-Lauts zu bezeichnen pflegen, nebst seinem stimmhaften Correspondenten, der Spirans *j*, wie sie in Nord- und Mitteldeutschland grossentheils gesprochen wird (wohl zu unterscheiden von dem Halbvocal i̯, der z. B. in Süddeutschland häufig vorkommt, vgl. **422**). Der physiologische Spielraum dieses χ ist natürlich verhältnissmässig sehr bedeutend (vgl. **161**). Unser deutsches *ch* nach oder vor *i* und unser *j* würden zu der vorderen palatalen Species (χ^1) gehören (noch weiter nach vorn liegt das χ, das z. B. in Thüringen und Sachsen für *j* (und *g*) gesprochen wird, wie in *jeder*, *jung*, *liege*, gespr. $\chi\bar{e}d^3\mathfrak{z}$, $\chi u n(k)$, $l\bar{\imath}\chi^3$ u. dgl.), während z. B. das holländische *g* nach *e*, *i* der hinteren Palatalreihe (χ^2) zufällt.

342. Eine Art Zwischenlaut zwischen š und χ ($\chi̓$) findet sich in einem westmitteldeutschen Dialektgebiet (Frankfurt, Nassau etc.) als Vertreter von etymologischem š und χ neben palatalen Lauten, also z. B. in Verbindungen wie $gr\bar{\imath}\chi i\chi\mathfrak{z}$ $g\mathfrak{z}\chi i\chi t\mathfrak{z}$ 'griechische Geschichte'. Die Zungenarticulation scheint hier wesentlich die eines χ zu sein, gleichzeitig besteht aber eine leichte (verticale) Rundung der Lippen, die dem Laut seinen š-ähnlichen Charakter verleihen hilft (vgl. **336**).

343. An die palatalen schliessen sich der Articulation nach die velaren x^1 an. Das vordere velare x^1 ist das gewöhnliche deutsche *ch* nach *a, o, u* (der *ach*-Laut), das hintere velare x^2 das tiefe *ch* der Schweizer und mancher süddeutscher Mundarten, das *xe* der Armenier. Auch russ. *x*, poln. *ch* gehören wohl grossentheils zu den hinteren Velaren. Sie unterscheiden sich aber von den deutschen Formen durch eine auffallende Schwäche des Reibungsgeräuschs. Anlautendes russisches *x* klingt oft geradezu wie ein recht energisches *h*. Auch Storm[2] S. 73 bemerkt, dass es ihm zwischen deutschem *ch* und *h* zu liegen scheine, und dass es ein *ach*-Laut mit loser Annäherung der Organe sei (vgl. dazu **499**).

344. Dem x^1 entspricht als stimmhafter Correspondent das γ^1 = neugriech. γ. Es ist der Laut, den man in Norddeutschland für inlautendes *g* nach *a, o, u* z. B. in *Tage, Bogen* hört (im Auslaut spricht man ganz diesem γ^1 entsprechend stimmlos x^1, $t\bar{a}x^1$, $b\bar{o}x^1$). Auch als Vertreter des uvularen *r* kommt das γ^1 vor, obwohl diesem genauer das hintere γ^2 (= armen. *ɣat*) entspricht.

345. Die χ- und *x*-Laute unterscheiden sich von den Zischlauten durch eine durchaus dorsale Articulation. Es fehlt ihnen das scharfe Zischen, das die *s*-Laute durch den Anfall der Luft an die Zähne erhalten, und die Kesselresonanz der *š*-Laute. Ihre Reibungsgeräusche sind daher milder als die der Zischlaute und so erfahren sie häufiger als jene eine Reduction (vgl. **499** ff.).

4. Laryngale Spiranten und Verwandtes.

346. Als laryngale Spiranten im eigentlichen Sinne des Worts sind nur diejenigen Formen der sog. *h*-Laute zu bezeichnen, welche mit deutlichem Reibungsgeräusch im Kehlkopf gebildet werden. Von stimmlosen Formen gehört hierher vor allem das sog. heisere *h* (ح) des Arabischen und andrer Sprachen (ich kenne es z. B. noch aus dem Somali). Hier ist, wie Czermak gezeigt hat, die Bänderglottis geschlossen, der Hauch entströmt nur durch die geöffnet gehaltene Knorpelglottis, an deren Rändern er das specifische Reibungsgeräusch erzeugt. Nach den Angaben bei Ellis IV, 1130a wird ein solches *h* auch von Irländern oft gesprochen, doch dürfte das Reibungsgeräusch bereits erheblich schwächer sein als beim vollen arab. ح. Schwächere Reibungsgeräusche finden sich auch sonst nicht selten bei den *h* verschiedener Sprachen. Treten aber solche Reibungsgeräusche nicht auf, oder sind sie so schwach, dass sie nicht gesondert empfunden werden, so sind die entsprechenden Formen der *h* vielmehr als blosse **Hauchlaute** zu charakterisiren, und zwar als **laryngale Hauchlaute**, sofern bei ihrer Bildung die Stimmritze (behufs Luftersparniss) merklich verengt ist. Feste Grenzen zwischen diesen verschiedenen Arten von *h* sind demnach nicht zu ziehen, auch fehlt es zur Zeit noch an hinlänglich genauen Einzelermittelungen. Hier kann wohl die neuerdings von E. A. Meyer (s. **284**) wieder aufgenommene Methode der stroboskopischen Untersuchung des Kehlkopfs (vgl. **76**) noch brauchbare Resultate abwerfen.

347. Als stimmhafte Parallelen sind die **stimmhaften** *h* anzuführen, über die in **283** ff. gehandelt ist. Ueber das arab. ع s. **354**.

Weiteres hierzu s. bei den Vocalein- und -absätzen **388** ff.

Cap. 15. Die Verschlusslaute.

A. Die Verschlusslaute nach ihren Articulationsstellen.

1. Labiale.

348. Die Verschlusslaute dieser Reihe sind im Allgemeinen nur bilabial. Nur in der Verbindung mit den theilweise homorganen labiodentalen Spiranten (*f*, *v*, also *pf*, *bv*, vgl. unten **467**) erfährt auch die Unterlippe in der Regel die Pressung gegen die Oberzähne, welche diesen Spiranten eigenthümlich ist. Der Klang der Verschlusslaute wird dadurch wenig oder gar nicht verändert, die ganze Erscheinung ist offenbar erst secundär und ohne besondere Wichtigkeit für die Lautgeschichte. Ueber sog. emphatisches *p* s. **166**.

2. Die Laute der Zungenspitze.

349. Cerebrale *ṭ*, *ḍ* nebst den Aspiraten *ṭh*, *ḍh* sind aus dem Sanskrit und den neuindischen Sprachen zuerst bekannt geworden, wo sie häufig vorkommen. In Europa kennt sie das Schwedische, wo *rt*, *rd* als (*r*)*ṭ*, (*r*)*ḍ* ausgesprochen werden. Auch das sicil. *ḍ* in *cavaḍḍu* für *cavallo* ist nach Storm[2] S. 43 cerebral, aber ohne Beimischung eines *r*-Lautes, während ihm das ind. *ḍ* zunächst gleich dem schwed. *rḍ* klingt, aber kaum von dem 'dicken' *ḷ* (s. **321**) zu unterscheiden ist. Die englischen *t, d*, welche von den Indern bekanntlich als cerebral aufgefasst werden im Gegensatz zu deren rein interdentalen त, द, sind in Wirklichkeit alveolar. Alveolare *t, d* herrschen auch in Deutschland, namentlich im Norden, vor. Sie sind überhaupt vielleicht die üblichste Art der sog. Dentalen. Es gibt mancherlei Abstufungen derselben, je nachdem die bis zu den Alveolen heraufgezogene Zungenspitze reiner coronale oder mehr dorsale Articulationsform hat (mir scheinen die norddeutschen Alveolar -*t*, -*d* etwas mehr dorsal gebildet als die englischen, vielleicht auch etwas weiter nach vorn). Zu den Alveolaren gehören auch die emphatischen ط (*t*), ص (*d*) des Arabischen (**166**). Dorsalalveolar in dem **159** bestimmten Sinne (Brücke's Dorsale) sind vielfach die *t, d* in Mittel-, auch wohl in Süddeutschland (namentlich oft in den Affricaten *ts* und *tš* auch da wo das einfache *t* nicht dorsal gebildet wird), mouillirt erscheinen sie im russ. *mь, дь*. Postdentale *t, d* habe ich im Spanischen beobachtet, gelegentlich auch in Deutschland. Findet der Verschluss am untern Rande der Oberzähne statt, so sind die Postdentale schwer von den Interdentalen zu unterscheiden. In der letzteren Weise werden nach dem Zeugniss von Storm[2] S. 69 noch heutzutage die indischen Dentale gesprochen. Selbst beobachtet habe ich sie in grösserem Umfange im Serbischen und Armenischen, wo sie die regelrechten Vertreter der Dentalclasse zu sein scheinen. Auch im Englischen erscheinen dialektisch interdentale *t* und *d* für hartes und weiches *th*, z. B. in der Aussprache der Irländer. Stimmloses *d* für weiches *th* habe ich im Dialekt von Westmoreland gefunden, wie in *brudr, mudr* für *brother, mother*; das *r* ist gerollt, die Media und das Schluss-*r* sind stimmlos. Im Deutschen findet man die interdentalen *t, d* ebenfalls öfter, individuell wie dialektisch, letzteres z. B. in Kärnten, sonst namentlich bei Juden. In den älteren indogermanischen Sprachen scheint diese Lautreihe weiter verbreitet gewesen zu sein als in den modernen, wenn man aus dem häufigen Uebergang 'dentaler' Verschlusslaute in interdentale Spiranten (*t, tʿ* zu *θ*; *dʿ* zu *đ*) einen Schluss ziehen darf.

3. Palatale.

350. Das Verbreitungsgebiet der echten Palatale *c, ɉ* ist ziemlich beträchtlichen Umfangs (sehr reichliche Belege aus den germanischen Sprachen bringt z. B. H. Möller, Die Palatalreihe der indogermanischen Grundsprache im Germanischen, Leipzig 1875); nur pflegen wir die Existenz dieser für die Lautgeschichte so wichtigen Classe von Lauten gern deswegen zu übersehn, weil ihre deutschen Vertreter mit den entsprechenden velaren Verschlusslauten unter denselben Zeichen (*k*, *g*) combinirt werden. Wegen ihrer Articulationsverwandtschaft mit den palatalen Vocalen erscheinen sie besonders häufig vor diesen (besonders *i*, *e*, vgl. auch **482** ff.), aber auch vor andern Vocalen fehlen sie nicht (vgl. z. B. lit. *kiaúlė, kiaúszis*, d. h. *caulė¹, causis*).

4. Velare.

351. Die zwei Velarreihen (**163**) sind in den semitischen Sprachen noch zum Theil unterschieden, z. B. im hebr. *kaf* und *ḳof* (das letztere gehört, wie arab. ق *k*, zu den emphatischen Lauten, **166**), ein k^2 ist auch das georgische *q*; k^2x^2 hört man oft von Schweizern, auch wohl k^2 allein, wenn dieselben Schriftdeutsch sprechen; sonst habe ich k^2 im Deutschen nur gelegentlich als individuelle Eigenthümlichkeit einzelner Sprecher beobachtet. Die deutschen *k* vor *a*, *o*, *u* sind k^1, vor den palatalen Vocalen wird die Articulation meist weiter nach vorn verschoben, jedoch bestehen dabei starke dialektische Unterschiede, ohne dass die Verschiedenheit der Articulation zum deutlichen Bewusstsein käme.

5. Laterale.

352. Laterale Verschluss- oder genauer Explosivlaute sind in den indogermanischen Sprachen regelmässig die sog. Dentale und Palatale vor *l*. Ihr Klang richtet sich natürlich nach der sonstigen Stellung des Zungenkörpers, worüber die Combinationslehre Näheres bringen wird (Cap. 22). Einen stimmlosen lateralen Explosivlaut ohne nachfolgendes *l* kenne ich aus der Sprache der Tlinkiten nach Mittheilungen des Herrn A. Pinart.

6. Laryngale.

353. Der einfache, stimmlose Kehlkopfexplosivlaut (vgl. **172**, 6), den wir mit ' bezeichnen, dient namentlich in den semitischen Sprachen (welche überhaupt ein ganzes System von Laryngallauten aufweisen) als besonderer Sprachlaut mit etymologischem Werth (hebr. Aleph, arab. Hamza u. s. w.). Anderwärts,

z. B. auch im Deutschen, tritt Stimmritzenschluss und -explosion nur als eine der verschiedenen Wechselformen des Ein- bez. Absatzes von Vocalen und andern Lauten auf (vgl. **385. 365** etc.). Wiederum anderwärts dient dieser Vorgang auch accentuellen Zwecken (bei dem sog. Stosston, **585** ff.). Aus dieser Verschiedenheit der Function erklärt sich auch die Verschiedenheit der Bewerthung unseres Lautes in der phonetischen Literatur, die ihn theils als selbständigen Sprachlaut, theils als mehr oder weniger secundäre Begleiterscheinung betrachtet, ohne dass jedoch die Auffassung des phonetischen Vorgangs selbst dadurch tangirt würde.

354. Eine stimmhafte Parallele zu ʾ und h (**346**) scheint das semit. Ajin (arab. ع) zu sein. Dieser Laut beginnt, wenigstens im Anlaut, wohl zweifellos mit Kehlkopfschluss, aber dieser ist viel stärker forcirt als beim ʾ (**172**, 7), und zwischen Explosion und Folgelaut schiebt sich daher ein Stück forcirter Pressstimme ein, so dass das ganze als stimmhafter Kehlpresslaut (**175**) bezeichnet werden kann. Der Grad der Pressung wechselt übrigens z. B. in den verschiedenen arab. Dialekten ziemlich stark: je stärker und deutlicher das Hamza articulirt wird, um so stärker gepresst ist auch das ع, und umgekehrt, sodass manchmal das ع kaum etwas anderes ist als ein etwas stärkeres Hamza. Auch hier ist noch genauere Untersuchung erforderlich, zumal im Inlaut kein Verschluss zu bestehen scheint.

355. Ueber die faucalen Explosivlaute s. **168** ff. und **465** f.

B. Die Verschlusslaute nach den verschiedenen Arten ihrer Bildung.

356. Bei allen Verschlusslauten wird nach der Bildung des Verschlusses die Luft im Mundraum (bez. bei den laryngalen ʾ und ع, **354** f. die Luft im Lungenraum unterhalb der Stimmritze) auf irgend eine Weise comprimirt, und diese verdichtete Luft erzeugt dann bei der Aufhebung des Verschlusses das charakteristische Platzgeräusch der Verschlusslaute.

357. Bei den stimmlosen Verschlusslauten wie p, t, k ist dieser Knall der einzige Schall, der überhaupt erzeugt wird. Bei den stimmhaften, wie rom. slav. b, d, g, tritt während der Dauer des Verschlusses und der Explosion noch der Stimmton hinzu. Man bezeichnet diesen hier wohl als Blählaut, weil die zur Stimmbildung durch die Stimmritze getriebene

Luft den als Blindsack vorgelagerten (nach vorn zu abgesperrten) Mundraum allmählich aufbläht.

358. Wegen dieser Absperrung klingt der Blählaut der Verschlusslaute dumpfer als sonst die Stimme bei Lauten, die eine Ausflussöffnung haben; auch scheint hier besonders oft die Murmelstimme (84 f.) statt der Vollstimme einzutreten. Es ist deshalb nicht immer leicht, das Vorhandensein von Stimme bei einem Verschlusslaut herauszuhören, und so empfiehlt sich hier besonders die Anwendung der in **28** bezeichneten Controlmittel. Ueber die Pressstimme beim ε s. **354.**

359. Je nach dem Grade der Compression und der dazu im Verhältniss stehenden Stärke des Explosionsknalls sind weiterhin Lenes und Fortes zu unterscheiden. So ist das stimmlose *g* in thüring.-sächs. *geht* Lenis im Verhältniss zu der ebenfalls stimmlosen Fortis *k* in thüring.-sächs. *kommt*, soweit dies *k* ohne Aspiration (also vulgo wie *gommt*) gesprochen wird. Deutlicher ist der Unterschied in den süddeutschen, speciell in den schweizerischen Mundarten ausgeprägt, wo neben den stimmlosen unaspirirten Fortes, die durch *p, t, k* (letzteres schweiz. oft *gg*) ausgedrückt werden, ganz entsprechende stimmlose Lenes *b,˙d, g* auftreten (s. besonders Winteler S. 18 ff. und Heusler, Der alem. Consonantismus der Mundart von Baselstadt S. 1 ff.). Auch sonst sind im Deutschen diese stimmlosen Lenes nicht selten, ebenso kennt sie das Dänische und auch das Englische hie und da (z. B. regelrecht der Dialekt von Westmoreland). Im Armenischen wechselt die stimmlose Aussprache der *b, d, g* (also die Aussprache als stimmlose Lenis) mit der stimmhaften Aussprache promiscue ab, ohne dass deshalb der Unterschied von den unaspirirten Fortes *p, t, k* oder den aspirirten Fortes *ph, th, kh* verwischt würde, und so erscheinen überhaupt in den Sprachen, welche sonst ihre *b, d, g* stimmhaft sprechen, in der Nachbarschaft stimmloser Laute öfter auch diese stimmlosen Lenes (vgl. z. B. vielfach auftretendes norddeutsches *ich bin* mit stimmlosem *b*, mit *du bist* mit stimmhaftem *b*).

360. Es ist wohl zu beachten, dass die stimmlosen Lenes in den einzelnen Sprachen erhebliche Stärkeunterschiede aufweisen. Am schwächsten sind sie vielleicht in den Schweizermundarten, stärker bereits in Süddeutschland. In Mitteldeutschland, ja auch in einem grossen Theile von Norddeutschland, wo wie in England die anlautenden *b, d, g* sehr gewöhnlich stimmlos gesprochen werden, haben die betreffenden Laute wohl nahezu die Stärke einer romanisch-slavischen Tenuis, so dass auch hier eine feste Grenze zwischen den beiden Classen (Lenes und Fortes) nicht gezogen werden kann (abgesehen von dem nachher zu erörternden Unterschied zwischen Spreng- und Lösungslauten). — Ueber 'neutrale' Zwischenstufen zwischen Fortes und Lenes s. ausserdem oben **184.**

361. Nach Winteler unterscheiden sich die stimmlosen Lenes *b, d, g* der Schweizer ausschliesslich durch geringeren Luftdruck von den Lungen her von den entsprechenden Fortes *p, t, k*. Sweet fasst dagegen die 'stimmlosen Lenes' *b, d, g* als *half-voiced stops*, d. h. nach ihm befindet sich die Glottis während des Verschlusses in der Stellung zum Tönen, aber ohne dass Luft hindurchgepresst wird; der Glide zum folgenden Vocal sei deshalb stimmhaft, was bei den 'Tenues' nicht der Fall ist. Wenn diese Auffassung richtig ist, so würde sich die Schwäche der Explosion bei den betreffenden Lauten mindestens zum Theil aus der Hemmung der Exspiration durch die verengte Stimmritze erklären lassen. Zuzugeben ist jedenfalls, dass bei den englischen anlautenden stimmlosen *b, d, g* der Gleitlaut oft stimmhaft gebildet wird, da das Englische in dieser Stellung überhaupt noch zwischen stimmhafter und stimmloser Aussprache schwankt, d. h. den Stimmeinsatz sogar noch in die Verschlussstellung hineinziehen kann. Nach den Beobachtungen von E. A. Meyer S. 22 (vgl. namentlich auch die Curventafel S. 20) scheinen aber stimmlose Verschlusslaute nach Stimmhaften überhaupt (d. h. ohne principiellen Gegensatz von Lenis und Fortis) während des ersten Theils der Verschlussdauer noch oft eine lockere Schlussstellung der Stimmbänder aufzuweisen, die zu (stimmlosen) Schlotterschwingungen der Stimmbänder (vgl. **284**) Anlass gibt, während das Endstück der Verschlussdauer schwingungslos ist und daher wohl Oeffnung der Stimmritze voraussetzt. Auch hier ist also noch genauere Erforschung des ganzen Vorgangs abzuwarten. — Ueber stimmlose Verschlusslenes als 'reducirte stimmhafte Mediae' s. **513**.

362. Bei diesen stimmlosen Parallelen beruht der Unterschied der Explosionsstärke, wie man sieht, auf der Verschiedenheit des Gesammtdruckes: die Lenis wird mit schwächerem, die Fortis mit stärkerem Drucke gebildet. Etwas anders liegt die Sache bei den **stimmhaften** Verschlusslauten. Bei diesen wird ein Theil der Kraft des zur Lautbildung verwandten Luftstroms durch die Erzeugung der Stimme absorbirt; wegen der durch die verengte Stimmritze gehemmten Luftzufuhr wird die Compression der Luft im Mundraum nicht so weit getrieben wie bei sonst gleichem Druck und offenem Kehlkopf; der Explosionsknall ist daher auch stets schwächer als bei den stimmlosen Parallelen gleicher Druckstärke (vgl. **170** f.). Sie haben also ihrem Gesammteffect nach stets etwas von dem Charakter der Lenes an sich, auch da, wo sie dem Gesammtdruck nach als Fortes zu bezeichnen sind.

363. Eine weitere Scheidung der Verschlusslaute ergibt sich je nach der Art, wie die Compression der Luft im Mundraum herbeigeführt wird.

364. Gewöhnlich erfolgt diese von den Lungen aus, indem durch den Druck der Exspirationsmusculatur Luft aus den Lungen in den Mund getrieben wird. Bei den stimmlosen Verschlusslauten dieser Art steht dabei die Stimmritze offen (höchstens ist sie nach Massgabe des zu Schluss von **361** Gesagten zu einem lockeren Halbschluss verengt), bei den stimmhaften ist sie zum Tönen eingestellt. So werden einmal alle stimmhaften Verschlusslaute, wie rom. slav. *b*, *d*, *g* (überhaupt auch wohl alle Lenes) gebildet, ferner die sog. **reinen Tenues mit offenem Kehlkopf**, welche jetzt z. B. bei den Slaven und Romanen im An- und Inlaut allgemein üblich, aber auch in Deutschland (namentlich im Westen von Norddeutschland, desgl. in Holland) verbreitet sind. Endlich fallen auch die Aspiraten hierher, bei denen der Explosion noch ein Hauch folgt (vgl. **436** ff.).

365. Seltener werden Verschlusslaute mit **Kehlkopfverschluss** gebildet. Bei diesen wird nach der Bildung des Mundverschlusses die Communication des Mundraums mit den Lungen durch festen Verschluss der Stimmritze abgeschnitten. Die Compression erfolgt dann durch Hebung des Kehlkopfs und Zusammenpressung der Wände des Mundraums. Bei der Explosion verpufft somit nur das geringe Quantum Luft, das bisher im Mundraum eingeschlossen war. Deshalb klingen diese Laute stets sehr kurz und scharf abgestossen; zur Bildung eines nachfolgenden Hauches ist nie Gelegenheit geboten. Wir bezeichnen sie als $\overset{?}{k}$, $\overset{?}{t}$, $\overset{?}{p}$ u. s. w., d. h. als *k*, *t*, *p* mit $^{\prime}$, dem Zeichen des Kehlkopfverschlusses (**353**). — Die Verbreitung dieser Laute scheint gering zu sein. Bisher habe ich sie mit Sicherheit selbst nur im Armenischen in der Aussprache von Tiflis und Erzerum und im Georgischen beobachtet, doch gehören vielleicht auch die emphatischen *k*, *t*, *p* der semitischen Sprachen (arab. ق *k*, ط *t*, aethiop. *p*, **166**) hierher. Bei den armenischen Lauten dieser Art erfolgt die Explosion des Mund- und Kehlkopfverschlusses durchaus gleichzeitig, sodass man also nur eine Explosion hört; im Georgischen folgt dagegen die Kehlkopfexplosion der Mundexplosion nach und wird deutlich von dieser gesondert gehört. Uebrigens sind diese Verschlusslaute bisher jedenfalls nur als Fortes beobachtet worden. Dass sie bei vollem Kehlkopfverschluss zugleich stimmlos sind, versteht sich von selbst. Eine Art von stimmhaften Parallelen bilden jedoch vielleicht die stimmhaften emphatischen Verschlusslaute wie arab. ص (*d*), **166**; auf nahe Berührung der beiden Classen weist jedenfalls auch der dialektische Uebergang von arab. ق *k* in (ursprünglich gepresstes?) *g* hin; auch das georg. *k'* wird in dieser Weise öfter als gepresstes *g* gesprochen.

366. Ueber das Bestehen oder Fehlen eines Kehlkopfverschlusses entscheidet leicht ein einfaches, nach meinen Angaben bereits von Grützner S. 211 beschriebenes Experiment. Man stecke ein feines Röhrchen (eine nicht zu starke, auf beiden Seiten offene Federspule genügt) zwischen die Lippen und spreche dann mehrmals die Silben *pa* oder *ṗa* (mit Aspiration) aus. Trotz dem Ausströmen der Luft durch das Röhrchen kann man deutlich den Eindruck eines *p* oder *ṗ* erzielen (ebenso gelingt das Experiment bei *ba*), zum Beweis, dass fortwährend von den Lungen aus mehr Luft zuströmt, als durch das Röhrchen abfliesst; die eingeschlossene Luft bleibt also stets stärker comprimirt als die äussere und kann also jederzeit bei Lippenöffnung noch explodiren. Ein *ṗa* aber gelingt nicht, weil bei Kehlkopfschluss die Luft im Mundraum sich sofort mit der äusseren Luft ins Gleichgewicht setzt. Man hört also zunächst nur das kurze Zischen der entweichenden Luft, dann den Vocal (mit festem Einsatz, **385**): die Trennung der Lippen geht ohne Explosionsgeräusch vor sich. Schliesst man die äussere Oeffnung des Röhrchens mit dem Finger während man ein gewöhnliches *p* articulirt, so entweicht die Luft bei Oeffnung des Fingerschlusses in andauerndem Strome, dessen Dauer beim Ansatz zu aspirirtem *ṗ* noch gesteigert wird. Bei wirklichem *ṗ* aber verpufft das geringe Quantum comprimirter Luft im Mundraum fast momentan.

367. Endlich wird noch ein sehr wichtiger Unterschied bedingt durch die verschiedene Art, wie die Bildung und Aufhebung des Mundverschlusses erfolgt. Hiernach sind zu unterscheiden:

368. 1. Gespannte Verschlusslaute oder Sprenglaute. Die articulirenden Weichtheile sind mindestens in der Berührungszone in sich activ angespannt (vgl. **252** ff.), die Berührungsflächen sind infolge dessen relativ schmal (namentlich bei den Lippen lässt sich das deutlich beobachten: die Spannung markirt sich da auch in einem schärferen Anziehen der Lippen an die Zähne). Der Verschluss wird durch einen plötzlichen, auf den Moment der Verschlussaufhebung concentrirten Luftstoss geradezu gesprengt. Das Platzgeräusch hat dadurch einen scharf abgestossenen Charakter. Der Stromdruck sowie der entsprechende Druck der articulirenden Theile auf einander braucht deshalb nicht übermässig stark zu sein. Dieser Art sind heutzutage z. B. die *p*, *t*, *k* der romanischen Sprachen, des Neugriechischen, des Niederländischen, auch die unaspirirten Tenues von Nordwestdeutschland, ferner alle sog. Tenuisaspiraten. Da übrigens die Sprengung, selbst bei geringer Pressung der verschliessenden Theile, eine gewisse Druckstärke voraussetzt, so begreift es sich, dass Sprenglaute nur als Fortes und nur stimmlos auftreten.

369. Der Ausdruck 'Sprengung' ist nicht so zu verstehen, als ob die Oeffnung des Mundes bloss durch die Kraft der comprimirten Luft erfolgte. Der Verschluss kann vor dem Moment der Explosion selbst bereits etwas gelockert sein: es kommt nur darauf an, dass von der explodirenden Luft ein letztes Verschlusshemmniss durch Sprengung überwunden wird. Die weitere Oeffnung des Mundes für die Stellung des folgenden Lautes erfolgt natürlich ganz durch eigene Muskelwirkung.

370. 2. Ungespannte Verschlusslaute oder Lösungslaute. Die articulirenden Weichtheile sind in sich ungespannt und daher weniger elastisch, die Berührungsflächen breiter. Der Verschluss wird nicht sowohl 'gesprengt' als 'gelöst', d. h. die unelastischen Massen der articulirenden Weichtheile werden langsamer und ausschliesslicher durch eigene Muskelwirkung von ihren Widerlagen gewissermassen abgewickelt oder abgezogen, ohne jenes plötzliche elastische Abspringen von der Widerlage, das die Sprenglaute auszeichnet. Dieser Art sind sowohl die stimmhaften als die stimmlosen Lenes (stimmhafte und stimmlose b, d, g oben **359. 362**). Eine Art stimmloser Fortes dieser Gattung bilden die Laute, welche in vielen Gegenden Mitteldeutschlands für anlautende b, d, g wie anlautende p, t, (k) gebildet werden (vgl. namentlich das bereits angeführte k in thüring.-sächs. *kommt*, vulgo *gommt*, gegenüber g in *geht*, oben **359**). Der Stromdruck (und entsprechend der gegenseitige Berührungsdruck der articulirenden Theile) kann bei diesen Lösungslauten ebenso stark sein wie bei den Sprengfortes (ja directe Messungen zeigen, dass er vielfach stärker ist), aber seine grösste Stärke liegt nicht im Momente der Explosion, sondern im Innern der Pause, die dieser vorangeht. Auch bei starkem Druck hat nach allem dem die Explosion bei den Lösungslauten einen dumpferen und matteren Klang als bei den Sprenglauten.

371. Mit Unrecht hat man die Lösungsfortes nach den Angaben Merkel's über die sächsischen Laute bisweilen zu den Verschlusslauten mit Kehlkopfverschluss gerechnet; das in **366** angegebene Experiment zeigt sofort die Unhaltbarkeit dieser Ansicht.

C. Verhältniss der verschiedenen Bildungsweisen zu der älteren Terminologie.

(Tenuis, Media, Aspirata u. ä.)

372. Das Consonantensystem der griechisch-römischen Grammatiker umfasste nur zwei Arten von Verschlusslauten, die wir heutzutage mit den lateinischen Namen der Tenues und Mediae zu benennen pflegen. Die sog. Aspiraten des

Griechischen φ, χ, ϑ oder lat. *ph*, *th*, *ch* waren aber zu der Zeit, wo jene Systeme aufgestellt wurden, bereits Spiranten oder werden doch von uns als Spiranten gesprochen (ausser in Deutschland das ϑ, welches vom τ meist nicht unterschieden wird). Die Zeichen für die 'Tenues' π, τ, κ, lat. *p*, *t*, *c*, *k*, *q* und die 'Mediae' β, δ, γ, lat. *b*, *d*, *g* sind in die Schriften aller abendländischen Nationen übergegangen, und es ist daher in Deutschland z. B. üblich geworden, diejenigen Laute, welche durch *p*, *t*, *k*, *q* bezeichnet werden, Tenues zu nennen, diejenigen aber, welche durch *b*, *d*, *g* ausgedrückt werden, als Mediae zu bezeichnen. Die *p*, *t*, *k* werden aber in verschiedenen Gegenden ganz verschieden ausgesprochen, bald mit stärkerem, bald mit schwächerem Hauch, bald vollkommen hauchlos, und bei *b* und *g* ist die Verwirrung erst recht gross geworden, da diese nicht nur als Verschlusslaute, sondern auch als stimmhafte oder stimmlose Spiranten gesprochen werden, z. B. in mitteldeutschem (und norddeutschem) *lebe*, *Tage*, *Tag* u. s. w. (im Auslaut aber wie in *Leib* hören wir sogar oft aspirirtes *p*, ebenso ein *k* für auslautendes *g*, z. B. im schlesischen und obersächsischen Dialekt).

373. Gegenüber diesem Wirrsal von Aussprachsweisen musste eine strengere Lautwissenschaft auf eine bestimmtere Definition der alten Ausdrücke Tenuis und Media dringen, wenn dieselben überhaupt aufrecht erhalten werden sollten, und es schien aus praktischen Gründen unthunlich, ja unmöglich, dieselben gänzlich zu verdrängen. Nun ist es vollkommen klar, dass die alten Grammatiker unter ihrer Tenuis einen unaspirirten stimmlosen Verschlusslaut, unter ihrer Media einen unaspirirten stimmhaften Verschlusslaut verstanden. Auf weitere Unterscheidungsmerkmale der Reihen *p*, *t*, *k*, *q*: *b*, *d*, *g* u. s. w. haben sie ihr Augenmerk nicht gerichtet, und sie brauchten es nicht, weil ihre Sprachen in der That, so viel wir sehen können, nur zwei gegensätzlich verwendete Reihen (*p*, *t*, *k*, *q* = stimmlosen unaspirirten Sprengfortes und *b*, *d*, *g* = stimmhaften unaspirirten Lösungslenes) besassen. Dagegen hat die daraus gefolgerte Annahme, dass der Unterschied zwischen Tenuis und Media im alten Sinne nun auch überhaupt nur in Stimmlosigkeit und Stimmhaftigkeit bestehe, in neuerer Zeit vielfach zu Irrungen geführt.

374. Insbesondere ist über die Namengebung der stimmlosen Verschlusslenes und ihre Einreihung in das 'System' viel und eifrig gestritten worden. Brücke hielt sie fälschlich für geflüsterte Laute, was ihm andere nachgeschrieben haben: von der Unrichtigkeit dieser Ansicht kann man sich in jedem Augenblick durch Auscultation des Kehlkopfs (28) und durch die Thatsache überzeugen, dass auch beim Flüstern die stimmlose Lenis von der wirklich geflüsterten Lenis leicht unterschieden werden kann. Genaueres über die stimmlosen Lenes hat erst Winteler gelehrt; nach ihm haben besonders Hoffory (in Scherer's Geschichte der deutschen Sprache[2] 602 ff. und Kuhn's Zeitschr. XXV, 419 ff.), Storm, Engl. Phil. 40 f. und A. Heusler a. a. O. zur Klärung der Sachlage beigetragen, so dass ein Zweifel über die Bildung dieser Laute wohl nicht mehr besteht. In der Bezeichnung schwankt man dagegen noch. Die einen bezeichnen die stimmlosen Verschlusslenes als stimmlose Mediae, weil sie den Medien im alten Sinne (d. h. den stimmhaften Verschlusslenes) im Klange am nächsten stehen und sich mit diesen auch geschichtlich am häufigsten berühren; die andern ziehen den Ausdruck schwache Tenues vor, weil sie sich mit den Tenues im alten Sinne (d. h. den stimmlosen Verschluss-, genauer Sprengfortes) in der Stimmlosigkeit berühren: in beiden Fällen ist der alte Begriff von 'Media' und 'Tenuis' erweitert worden, und so wäre es am Ende ziemlich gleichgültig, ob man den einen oder andern Ausdruck gebrauchte, wenn es feststünde, dass mit den angegebenen Unterscheidungsmerkmalen (stimmhaft und stimmlos, Fortis und Lenis) der Unterschied aller vorkommenden Arten von Verschlusslauten auch wirklich erschöpft ist. Das ist aber, nach der oben festgestellten Unterscheidung von Sprenglauten und Lösungslauten nicht der Fall. Mit Rücksicht auf diesen Unterschied gehören die stimmlosen Lenes als Lösungslaute sicher näher mit den Medien (d. h. nach der ursprünglichen Bedeutung dieses Namens = stimmhaften Lösungslenes) zusammen als mit den Tenues (d. h. ursprünglich stimmlosen Sprengfortes). Will man also einen der beiden Ausdrücke Tenuis und Media erweitern, so kann es füglich nur der Name 'Media' sein, indem man, bei sonst gleichem Bildungsmechanismus, stimmhafte und stimmlose Media ebenso einander gegenüberstellt, wie man entsprechendes bei beliebigen andern Geräuschlauten thut. Dabei bleiben freilich die mitteldeutschen Lösungsfortes einstweilen ohne Namen und uneingereiht in die alte Reihe Tenues—Mediae: ein Schade, der nicht allzu bedeutend sein dürfte.

375. In Anknüpfung an die alte Terminologie könnte man hiernach etwa folgende Ausdrücke noch verwenden:

1) **Echte Tenues**, d. h. unaspirirte **Sprengfortes**, und zwar a) **Tenues mit offenem Kehlkopf**, wie die Tenues des Romanischen, Slavischen, Neugriechischen etc. (oben **364**), und b) **Tenues mit geschlossenem Kehlkopf**, wie zum Theil im Armenischen und Georgischen (oben **365**). Ihnen schliessen sich die **Tenuisaspiraten** an, über welche des Weiteren **440** ff. zu vergleichen ist.

[2) Die mitteldeutschen etc. stimmlosen **Lösungsfortes**, für die nach dem Gesagten ein passlicher Name noch fehlt.]

3) **Mediae**, d. h. nun (nach der Modificirung der alten Bedeutung des Wortes) **Lösungslenes**, und zwar a) **stimmhafte** (Mediae im alten Sinne), und — b) **stimmlose** (bezeichnet als $\mathring{b}$, $\mathring{d}$, $\mathring{g}$, s. **513**). Zu den stimmhaften Medien gesellen sich dann die (stimmhaften) **Mediae aspiratae**, s. **436** f.

376. Hiernach erhält das System der Geräuschlaute mit Anschluss der Nasale und Liquidae etwa folgende Gestalt:

Diese Lautgruppen umschliessen den gesammten Bestand des Indogermanischen an 'Consonanten' mit Ausnahme der Halbvocale, die sich nach ihrer Articulationsform nicht ohne Weiteres hier einreihen lassen. Von den Nasalen und Liquiden sind der Einfachheit halber im Allgemeinen nur die sonoren Formen zur Veranschaulichung der Articulationsverwandtschaft in die Tabelle aufgenommen, da die spirantischen und stimmlosen Formen derselben nur durch diakritische Zeichen von den sonoren Formen unterschieden werden (z. B. ̯ für stimmlose Formen gewöhnlich stimmhafter Laute, wie in $\mathring{b}$, $\mathring{d}$, $\mathring{g}$ etc., vgl. darüber ausser Cap. 12 f. noch **513**). Auch die besonderen Lautarten der semitischen Sprachen wie die emphatischen Laute (**166**) und Laryngale wie arab. ح und ع (**346. 354**) sind nicht mit aufgenommen.

376. Lauttabelle.

Lauttabelle II.

		Lippenlaute		Zungengaumenlaute — Coronale					Zungengaumenlaute — Dorsale		Laterale	Faucallaute	Laryngall.
		Labiale	Labiodentale	Cerebrale	Interdentale	Postdentale	Coronal-alveolare	Dorsal-alveolare	Palatale	Velare	Cerebral—palatal (velar?)		
Momentane Laute / Geräuschlaute / Explosivlaute	stimmlos	p, b	(p, b)	t, d	t^1, d^1	t^2, d^2	t^3, d^3	t^4, d^4	$c^1, c^2; j^1, j^2$	$k^1, k^2; q^1, q^2$	$t[l]$ etc.	$p[m], t[n]$ etc.	' (S. 151)
	stimmhaft	b	(b)	d	d^1	d^2	d^3	d^4	j^1, j^2	g^1, g^2	$[dl]$ etc.	$b[m], d[n]$ etc.	—
Dauerlaute / Geräuschlaute / Spiranten	stimmlos	w	f	$s, \check{s}$	$\theta^1, s^1(?)$	$\theta^2; s^2$	$s^3, \check{s}^1$	$s^4, \check{s}^2$	$\acute{s}, \check{s}^v; \chi^1, \chi^2$	x^1, x^2	stimmlose spir. l	—	(S. 152 ff.) Flüstergeräusch (S. 28)
	stimmhaft	w	v	$z, \check{z}$	$\eth^1, z^1(?)$	$\eth^2, z^2$	$z^3, \check{z}^1$	$z^4, \check{z}^2$	$\acute{z}, \acute{z}; j^1, j^2$	γ^1, γ^2	stimmhafte sp. l	—	' (S. 29 f.)
Dauerlaute / Sonorlaute	Nasale	m	(m)	$\tilde{n}$	n^1	n^2	n^3	n^4	n^1, n^2	n^1, n^2			
	l-Laute			$\tilde{l}$	l	l^2	l^3	l^4	l^1, l^2	$(l?)$	(alle l-Laute)	—	—
	r-Laute	(r)	—	$\tilde{r}$	—	$(r?)$	r^1, r^2	—	—	r^3	—	—	r^4

III. Abschnitt.

Combinationslehre.

Cap. 16. Allgemeineres.

377. Wir haben bisher die Sprachlaute gewissermassen nur in abstracto behandelt, d. h. die Bedingungen erörtert, unter denen ein Laut von einer bestimmten Stellung, einem gewissen Klang, einer bestimmten Stärke zu Stande kommt, oder mit andern Worten, wir haben uns nur mit der Untersuchung der Eigenschaften beschäftigt, welche einem isolirt dastehenden Laute in der mittleren Zeit seines Bestehens zukommen, nachdem alle die einzelnen Articulationsbewegungen ausgeführt sind, welche die Hervorbringung jenes Lautes verlangt. Hiernach bleibt noch zu erörtern, wie sich diese Einzellaute zu den complicirteren Gebilden der empirischen Sprache, d. h. Silben und Sätzen, vereinigen. Die erste Frage, die uns hier beschäftigen muss, ist die, wie ein nach vorwärts oder rückwärts isolirter Laut seinen Anfang bez. sein Ende findet, d. h. in welcher Folge und Weise die einzelnen Articulationsbewegungen, die zu seiner Hervorbringung nothwendig sind, vorgenommen bez. beendigt werden. Diese Fragen finden ihre Erledigung in der Lehre von den **Lauteinsätzen** und **-absätzen**.

378. Demnächst sind zu behandeln die **Lautübergänge** oder **Glides**, d. h. diejenigen Laute, welche erzeugt werden, wenn der Exspirationsstrom fortdauert, während irgend ein Theil der Sprachorgane aus der festen Stellung für einen Laut in die feste Stellung für einen andern Laut übergeführt wird (vgl. **101** ff.). Spricht man z. B. die Silbe *al* aus, so tönt die Stimme fort, während man die Zunge aus der *a*-Lage in die *l*-Lage bringt. Während dieses Uebergangs kann natürlich weder der reine *a*-Laut, noch der reine *l*-Laut existiren, sondern zwischen dem anfangs intonirten reinen *a* und dem den

Schluss bildenden *l* schiebt sich eine continuirliche Reihe von Uebergangsschällen an, die wir in ihrer Gesammtheit als den **Uebergang** oder (nach engl. **glide**) als den (specifischen) **Gleitlaut** zwischen Anfangs- und Endstellung bezeichnen. Da aber die Dauer dieses Uebergangs gegenüber der der Einhaltung der Anfangs- und Endstellung meist eine verschwindend geringe ist, so kommen die Gleitlaute in der Regel nicht zu gesonderter Wahrnehmung. Ist dies dennoch der Fall (was namentlich eintrifft, wenn die Anfangs- oder Endlaute eine bedeutende Schwächung, Reduction, erleiden, **504** ff.), so wird der Gleitlaut entweder als **Ausgang** des vorangehenden, oder als **Eingang** des folgenden Lautes betrachtet. In dem oben gegebenen Beispiel ist also der Gleitlaut von *a* zu *l* sowohl der Ausgang des *a*, als der Eingang des *l*.

379. Auf die 'Glides' und ihre ungemeine Wichtigkeit hat zuerst Ellis hingewiesen, vgl. dessen Early English Pronunc. I, 51. Unabhängig von ihm hat dann Merkel Beobachtungen über 'Ein- und Absätze' der Vocale angestellt (dieser Name rührt von ihm her, s. Schmidt's Jahrb. C, 86). Man unterscheide genau die Ausdrücke **Einsatz** und **Eingang**, **Absatz** und **Ausgang**. Einsatz und Absatz, bei den Engländern initial und final glide, beziehen sich auf Laute, die nach vorn oder hinten isolirt sind; Ein- und Ausgang (englisch on-glide und off-glide) aber bilden den Uebergang zweier Nachbarlaute.

380. Hieran haben sich sodann zu schliessen Erwägungen über die Veränderungen, welche **Laute** selbst, nicht nur ihre Ein- oder Ausgänge, beim Zusammentreffen mit andern erfahren (Palatalisirung, Velarisirung, Rundung, laterale und faucale Explosion und dergleichen). Anhangsweise sind endlich in Cap. 24 eine Reihe von Erscheinungen zusammenfasst, die ich mit dem Namen der **Reductionen** belege.

381. Von da aufsteigend wird demnächst die Bildung der **Silben** zu erörtern sein. Es gilt dabei, die Bedingungen zu ermitteln, unter denen überhaupt Sprachlaute zu einer Silbe zusammentreten können und deren Verhältniss zu einander zu untersuchen. Daran wird sich endlich die Lehre von **Accent** und **Quantität** (Cap. 28 ff.) zu schliessen haben.

I. Laute und Lautverbindungen.

Cap. 17. Lauteinsätze und -absätze.

1. Vocale.

382. Die drei Hauptfactoren der Vocalbildung sind die Bildung des Druckstroms, die Einstellung der Stimmbänder zum Tönen und die Einstellung des Ansatzrohrs für die specifische Resonanz. Von diesen muss die letztgenannte Bewegung mindestens in dem Momente bereits vollendet sein, wo die Stimme ertönt, und die so erreichte Einstellung des Ansatzrohrs muss mindestens bis zu dem Momente des Erlöschens der Stimme angehalten werden, wenn ein einfacher Vocal von bestimmter Klangfarbe entstehen soll. Sie kann aber auch natürlich ohne Schaden für den Vocal bereits vor dem Beginn der Exspiration eingeführt und über deren Ende hinaus festgehalten werden, da sie ja allein für sich keinen Laut erzeugt. Unterschiede dieser Art sind also weniger bedeutsam. Dagegen ergeben sich wichtigere Differenzen, je nachdem sich zu Eingang oder Ausgang eines Vocals die **Exspiration** und die **Kehlkopfarticulation** combiniren. Lediglich diese Combinationen sollen im Folgenden als **Vocaleinsätze** und **-absätze** bezeichnet werden.

383. Man achte darauf, dass diese beiden Namen wirklich nichts anderes ausdrücken sollen, als was in der gegebenen Definition gesagt ist. Natürlich können die Ein- und Absätze, sofern sie von den Vocalen selbst mehr oder weniger deutlich getrennte Schallproducte liefern (und das ist ja meist der Fall), auch als selbständige **Laryngallaute** betrachtet werden, wie das auch im Vorhergehenden bereits des Oefteren geschehen ist (vgl. **178. 346. 353** f. und sonst). Aber eine zusammenfassende Erörterung der betreffenden Articulationsvorgänge auch an dieser Stelle ist doch unentbehrlich, will man anders über die verschiedenen Arten der Behandlung des Vocalanlauts und -auslauts zur Klarheit gelangen. Die sachliche Schwierigkeit liegt eben darin, dass Laryngale und Vocale an gleicher Stelle gebildet werden und daher eine feste Grenze zwischen Ein- und Absatz einerseits und selbständigem Laryngallaut andrerseits nicht zu ziehen ist. Aehnliches gilt dann mutatis mutandis auch von den Ein- und Absätzen der übrigen Laute.

384. Vocaleinsätze. Vor dem Beginn eines Vocals, dem nicht schon ein anderer Mundlaut vorausgeht, ist normaler Weise die Stimmritze zum Behuf des Athmens geöffnet. Es wird also zur Vocalbildung jedesmal eine eigene Einstellung der

Stimmbänder erforderlich. Nach der Art wie diese bewirkt wird, unterscheiden wir drei Hauptformen:

385. Der feste Einsatz (*check glottid* Ellis, *glottal catch* Sweet). Die Stimmbänder werden zunächst fest geschlossen, dann wird bei beginnender Exspiration der Verschluss gesprengt, worauf dann die Stimme sofort einsetzt. Hier geht also dem eigentlichen Vocal, wie schon Rapp I, 54 bemerkte, der stimmlose Kehlkopfexplosivlaut (oder wie er sich ausdrückt, der Kehlkopfschlaglaut), **329**, voraus, dessen eigenthümliches Knacken man namentlich beim Flüstern gut beobachten kann. Von der Verbindung anderer Explosivlaute mit Vocalen unterscheidet sich der 'feste Einsatz' nur dadurch, dass hier Explosion und Stimme an derselben Stelle gebildet werden, also keine weitere Umstellung der Organe für die Stimme erforderlich ist; dadurch verliert der Explosivlaut etwas an Deutlichkeit, namentlich da, wo er nicht sehr energisch gebildet wird. In manchen Sprachen, so z. B. namentlich im Deutschen, wechselt er frei mit dem leisen Einsatz (**387**), so zwar, dass isolirte, namentlich stark betonte Vocale im freien Anlaut ihn bekommen, während er bei unbetonter Stellung und im Satzinnern zu verschwinden, d. h. eben durch den leisen Einsatz ersetzt zu werden pflegt.

386. Man bezeichnet den Kehlkopfexplosivlaut, auch wo er bloss als Einsatz dient, gewöhnlich mit ' (vgl. **353**), d. h. dem Zeichen des griech. Spiritus lenis, mit dem man diesen Einsatz eine Zeit lang fälschlich identificirt hat. In den indogerm. Sprachen scheint er überhaupt ziemlich modern zu sein, nach den Kriterien zu schliessen, die bei so vielen Sprachen gegen seine Anwendung sprechen (Elisionen und Contractionen von Nachbarvocalen, sowie das Herüberziehen wortauslautender Consonanten zum vocalischen Anlaut des Folgeworts, die sog. Liaison).

387. Der leise Einsatz (*clear glottid* Ellis, *clear beginning* Sweet). Die Stimmbänder werden von vorn herein zum Tönen eingestellt. Erst nachdem diese Stellung erreicht ist, setzt die Exspiration ein. Dieser Einsatz ist bei isolirten Vocalen beim gewöhnlichen Sprechen (weniger beim Singen) in Deutschland ungewöhnlich, wohl aber herrscht er auch hier bei wortanlautenden Vocalen im Innern des Satzes (vgl. **385**). Im Englischen ist er nach der Aussage der englischen Phonetiker die üblichste Form des unaspirirten Vocaleinsatzes. Er ist nicht ganz leicht rein auszuführen, da es unter Umständen Schwierigkeit macht, namentlich bei rascher und lebhafterer Sprechweise die Stimmbänderarticulation mit der gerade bei ihrem Beginne nach der Seite der Stärke hin schwerer controlirbaren Exspiration in den richtigen Einklang zu setzen (vgl. auch oben **192** ff.). Sprachen, welche es lieben, den Vocal mit einem stärkeren Druckstoss anzuheben (also wohl überhaupt Sprachen mit starkem dynamischem Accent, wie eben z. B. das Deutsche), lassen daher im freien Anlaut gern dafür den festen Einsatz (**385**) eintreten, während anderwärts eine Neigung zum leise gehauchten Einsatz (**389**) sich findet. Ob dieser letztere oder der leise Einsatz selbst dem altgriech. Spiritus lenis entspricht, ist unsicher; das Neugriechische bedient sich normaler Weise des leisen Einsatzes.

388. Die gehauchten Einsätze. Die Exspiration beginnt schon bei noch geöffneter Stimmritze, die Stimmbänder werden erst ein wenig später zum Tönen eingesetzt. Da die Zeit, welche zwischen dem Beginn der Exspiration und dem Einsetzen der Stimme liegt, sowie die Stärke und die specielle Form der Exspiration während dieser Zeit, endlich auch die Art des Uebergangs der Stimmbänder von der Athemstellung zur Stimmstellung variabel sind, so ergeben sich eine Reihe von Verschiedenheiten, deren Haupttypen hier noch hervorgehoben werden sollen.

389. Purkinje unterschied bereits neben dem gewöhnlichen *h* einen 'leisen Hauch', welchen er (vielleicht mit Recht) dem griech. Spiritus lenis gleichsetzte; derselbe ist nach ihm der Laut, 'der jedem Vocal vorhergeht, der mit anfangs offener Stimmritze gesprochen wird' (Brücke 11). Hiernach ist dieser Laut wohl zu identificiren mit dem, was die englischen Phonetiker *gradual glottid* nennen und als die gewöhnlichste Art des Vocaleinsatzes bezeichnen (Ellis IV, 1129, Sweet 63). Die Stimmritze durchläuft dabei die Stellungen für stimmlosen Hauch und Flüsterstimme, ehe die Stimme einsetzt, der eigentliche kräftige Impuls der Exspiration aber beginnt erst in dem Moment, wo die Stimme selbst anhebt. Im Deutschen scheint dieser Einsatz kaum vorzukommen (man hört ihn wohl gelegentlich in Interjectionen, wie dem bedauernden *oh* oder dem erstaunten *ah* u. dgl.), aber man verfällt leicht in denselben, wenn man versucht, einen Vocal kräftig, aber ohne den festen Einsatz, zu singen (vgl. die Bemerkung von Sweet a. a. O., und die Ausführungen von Storm[2] S. 93).

390. Beginnt dagegen die Exspiration mit stärkerem Druck bereits merkliche Zeit vor dem Einsatz der Stimme, so entstehen die deutlicheren und kräftigeren Hauchlaute, die gewöhnlich mit *h* bezeichnet werden. Diese selbst können wieder wesentlich verschieden sein je nach der Art der Luftgebung und deren Verhältniss zu etwaiger Hemmung im Kehlkopf.

391. Was den ersteren Punkt anlangt, so scheint z. B. beim gewöhnlichen deutschen *h* der Luftstrom mit schwachem Druck einzusetzen und nach dem folgenden Vocal hin allmählich und continuirlich stärker zu werden (vgl. die Curve II a bei E. A. Meyer). Dies Crescendo-*h* ist wohl die Form, welche Ellis als *flatus glottid* bezeichnet. Ihr stellt Ellis IV, 1130 den sog. *jerk* entgegen, bei dem der Hauch mit voller Stärke einsetzen und nach dem Vocal zu schwächer werden soll (Decrescendo-*h*). Diese Form scheint im Deutschen wohl gelegentlich bei dem kurz herausgestossenen *hä!* (als Ausruf des Erstaunens) vorzukommen. Davon verschieden ist dann wiederum das etwas forcirte *h* des Englischen, das zunächst anschwillt und dann wieder an Druck abnimmt, ehe die Stimme einsetzt (vgl. Meyer's Curve III a).

392. Hinsichtlich des zweiten Punktes soll nach den Untersuchungen von Czermak (Wiener Sitz.-Ber., math.-naturw. Cl. LII, 2, 623) und Brücke (Grundz. 9) wesentlich sein, dass die Stimmritze während der Dauer des *h* (wenigstens des deutschen) in der Hauptsache auf einem bestimmten Verengungsgrade festgehalten wird, der zwischen Athemöffnung und Flüsterstellung die Mitte hält. Wahrscheinlich aber beruhen diese Angaben wenigstens zum Theil auf einem leicht erklärlichen Beobachtungsfehler. Die Stimmbänder treten allerdings in die beschriebene Stellung, wenn man das *h* künstlich auszuhalten sucht, das Ganze dient aber wohl nur der freilich in diesem Falle sehr nothwendigen Athemersparung und ist deshalb für die kürzeren *h* der natürlichen Rede an sich nicht verbindlich. Vielmehr setzt z. B. beim gewöhnlichen deutschen *h* (wie auch schon Brücke richtig beobachtete) der Hauch bei weit geöffneter Stimmritze ein und die Stimmbänder nähern sich einander in continuirlicher Gleitbewegung bis die Stimme einsetzt. Charakteristisch ist für diese Art von *h*, dass dabei kein irgend deutlich wahrnehmbares Reibungsgeräusch im Kehlkopf erzeugt wird, das *h* vielmehr als ein einfacher Hauch auftritt. Man kann danach diese Art von *h* genauer als gehauchte *h* oder Hauch-*h* bezeichnen; als Zeichen für sie soll im Folgenden das Zeichen des griech. Spiritus asper ʽ verwendet werden. — Andrerseits kann aber auch der Kehlkopf während der Dauer des Hauchs mehr oder weniger absichtlich in eine Stellung gebracht werden, welche ein Reibungsgeräusch erzeugt: dann entstehen Reibe-*h* (Ellis *wheezing glottid*), die man etwa direct durch *h* graphisch andeuten kann. Solche *h* kommen, namentlich bei lauterem Sprechen, auch im Deutschen vor. Sie können an sich wieder nach der Stärke des Reibungsgeräusches verschieden sein. Vgl. hierzu namentlich noch **178. 282 ff. 353.** — Endlich kann auch die Stimmritze vor dem Einsetzen der Vollstimme in eine Stellung gebracht werden, bei der eine leise, hauchdurchsetzte Murmelstimme (**87**) gebildet wird. Dann entstehen **stimmhafte *h* oder stimmhaft gehauchte Einsätze**. Ueber sie vgl. noch **283 ff.**, über das arab. ع s. **354.**

393. Dieselben Erscheinungen wiederholen sich am Ausgang der Vocale, und wir haben demnach einen **festen, einen leisen und (stimmlos) gehauchte Vocalabsätze** zu unterscheiden. Bei dem **leisen** Absatz hört entweder die Exspiration auf, während die Stimmbänder noch ruhig in ihrer Lage verharren, oder gleichzeitig mit der Oeffnung der Stimmritze (bei weniger sorgfältiger Articulation entsteht aber leicht statt des leisen Absatzes der leise gehauchte Absatz, der auch im Deutschen nicht selten ist). Beim **festen** Absatz dagegen, den wir mit ʼ am Schlusse des Vocals bezeichnen, wird der noch kräftig ertönenden Stimme durch plötzlichen, energischen Verschluss ein Ende gemacht, an den sich dann eventuell sofort wieder eine Explosion anschliesst. Wir gebrauchen diesen Absatz z. B. wo wir zwei benachbarte, namentlich gleiche Vocale scharf von einander trennen wollen, ferner in solchen in ärgerlichem Affect gesprochenen Wörtchen wie *daʼ!*, *noʼ!*, oft auch in dem zweifelnden *jaʼ!*, *naʼ!* Den **hauchenden** Absatz, bei dem nach Oeffnung der Stimmritze die Exspiration noch eine Zeit lang fortdauert (der sanskritische Visarga), wenden wir ebenfalls oft bei stark betonten auslautenden kurzen Vocalen an, wie in *jaʽ*, *daʽ*. Die Stärke des Hauchs ist dabei in den einzelnen Fällen sehr verschieden und bedarf stets der genaueren Specialisirung.

394. Nicht ganz selten ist auch die Verbindung zweier Ein- oder Absätze; so hört man oft statt des eben angeführten *daʼ* auch *daʼ^x* mit sehr starkem Hauch; geläufiger aber als im Deutschen ist diese Verbindung z. B. im Dänischen, welches auslautende Vocale mit gestossenem Ton (**585 ff.**) vielfach in dieser Weise ausgehen lässt (z. B. *på^x*, *nei^x* neben *påʼ*, *neiʼ* u. dgl.).

395. Auch das Kehlkopf-*r*, über welches bereits **309** das Nöthige beigebracht ist, lässt sich unter Umständen als eine specifische Form des Vocalausgangs betrachten, indem sich an die glatte Stimme des Vocals noch ein Stück Knarrstimme ansetzt.

2. Liquidae und Nasale.

396. Auch bei diesen Lauten können die verschiedenen Ein- und Absätze sämmtlich gebildet werden, doch überwiegt bei ihnen fast überall der leise Einsatz. Dies ist leicht begreiflich, da sie als Consonanten mit schwächerem Exspirationsdruck als der Sonant (Vocal) ihrer Silbe gesprochen werden, als Sonanten aber nur in Verbindung mit andern Lauten auftreten, welche sich auch mit Vocalen durch den leisen Einsatz zu verbinden pflegen. So pflegen namentlich gehauchte Einsätze im eigentlichen Sinne des Wortes zu fehlen, d. h. Verbindungen einer stimmlosen und stimmhaften Liquida u. s. w. Wo ursprünglich ein stimmloser Hauch und eine Liquida oder Nasal in einer Silbe zusammenstiessen, hat sich in der Regel diese Gruppe in eine einheitliche stimmlose Liquida bez. stimmlosen Nasal umgesetzt. So werden z. B. die altgermanischen *hl*, *hr*, *hn* im heutigen Isländischen als stimmlose (und zwar spirantische) *r*, *l*, *n* gesprochen (Hoffory, Kuhn's Zeitschr. XXIII, 531 ff.), die Stimme setzt erst mit dem folgenden Vocal oder höchstens während der Gleitbewegung zu diesem hin ein. Dagegen ist der leise gehauchte Absatz im Wortauslaut in vielen Sprachen sehr verbreitet, z. B. im Dänischen, aber auch im Deutschen kommt er vor. Den festen Einsatz habe ich bei isolirt anlautenden consonantischen Liquiden oder Nasalen nirgends beobachtet, ausser öfter etwa bei den ablehnenden, namentlich im Affect gesprochenen '*nein*, doch ist es nicht unwahrscheinlich, dass die Vocalvorschläge mancher Sprachen vor *r*, *l*, *m*, *n* durch Annahme einer früheren Aussprache '*r*, '*l*, '*m*, '*n* zu erklären sind. Ueber inlautende '*n*, '*l* u. s. w. in Sprachen mit 'gestossenem Ton' vgl. **586**.

397. Am deutlichsten lassen sich die verschiedenen Ein- und Absätze an den Interjectionen erkennen, die wir durch *hm* zu umschreiben pflegen. Dieselben sind nämlich offenbar nur durch die Wirkung von Trägheitsgesetzen aus Wörtern wie *so*, *ja*, *ach* u. s. w. hervorgegangen, und zwar so, dass das Ansatzrohr durchaus in der **55** ff. beschriebenen Ruhelage verharrt und nur die Articulationen des Kehlkopfs und die nöthigen Exspirationsbewegungen ausgeführt werden. Jeder Vocal eines auf diese Weise corrumpirten Wortes muss je nach der Lagerung der Vorderzunge zu *m* oder *n* werden, jeder begleitende Consonant mit merklichem Druckstrom zum gehauchten Ein- oder Absatz, nur dass hier der Hauch durch die Nase statt durch den Mund geführt (also zum 'stimmlosen Nasal') wird. Die nahe Zusammengehörigkeit mit jenen Worten wird in jedem Falle noch durch die Uebereinstimmung in der oft sehr charakteristischen Accentuirung angedeutet. So entspricht das 'm? mit langgezogenem, fragend accentuirtem m deutlich einem ebenso betonten so?, ein anderes, nur durch den Accent unterschiedenes einem zustimmenden so oder auch ja, während das kurz gestossene 'm oder 'm' aus dem zweifelnden, gewöhnlich mit musikalisch hohem Ton gesprochenen jä oder jä' hervorgeht; 'm' ist 'ach (mit kurzem m), gedehntes 'm oder m entspricht folgerichtig den Formen 'nein oder nein. Man kann auch wieder beide Einsätze in der Folge ̐ combiniren, indem man den Luftstrom des h mit einer Explosion beginnen lässt; so hört man oft ̐ 'm' mit ganz kurz abgestossenem Stimmton als Laut halb weinerlicher ärgerlicher Ungeduld bei Kindern, auch ̐ m̄ mit circumflectirter oder einfach gedehnter Betonung 580. 601 ff.) oder mit offenem Munde ̐ ā für aha (mit Unterdrückung des ersten Vocals) u. dgl. m.

3. Spiranten.

398. Die stimmhaften Spiranten verhalten sich im Anlaut wie die Liquiden und Nasale, nur dass, wie es scheint, hier ein gehauchter Einsatz gar nicht vorkommt. Der feste Einsatz scheint öfter da vorzukommen, wo auf die Spirans noch ein Consonant folgt, also in Verbindungen wie zla, žra u. dgl., doch stehn mir hierüber keine sichern Erfahrungen zur Verfügung. Im Auslaut bekommen die stimmhaften Spiranten (soweit sie eben nicht ganz stimmlos werden) ebenfalls wohl nur den leisen Absatz (d. h. die Exspiration muss mindestens gleichzeitig mit dem Aussetzen der Stimmbänder aufhören) oder den leise gehauchten, d. h. die Stimme erlischt, ehe die Exspiration gänzlich aufgehört hat; der Rest derselben bildet dann noch ein stimmloses Anhängsel zu dem stimmhaften Körper der Spirans (so z. B. im engl. auslautenden v, z, ð u. s. w.). Auch ein stärkerer Hauch würde sich natürlich wieder in die entsprechende stimmlose Spirans umsetzen; es würden also Verbindungen von stimmhafter mit stimmloser Spirans entstehen, wie man sie für die Velarreihe z. B. in manchen Gegenden Norddeutschlands bei der Aussprache auslautender rg, rch (Burg, durch, mit velarer stimmhafter Spirans ʒ statt des r) hören kann.

399. Bei den stimmlosen Spiranten kehrt sich das oben bei Gelegenheit der Vocale 382 besprochene Verhältniss zwischen Kehlkopf- und Ansatzrohrarticulation um, insofern die erstere ja für die Bildung der Spirans selbst gar nicht in Betracht kommt. So entsteht hier der leise Einsatz überall da, wo die

Exspiration bei offenem Kehlkopf erst nach der Einstellung des Ansatzrohrs in die specifische Articulationstellung beginnt, der leise Absatz, wo sie während der Dauer jener Einstellung erlischt. Die Herstellung eines gehauchten Einsatzes würde absichtliche Verzögerung, die des gehauchten Absatzes absichtlich beschleunigte Aufhebung der Mundeinstellung verlangen: Grund genug dafür, dass dieselben in der Regel nicht angewandt werden. Bei der Combination mit folgendem Vocal, welche Fortdauer des Druckstroms und zugleich Aufgebung der specifischen Mundarticulation fordert, kommt jedoch z. B. der Fall nicht gerade selten vor, dass man *tsʻa, pfʻa, kxʻa* statt des gewöhnlichen *tsa, pfa, kxa* spricht (d. h. zwischen dem Erlöschen des specifischen Reibungsgeräusches des *s, f, x* und dem Eintritt der Stimme liegt noch ein deutlicher Hauch); ähnlich entsteht ein *sʻ, šʻ, fʻ* u. dgl. durch Composition in Fällen wie *das heisst, rasch hin, aufheben*. Ebenso scheint der feste Absatz nur bei der Combination mit Vocalen mit festem Einsatz vorzukommen (in Verbindungen wie *esʼ ist, aufʼ einem, dochʼ er*, mit prononcirtem festen Vocaleinsatz). Festen Einsatz im isolirten Anlaut kenne ich nur in dem aus ʼes verkürzten ʼs (ʼsʻ at = es hat) und ähnlichen Fällen. Bei rascher Rede fallen übrigens, namentlich in unaccentuirten Silben, auch diese Unterschiede fast alle fort; man spricht also die letzten Beispiele wie *dasaist, rašin, aufē(b)m, sat* u. s. f.

4. Verschlusslaute.

400. Ueber den Einsatz anlautender Verschlusslaute ist kaum etwas Wesentlicheres zu bemerken. Bei den stimmlosen Verschlusslauten besteht er einfach in der völligen Absperrung von Mund- und Nasencanal, und zwar geschieht diese durchaus, ehe der zur Lautbildung bestimmte Druckstrom beginnt. Bei den stimmhaften Verschlusslauten folgt hierauf das Eintreiben des stimmhaften Druckstroms in die Mundhöhle, also die Bildung des sog. Blählauts (oben **357**), dessen Einsätze wieder alle die bei den Vocalen auftretenden sein können. Doch kommt gewöhnlich nur der leise, seltener der feste Einsatz vor. Der Act des Verschlusses ist selbst völlig geräuschlos. Es ist also auch z. B. vollkommen gleichgültig, ob bei der Bildung einer Silbe wie *pa, ba* die Lippen bereits vorher (wie gewöhnlich beim Athmen durch die Nase) verschlossen sind oder ob erst zum Behuf des Sprechens der Verschluss hergestellt wird.

401. Mannigfaltiger sind die Absätze der Verschlusslaute. Dem festen Absatz vergleichbar ist der Ausgang der Tenues mit geschlossenem Kehlkopf (oben **365**); den leisen Absatz haben wir bei allen nichtaspirirten Verschlusslauten mit offenem Kehlkopf anzuerkennen, gehauchte Absätze bei auslautenden Aspiraten (näheres über diese Unterschiede s. noch **436** ff.).

402. Mediae bez. Lenes werden, ihrer ganzen Stellung im System entsprechend, nur mit leisem Absatz gebildet. Bei der stimmhaften Media genügt ja zur Explosion schon die geringe Luftmenge, welche während der kurzen Dauer des Mundverschlusses durch die zum Tönen verengte Stimmritze in die Mundhöhle eingetrieben wird, und wenig bedeutender ist der Stromdruck bei der stimmlosen Media mit offenem Kehlkopf. Die Verschiedenheit von der entsprechenden Tenuis mit leisem Absatz ist also namentlich im isolirten Auslaut keine grosse, und beide Lautarten können daher von ungeübteren Beobachtern leicht verwechselt werden.

403. Bezüglich des zeitlichen Verhältnisses des Stimmtons der stimmhaften Mediae zu Verschluss und Explosion ist übrigens zu bemerken, dass die Stimme mindestens den Verschluss um einen Moment überdauern, d. h. dass überhaupt ein Blählaut (**357**) gebildet werden muss. Wir rechnen also auch diejenigen (auslautenden) Mediae noch zu den stimmhaften, bei denen die Explosion selbst erst nach dem Erlöschen des Blählauts stattfindet. Nur diejenigen Mediae sind als stimmlos zu bezeichnen, bei welchen Verschluss und Explosion ohne Stimmbildung erfolgen. — Ueber nur scheinbar stimmhafte Verschlusslaute mit lockerer Engstellung der Stimmritze s. noch **361**.

Cap. 18. Die Berührungen benachbarter Laute im Allgemeinen.

404. An die Spitze der Betrachtung aller Lautcombinationen ist billig der zuerst von Winteler, Kerenzer Mundart S. 131 ff. genauer ausgeführte und formulirte Satz zu stellen, dass bei der Berührung zweier Laute die beiden gemeinschaftlichen Bewegungen thunlichst nur einmal ausgeführt werden. Dies gilt sowohl für die Articulation im engeren Sinne (Kehlkopf- und Mundarticulation, oben 58) wie für die Respiration.

405. Für die Lehre von den Uebergängen ergibt sich daraus der specielle Satz, dass der Regel nach jeder folgende Laut mit dem Eingang beginnt, welcher dem Ausgang des vorhergehenden Lautes entspricht. So bezeichnen also *ka*, *k'a*, *k̔a* im Folgenden die Verbindung einer Tenuis mit leisem, festem, gehauchtem Ausgang mit einem Vocale mit leisem, festem, gehauchtem Eingang. Es bedarf daher der Uebergang auch nur einer einfachen Bezeichnung. Im ersteren Falle schliessen sich die beiden Nachbarlaute so innig an einander an, dass nichts Fremdartiges zwischen ihnen wahrgenommen wird; wir nennen deshalb diesen Uebergang den directen. Solche directe Uebergänge haben wir z. B. in den Diphthongen, wie *ai*, *au*, oder Verbindungen wie *al*, *ar* etc. Für die sonstigen Verbindungen ergeben sich die Bezeichnungen der festen und gehauchten Uebergänge von selbst.

406. Unter den sonstigen Fällen verdienen sodann namentlich die Berührungen ganz oder theilweise homorganer Laute besondere Berücksichtigung, weil gerade hier jener Satz vielleicht die weitgreifendste Gültigkeit hat; ausserdem diejenigen Fälle, wo nicht nur die nothwendigen, specifischen Articulationsfactoren, sondern accessorische jenem Gesetze sich fügen. Dahin gehören insbesondere die Vorausnahmen specifischer Articulationen folgender Laute bei der Bildung vorausgehender Laute, wie das z. B. bei der Palatalisirung und Rundung geschieht (Cap. 23).

Cap. 19. Die Berührungen von Sonoren.

407. Allen Sonoren ist als Factor der Articulation die Stimme gemeinsam. Diese tönt in der Regel während der Bildung der beiden Nachbarlaute ununterbrochen fort, der Uebergang von dem einen Laut auf den anderen wird also nur durch einfache Umstellung der Ansatzrohrorgane gebildet.

408. Eine Unterbrechung der Stimme findet nur statt, wenn die beiden Laute absichtlich durch einen Hauch (gehauchter Uebergang) oder durch Kehlkopfverschluss (festen Uebergang) geschieden werden.

An Einzelfällen ist noch das Folgende zu bemerken.

1. Verbindung zweier Vocale, die verschiedenen Silben angehören.

409. Vocale, welche zwei verschiedenen Silben angehören, werden dadurch schon hinreichend auseinander gehalten, dass der zweite durch einen deutlich getrennten neuen Exspirationsstoss eingeführt wird. Der Gleitlaut ist dabei kaum vernehmbar, weil zwischen den beiden Stössen der Stromdruck sehr geschwächt ist. Ausserdem kann aber auch noch Kehlkopfverschluss zur Trennung der beiden Laute verwandt werden (also entweder ’a-i, ’a-o, ’o-e, oder ’a’i, ’a’o, ’o’e u. s. w.). Gehauchter Uebergang (a‘i, a‘o etc.) ist in den indogermanischen Sprachen meist ein Rest eines einst zwischen beiden Lauten ausgesprochenen Mundlauts (im Deutschen z. B. Rest einer velaren Spirans, im Griechischen und anderwärts Rest eines *s* u. dgl.). Man unterscheide wieder die verschiedenen Stufen der Stärke des Hauchs: einen schwachen Hauch (leise gehauchten Uebergang) findet man nach Storm und Sweet (bei Storm[2] S. 94) oft im Französischen als Aussprache des aspirirten *h*, aber auch oft zwischen einfachen Nachbarvocalen, wie in *Baal*, *fléau* etc. Beim schnelleren Sprechen herrscht indess wohl in den meisten Sprachen die erstgenannte Art der Aufeinanderfolge mit continuirlicher Stimme vor, und dass das auch in den früheren Sprachperioden so gewesen ist, zeigen die vielen Contractionen von Vocalen an, welche bei Annahme einer Aussprache mit Kehlkopfverschluss oder Hauch zwischen beiden Lauten nicht erklärlich sein würden.

2. Diphthonge und Halbvocale.

a. Diphthonge.

410. Unter einem Diphthong im weitesten Sinne des Worts versteht man eine einsilbige Verbindung zweier einfacher Vocale, von denen mithin nach den allgemeinen Gesetzen der Silbenbildung (**515** ff.) der eine silbisch oder Sonant, der andere unsilbisch oder Consonant ist. Wir bezeichnen solche unsilbisch gebrauchte Vocale durch untergesetztes ͜ . Danach bestehen beispielsweise die Diphthonge $a\underset{\smile}{i}$, $a\underset{\smile}{u}$ aus dem hier silbischen Vocal *a* und den hier unsilbischen Vocalen $\underset{\smile}{i}$ bez. $\underset{\smile}{u}$, oder umgekehrt die Diphthonge $\underset{\smile}{i}a$, $\underset{\smile}{u}a$ aus den hier unsilbischen Vocalen $\underset{\smile}{i}$ bez. $\underset{\smile}{u}$ und dem hier silbischen Vocal *a*.

411. Sweet definirt die Diphthonge als Verbindungen von Vocal + *glide*, indem er als Grundform etwa des *ai* annimmt, dass der Diphthong abgebrochen werde, sobald die Stellung für den Endlaut erreicht ist, ohne dass dieser selbst eine messbare Zeit hindurch angehalten wird. Er gibt aber zu, dass der *glide* auch zum vollen Vocal gemacht werden könne, ohne dass der diphthongische Charakter der Verbindung verloren geht. Man kann deswegen ebensogut oder besser auch vom vollen Vocal ausgehn und Sweet's Grundform als durch Reduction (**504 ff.**) entstanden betrachten. Für alle Fälle genügt die oben gegebene Definition, welche Einsilbigkeit der Gruppe und für ihre beiden Glieder den Gegensatz von Sonant und Consonant fordert.

412. Die beiden Glieder eines Diphthongs pflegen nicht mit gleicher Druckstärke gesprochen zu werden, vielmehr nimmt die Druckstärke von dem silbischen Glied zu dem unsilbischen hin in der Regel ab, und umgekehrt. Diphthonge mit abnehmender Druckstärke, wie beispielsweise deutsches $a\underset{\cdot}{i}$, $a\underset{\cdot}{u}$, bezeichnet man als **fallende**, solche mit zunehmender Druckstärke, wie etwa $\underset{\cdot}{i}a$, $\underset{\cdot}{u}a$, als **steigende Diphthonge**. Seltener erscheinen daneben nach den Beobachtungen einiger Phonetiker (s. namentlich Storm² S. 85 f.) auch Diphthonge mit wesentlich gleich bleibender Druckstärke, sog. **schwebende Diphthonge**. Storm findet solche z. B. (nach V. Thomsen) im färöischen *ęa*, wie in *męavür* 'Mann', ferner in norwegischen Dialekten und sonst. Auch deutsche Mundarten scheinen Aehnliches aufzuweisen.

413. Ueber die eigentliche Natur dieser sog. schwebenden Diphthonge ist es nicht ganz leicht in's Reine zu kommen. Nach den von Storm a. a. O. gegebenen Beispielen scheint es sich wesentlich um sog. unechte Diphthonge (**418**) zu handeln, bei denen das unsilbische Glied wegen seiner grösseren Schallfülle (**518**) stärker in's Ohr fällt und so den Eindruck hervorruft, als stehe es dem silbischen Glied auch an Druckstärke gleich oder doch ganz nahe. Andrerseits ist nicht zu verkennen, dass thatsächlich bei den Diphthongen der Wechsel der Druckstärke sehr verschieden stark sein kann. Im Deutschen macht sich z. B. das starke und rasche Absinken der Druckstärke bei den fallenden Diphthongen unter anderem sehr gewöhnlich auch dadurch bemerklich, dass das unsilbische Schlussglied nicht mehr mit Vollstimme, sondern nur noch mit (kräftigerer oder schwächerer) Murmelstimme gesprochen wird, was wiederum anderwärts mindestens nicht in gleichem Umfang der Fall zu sein scheint. Jedenfalls dürfte es sich bei dem Gegensatz zwischen schwebenden Diphthongen einerseits und den gewöhnlichen fallenden und steigenden Diphthongen andrerseits nur um einen graduellen Unterschied und nicht um einen eigentlichen Wesensgegensatz handeln: gibt doch selbst Storm zu, dass bei jenen der 'Nachdruck' bald auf den ersten, bald auf dem zweiten Vocal zu liegen scheine (obwohl er in Wirklichkeit nach seiner Meinung gleichmässig über beiden schweben soll). Gerade dies Schwanken in der Auffassung der 'schwebenden' Diphthonge scheint eben auf starke Ausgleichung der Conträrwirkungen von Druckstärke und Schallfülle (bez. Dämpfung) hinzuweisen.

414. Hinsichtlich der Druckvertheilung bei Diphthongen ist noch Folgendes zu bemerken. Steht ein unsilbisch verwendbarer Vocal zwischen zwei andern Vocalen, z. B. in den Lautfolgen *aia, aua*, so hängt es ganz von der Druckvertheilung ab, ob diese Folgen als *a̯i-a, a̯u-a* oder als *a-i̯a, a-u̯a* oder endlich als *a̯i-i̯a, a̯u-u̯a*, d. h. als fallender Diphthong + Vocal, oder als Vocal + steigender Diphthong, oder als fallender + steigender Diphthong empfunden werden. Im ersten Fall wird das *i̯, u̯* noch mit demselben Luftstoss hervorgebracht wie das erste *a* und schliesst sich mit diesem zu dem Diphthongen *a̯i* zusammen (vgl. **520**); im zweiten setzt neuer Druck erst mit dem *i̯, u̯* ein, die demnach zum Folgenden gezogen werden, im dritten Fall liegt eine Druckgrenze (**546**) innerhalb der zugleich länger ausgehaltenen *i̯, u̯*, deren erste Hälften also mit dem ersten, deren zweite Hälften mit dem zweiten Luftstoss gebildet werden. Die Uebergänge von einem Vocal zum andern bleiben aber dabei überall gleich, und streng genommen wird sich in jedem Falle die Existenz eines unsilbischen ('halbvocalischen', **422**) Gleitlauts nachweisen lassen, auch an den Stellen wo er für gewöhnlich nicht besonders wahrgenommen wird. Mit den spirantischen *j* und *w* (vgl. **324** ff. **348**) sind diese unsilbischen Vocale bez. Gleitlaute ja nicht zu verwechseln.

415. Um die Mundarticulation eines beliebigen Diphthongs (einerlei ob er fallend, steigend oder schwebend gebildet ist) festzulegen, hat man zunächst seine beiden Componenten zu ermitteln, d. h. denjenigen Vocallaut mit dem der Diphthong beginnt, und denjenigen mit dem er schliesst: der Gleitlaut zwischen Anfangs- und Endvocal bez. Anfangs- und Endstellung ergibt sich dann ziemlich von selbst, da der Uebergang auf dem kürzesten Wege erfolgt. Der Ermittelung der Componenten stellen sich aber oft ziemlich grosse subjective Schwierigkeiten entgegen. Einerseits täuscht leicht die Contrastwirkung der beiden Nachbarlaute über ihren wahren Charakter, andrerseits treten in den Diphthongen oft Vocallaute auf, die in den betreffenden Sprachen als isolirte Vocale nicht vorkommen und daher um so leichter falsch eingeschätzt werden. Endlich geben auch die herkömmlichen Orthographiesysteme leicht Anlass zu Irrungen: die Schrift ist gerade hier sehr oft hinter der Entwicklung der gesprochenen Sprache zurückgeblieben, und hat daher Aussprachszustände fixirt, die längst nicht mehr bestehen. So schreiben wir zwar im Deutschen z. B. Diphthonge wie *ai* (*ei*), *au, eu* (*üu*), *oi* noch mit auslautendem *i, u,* wir sprechen aber als Endlaute thatsächlich meist *e-, o-* und *ö-*Laute, also z. B. $ae̯^1$ ($ae̯^2$, $æe̯^2$), $ao̯^1$ ($ao̯^2$, $o^2o̯^1$), $o^2e̯^1$, $e^2e̯^1$, $ae̯^1$ (vulgo *åö* etc.) u. dgl., woneben natürlich im Einzelnen noch vielfache Schattirungen in beiden Componenten zu beobachten sind. Aehnlich auch bei steigenden Diphthongen. Auch hier treten keineswegs nur i̯, u̯ als Anfangslaute auf, wie es etwa die Schrift vortäuscht, sondern ebensogut auch Laute wie *e, o* (in Verbindungen wie e̯*a,* o̯*a*), vgl. z. B. den Gegensatz von schwäb. i̯*uŋ* 'jung': e̯*ā* 'ja' u. dgl.

416. Den wahren End- bez. Anfangslaut richtig herauszuhören oder durch längeres Verharren in seiner specifischen Articulationsstellung deutlicher zu Gehör zu bringen erfordert ziemlich viel Uebung, namentlich bis man gelernt hat sich vollständig von der durch das Schriftbild erweckten und durch die lange Gewohnheit gefestigten Vorstellung zu befreien, als müsse ein *i* oder *u* etc. in jenen Lautmassen enthalten sein. Um so sorgfältiger muss man also hier prüfen. Wem es noch an Uebung gebricht, der kann sich durch ein einfaches Experiment von der Richtigkeit des Gesagten überzeugen. Man lege einen Finger (oder auch zwei übereinander) auf die Vorderzunge: man kann dann immer noch vollkommen gute und deutliche Diphthonge von der Art der deutschen *ei, ai* in der gewöhnlichen mitteldeutschen Aussprache oder das erwähnte schwäb. e̯*ā* 'ja', hervorbringen, nicht aber ein *i*, das also in jenen Diphthongen nothwendig fehlen muss.

417. Ein allgemeineres Abstandsminimum oder -maximum der Componenten lässt sich nicht angeben. Für Deutschland trifft im Grossen und Ganzen wohl der Satz zu, dass dieselben nicht so weit auseinander liegen als die Vocale, welche die landläufige Schrift als Componenten erscheinen lässt. Doch fehlen auch keineswegs Verbindungen wie *ai, au, iu, ui*, welche wohl ziemlich auch die Abstandsmaxima darstellen. Nach der Minimalseite zu liegen z. B. die sog. langen Vocale des Englischen (*he, who, no, say*), welche in Wirklichkeit durchaus diphthongischen Charakter haben, indem bei ihnen gegen den Schluss hin stärkere Verengungen eintreten. So stellt der Laut in *he* einen Diphthong aus etwas offnerem und etwas geschlossenerem *i* dar, der in *who* eine ähnliche Verbindung zweier *u* (Sweet bezeichnet das zweite Element inconsequent hier mit *j* und *w*, schreibt also *ij, uw*, während er sonst den Endlauten der Diphthonge die Vocalzeichen belässt), *no* enthält ein *ou̯*, *say* ein *ei̯* etc. Für die umgekehrte Folge können engl. Beispiele wie *ye, wool, wound* (gespr. i̯*ii̯*, u̯*u²l*, u̯*ū¹nd*) dienen; hier wird, wie überhaupt da, wo vor einem silbischen Vocal wie *i, u* der correspondirende unsilbische Vocal $i̯$, $u̯$ gebildet werden soll (also bei Gruppen wie $ji̯$, $wu̯$), der letztere stets etwas geschlossener eingesetzt als der erstere, so dass hier zum Theil Engen- bez. Rundungsgrade erreicht werden, die bei den silbischen Vocalen derselben Sprachen sonst nicht üblich sind; ausserdem wird auch hier der unsilbische Theil öfters nur gemurmelt.

418. Ebensowenig lassen sich bestimmte theoretische Vorschriften über die Qualität der beiden Componenten geben. Doch machen sich allerdings gewisse Verschiedenheiten rücksichtlich des mehr oder weniger glatten akustischen Zusammenschlusses der beiden Vocale geltend, die mit den Abstufungen der natürlichen Schallfülle (**518**) zusammenhängen. Danach unterscheidet man (wenigstens bei den fallenden Diphthongen) wohl sog. echte und sog. unechte Diphthonge. 'Echte Diphthonge' in diesem Sinne sind solche, in denen das silbische und dynamisch stärkere (**412**) Glied zugleich grössere Mundöffnung und daher auch grössere natürliche Schallfülle besitzt als das unsilbische und dynamisch schwächere, 'unechte Diphthonge' dagegen solche, bei denen das dynamisch schwächere unsilbische Glied infolge grösserer Mundöffnung mit grösserer natürlicher Schallfülle begabt ist. Zu den 'echten' Diphthongen gehören danach Formen wie *ai*, *ei*, *au*, *ou* etc., zu den 'unechten' z. B. die noch jetzt in verschiedenen Abarten, namentlich in den oberdeutschen, zumal schweizerischen Mundarten erhaltenen mhd. *ie*, *uo*, *üe* (doch beachte man, dass die süddeutschen Vertreter dieser Gruppe oft zweisilbig, als *īe*, *ūo*, *ǖe* gesprochen werden). Akustisch unterscheiden sich die beiden Gruppen dadurch von einander, dass das zugleich durch dynamische Schwächung und durch Minderung der Schallfülle (bez. stärkere Dämpfung) in seiner Lautheit herabgesetzte unsilbische Glied der 'echten' Diphthonge sich deutlicher dem silbischen Glied unterordnet, und dass daher beide Theile für das Ohr mehr zu einer Art glatt verlaufender Einheit zusammenschmelzen, während bei den 'unechten' Diphthongen die Mehrung der Schallfülle bei dem unsilbischen Glied die Minderung der Lautheit durch Nachlassen des Drucks und damit die akustische Unterordnung des unsilbischen Gliedes unter das silbische grossentheils wieder aufhebt, sodass die beiden Glieder mehr selbständig und unvermittelt neben einander zu stehen scheinen. Im Ganzen sind diese 'unechten' Diphthonge (welche historisch meist erst durch Diphthongirung aus ursprünglich einfachen Vocalen hervorgehen) seltener als die 'echten' Diphthonge.

419. Eine Reihe genauerer Bestimmungen über wirklich beobachtete Diphthonge und Halbvocale findet sich namentlich in Ellis' viertem Band und den verschiedenen Analysen von Sweet, besonders auch in dessen Handb. S. 68 ff., sowie bei Lundell 123 ff. Ungemein reich an Diphthongen sind in Deutschland die westfälischen Mundarten; Jellinghaus, Westf. Grammatik, Bremen 1877, S. 23 ff. zählt folgende auf: *ai, äi, ăi, au, äu, ău, iu, uü, ui, eo, ie, ia, ua, uo, uö, üa, üe*.

420. Zur Beurtheilung der Diphthonge ist es sehr wesentlich, den Weg zu verfolgen, den die Zunge beim Uebergang zurücklegt; ob sie z. B. einfach innerhalb einer Verticalreihe der Vocale aufsteigt, wie bei *ei*, oder sich senkt wie bei *i̯ę*, oder ob sie sich vorwärts bewegt, wie bei *ui*, oder rückwärts wie bei *iu*, oder ob die Bewegung eine combinirte ist; z. B. steigend und nach vorn bei *ai*, fallend und nach hinten wie bei *ia*; auch die Engenbildung an den Lippen ist wichtig. Durch diese beiden Bewegungsmomente und die daraus resultirende Verengung der Ausflussöffnung wird nämlich die natürliche Schallfülle der betreffenden Vocale bedingt, und von dieser hängt wieder die Leichtigkeit ab, mit der sie sich zu einer einsilbigen Verbindung zusammenschliessen lassen. Diphthonge mit steigender Zunge sind am leichtesten einsilbig zu halten, bei horizontaler Bewegung der Zunge bildet Vorschiebung besser einheitliche Diphthonge als Rückziehung (vgl. z. B. $a^2ę^1$ mit $e^1ą^2$), am wenigsten eignen sich Verbindungen, bei denen die Zunge sich senken muss, wie *ia* u. dgl. Für unsilbische Vocale vor silbischen drehen sich diese Regeln natürlich um: ein *ęi* bringt, wie schwach man das *æ* auch nehmen mag, doch immer den Eindruck eines *æi̯* hervor (Sweet S. 70), vgl. die schwäbische Aussprache der *ei, ou*, bei denen oft das zweite Element stark überwiegt. Bei Verbindungen wie *ią* etc. findet leicht eine Verschiebung des Accentes auf den zweiten, schallvolleren Laut statt, vgl. z. B. die nord. *ja, jǫ, jo, ju* aus *ią, ią̄, ią, iu̯*; Aehnliches findet sich auch im Englischen; so wird z. B. ags. *ā* im Dialekt von Westmoreland durch *ią* aus *ią* (aus [schott.] *æ* diphthongirt) vertreten. Im Süden hört man nicht selten *i̯ǣ¹* für *i̯ę̄* (geschrieben *-ere, -ear, -ea* etc.), meist mit ganz schwachem, nahezu verschwindendem *i*-Laut; z. B. *i̯ǣ* year, ⸢*i̯ǣ* here (⸢*i* tonlos, spirantisch), auch *kl(i̯)ǣ* clear, *tš̌ǣfl* cheerful, *æ²i²d(i̯)ǣ* idea u. dgl. habe ich gehört. Dahin gehören wohl auch die von Storm² S. 383 besprochenen Formen wie *š̌ǣ¹* sure, *pi̯ǣ¹* pure, mit Ausfall des *u* (durch *ü* hindurch?).

421. Endlich ist auch die Quantität beider Componenten frei gegeben, d. h. jeder von ihnen kann alle Stufen vocalischer Länge bis herab zu Null (= Reduction, **504** ff.) durchlaufen. Diphthonge mit kurzem ersten Componenten sind z. B. die gewöhnlichen deutschen *ai, au*, engl. *ai, au* in *high, now*; langen ersten Componenten haben z. B. engl. *he, who*, desgleichen altgriech. $ą, η, ω, āυ, ηυ, ωυ$ (neben $ăι, ει, οι, ăυ, ευ, ου$) und die sanskr. Vṛddhidiphthonge; solche Diphthonge pflegt man in der indogermanischen Sprachwissenschaft speciell als

Langdiphthonge zu bezeichnen. Langen zweiten Componenten neben kurzem ersten haben z. B. die schwäb. *ei*, *ou* = mhd. *ī*, *ū*, u. dgl. Genaueres s. unten unter 'Quantität', Cap. 34 f.

b. Halbvocale.

422. Unter dem mehr in der sprachwissenschaftlichen als in der phonetischen Literatur üblichen Namen Halbvocale sind lediglich unsilbisch verwendete Vocale zu verstehen; man sagt daher auch z. B., die fallenden Diphthonge wie $a\underset{.}{i}$, $a\underset{.}{u}$ etc. bestehen aus dem 'Vocal' *a* und den 'Halbvocalen' $\underset{.}{i}$ bez. $\underset{.}{u}$, die steigenden Diphthonge wie $\underset{.}{i}a$, $\underset{.}{u}a$ etc. aus den 'Halbvocalen' $\underset{.}{i}$, $\underset{.}{u}$ und dem 'Vocal' *a* u. s. w. (vgl. **410**). Eine feste Praxis der Nomenclatur hat sich aber nicht herausgebildet. Im Anschluss an den Sprachgebrauch der älteren Grammatik der Inder, Griechen und Lateiner pflegt man in der indogerm. Sprachwissenschaft vielmehr die fallenden Diphthonge wie $a\underset{.}{i}$, $a\underset{.}{u}$ als 'Diphthonge' schlechtweg zu bezeichnen, und nur da von 'Halbvocalen' zu reden, wo das unsilbische Glied dem silbischen vorausgeht, d. h. bei den steigenden Diphthongen, wie $\underset{.}{i}a$, $\underset{.}{u}a$, welche dort traditionell als Verbindungen von selbständigen Consonanten mit Vocalen (als Gruppen von 'Halbvocal + Vocal') aufgefasst werden, während man die fallenden Diphthonge, wie der Name besagt, als eine Art von Doppellauten betrachtet. Dieser Gebrauch knüpft ziemlich willkürlich an allerlei grammatische und sprachgeschichtliche Erwägungen an, selbst an rein Orthographisches (so werden z. B. in der Schrift des Sanskrit Lautfolgen wie $\underset{.}{i}a$, $\underset{.}{u}a$ mit Consonantzeichen für das $\underset{.}{i}$, $\underset{.}{u}$ geschrieben, य, व, nicht mit den sonst üblichen Arten von Vocalzeichen). In der romanischen Philologie werden dagegen Folgen wie franz. *ie*, *oi* (d. h. $\underset{.}{i}e$, $\underset{.}{u}^2a$), ital. *uo* (d. h. $\underset{.}{u}o^2$), span. *ue* (d. h. $\underset{.}{u}e^2$) gern als 'steigende Diphthonge' benannt, weil sie aus urspr. einfachen Vocalen hervorgehn und in der landläufigen Orthographie mit 'Vocal'-zeichen geschrieben werden, u. dgl. mehr. Dieser ganze, willkürlich wechselnde Sprachgebrauch hat, wie man sieht, mit dem Wesen der Sache nichts zu thun. Qualitativ sind die unsilbischen 'Halbvocale' ebensogut 'Vocale' wie die silbischen 'Vollvocale', nur haben sie verschiedene Function bei der Silbenbildung, und bei dieser kann es natürlich auf die Reihenfolge, ob z. B. $a\underset{.}{i}$ oder $\underset{.}{i}a$, ebenso wenig ankommen wie etwa bei Paaren wie *al* oder *la*, *ar* oder *ra* u. dgl. Immerhin ist der Name 'Halbvocal' nach manchen Richtungen hin bequem, zumal für die $i̯$, $u̯$, die man damit gut von den spirantischen j und v unterscheiden kann. Einiges andere dieser Art im Folgenden.

423. 'Nasalirte Halbvocale' erscheinen häufig in nasalirten Diphthongen, z. B. in den süddeutschen Mundarten. Nasalirtes $i̯$ neben reinem $i̯$ findet sich nach Böhtlingk im Jakutischen, z. B. in $ai̯ĩ$ Sünde neben $ai̯ĩ$ Schöpfung; nach Sweet S. 47 wird es im Französischen oft bei nachlässiger Aussprache für gn (mouillirtes n) gebraucht.

424. Als 'stimmlose Halbvocale' dürfen ihrer unsilbischen Function nach die stimmlosen consonantischen Glieder mancher Diphthonge bezeichnet werden, welche namentlich unter dem Einfluss stimmloser Nachbarlaute aus stimmhaften Halbvocalen entstehen. So finden wir stimmloses $u̯^2$ im engl. *wh* in *which, what* u. s. w., stimmloses $i̯$ in engl. *pure, cure,* franz. *pied, pion, tiens* u. s. w. und vielen ähnlichen Fällen in andern Sprachen. Auch die h ohne Reibungsgeräusch (**282 ff. 392**) können functionell hierher gerechnet werden. Streng genommen sollen alle diese 'stimmlosen Halbvocale' kein Reibungsgeräusch haben, aber sehr leicht mischen sich bei stärkerer Engenbildung und stärkerem Hauch (namentlich beim $i̯$) solche Reibungsgeräusche bei, und es vollzieht sich ein Uebergang zum Geräuschlaut (χ, $š$ u. dgl., vgl. z. B. die landläufige englische Aussprache von Wörtern wie *nature, creature* etc. mit $tš$ oder $t\chi$).

3. Triphthonge.

425. Auch der Name Triphthong, der im weitesten Sinne alle einsilbigen Verbindungen dreier Vocale umfasst, wird verschieden gebraucht, je nachdem man consonantisch anhebende Verbindungen, wie die *iei, ieu* mancher romanischen Sprachen (d. h. $i̯ei̯$, $i̯eu̯$, soweit sie überhaupt einsilbig sind), mit hinzurechnet oder nicht. Solche Triphthonge wären nach Analogie der Bezeichnung 'steigende' und 'fallende' Diphthonge als **steigend-fallende Triphthonge** zu charakterisiren. Bei durchgehends fallenden Triphthongen beginnt das silbische Glied und die beiden anderen Vocale folgen unsilbisch nach. Der Art sind z. B. die schweizerischen $üœi$ in *blüœijœ* blühen etc. (Winteler 165, Stickelberger, Schaffhauser Mundart 10).

4. Verbindungen von Vocalen mit Liquiden und Nasalen.

426. Auch hier haben wir es hauptsächlich nur mit den **einsilbigen Verbindungen** zu thun. Diese sind den Verbindungen zweier Vocale vollkommen analog, nur mit der Einschränkung, dass nach den Gesetzen über die Abstufung der Schallfülle (**518. 528** ff.) die Liquidae und Nasale in fast allen

Fällen die unsilbischen Glieder der Verbindungen sind. Dass wir Gruppen wie *ar, al, am, an, aŋ* (genauer geschrieben *a͝r, a͝l, a͝m, a͝n, a͝ŋ*, um die unsilbische Geltung des an zweiter Stelle stehenden Sonorlauts zu bezeichnen) nicht auch als 'Diphthonge' auffassen, liegt grossentheils bloss an der Gewohnheit, *l, r, m, n, ŋ* als 'Consonanten' zu bezeichnen, die mit einem 'Vocal' nicht eine derartig homogene Verbindung eingehen können wie zwei 'Vocale' unter einander. Eine gewisse praktische Berechtigung hat allerdings die Abtrennung dieser Verbindungen von den vocalischen Diphthongen, weil nämlich die Liquidae und Nasale ihrer Articulation und ihrem Klange nach von den Vocalen so weit abstehen, dass sie mit denselben für unsere Empfindung nicht zu einer so homogenen Lautmasse zusammenschmelzen, als das bei reinen Vocalverbindungen möglich ist. Am besten verschmilzt noch das *l*, namentlich wenn es starke Oeffnung hat (darum gehen *al, ol* so häufig geradezu in *au, ou*, anderwärts in *ai, oi* etc. über). Auch die ungerollten *r* geben sehr einheitlich klingende Verbindungen, bei den gerollten bringt das Rollen, bei den Nasalen der Nasalklang etwas dem Vocale nicht Homogenes, und deshalb mehr als getrennt Empfundenes in die Verbindung. Aber Nasalvocal + Nasal klingen wieder gut einheitlich.

427. Zweisilbige Verbindungen von Vocal + Liquida oder Nasal bedürfen hier keiner weiteren Erörterung.

5. Verbindungen von Liquiden und Nasalen untereinander.

428. Ueber diese Verbindungen ist an dieser Stelle kaum etwas zu bemerken, da Erörterungen über ihre relativen Functionen als Sonanten und Consonanten erst weiter unten angestellt werden können. Ebenso wird über die sogenannte Gemination erst **555** ff. das Nöthige zur Sprache gebracht werden.

Cap. 20. Berührung eines sonoren Lautes mit Geräuschlauten.

1. Sonore und Spiranten.

429. Stimmhafte Spiranten. Diese verhalten sich bezüglich des ihnen mit den Sonoren gemeinschaftlichen Factors, der Stimme, durchaus den 'Halbvocalen' (**422**), Liquiden und

Nasalen analog, d. h. die Stimme wird in der Regel continuirlich durch die Lautverbindung durchgeführt, und während ihrer Dauer die Umstellung der Mundorgane vollzogen; also auch hier herrscht der **directe Uebergang** vor. Der einzige Unterschied zwischen unserer Gruppe und den Gruppen mit Liquida oder Nasal besteht darin, dass bei den Spirantenverbindungen schallbildende Engen im Ansatzrohr hergestellt werden müssen an Stelle der nicht schallbildenden Engen bei den erstgenannten Lauten. Da übrigens manche Sonorlaute, namentlich die *r* und manche Halbvocale mit starker Engenbildung, leicht accessorische Nebengeräusche entwickeln, andererseits die specifischen Geräusche der Spiranten durch Reduction häufig geschwächt werden, so ergibt sich leicht, dass die beiden Gruppen sich vielfach berühren können.

430. Stimmlose Spiranten. Bei diesen muss neben der Aufhebung bez. Bildung der spirantischen Enge (*sa—as*) auch noch der Einsatz bez. Absatz der Stimme ausgeführt werden.

431. Im Deutschen ist es üblich, die Stimme plötzlich einbez. abzusetzen, und genau gleichzeitig mit der ebenfalls rasch ausgeführten Umstellung der Mundorgane, wenn der Sonorlaut **silbisch** ist, z. B. also in Verbindungen wie *sa, as*. Die Verbindung geschieht also mittelst des **directen Uebergangs**. **Gehauchter Uebergang** ist seltener; abgesehen von Fällen der Composition von Grenzlauten ursprünglich getrennter Silben, wie *sʽat* für *es hat* (**399**), finden sich im Deutschen gelegentlich Typen wie *aʽs* mit schwachem Hauch zwischen *a* und *s*. Sie entstehen dadurch, dass die spirantische Enge für das *s* etwas später gebildet wird, als die Stimme aussetzt. Auch die armenischen ʽaspirirten Africataeʼ (**455**) haben bisweilen einen deutlichen Hauch zwischen der Spirans und dem folgenden Vocal, *tsʽa, tšʽa* etc. **Festen Uebergang**, *aʼs*, finden wir in Sprachen mit sog. ʽStosstonʼ (**585** ff.).

432. Ist der Sonorlaut aber **unsilbisch**, so wird er durch den stimmlosen Nachbarlaut häufig ebenfalls stimmlos gemacht, wenigstens setzt bei Verbindungen wie *sla, sna* die Stimme oft erst **nach** der Einstellung des Mundes für *l, n* etc. ein, sodass der Eingang des *l, n* noch stimmlos gebildet wird. In Gruppen wie *als, ans* findet dann das umgekehrte Verhältniss statt: die Stimme erlischt, ehe die Einstellung für *l, n* aufgehoben wird; wir erhalten dann *l, n* mit stimmlosem Ausgang. Ob diese stimmlosen Ein- und Ausgänge spirantische Reibegeräusche entwickeln, hängt von der Stärke des Stromdrucks und dem Grad der Engenbildung ab; nothwendig ist es nicht, und dies ist wohl der Grund, warum diese stimmlosen Theile der Sonoren so leicht übersehen werden.

433. Ueber stimmlose (reducirte) Halbvocale an dieser Stelle vgl. **424.**

2. Sonore und Verschlusslaute.

a. Verschlusslaut vor sonorem Sonanten.

434. Mit demselben Luftstoss, welcher den Verschluss des vorausgehenden Explosivlauts durchbricht, muss auch der folgende Sonorlaut erzeugt werden, sobald sich beide Laute vollkommen einheitlich zu einer Silbe verbinden sollen. Die betreffenden Verbindungen lauten ganz anders bei der Vertheilung auf verschiedene Silben, und es treten in dem letzteren Falle Combinationen verschiedener Ein- und Absätze entgegen der **404** erwähnten allgemeinen Regel auf. So ist z. B. einsilbiges $\overset{\smile}{k}a$ (d. h. $k + a$ mit festem Uebergang, **401** u. ö.) zu unterscheiden von deutschem k-'a oder k^{ϵ}-'a etwa in *hack-ab*, d. h. $^{\epsilon}ak$-'ap oder $^{\epsilon}ak^{\epsilon}$-'ap, in denen das k leisen bez. gehauchten Absatz hat (allerdings spricht man gewöhnlich bei rascherer Rede nicht so, sondern $^{\epsilon}a$-kap, kaum auch $^{\epsilon}a$-$k^{\epsilon}ap$). Nicht gleich $p^{\epsilon}a$ ist deutsches p-'a oder p^{ϵ}-'a in *ab-halten*, d. h. 'ap-'$altn$ oder 'ap^{ϵ}-'$altn$ bei deutlicher Markirung der Silben, obwohl man in schneller Rede auch hier wieder gewöhnlich 'a-$p^{\epsilon}al$-tn abtheilt. Wir haben es hier wieder nur mit den durch einen einheitlichen, continuirlichen Luftstoss hervorgebrachten Verbindungen zu thun. Hier ist etwa Folgendes zu beachten.

435. Stimmhafte Mediae. Da bei der Verbindung stimmhafter Mediae mit nachfolgenden Sonoren die Stimme als gemeinschaftlicher Factor forttönen muss (vgl. **407**), so verbietet sich die Anwendung des festen Uebergangs meist von selbst (ausser im Falle der Composition, z. B. in gib-'$\bar{\imath}m$ neben vielleicht ebenso häufigem oder häufigerem gi-$b\bar{\imath}m$, sofern nicht, wie das im Deutschen am gewöhnlichsten ist, gi-$p\bar{\imath}m$ dafür eintritt). Durchaus die gewöhnlichste Form ist die des directen Uebergangs, d. h. der Blählaut und der folgende sonore Laut bilden eine continuirliche Einheit. Doch ist zweierlei hierbei zu beachten. Einmal scheint es, dass bei der Bildung des Blählauts die Stimmbänder nicht so fest zum Tönen eingesetzt sind wie bei der Bildung von Sonoren (d. h. die stimmhaften Medien enthalten vielleicht nur Murmelstimme, nicht Vollstimme). Andererseits wird der Blählaut um so schwächer, je mehr er sich seinem Ende, d. h. der Explosion, nähert, weil mit der zunehmenden Verdichtung der Luft im Mundraum die Stimmbänder immer weniger leicht und kräftig ansprechen. Mit der Explosion setzt dann die Stimme voll ein. Der Contrast zwischen dem Moment vor und dem nach der Explosion führt dabei leicht zu der Annahme, dass der Blählaut vor der Explosion erlösche und die Stimme nachher wieder neu einsetze. Die Auscultation des Kehlkopfs zeigt aber, dass in Wirklichkeit nur eine Schwächung und nachfolgende Verstärkung der Stimme eintritt.

436. Schwierigkeiten bereitet die Analyse der sog. Mediae aspiratae, d. h. der stimmhaften Mediae mit gehauchtem Absatz, welche namentlich im Sanskrit und den neuindischen Mundarten vorliegen und bereits in dem indogermanischen Lautsystem eine wichtige Stelle einnahmen. Aus der älteren Literatur über diese vielbesprochenen Laute seien hervorgehoben die Aufsätze von C. Arendt in Kuhn und Schleicher's Beiträgen II, 283 ff. und E. Brücke, Sitz.-Ber. der Wiener Akad., phil.-hist. Cl. **XXXI**, 219 ff. Nach den Angaben von Brücke, die ich durch mündliche Mittheilungen von Kielhorn bestätigt finde (s. auch Storm² S. 75 f.), existiren in neuindischen Idiomen, z. B. im Mahrathî, stimmhafte Medien, denen sich ein stimmloser Hauch, unser *h* anschliesst, wie etwa in *bhau* Bruder. Diese wären als *b'* etc. zu transscribiren, also *b'au* u. s. w. Doch kann diese Aussprache schwerlich die der alten Inder gewesen sein, da diese ihren Medialaspiraten einen stimmhaften Hauch zusprechen. Bei einem Hindu glaube ich auch in der That bei langsamer und deutlicher Aussprache hier in einem Wort wie *b'ai* Bruder einen leicht stimmhaften Hauch (vgl. **87. 283** etc.) gehört zu haben, der freilich bei flüchtigerer Rede fast ganz verschwand (vgl. **437**); weit deutlicher stimmhaft sind die Hauche einer Art von Aspiraten, die ich in dem armenischen Dialekt von Aštarak habe beobachten können, als Vertreter der ostarmen. Mediae *b, d, g*. Hier schliesst sich an die Explosion der (stimmhaften) Media zunächst ein Stück gehauchter Murmelstimme an, ehe die Vollstimme einsetzt. Der Hauch ist dabei so stark, dass zu vermuthen steht, dass bei seiner Erzeugung die Knorpelglottis geöffnet ist und dass sie sich erst beim Einsatz der Vollstimme schliesst. Bezeichnen wir diese Aussprache durch ʽ, so lauten also armen. Wörter wie *babik, dadik* in jenem Dialekte $b^{\prime\prime}ab^{\prime\prime}ik$, $d^{\prime\prime}ad^{\prime\prime}ik$ (über entsprechende Tenues aspiratae mit tönend gehauchtem Uebergang s. **442**).

437. Eine dritte Art von Medialaspiraten wird auf Grund der Angaben zweier Bengalesen von Ellis, Academy 1874, V, 68 und Early Engl. Pron. IV, 1134 ff. beschrieben. Ellis leugnet (freilich unter dem Widerspruch von Sweet bei Storm[2] S. 75 f.) das Vorhandensein eines Hauchs, namentlich eines stimmlosen, und gibt an, dass seine Gewährsmänner ihn unabhängig von einander vor der bei den Deutschen üblichen Aussprache der Medialaspiraten als stimmhafter Media + stimmlosem Hauch warnten. Nach Ellis hört man nach der Explosion der Medialaspirata nur eine momentane Verstärkung des folgenden Vocals (a momentary energising of the following vowel). Dies scheint ungefähr zu der in **436** erwähnten flüchtigeren Aussprachsform des neuind. $b^\prime$ zu stimmen, bei der ich (freilich unter Umständen die für die genauere Beobachtung sehr ungünstig waren) auch einen Crescendo-Eingang des Vocals neben etwas deutlicher stimmhaftem und etwas länger ausgehaltenen b gehört zu haben glaube. Dann wäre also die Murmelstimme hier weniger hauchartig und die Zeit des Uebergangs von der Explosion zum Vollvocal zu Gunsten der Dauer der Verschlussstellung stark verkürzt. Eine genauere Untersuchung bleibt also auch hier noch unerlässlich, zumal auch wegen der Frage, ob der Hauch der deutlicher gehauchten Formen dieser Aspiraten wirklich stimmlos oder (mindestens vor stimmhaften Folgelauten) stimmhaft ist, einer Frage bei deren Beantwortung schon deswegen leicht Irrthümer eintreten können, weil man niedrigere Grade von Stimmhaftigkeit hier leicht überhört.

438. Stimmlose Verschlusslaute (Tenues) mit geschlossenem Kehlkopf verbinden sich mit folgenden Vocalen durch den festen Uebergang (also ka, ta, pa), d. h. mit der Explosion des Kehlkopfverschlusses setzt zugleich die Stimme ein, wie beim festen Einsatz nach vorn zu isolirter Vocale. Die Articulation muss dabei so geregelt sein, dass die beiden Explosionen, die des Mundverschlusses und die des Kehlkopfverschlusses, gleichzeitig erfolgen. So werden z. B. die betr. Tenues im Armenischen gesprochen (**365**); im Georgischen (s. ebenda) kommt dagegen die Kehlkopfexplosion regelmässig etwas verspätet, und so erscheint dort der Vocal durch eine Pause und den neuen (Kehlkopf-)Explosivlaut getrennt (also georg. $k'a$, $t'a$, $p'a$ gegen armen. ka, ta, pa).

439. Unaspirirte stimmlose Verschlusslaute mit offenem Kehlkopf (also Verbindungen wie *ka, ta, pa* [sowohl Spreng- als Lösungsfortes] und *ga, da, ba*) haben den directen Uebergang, d. h. unmittelbar nach der Mundexplosion schlagen die Stimmbänder zur Stimmstellung zusammen und erfolgt ebenso plötzlich die Einstellung des Mundes für die specifische Articulationsstellung des Folgelauts. Auf die Explosion folgt also nur ein Gleitlaut von minimaler Dauer, der jedenfalls ohne hauchartigen Charakter ist. Er ist der Regel nach stimmlos, allenfalls aber auch schon stimmhaft (namentlich nach stimmlosen Lenes, die historisch aus stimmhaften hervorgegangen sind und in der betreffenden Sprache etwa noch mit solchen wechseln; vgl. oben **374**).

440. Bei den aspirirten Verschlussfortes (den Tenues aspiratae), also bei *kʻa, tʻa, pʻa* mit gehauchtem Uebergang, setzt die Stimme erst eine merkbare Zeit nach der Mundexplosion ein. Die Zwischenzeit wird durch einen Hauch von verschiedener Stärke und Dauer ausgefüllt. Solche Aspiraten sind z. B. die bühnendeutschen *k, t, p* im Anlaut. Der Hauch ist hier von mittlerer Stärke und Dauer. Weit stärker ist er z. B. bei den *kʻa, tʻa, pʻa* in der irischen Aussprache des Englischen oder denen des Dänischen (von denen Sweet angibt, dass sie durch einen selbständigen Hauch nach der Explosion gebildet werden); die Hauche sind hier so stark, dass sie oft deutliche Reibegeräusche bilden, d. h. die Affricata (**454**) an die Stelle der Aspirata tritt (das dän. *tʻ* klingt, wie schon Storm[2] S. 74 bemerkt, namentlich vor palatalen Vocalen oft beinahe wie deutsches *z*, und annähernd ähnliches lässt sich auch in der Irish brogue beobachten). Als Beispiele schwacher Aspiraten können die *k, t, p* des Englischen nach der normalen Aussprache dienen (doch habe ich von Schotten gelegentlich auch unaspirirte anlautende Tenues gehört, wie in *time, tell*).

441. Aspirirte stimmlose Verschlusslenes scheinen nicht eben vorzukommen, obwohl sie sich bilden lassen, indem man zunächst mit schwachem Druck explodirt und dann die Exspiration für den Hauch verstärkt. Doch ist diese Bildung unbequem, und deshalb tritt, wo etymologische stimmlose Verschlusslenis + Hauch mit einander verschmelzen, wohl stets Verstärkung zur Tenuis aspirata ein, wie in oberd. *pʻaltᵊ, kʻört* aus *b-halte, g-hört* u. dgl.

442. Eine besondere Merkwürdigkeit, nämlich Tenues aspiratae mit stimmhaftem Hauch weist der armenische Dialekt von Aštarak als Nebenform der oben (**436**) beschriebenen Mediae aspiratae auf. Wegen der bereits erwähnten sehr energischen Exspiration setzt dort nämlich sogar die gehauchte Murmelstimme sehr oft erst nach der Explosion ein. In Wörtern wie $p^{\prime\prime}ap^{\prime\prime}ik$, $t^{\prime\prime}at^{\prime\prime}ik$ beginnt also die Aspirata mit einer stimmlosen Explosivfortis, an die sich dann, mehr oder weniger durch ein kurzes Stück stimmlosen Hauchs getrennt, der stimmhafte Hauch anschliesst.

b. Verschlusslaut vor sonorem Consonanten.

443. Nach stimmhaften Verschlusslauten (einerlei ob rein oder aspirirt), also in Verbindungen wie *bla, gra, dna* bez. $b^{\prime}la$, $g^{\prime}ra$, $d^{\prime}na$ bleibt der Consonant selbstverständlich überall stimmhaft, während er nach stimmlosen öfters die Stimme verliert, indem diese erst beim folgenden Sonanten einsetzt. Namentlich tritt der Stimmverlust wohl stets nach stimmlosen Aspiraten ein, also bei Bindungen wie $p^{\prime}la$, $k^{\prime}ra$, $t^{\prime}na$; je nach der Stärke der Aspiration bekommen dann die stimmlos gewordenen Consonanten einen mehr oder weniger hauchartigen Charakter. Nach unaspirirten stimmlosen Verschlusslauten herrscht Schwanken; im allgemeinen setzt die Stimme durchschnittlich um so früher ein, je geringer der Druck der stimmlosen Explosiva ist. — Dass es auch hier Mittelstufen mit halb stimmlosem, halb stimmhaftem Consonanten geben kann, versteht sich von selbst.

c. Verschlusslaute nach Sonoren.

444. Bei einer Lautfolge wie *apa, aba* u. s. f. gehört, wie ohne Weiteres zugestanden werden wird, die Explosion des Verschlusslauts zur zweiten Silbe, und ebenso wird zugegeben werden, dass auch bei *ap, ab* das Explosionsgeräusch als etwas der Silbe Nachklappendes, nicht eigentlich zu ihr Gehörendes empfunden wird. Die Silbe findet mit dem Verschluss des Explosivlauts ihr Ende (vgl. darüber **534**).

445. Spricht man nun eine derartige Lautreihe wie *apa, aba* oder auch nur *ap, ab* so aus, dass man nach dem Verschluss eine längere Pause macht oder dass man die Explosion ganz unterdrückt, so genügt schon der blosse Verschluss, um jeden Zweifel über den folgenden Laut zu heben; man wird z. B. ein *a* mit *p*-Verschluss deutlich von einem mit *t*- oder *k*-Verschluss gebildeten unterscheiden, und ebenso ist es bei *a-b, a-d, a-g*. Man hat hieraus geschlossen, dass neben den explosiven auch implosive (prohibitive, occlusive) Verschlusslaute existiren, die durch das Geräusch des Zusammenklappens der Mundorgane erzeugt werden (bei Verbindungen wie *ampa*, *anta*, *aŋka* müsste gar der Verschluss der Gaumenklappe das Geräusch erzeugen). Aber man wird bei einiger Aufmerksamkeit finden, dass ein derartiges Geräusch beim gewöhnlichen Sprechen durchaus nicht existirt. Vielmehr erleidet nur der Vocal eine eigenthümliche Modification am Schlusse, dadurch dass sich an den eigentlichen Vocal der specifische Gleitlaut von der Vocalstellung zur Stellung des folgenden Verschlusslauts anreiht, und nach diesem Gleitlaut schliessen wir, falls die Explosion nicht alsbald erfolgt, auf die Articulationsstellung des folgenden Explosivlauts (vgl. 103). Bei den stimmhaften Medien kommt dazu noch die Klangfarbe des Blählauts als Unterscheidungsmittel in Betracht, da auch diese nach der Grösse des durch die Mundabsperrung gebildeten Blindsacks wechselt. — Die grössere oder geringere Deutlichkeit des Gleitlauts richtet sich aber wesentlich nach der Stärke des Vocals im Uebergangsmoment (man hört den Gleitlaut also z. B. deutlicher in *ăpa* als in *āpa*, weil im letztern Falle der Schluss des langen Vocals geringere Stärke hat; deutlicher bei folgender Fortis als vor Lenis, weil bei ersterer noch stärkere Exspiration dem Verschluss vorangehen muss, u. s. w.).

446. In den meisten Sprachen dürfte dieser directe Uebergang mit durchaus stimmhaftem Sonorlaut der häufigste sein, wenn der Sonorlaut silbenbildend ist. Die Sprachen mit sog. Stosston (im Sinne von **585** ff.) kennen daneben auch den festen Uebergang (*ā'pa*, *ā'ta*, *ā'ba*, *ā'da* etc.). Gehauchter Uebergang nach Vocalen ist selten, findet sich aber z. B. regelmässig im Isländischen vor *tt*, *kk*, *pp*, z. B. in *dóttir*, gesprochen *dōʿtir*, nach Sweet S. 76 auch bisweilen im Schottischen, z. B. in ʿuɔ²ʿt = *what*. Er entspricht dem skr. Visarga vor Verschlusslauten.

447. Unsilbischer Sonorlaut wird consequenter Weise oft mehr oder weniger (d. h. ganz oder nur in seinem letzten Theile) stimmlos; vgl. z. B. engl. *built* mit *build*, *felt* mit *felled*, *tent* mit *tend* u. dgl.

Cap. 21. Berührungen von Geräuschlauten.

448. Es ist nicht nöthig, hier alle überhaupt möglichen Combinationen zu besprechen, da nach dem bisher Erörterten eine Menge derselben ohne Weiteres verständlich sein wird.

449. Selbstverständlich gilt auch hier das Gesetz, dass stimmhafte Geräuschlaute ohne Aussetzen der Stimme combinirt werden. Für die Verbindung eines stimmhaften Geräuschlauts mit einem stimmlosen giebt es keine absolut gültigen Gesetze für den Fall, dass beide Laute auf verschiedene Silben vertheilt sind. Sollen beide den Anlaut éiner Silbe bilden, so tritt wohl fast ausnahmslos Assimilation ein, d. h. beide werden stimmhaft oder stimmlos. Weniger streng wird dies Gesetz im Silbenauslaut gehandhabt. Zur Bildung von Ausnahmen ist das als Substitut für uvulares *r* fungirende ʒ am meisten geeignet, da es bei geringem Stromdruck und geringem Reibungsgeräusch den Sonoren noch am nächsten steht. Hier ist wenigstens der Anfang des ersten Lauts oft noch stimmhaft, der Ausgang aber wird dem stimmlosen Folgelaut assimilirt.

450. Nicht homorgane Spiranten können sich ebenso ohne Weiteres unter einander verbinden wie nicht homorgane Verschlusslaute; bei letzteren können sich also sämmtliche Ein- und Absätze wiederholen, z. B. *abda* mit stimmhafter oder stimmloser Media, *apta* mit leisem, *apʽta* mit festem, *apʽtʽa* mit gehauchtem Absatz; aber auch *aptʽa* mit verschiedenen Absätzen; auch *apda*, selbst *abta* u. s. w. sind möglich, vgl. z. B. Worte wie engl. *trap-door*, *lap-dog*, oder *big-talk*, *dog-trot* u. dgl. Es gilt hier für jede einzelne Sprache die speciellen Neigungen genauer zu untersuchen.

451. Als Beispiel seien hier die Untersuchungen von Kräuter über nhd. Aspiraten und Tenues, Kuhn's Zeitschr. XXI, 30 ff., angeführt. Diese haben z. B. ergeben, dass auch diejenigen deutschen Mundarten, welche anlautende Tenues aspiriren (*kʽa*, *tʽa*, *pʽa*), doch beim Zusammentreffen zweier Tenues die doppelte Aspiration vermeiden, u. dgl. mehr. Ich bemerke aber, dass anderwärts, z. B. im Armenischen, diese Abneigung nicht besteht und man wirklich zwei nicht homorgane Aspiraten neben einander spricht.

452. Ueber die Verbindungen von Spiranten und Verschlusslauten ist nichts zu bemerken, was sich nicht ebenfalls von selbst verstünde.

453. Ausser diesen allgemeinen gelten noch einige speciellere Bestimmungen über Lautfolgen, die bisher nicht zur Sprache gebracht worden sind.

1. Affricatae.

454. Bei der Verbindung eines einfachen Verschlusslauts mit einem nachfolgenden Sonoren (seltener Geräuschlaut) wird der Mund sofort und mit thunlichster Geschwindigkeit zu der für den Sonoren erforderlichen vollen Weite geöffnet. Geschieht dies nicht, sondern wird zunächst, wenn auch nur für einen kurzen Moment, der Verschluss nur so weit geöffnet, dass die exspirirte Luft an den Rändern der so gebildeten Enge sich reibt, so schiebt sich zwischen den Explosivlaut und den Sonoren ein dem ersteren homorganes Reibungsgeräusch ein. So entstehn Verbindungen wie die deutschen *pfa, tsa, kxa* u. s. w. Wir nennen dieselben Affricatae, sobald beide Laute, Explosivlaut und Spirans, im Silbenanlaut stehn, d. h. hier mit demselben Luftstoss hervorgebracht werden. Sie dürfen durchaus nicht verwechselt werden mit den auf zwei Silben vertheilten *p-f, t-s* u. dgl., die wir bei deutlich accentuirter Aussprache etwa in *ab-fahren, hat-sich* hören (vgl. das oben **434** über die Aspiraten Bemerkte).

455. Je nach der Verschiedenheit des Absatzes der Explosion wird auch die Qualität und Quantität bez. Stärke der Spirans verschieden sein. Aus den stimmhaften Medien entwickeln sich so stimmhafte (*dz, dž, gʒ* u. s. f.), aus den stimmlosen Medien stimmlose Affricaten. Am vollständigsten ist die Reihe wieder bei den Fortes (Tenues) entwickelt, weil diese die vielfachsten Absätze haben. Den Tenues mit leisem Absatz entsprechen also *pfa, tsa, tša*, wie sie etwa der Schweizer oder auch der Mitteldeutsche, vielfach auch der Norddeutsche spricht, den Aspiraten die Formen *pʻfa, tʻsa, tʻša* u.s.w., in denen das *f, s, š* mehr oder weniger als Fortis erscheint, jedesmal entspechend der Energie des Hauchs bei der correspondirenden Aspirata. Sie kommen öfter in Norddeutschland vor, aber ohne von den nichtaspirirten principiell geschieden zu sein. Besonders deutlich unterschieden werden beide Reihen z. B. im Armenischen und andern asiatischen Sprachen mit ähnlichem Lautsystem (so ist es mir keinem Zweifel unterworfen, dass das skr. *ch*, wenn es wirklich bereits als palatale Affricata gesprochen wurde, dem armenischen *tʻš* [vgl. Hübschmann, Z. D. M. G. XXX, 53 f. 57 f., Lepsius' *č*] gleichzustellen ist). Ganz eigenthümlich klingen die Affricaten mit festem Absatz, von denen das Tifliser Armenisch z. B. die Laute *ts̩* und *tš̩* aufweist (Hübschmann's *ts* und *c*, Lepsius' *ͭ* und *č*). Hier kann eben nur das im Munde eingeschlossene Luftquantum zur Bildung der Spirans verwendet werden; daher klingt dieselbe ganz kurz abgestossen, kürzer als sonst etwa eine Lenis *s* oder *š*, aber doch durch die Anlehnung an den vorhergehenden starken Verschlusslaut ziemlich energisch.

456. Eine feste Grenze zwischen Affricaten und einfachen Tenues ist vielfach nicht vorhanden. Hinteres velares *k* wird oft mit einem Ansatz von Reibungsgeräusch gesprochen, weil der Verschluss wegen der grossen zu bewegenden Massen nur relativ langsam in die entsprechende Weitstellung übergeführt werden kann (man vgl. das *kx* der Schweizer). Sodann stellt sich eine Spirans besonders leicht vor Vocalen mit starker Verengung des Ansatzrohrs ein, insbesondere vor *i*, vgl. z. B. russ. мь etwa in пять, u. dgl. Daher erklärt sich der Uebergang so vieler palatalisirter Laute in Affricaten (vgl. **489**).

2. Oeffnung von Verschlusslauten ohne Exspiration.

457. Man kann zwei Verschlusslaute so mit einander verbinden, dass der Verschluss für den zweiten erst nach der Explosion des ersten hergestellt wird. Die Explosion des ersten kommt in diesem Falle deutlich zu Gehör. So spricht man derartige Gruppen beim langsamen Syllabiren wohl im Deutschen, auch in der Bühnensprache bei getragener Declamation: für das Schwedische ist diese Aussprachsweise nach Sweet S. 83 Regel; *akta* klingt z. B. deutlich wie *ak + ta* (mit leisem Absatz des *k*). In der gewöhnlichen deutschen Verkehrssprache aber, im Englischen und wahrscheinlich in den meisten Sprachen (Sweet a. a. O.) ist eine andere Bildungsweise gewöhnlicher: **der Verschluss für den zweiten Laut wird während der Dauer des Verschlusses des ersten hergestellt**, z. B. der *t*-Verschluss in *lebte*, während noch die Lippen für das *b* geschlossen sind. Die Lippen werden also erst geöffnet, nachdem durch den *t*-Verschluss die Communication mit der Lunge abgesperrt ist, d. h. die Lippenöffnung erfolgt ohne alle Compression der Luft hinter der Articulationsstelle (**356**). Immerhin aber erzeugt auch hier die Oeffnung der Lippen ein ganz leises Geräusch. Noch schwerer wahrnehmbar ist das betreffende Oeffnungsgeräusch bei der Oeffnung eines *t*-Verschlusses vor *k*, z. B. in *hat-kein*. Liegt die zweite Verschlussstelle aber vor der ersten, wie z. B. in *Akte, Deckbett*, so verliert sich das Oeffnungsgeräusch noch gar in dem Blindsack, der durch den vorderen Schluss hergestellt ist. Treten mehr als zwei Verschlusslaute in dieser Weise zusammen, so wird der mittelste ganz wirkungslos, auch wenn man die Articulation desselben ausführt; vgl. z. B. Bildungen wie *Hauptkunststück, er trinkt kein Wasser*; diese werden denn sehr oft geradezu wie *haup-k-, trink-k-* (mit gedehntem *p, k*) gesprochen. Man hört eben hier überall, wie Sweet richtig bemerkt, nur den Eingang des ersten und die Explosion nebst dem Ausgang des letzten Verschlusslauts.

458. Ueber Verbindungen wie *p—b*, *t—d*, *k—g* oder umgekehrt *b—p*, *d—t*, *g—k* s. **563**; über *pn* in engl. *open* u. ä. s. **466**.

459. Ganz nahe stehen diesen Verbindungen solche von Verschlusslauten mit beliebigen Consonanten, wenn die Silbengrenze zwischen beide gelegt wird, also die Oeffnung in einem Augenblicke stattfindet, wo höchstens minimaler Stromdruck vorhanden ist; wir sprechen oft so *ablassen*, *absagen*, auch geradezu vor Vocalen, *hat aber* etc. (nicht in Süddeutschland und der Schweiz, wo der Consonant stets zum Folgenden gezogen wird); vgl. **551**.

Cap. 22. Berührungen homorganer Laute.

460. Für die Verbindung eines Dauerlauts mit einem (ganz oder theilweise) homorganen Verschlusslaut gilt wohl ausnahmslos die Regel, dass die Verschlussbildung von der homorganen Engenbildung ausgeht, nicht erst durch einen Rückgang der Organe durch die Ruhelage vermittelt wird. So schliessen sich *fp*, *st*, *št*, *rt*, *xk* unmittelbar an einander; ähnlich *lt*, indem die Zungenspitze in der *l*-Lage bleibt und nur die Seitenöffnungen geschlossen werden; bei *mp*, *nt*, *ŋk* wird nur die Gaumenklappe geschlossen, u. s. w.

461. Geht der Verschlusslaut dem Dauerlaut voran, so gilt dies Gesetz ohne Einschränkung nur dann, wenn der Dauerlaut die Explosion in der Richtung der Mittellinie des Mundes gestattet, also für *pf*, *ts*, *tš*, *tr*, *kx* u. s. w. Liegt aber die Enge des Dauerlauts nicht in der Mittellinie der Mundhöhle, so ist das Gesetz nur von beschränkter Gültigkeit, offenbar weil durch die veränderte Explosionsweise der Charakter des Explosivlauts selbst stärkeren Veränderungen unterliegt. Von solchen kommen hierbei vornehmlich in Betracht:

462. 1. Die laterale Explosion der (namentlich vorderen) Zungengaumenlaute vor *l*, also *dl*, *tl* (in allen Arten) und *kl* (namentlich bei palatalem *c*). Hier bleibt die Zunge in der Verschlussstellung, die Explosion erfolgt seitwärts, indem die Ränder der Zunge sich für das *l* von den Zähnen abheben. Wegen der Aehnlichkeit der Articulation schliesst sich auch *nl* hier an.

463. Die Verbindung *cl* mit lateraler Explosion hört man oft in Sachsen, z. B. *glauben*, gesprochen *clau-m* oder *clō-m* u. dgl. Sie geht übrigens sehr oft in *tl* über; man spricht also auch geradezu *tlō-m*.

464. Auch bei der Bildung anderer Laute kann die specifische *l*-Articulation vorausgenommen werden (vgl. **495**), aber die eigentliche Articulation dieser Laute wird dadurch nicht so sehr afficirt. Bei einer Verbindung wie *pl*, *bl* findet zwar bei Vorausnahme der *l*-Articulation eine Explosion durch die Seitenöffnungen zwischen Zunge und Zähnen statt, da der Mittelweg durch die Anpressung der Vorderzunge an Vorderzähne oder Gaumen versperrt ist. Aber die specifische Lippenexplosion der Labiale bleibt bestehn. Auch die Velare scheinen im Allgemeinen keine wesentliche Umlagerung ihrer Explosionsstelle zu erfahren, es sei denn, dass sie mit dem velaren *l* (**315**) verbunden werden.

465. 2. Die nasale Explosion der Verschlusslaute vor homorganem Nasal, also *pm*, *tn*, *kŋ* u. s. w., wie in *abmachen*, *Aetna* u. dgl. Hier wird der gewöhnlichen Explosion die Explosion der Gaumenklappe substituirt, d. h. der gewöhnliche Mundexplosivlaut durch den entsprechenden faucalen Explosivlaut (**168**) ersetzt.

466. In den meisten Sprachen sind sowohl die laterale wie die nasale Explosion in den angegebenen Fällen Regel, sobald es sich um reine Tenuis oder Media handelt. Dagegen kommt die Aspirata der Tenuis öfter ohne diese Assimilation vor; doch auch für die reine Tenuis sind mir hier und da (z. B. im Magyarischen) Fälle des Unterbleibens der nasalen Explosion bekannt geworden. — Im Deutschen haben beide Arten von Umlegung der Explosionsstelle sehr stark um sich gegriffen. Namentlich haben sich auch die unbetonten Endsilben -*el*, -*en* hier angeschlossen: sie verlieren meist ihren Vocal und ausserdem assimilirt sich das *n* von -*en* gern an den vorausgehenden Verschlusslaut. So spricht man mit silbisohem *l*, *n* fast überall *tā-dl*, *ki-tl*, *lā-dn*, *hā-tn*, auch *blai-bm*, *lá-pm*, *kná-kŋ* (in Sachsen auch mit doppelter Assimilation *kŋá-kŋ* oder *tŋá-kŋ*) für *Tadel*, *Kittel*, *laden*, *hatten*, *bleiben*, *Lappen*, *knacken*; doch gehen hierin die verschiedenen Mundarten öfter auseinander. — Uebrigens täuscht man sich über das Vorkommen oder Fehlen dieser letzteren Art von Assimilation selbst in der eigenen Mundart sehr gewöhnlich. Recht schlagend tritt aber z. B. der Unterschied zwischen assimilirenden und nichtassimilirenden Sprachen hervor, wenn wir etwa unsere heimische Articulationsweise auf das Englische übertragen und *tẽⁱ-kŋ* (*e* = *e¹*), *õᵘ-pm* für *tẽⁱ-kn*, *õᵘ-pn* (*taken*, *open*) aussprechen (im letzteren Falle wird übrigens der Zungenverschluss des *n*, wie Sweet S. 213 zuerst bemerkt, schon vor der Explosion des *p* gebildet, sodass das *p* hier nach **457** zu beurtheilen ist).

467. Ausser den zuletzt geschilderten wesentlicheren Assimilationen kommen gelegentlich noch andere, weniger belangreiche vor, namentlich wenn Verschlusslaut und Spirans nicht ganz homorgan sind. So pflegen wir bei *fp* und *pf* das *p* labiodental zu bilden; beim *t* von *tš* legt sich die Zunge oft seitlich stärker an den Gaumen an als beim isolirten *t*, und bekommt überhaupt eine stärkere dorsale Wölbung, u. dgl. mehr. Ueberall zeigt sich dasselbe Bestreben, möglichst vollkommene Homorganität herzustellen, welches so vielfache Assimilationen hervorgerufen hat.

468. Auch beim Zusammentreffen zweier Dauerlaute kommt das Gesetz von der nur einmaligen Ausführung gemeinschaftlicher Articulationsfactoren wieder zur Geltung; man vgl. also Lautfolgen wie *mw*, *mf*, *ns*, *nš*, *ᴘx* und umgekehrt. Die einzelnen Fälle bedürfen keiner weiteren Ausführung.

Cap. 23. Mischung verschiedener specifischer Articulationen.

469. Zwei Nachbarlaute können im Wesentlichen auf zwiefach verschiedene Weise mit einander verbunden werden. Entweder articulirt man den ersten Laut zunächst unbekümmert um den Folgelaut, d. h. man stellt nur diejenigen Theile des Sprachorgans ein, welche an der Bildung der specifischen Articulation des ersten Lautes nothwendig betheiligt sind, oder man nimmt von Anfang an dergestalt bereits auf den kommenden zweiten Laut Rücksicht, dass die bei der specifischen Articulation des ersten Lautes nicht beschäftigten Theile des Sprachorgans ganz oder theilweise so eingestellt werden wie es der Folgelaut verlangt. Einige Beispiele mögen dies erläutern.

470. Eine Silbe wie *mi* wird nach der ersten (z. B. im Deutschen meist üblichen Art) so begonnen, dass man die Lippen schliesst, die Gaumenklappe öffnet und dann die Stimme einsetzt. Das Product dieser Articulation ist ein (indifferentes) *m*. Die Zunge befindet sich dabei zunächst unthätig in der Ruhelage. Um nun von dieser Gesammtstellung zu der des *i* zu gelangen, muss man einerseits die Gaumenklappe schliessen und die Lippen öffnen, andrerseits die Zunge in die *i*-Stellung bringen (um hier von einer etwaigen spaltförmigen Ausdehnung der Lippen u. dgl. abzusehen). Von diesen verschiedenen Bewegungen müssen Gaumenschluss und Lippenöffnung, die zusammen das Ende des *m* herbeiführen, gleichzeitig vollzogen werden. Dagegen pflegt man (wie das für bestimmte Einzelfälle wohl zuerst Bremer S. 56 f. deutlich ausgeführt hat) die Zunge schon während der Dauer des *m* allmählich in die *i*-Stellung hinein oder wenigstens in der Richtung auf diese Stellung hin gleiten zu lassen. Aehnlich auch bei der Bildung von Folgen wie *ku*. Hier kann man zunächst bei indifferenter Lippenstellung bloss den velaren Verschluss des *k* bilden und dann erst während der Dauer des *k* die Lippen in die für das folgende *u* erforderliche Rundungs- bez. Vorstülpungsstellung gleiten lassen.

471. Ebenso gut kann man aber auch nach der zweiten Art ohne Störung der specifischen Articulation des m (als labialen Nasals) oder des k (als velaren Verschlusslauts) bei mi die Zunge von vorn herein in die i-Stellung, bei ku desgleichen die Lippen in die Rundungsstellung etc. des u bringen und dann diese Elemente der Gesammtstellung bis zum Ende des m bez. k festhalten,' so dass also m und i, k und u von Anfang an enger an einander gebunden erscheinen. Wir wollen diese Art engerer Bindung erforderlichen Falls durch ein ⌒ über der betreffenden Lautfolge bezeichnen, also $\widehat{mi}$, $\widehat{ku}$ im Gegensatz zu der in **470** beschriebenen ersten Art der lockereren Bindung mi, ku, die wir nicht besonders auszeichnen.

472. In derselben Weise wie das m in der **470** beschriebenen Folge mi u. ä. werden sehr gewöhnlich auch die h in Bindungen wie ha, he, hi, ho, hu hervorgebracht, d. h. die Zunge begibt sich erst während der Dauer des Hauchs durch Gleitbewegung in die Stellung des folgenden Vocals. Daneben gibt es aber natürlich auch Bindungen wie $\widehat{ha}$, $\widehat{he}$, $\widehat{hi}$ etc. mit fester Zungenstellung während der Dauer des h, namentlich da wo das h zwischen gleichen Vocalen steht, wie in aha, ihi, uhu u. s. w.

473. In beiden Fällen ist während der Dauer der m, k mindestens ein Theil der specifischen Articulation der i, u als unspecifisches Element in die m- und k-Stellung eingemischt worden, und zwar hier speciell durch Anticipation. Mit Rücksicht auf die verschiedene Art dieser Anticipation entweder durch allmähliche Gleitbewegung (**470**) und damit durch fortschreitende Mischung, oder durch feste Aufnahme von Anfang an (**471**), können wir danach genauer ein Einleiten oder aber eine Vorausnahme dieses Mischungselements unterscheiden, oder sagen, dass mi, ku mit einleitendem, $\widehat{mi}$, $\widehat{ku}$ aber mit vorausgenommenem i- bez. u-Element gebildet werden.

474. In analoger Weise können aber auch Elemente der specifischen Stellung eines vorausgehenden Lautes entweder bis zum Schluss des Folgelauts beibehalten, oder aber während der Dauer dieses zweiten Lautes durch eine Gleitbewegung allmählich entfernt werden. Man kann also z. B. die Folge $i + m$ entweder als $\widehat{im}$ sprechen, d. h. so, dass man die i-Stellung der Zunge bis zum Schluss des m beibehält, oder aber als im, d. h. so, dass man schon während der Dauer des m die Zunge aus der anfänglichen i-Stellung nach der Ruhelage hin zurücksinken lässt (das letztere ist die im Deutschen gewöhnlichste Art); ähnlich bei $\widehat{uk}$ im Gegensatz zu uk bezüglich der Einhaltung oder allmählichen Aufgabe der Lippenrundung während der

Dauer des *k*. Im ersteren Fall kann man von einem **Durchhalten**, im zweiten Fall von einem **Abgleiten** des eingemischten Articulationselements reden: $\widehat{im}$ bezeichnet danach eine Aussprache mit **durchgehaltenem**, *im* eine Aussprache mit **abgleitendem** *i*-Element, u. s. w.

475. Die bisher besprochenen Beispiele *mi*, *im* und *ku*, *um* sind insofern besonders einfach, als es sich bei den ersteren um die Einmischung eines Zungenstellungselements (des *i*) in die Stellung eines reinen Lippenlauts, bei den letzteren um die Einmischung eines Lippenstellungselements (der Rundung etc. des *u*) in die Stellung eines reinen Zungengaumenlauts handelt, also um die gleichzeitige Bildung zweier Stellungselemente die sich gegenseitig in keiner Weise stören. Anders da wo sich zwei specifische Articulationen eines und desselben Organs zu mischen haben, was namentlich bei der Berührung von zwei Zungengaumenlauten (einschliesslich der Vocale) in Betracht kommt. Hier ist eine Mischung nur um den Preis eines Compromisses zwischen den beiden specifischen Articulationen möglich. Bei einer Folge wie *ki* setzt man daher zunächst ein gewöhnliches (etwa vordervelares) *k* ein, rollt dann die Verschlussstelle durch Vorwärtswälzen der an den Gaumen angedrückten Zunge gewissermassen am Gaumendach ab, bis man zu einer für die Bildung des folgenden *i* bequemen Verschlussstellung gelangt ist, und lässt dann explodiren; bei der Folge $\widehat{ki}$ wird dagegen der Verschluss des *k* von vorn herein an der mehr nach vorn gelegenen Stelle gebildet, von der aus ein bequemer Uebergang zum *i* möglich ist. Umgekehrt bei *ik* und $\widehat{ik}$.

476. Besonders deutlich sind diese verschiedenen Bildungsweisen bei Consonanten zu unterscheiden, die zwischen zwei verschiedenen Vocalen stehen, also bei Folgen wie *a-m-i*, *a-m-u*, *i-m-a*, *a-k-u*, *u-k-a* einer- und solchen wie *a-k-i*, *i-k-a*, *u-k-i*, *i-k-u* andrerseits. Hier wird beispielsweise bei *a-ki* das *k* nach dem velaren Vocal *a* zunächst velar eingesetzt, dann die Verschlussstelle für das folgende palatale *i* bis zu einer mehr oder weniger ausgeprägten Palatalstellung nach vorn geschoben und dann explodirt, bei *a-$\widehat{ki}$* dagegen gleich nach dem *a* palatales *k* eingesetzt, u. s. w.

477. Weiterhin ist zu beachten, dass es sich bei den verschiedenen Articulationsmischungen nicht immer nur um reine Beispiele von Vorausnahme bez. Durchhaltung einerseits und von Eingleiten bez. Abgleiten andrerseits handelt, sondern dass auch hier Compromissformen auftreten können. So wird z. B. beim gewöhnlichen deutschen *ki* zwar nicht die volle

Palatalstellung der Folge $\widehat{ki}$ vorausgenommen, aber doch das k etwas mehr nach vorn eingesetzt als etwa in den Folgen ka, ku, und dann gleitet man von dieser vorausgenommenen Mittelstellung aus in die mehr palatale Stellung über, von der aus die Explosion erfolgt, sodass also partielle Vorausnahme und Eingleitbewegung hier mit einander verbunden sind.

478. Es ist auch nicht nöthig, dass das in die Articulation des Nachbarlauts eindringende Mischelement wie in den bisher gegebenen Beispielen allemal oder allein das des Sonanten bez. Vocals der betreffenden Silbe sei, vielmehr können auch die Consonanten die Sonanten ihrer Silben in ganz analoger Weise beeinflussen. So bildet man im Deutschen, Englischen etc. Vocale wie i, e nach Labialen (welche der Zungenaction volle Freiheit lassen) bez. reinen Dentalen bei sonst gleichen Aussprachsbedingungen (hierauf ist bei der Beobachtung besonderes Gewicht zu legen) normaler Weise etwas höher und weiter nach vorn als nach Alveolaren oder Velaren etc., bei denen die Zunge mehr rückwärts articulirt; man vgl. etwa den helleren bez. dumpferen Klang der i in deutschem *Finder, Binder*: *Kinder, Rinder*, engl. *thee*: *tea* u. dgl. (vgl. auch **665**).

479. Endlich ist auch nicht zu übersehen, dass das Mischungsverhältniss der beiden contrastirenden Articulationen graduell sehr verschieden sein kann, und zwar wiederum besonders nach zwei Richtungen hin. Da alle die besprochenen Erscheinungen auf die Herstellung einer glatteren Bindung der beiden Nachbarlaute hinauslaufen, so ist leicht zu verstehn, dass zu einer Mischung um so eher und stärker Anlass gegeben ist, je weiter die beiden Articulationsstellungen von einander abliegen. Daher wirken z. B. Vocale mit energischer Zungen- und Lippenthätigkeit, wie etwa das hohe palatale i oder das stark gerundete u oft stärker als Vocale von mittlerer Zungenhöhe und mit geringeren Graden von Rundung. Andrerseits hängt es sehr von den Gewohnheiten der einzelnen Sprachen ab, wie weit man etwa im Einzelfall der contrastirenden Stellung eines Nachbarlauts entgegen kommt. Es handelt sich dabei nicht nur um den allgemeinen Gegensatz von völliger Vorausnahme bez. Durchhaltung einerseits und die bloss partielle Angleichung durch Eingleiten und Abgleiten, sondern namentlich auch um die verschiedenen Compromissstufen dieser Erscheinungen die in **477** berührt worden sind.

480. Was schliesslich die Einwirkung der Aufnahme eines beliebigen fremden Mischungselements auf den Charakter des beeinflussten Lants anlangt, so ist klar, dass dessen Stellung und demnach sein Klang jedesmal eine grössere oder geringere Modification erfahren. Der Klangunterschied tritt nach Massgabe von **95 ff.** bei Stimmhaften, seien sie sonor oder nicht, am deutlichsten hervor, aber auch die stimmlosen Spiranten und selbst die Explosionsgeräusche der Verschlusslaute werden mehr oder weniger afficirt, desgleichen natürlich auch die die einzelnen Stellungslaute umrahmenden Gleitlaute. Besonders deutlich machen sich alle diese Erscheinungen bei den Einwirkungen von Vocalen auf ihre unsilbischen (consonantischen) Nachbarlaute bemerkbar. Es gibt also auch von den 'Consonanten' im alten Sinne des Worts streng genommen ebensoviel Spielarten als es Vocalnüancen in der betreffenden Sprache gibt (man spreche sich zur Verdeutlichung $\widehat{ama}$, $\widehat{eme}$, $\widehat{imi}$ u. s. f. mit lang ausgehaltenem *m* und Beibehaltung des vocalischen Mischungselementes vor, oder $\widehat{pa}$, $\widehat{pe}$, $\widehat{pi}$ u. dgl., die letzten am besten flüsternd). Graphisch kann man diese verschiedenen 'Consonant'-Nüancen bei isolirtem Consonantzeichen etwa durch einen übergesetzten kleinen Vocalexponenten bezeichnen. Danach wären also z. B. r^u, r^i Arten von *r* die mit Einmischung der *u*- bez. *i*-Articulation gebildet, also so gesprochen werden wie es in den Verbindungen $\widehat{ru}$, $\widehat{ri}$ etc. (s. **474**) geschieht.

481. Unter den verschiedenen Mischungserscheinungen sind sprachgeschichtlich besonders die durch die Aufnahme von Stellungselementen *i*- und *u*-ähnlicher Vocale bewirkten von Wichtigkeit, die man mit dem Namen der Palatalisirung und Rundung zu bezeichnen pflegt. Ueber diese und einige andere Erscheinungen soll im Folgenden noch etwas specieller berichtet werden.

1. Palatalisirung.

482. Unter Palatalisirung (vulgo Mouillirung) versteht man die Veränderung, welche ein beliebiger Laut (oder eine Lautgruppe) durch Anpassung an die Mundarticulation eines palatalen Vocals (speciell oft *i* oder *i̯*, s. unten) erfährt, d. h. durch eine dem Palatalvocal entsprechende dorsale Erhebung der Vorderzunge (dazu gesellt sich bisweilen eine spaltförmige Erweiterung der Lippen, mögen diese geöffnet oder geschlossen sein, vgl. **264**).

483. Im Folgenden sollen nur solche Fälle behandelt werden, bei denen es sich um eine durchgehende Palatalisirung handelt, und nicht nur um die blossen Ansätze zu Palatalisirungen, die bloss durch Gleitbewegungen zur Palatalstellung hin (**470**) hervorgebracht werden. Aehnliches gilt auch von der Rundung (unten **491** ff.).

484. Als Beispiele palatalisirter Consonanten können namentlich die Consonanten vieler slavischen Sprachen vor (ursprünglichen) *i*, *j* dienen, z. B. russ. лить *lit'*, никто *ńikto*, poln. *ń*, *ś*; aus dem Gebiet der romanischen Sprachen fallen hierher das franz. *gn* (**322**), ital. *gl*, *gn*, span. *ll*, *ñ*, portug. *lh*, *nh* (deren Palatalisirung ich früher fälschlich bezweifelte, vgl. Storm² S. 76); unter den deutschen Mundarten sind namentlich die siebenbürgischen reich an palatalisirten Lauten.

485. Was die Einwirkung der Palatalisirung auf die specifischen Articulationen der betroffenen Laute betrifft, so findet nach **475** bei Labialen eine Störung derselben nicht statt, da hier die specifische Articulation durch die Lippen, die Palatalisirung durch die Zunge ausgeführt wird; ein gleiches gilt von den Faucalen. Bei allen Zungengaumenlauten aber muss ein Compromiss zwischen den beiden sich kreuzenden Articulationen eintreten. Bei Lauten, deren Zungenarticulation der der palatalen Vocale conträr ist, involvirt derselbe oft geradezu eine Verlegung der Articulationsstelle. So sind z. B. die eigentlichen Velare (**163**) der Palatalisirung nicht direct fähig, weil bei ihnen die Hinterzunge so nach hinten und oben gezogen ist, dass die Vorderzunge die erforderliche Palatalstellung nicht mehr einnehmen kann. Soll also deutlich und ohne Gleitbewegung während der Dauer des Lauts (**470**) palatalisirt werden, so wird die Articulationstelle selbst vom weichen zum harten Gaumen vorgeschoben, d. h. an die Stelle des eigentlichen Velars tritt ein Palatal (**161**). Von den sog. Dentalen widerstreben die Cerebralen und Coronalalveolaren einigermassen der Palatalisirung; dagegen sind die Dorsalen ganz besonders dafür geeignet (so namentlich auch das dorsale helle *l*, **314**). Uebrigens ergeben sich die einzelnen Abweichungen der Articulation palatalisirter Consonanten von der der indifferenten leicht durch einfaches Probiren.

486. Die Palatalisirung kann verschiedene Grade aufweisen, je nach der Zungenhöhe des die Palatalisirung bewirkenden Vocals: je höher der Vocal, um so mehr wird auch die dorsal gewölbte Zunge dem Gaumen genähert und um so deutlicher wird der Palatalklang. Die Anpassung an die *i*- oder *i̯*-Stellung erzeugt daher die stärksten Grade von Palatalisirung.

Nicht selten geht dabei die Palatalisirung über die Zungenhöhe des palatalisirenden Vocals noch hinaus (auch bei *i* selbst: so ist z. B. die Zunge bei der Bildung des *ń* in ung. *nyilik*, d. h. *ńilik*, dem Gaumen noch mehr genähert als für das *i* erforderlich ist).

487. Ein palatalisirter Laut ist an sich ein ebenso einheitlicher Laut als jeder beliebige nicht palatalisirte (indifferente) Laut. Palatalisirte Dauerlaute lassen sich also beliebig lange aushalten, ohne dass man die Palatalisirung aufgibt oder in *j* (*i̯*) übergeht. Bei den zahlreichen auslautenden нь, ль, сь des Russischen oder den *ń, l, ś* des Polnischen ist denn auch nicht die geringste Veränderung der Articulation während der Dauer des Lautes wahrzunehmen. Ebensowenig ist etwa bei russ. poln. $\widehat{pi}, \widehat{ti}, \widehat{ki}$ oder $\widehat{bi}, \widehat{di}, \widehat{gi}$ von einem *j* (*i̯*) zwischen dem Verschlusslaut und dem *i* die Rede (doch vgl. **489**), und doch unterscheiden sich die *p, t, k; b, d, g* dieser Verbindungen ganz deutlich durch die Farbe ihres Explosionsgeräusches von den indifferenten Parallelen in *pa, ta, ka* etc. Es ist also falsch, palatalisirte (oder mouillirte) Laute als Folgen von 'Consonant + *j* (*i̯*)' zu definiren, wie das früher öfters geschehen ist (so ist beispielsweise ital. *bagno* = *ba-ño*, nicht = *ban-i̯o*: man achte auch auf die verschiedene Silbentrennung!).

488. Dagegen ist es richtig, dass sich specifische Gleitlaute von der Palatalstellung eines palatalisirten Lautes zu der mehr indifferenten Stellung eines weniger oder gar nicht palatalen Vocals für das Ohr mehr oder weniger bemerkbar machen, und zwar um so mehr, je grösser der Abstand zwischen Palatal- und Vocalstellung ist (aber auch selbst in Fällen wie dem oben **486** erwähnten ung. *nyilik*). Ebenso kann auch der Uebergang von einem weniger palatalen oder nicht palatalen Vocal zu einem palatalisirten Nachbarlaut den Eindruck hervorrufen, als klinge diesem Folgelaut ein leises *i̯* vor, das sich mit dem vorausgehenden Vocal diphthongisch verbinden kann. Aber die genannten Gleitlaute gehören ebensowenig als integrirende Bestandtheile zu dem palatalisirten Laute selbst wie beliebige andere Gleitlaute zu den Stellungslauten, die sie verbinden. Es ist also nochmals zu betonen, dass die eigentliche Palatalisirung nur in der veränderten Articulationsstellung der betreffenden Laute besteht; alles Uebrige sind nur Begleiterscheinungen. — Dass daneben wirkliche Verbindungen von palatalisirten Consonanten mit folgendem oder vorausgehendem *i̯* (also einem unsilbischen Stellungslaut von messbarer Dauer) vorkommen können, wird damit natürlich nicht geleugnet.

489. Charakteristisch ist für alle palatalisirten Laute die Engenbildung zwischen der Vorderzunge und dem harten Gaumen. Sprachgeschichtlich gewinnt diese dadurch eine besondere Bedeutung, dass sie bei Verschlusslauten auch als Schallerzeugerin auftreten kann, und zwar geschieht dies um so eher, je grösser die Druckstärke und die exspirirte Luftmenge ist. Wenn nämlich der Uebergang vom Verschluss zum folgenden Vocal nicht ganz schnell und mit vollkommen genauer Regelung des Stromdrucks vorgenommen wird, so heftet sich an das Explosionsgeräusch noch ein entsprechendes Reibungsgeräusch an, das nach stimmhaften Explosivlauten stimmhaft, nach stimmlosen stimmlos ist; man vgl. Worte wie russ. брать $= brat^i$, пять $= p^i ät^i$ oder lit. $re\widetilde{\imath}k$ für $re\widetilde{\imath}kia$ u. s. w. Diese Reibungsgeräusche ähneln wohl einem palatalen χ (d. h. dem stimmlosen Correspondenten unseres spirantischen j), doch sind sie keineswegs ohne Weiteres mit ihm identisch; vielmehr richten sie sich nach der speciellen Stellung des betreffenden palatalisirten Lautes. In den angeführten Beispielen ist das Geräusch bei k ein ganz anderes, weiter rückwärts gebildetes als bei t, ausserdem haben die Geräusche meist stärkere Engenbildung als die χ und weichen vielfach nach der Seite palatalisirter s- und $\acute{s}$-Laute ab (z. B. im Poln. wird $\acute{c}$ aus altem und russ. ть $= t^i$, dz aus дь $= d^i$). Es ist hier sehr schwer eine Grenze zu ziehen, bei der einfacher palatalisirter Explosivlaut aufhört und palatalisirte Affricata beginnt.

2. Velarisirung.

490. Der Palatalisirung entgegengesetzt ist die Velarisirung, d. h. die Zurückziehung des Zungenrückens nach dem weichen Gaumen oder der Rachenwand hin. Sie tritt im Ganzen seltener als eine deutlich ausgeprägte Spracherscheinung auf als die Palatalisirung. Am leichtesten ist sie bei Labialen durchzuführen. Bei $\widehat{mu}$ kann z. B. die Zunge ohne Störung der m-Articulation schon während der Dauer des m in der velaren u-Stellung stehn, oder bei mu während der Dauer des m in diese übergeführt werden. Bei Zungengaumenlauten ist dagegen die Einmischung velarer Zungenstellung wieder nur durch Compromiss möglich (vgl. dazu etwa die Beispiele von **478**).

3. Rundung.

491. Beim *u* und anderen gerundeten Vocalen ist die Thätigkeit der Lippen von grösserer Bedeutung als beim *i*, und die Einwirkung solcher Vocale auf benachbarte Laute oder Lautgruppen besteht denn auch wesentlich in der Aufnahme der Rundung (und Vorstülpung) der Lippen. Man kann daher diesen Vorgang a potiori mit dem Namen Rundung bezeichnen; Andere gebrauchen in gleichem Sinne auch das Wort Labialisirung (vgl. übrigens **483**).

492. Im Ganzen verhält sich die Rundung der Palatalisirung analog, auch was ihre Gradabstufungen anlangt. Weil aber die Engenbildungen an den Lippen hier nicht so beträchtlich sind, so kommen auffallendere Reibungsgeräusche nicht so leicht zu Stande, oder sie werden von uns nicht als besondere Laute empfunden, zumal wir keine rein labialen Spiranten (ausser dem gewöhnlich reducirt gesprochenen *w*) zu kennen pflegen. Doch vgl. man z. B. dän. *kʻun, pʻund, tʻunge*; bei ihnen erfährt der Hauch der anlautenden Aspirata deutlich eine Modification durch die Reibung an den Lippenrändern.

Auch eine Verbindung von Rundung und Palatalisirung kommt oft vor als Folge der Einwirkung gerundeter Palatalvocale wie *ö, ü*, z. B. in dän. *tyve, pynte, kyst*; doch ist hier die Palatalisirung meist nicht sehr stark, weil solche Vocale gerade den Sprachen fehlen, die sich (wie die slavischen) durch starke Palatalisirung auszeichnen.

493. Historisch betrachtet ist der Eintritt der Palatalisirung und Rundung in weitaus den meisten Fällen durch die Nachfolge palataler und gerundeter Vocale bedingt gewesen, weil wirklich isolirt auslautende Verbindungen von solchen Vocalen + Folgelaut nur selten vorkamen, bei inlautenden Verbindungen der Art der unsilbische Folgelaut in der Regel als Anlaut zur folgenden Silbe gezogen und damit dem Einflusse von deren Vocal unterworfen wurde. So treten denn beide Erscheinungen nach einem Vocal erst verhältnissmässig spät und vereinzelt auf. Einigermassen verbreitet sind fast nur die Uebergänge von Velaren nach einem *i* in Palatale (und weiterhin in Affricaten; so z. B. altenglisch *ich* aus ags. *ic̄, which* aus *hwy̆lc* für *hwi-lic* u. dgl.).

494. Endlich ist, wie bereits angedeutet wurde, die palatalisirende oder labialisirende Einwirkung eines Vocals nicht auf einen einzigen Nachbarlaut beschränkt; vielmehr nehmen in der Regel alle dem betreffenden Vocal silbenanlautend vorhergehenden (unsilbischen) Sprachlaute an der Palatalisirung oder Rundung theil, ja selbst Laute, die andern Silben angehören, können davon ergriffen werden (Näheres für das Russische s. z. B. bei Böhtlingk in den Mélanges russes II, 26 ff.).

4. Aufnahme anderer Articulationen.

495. Ausser den Articulationen der Vocale können auch die von andern Sprachlauten in ähnlicher Weise den Articulationen von Nachbarlauten einverleibt werden, wenn eine Combination der beiden Articulationen möglich ist. Dies geschieht namentlich oft bei der Verbindung von labialen und gutturalen Verschlusslauten (seltener Spiranten) mit *l*, wie *pl*, *bl*, (*fl*), *kl*, *gl*, über die bereits **464** gehandelt ist. Die Verschlusslaute der Vorderzunge entziehen sich einer solchen Combination natürlich: an die Stelle derselben tritt die ebenfalls bereits besprochene Verlegung der Explosionsstelle an die Seitenränder der Zunge (**462**). — Andere Fälle der Art sind die Vorausnahme einer *r*-Articulation (namentlich der eines ungerollten), ebenfalls nach labialen und velaren Verschlusslauten, also in Fällen wie *pr*, *br*, *kr*, *gr* (im Englischen wie mir scheint ganz gewöhnlich). Vocale können in dieser Weise modificirt werden durch Hebung der Zungenspitze zur *r*-Stellung hin. Nach Sweet S. 53 wird so z. B. das kentische 'retracted *r*' in *sparrow* etc. dem vorausgehenden Vocal einverleibt, also (*spaɪr+*) d. h. *spā̇*, mit Mischung von *a* mit cerebralem *r*. Auch das engl. *re* in *pretty* ist oft ein solcher Vocal mit *r*-Modification, auch die Verbindungen *er*, *ir*, *ur* in der amerikanischen Aussprache, wenn nicht ich irre (vgl. oben **298**). Natürlich ist diese Bezeichnung '*a* mit *r*-Modification' a potiori gegeben; überwöge das *r*-Element, so wäre vielmehr von *r* mit Vorausnahme der '*a*-Stellung' zu reden. — Gleichzeitige Bildung eines *n* und *p* ist **466** berührt worden.

Cap. 24. Reduction.

496. Als Reductionen bezeichne ich zusammenfassend eine Reihe geschichtlich eintretender Veränderungen, welche gewisse Sprachlaute dergestalt erleiden können, dass sie wesentliche Eigenthümlichkeiten, die für ihre Definition mit massgebend waren, einbüssen, und dadurch Modificationen erfahren, die in dem Lautsystem selbst noch nicht vorgesehen waren.

497. Nicht alle Schwächungen, Kürzungen etc. von Lauten werden als Reduction bezeichnet; z. B. nicht die Kürzung eines langen l zu kurzem l, weil dem letzteren immer noch die Eigenschaften eines Dauerlauts bleiben. Wir sprechen erst von einem reducirten l, wenn es die Eigenschaften eines Dauerlauts verliert, s. unten unter 2, von einem reducirten s, wenn es die Haupteigenschaften eines Spiranten, d. h. das Reibungsgeräusch einbüsst, u. dgl. mehr.

498. Da es sich hierbei zunächst um geschichtliche Veränderungen gegebener Laute handelt, so sollten die Reductionen, streng genommen, erst in dem Abschnitt über Lautwandel besprochen werden. Indessen liegen doch in den verschiedensten Idiomen Aussprachsweisen vor, die wir bei historischer Betrachtung zwar als 'reducirt' zu bezeichnen haben, die aber doch immerhin auch ein empirisch gegebenes Material sind, dessen Verhältniss zu den früher aufgestellten Normalformen bereits hier erläutert werden muss.

Es kommen folgende Hauptformen der Reduction in Betracht:

1. Reduction des Reibungsgeräuschs von Spiranten (Geräuschreduction).

499. Diese Geräuschreduction kann auf zweierlei Weise geschehen, entweder durch Erweiterung der Enge bei Beibehaltung des Stromdrucks, oder durch Herabsetzung des letzteren unter Beibehaltung der Normalenge. Da beide Formen in praxi schwer auseinander zu halten sind und das Resultat das gleiche ist, so bezeichnen wir beide durch untergesetztes ˄. Am gewöhnlichsten ist aber bei stimmlosen Spiranten die Reduction durch Erweiterung der Enge. Aus ihnen entstehen auf diese Weise Nebenformen, die einen mehr hauchartigen Charakter haben, indem das eigentliche spirantische Geräusch so gut wie ganz wegfällt. Man könnte diese Formen wohl als modificirte h bezeichnen; so wäre also ein derart reducirtes s ein h mit s-Modification. Ein solches labiodentales f habe ich von einem Papua z. B. in der Aussprache des malaischen Zahlworts *f̬ueli* 8 gehört. Ein postdentales θ dieser Bildung ist das **329** besprochene chilenische θ und das englische θ in der nachlässigen Aussprache von *I think* als *I hink* (Sweet S. 39); ein s habe ich ebenfalls im chilenischen Spanisch gefunden, z. B. in *esto*, welches fast wie *e‘to* klingt (nach Storm[1] S. 426 ist dies auch die andalusische Aussprache). Ein stärker supradentales *s* ist manchmal der **333** erwähnte irische Zischlaut für vocalisches *t* und das stimmlose englische *r* nach *p*, *k*, z. B. in *pride*, *crow* (nach *t* ist das *r* wegen der stärkeren Engenbildung deutlicher spirantisch, **284** f.). Auch das russ. *x* (**343**) gehört vielleicht als *x* hierher.

500. Aus stimmhaften Spiranten entwickeln sich in ähnlicher Weise sonore Nebenformen, da bei Wegfall des Reibungsgeräusches bloss die Stimme als Schallbildner übrig bleibt. Hier ist noch schwerer zu unterscheiden, ob Erweiterung der Enge, oder Herabsetzung des Stromdrucks durch vollkommenere Hemmung im Kehlkopf die Ursache der Reduction ist. Die Reduction stimmhafter Spiranten ist aber viel häufiger als die stimmloser, vermuthlich weil bei ihnen das Reibungsgeräusch an sich durch die Hemmung im Kehlkopf schwächer ist als das der stimmlosen; denn es lässt sich überhaupt beobachten, dass, je schwächer das Reibungsgeräusch eines Spiranten ist, um so leichter und öfter derselbe reducirt wird. So ist das mitteldeutsche labiale *w* wohl stets geräuschlos, also *w*, solange man es auch aushält. Ebenso leicht ist labiodentales *v* zu bilden; *ð* ist im Englischen gewöhnlich statt *ð* (man vergl. des Contrastes halber z. B. das deutlich spirantische neugriech. δ), und auch das gehauchte span. *d* ist wohl sicher als *ð* anzusetzen. Sehr verbreitet ist endlich *ʒ*, z. B. als Vertreter des deutschen uvularen *r* (**307**), auch als Sonant, z. B. in Formen wie *Diener*, *lieferte*, *Lieferung*, oft gesprochen *dī-nʒ*, *lī-fʒ-t'*, *lī-fʒ-ʒuŋ* (das *ʒ* im letzten Worte halb Sonant, halb Consonant). Seltener sind reducirte *s*, *š*, offenbar weil diese unter allen Spiranten die schärfsten Reibungsgeräusche haben; ein Beispiel eines dorsalen *z* ist das dänische 'weiche *d*', z. B. *lade*, *gade*.

501. Es ist klar, dass man bei schematischer Darstellung z. B. auch die sonoren *r*, *l*, ja selbst Vocale wie *i*, *u*, als Reductionen spirantischer *r*, *l*, *j*, *w* auffassen kann (vgl. die Ausführungen von Hoffory über die sonoren *l* als 'unvollkommen gebildete Spiranten', Zeitschr. f. vgl. Sprachf. XXIII, 537 ff. und Sweet S. 51). Die reducirte Spirans *j* fällt selbstverständlich mit dem Halbvocal *i̯* zusammen, da sie ja im Wesentlichen nur durch den spirantischen Charakter des *j* geschieden werden. Man kann ebenso auch *ð*, *ʒ* etc., sobald sie silbisch gebraucht werden, unter die

'Vocale' einrechnen, namentlich kommen die verschiedenen Modificationen der velaren und palatalen Spiranten den Vocalen sehr nahe und können durch noch stärkere Erweiterung geradezu in diese übergehn. Sweet S. 53 stellt nach Bell's und eigenen Beobachtungen folgende Entsprechungstabelle auf (durch ¹ bezeichne ich seine 'innere', durch ³ die 'äussere' Varietät, durch ² die mittlere Normalarticulation):

ungerundet						gerundet					
$\tilde{\sigma}^1$	$\tilde{\sigma}^2$	$\tilde{\sigma}^3$	j^1	j^2	j^3	$\tilde{\sigma}^1$	$\tilde{\sigma}^2$	$\tilde{\sigma}^3$	j^1	j^2	j^3
v^1	a^1	A^1	$æ^1$	e^1	i^1	$ɔ^1$	o^1	u^1	$œ^1$	$ø^1$	y^1

Reducirtes $\eth$ hat nach Sweet den Klang eines dentalen r-Vocals, $\underset{\wedge}{z}$ den eines stark vorgeschobenen $\hat{e}^1$, $\underset{\wedge}{\xi}$ den eines eben solchen $\hat{e}^1$ mit einer Beimischung von r-Klang, etc.

502. Wäre es sicher, dass überall nur Engenerweiterung bei dem Verlust der Reibegeräusche im Spiele wäre, so könnte man die reducirten Spiranten wohl als überweit gebildet bezeichnen. In ähnlicher Weise bemerkt Genetz, Einführ. 6 ff., dass man an jeder Articulationsstelle erzeugen könne einen Verschlusslaut, eine Spirans und einen Halbvocal; unter den letzteren versteht er eben das, was wir oben als Spiranten mit Geräuschreduction bezeichnet haben. Nach ihm fallen lapp. gh (oder durchstrichenes g), $đ$ und finn. d hierher.

503. Reduction der Geräusche von Verschlusslauten im eigentlichen Sinne können nicht stattfinden, da sonst der Charakter dieser Laute als Verschlusslaute verloren ginge. Doch findet sich bei den stimmhaften Medien eine Erscheinung, welche der Geräuschreduction stimmhafter Spiranten durch starke Kehlkopfhemmung analog ist. Es kann nämlich der Stromdruck der Medien so herabgesetzt werden, dass gegenüber der gleichzeitig ertönenden Stimme der Einsatz oder Absatz des Verschlusses wenig zur Geltung kommt; man hört hauptsächlich nur den stimmhaften Gleitlaut zur Media hin oder von ihr zum folgenden Laute. Dies ist der Punkt, wo sich stimmhafte Spirans und stimmhafter Verschlusslaut berühren. Die Gleitlaute zu oder von ihnen sind ja so gut wie identisch, z. B. bei postdentalem $ð$ oder d, oder γ und g. Es kommt nur auf den kurzen Moment der Einhaltung der Stellung an. Wird die stimmhafte Spirans zum Gleitlaut reducirt (504 ff.) und kommt der Act des Verschlusses und der Oeffnung der Media nicht zu deutlicher Wahrnehmung, so bleibt es oft zweifelhaft, ob in dem Culminationspunkt der Articulation nur eine starke Engenbildung oder eine völlige Berührung stattgefunden hat.

2. Reduction von Stellungslauten zu Gleitlauten (Stellungsreduction).

504. Diese trifft am häufigsten unsilbische Sonorlaute vor andern sonoren Lauten. Wir bezeichnen sie durch untergesetztes $_{\circ}$, z. B. $i̯a$, $u̯a$, $l̯a$, $r̯a$, $m̯a$, $n̯a$. Sie entsteht dadurch, dass die Stimme erst in dem Moment einsetzt, wo der Uebergang zum folgenden Laut bereits beginnt, also bei $i̯a$, $l̯a$ z. B.

erst dann, wenn sich die Zunge aus der specifischen *i*- oder *l*-Stellung zu entfernen beginnt. Es entstehen dann nicht volle *i, l* etc., sondern nur die Gleitlaute der Uebergangsbewegung von *i, l* zum folgenden Vocal, die man bei dauernder Aussprache von *i, l* überhörte, die aber jetzt, wo sie isolirt dem Vocal vorausgehn, deutlich vernommen werden und den Eindruck eines dem Anfang der Uebergangslaute entsprechenden Lautes, also hier $i̯, l̯$ hervorrufen.

505. Mit den unsilbischen Sonoren stehen auf einer Stufe die durch Geräuschreduction entstandenen Nebenformen der stimmhaften Spiranten (oben **500** ff.). Wir bezeichnen deren zeitliche Reduction durch Verbindung der beiden Zeichen ʌ und ₀ zu ₐ. So ist z. B. $w̥$ die in Mitteldeutschland übliche Aussprache des anlautenden bilabialen *w*. Entsprechendes labiodentales $v̥$ findet sich öfter in Oberdeutschland und der Schweiz, s. Winteler S. 30 f., auch wohl in Norddeutschland, aber z. B. wohl nicht im Anlaut des Englischen. Das japan. *v* scheint mir ebenfalls hierher zu gehören, es ist besonders schwach und sehr weit gebildet. Als $d̥$ fasse ich auch die so oft besprochene Aussprache des anlautenden engl. weichen *th*, bei deren Auffassung das ungeübte Ohr leicht zwischen Spirans und Verschlusslaut schwankt. Das deutsche $ʒ$ für uvulares *r* wird im Anlaut auch meist als $ʒ̊$ gesprochen.

506. Sonore Gleitlaute können auch **silbisch** auftreten (Stimmgleitlaut, Sweet's einfacher voice-glide). Derartig sind viele der unbetonten deutschen *e*, namentlich aber auch oft die unbetonten englischen Vocale, z. B. das *a* von *against*, das *o* und *er* von *together*. Hier tönt die Stimme (bez. Murmelstimme) während des Uebergangs von der Ruhelage zum *g*, bez. von dem *t* zum *g* u. s. w., eine bestimmte Vocalstellung wird gar nicht eingehalten, daher denn auch das entstehende Lautproduct keine besondere Verwandtschaft mit einem bestimmten Vocal hat, am meisten ähnelt es noch dem $ë^1$ oder $ä̀$ (Sweet S. 66). Wir bezeichnen diesen Laut im Anschluss an Sweet's ʌ (umgekehrtes *v*, für *voice*) durch ą, d. h. unbestimmter Gleitvocal; die specielle Qualität wird durch die Nachbarschaft bestimmt.

507. Auch **Diphthonge** können in ähnlicher Weise reducirt werden, indem nur der Gleitlaut zwischen beiden Componenten erzeugt wird. Reducirte Diphthonge haben in Folge dessen nur die Zeitdauer gewöhnlicher kurzer Vocale.

Sie treten oft in Folge von Accentschwächungen statt 'langer' Diphthonge auf, aber sie erscheinen auch als 'kurze Diphthonge' oder 'Brechungen' an Stelle betonter kurzer Vocale, z. B. in den westfälischen Mundarten (wahrscheinlich gehören auch die ags. kurzen *ea*, *eo*, altn. *ia*, *iǫ* hierher).

508. Es ist im Englischen oft schwer zu unterscheiden, ob wirklich noch ein voice-glide als selbständiger Laut gesprochen wird, also ob nicht z. B. in *together* die Stimme erst mit oder nach dem *g*-Verschluss einsetzt. Auch im Deutschen schwankt die Aussprache zwischen Typen wie *hatǫman* und *hatman* mit silbenbildendem *m* (= hatte man).

509. Auch nach andern Lauten erscheinen die Sonorlaute (sowohl ursprüngliche als durch Geräuschreduction entstandene) oft als blosse Gleitlaute, vgl. z. B. was **411** über die Diphthonge bemerkt ist; ja man kann vielleicht geradezu behaupten, dass die gewöhnlich als kurz bezeichneten sonoren Consonanten gewöhnlich nur Gleitlaute sind, indem die eigentliche Stellung für den Consonanten gar nicht eine messbare Zeit hindurch eingehalten wird. Die Grenze ist hier, wie Sweet S. 62 richtig bemerkt, sehr schwer festzustellen.

510. Ob die Reduction zu Gleitlauten auch bei Geräuschlauten, namentlich auch bei stimmlosen Spiranten vorkomme, ist schwer auszumachen. Sweet bemerkt S. 63, dass überhaupt anlautende Consonanten dazu neigen zu blossen Gleitlauten zu werden, z. B. auch *s* in *sa*, wo die Stellung für den Consonanten auch nur momentan ist. Indessen ist hier die Sachlage doch etwas abweichend, da man auf jeden Fall ein spirantisches Geräusch von messbarer Länge hört. Eher liesse sich von einer deutlichen Reduction zu blossen Gleitlauten bei den Spiranten mit Geräuschreduction reden.

511. Die hier besprochenen Reductionen specifischer Articulationselemente sind nicht mit den in **470** ff. behandelten Erscheinungen zu verwechseln, bei denen es sich im Princip zunächst nur um Gleitbewegungen handelt, die für den betreffenden Laut nicht specifisch sind. Beim deutschen zum blossen Gleitlaut reducirten *m* in *ma̯*, *me̯*, *mi̯* etc. existirt eben überhaupt nur ein Gleitlaut von der *m*-Stellung zur Vocalstellung hin, in dem **470** besprochenen *mi* wird dagegen das *m* als solches lautend ausgehalten und nur die für das *m* an sich nicht beschäftigte Zunge in Gleitbewegung versetzt. In den Compromissfällen von **475** etc. lassen sich dagegen eher Analogien zu den hier in Rede stehenden Erscheinungen erblicken, insofern da durch die Gleitbewegungen auch specifische Elemente der Articulationsstellung verändert werden. In der Regel dürfte es sich aber auch bei diesen nicht um volle Reduction zum blossen Gleitlaut handeln, sondern um zusammengesetzte Gebilde, die mit einem Stellungslaut anfangen und enden und zwischen diesen beiden (übrigens unter sich nahe verwandten) Stellungsstücken ein überleitendes Gleitstück besitzen.

3. Reduction stimmhafter Laute zu stimmlosen (Stimmreduction).

512. Da wir in dem oben vorgeführten Lautsystem bereits eine besondere Gruppe stimmloser Laute neben den stimmhaften aufgestellt haben, so wäre hier von einer Reduction stimmhafter Laute zu stimmlosen nicht weiter zu reden, vielmehr handelte es sich dabei um den Uebergang aus einer Lautclasse in eine andere bereits im System vorgesehene. Indessen lässt sich, wenn man die historischen Verhältnisse zwischen gewissen stimmhaften und stimmlosen Lauten in's Auge fasst, doch nicht leugnen, dass der Verlust der Stimme auch als eine Art Reduction betrachtet werden kann. Statt dass nämlich die Stimme während der Einhaltung der specifischen Articulation eines Lautes erzeugt würde, setzt sie erst mit dem Moment ein, wo der Rückgang von der Articulationsstellung beginnt, oder sie setzt in dem Moment aus, wo diese Stellung erreicht wird. Die Stimme ist dann nur in dem Gleitlaut vorhanden, der entweder dem stimmlos gewordenen Consonanten folgt, oder ihm vorausgeht, oder beides. Steht gar kein stimmhafter Laut in der Nachbarschaft, so kann die Stimme sogar ganz fortfallen. So ist z. B. der Uebergang von dem stimmlosen n in isl. *hníga*, *vatna* stimmhaft, ebenso der Uebergang von e zu stimmlosen l in engl. *felt*, dagegen entbehrt das isl. stimmlose n in *vatn* gänzlich der Stimme. Wir wollen diese Art der Reduction durch untergesetztes $_\vee$ bezeichnen. So wären die stimmlosen Nasale, falls sie als Entwicklungsproducte stimmhafter Nasale gefasst werden, als $m̭$, $ṋ$, $ŋ̭$ zu bezeichnen, stimmlose l, r als $ḽ$, $r̭$ u. s. w.

513. Wahrscheinlich sind, wenn wir den historischen Verlauf der Entwicklung betonen wollen, unter anderm auch die stimmlosen Mediae durch Stimmreduction aus stimmhaften hervorgegangen, wie unabhängig von einander Storm[1] S. 40 f. und Hoffory, Zs. f. vgl. Sprachf. XXV, 419 ff. erkannt haben (doch hätte Hoffory, der sonst historischen Erwägungen keinen Einfluss auf die Gestaltung des Lautsystems einräumen wollte, gerade den Ausdruck 'reducirte Medien' vermeiden müssen; gerade von seinem absoluten Standpunkte aus dürfte er, da er die 'stimmlosen Medien' als Nebenart der Medien, nicht der Tenues anerkennt, die erstgenannten eben nur mit dem Namen 'stimmloser Medien' belegen). Diese Auffassung stimmt gut zu der von Sweet, welcher die stimmlosen Mediae als Mediae mit stimmhaftem Absatz (half-voiced stops, d. h. stops mit voiced glide) bezeichnet (vgl. **439**). Eigenthümlich ist diesen stimmlosen oder reducirten Medien, wie bereits öfter hervorgehoben, der geringere Stromdruck der stimmhaften Mediae im Gegensatz zu den Tenues. Es ist eben keine andere Veränderung eingetreten, als der Wegfall der Stimme während der Dauer des Verschlusses. Wenn sich also hier der Charakter des $\b{b}$, $\b{d}$ etc. als stimmloser Lenes durch ihren Ursprung aus Reduction erklärt, so darf man dieselbe Erklärung auch vielleicht zum Theil auf stimmlose spirantische Lenes anwenden. Es ergäbe sich also folgende Reihe: z stimmhafte Lenis (Lenis wegen der Hemmung im Kehlkopf, falls nicht eine besondere Verstärkung etwa dazutritt), $\b{z}$ stimmlose Lenis (durch Reduction), s stimmlose Fortis. Natürlich ist damit nicht gesagt, dass nicht auch andere stimmlose Lenes durch Verminderung des primären Stromdrucks aus Fortes hervorgegangen sein könnten.

514. Von einer Reduction der Druckstärke können wir nach der **496** gegebenen Definition des Begriffs der Reduction nicht wohl reden. Stärkereduction wäre gleich Aufhören des Drucks und damit der Lautbildung überhaupt. Ueber die Schwankungen in der Druckstärke wird die Accentlehre Näheres bringen.

II. Silbenbildung.

Cap. 25. Der Bau der Silbe im Allgemeinen.

(Drucksilben und Schallsilben. Die relative Schallfülle der Silbenglieder.)

515. Eine einheitliche genetische Definition des Begriffs 'Silbe' lässt sich nicht geben. Vielmehr kann man zunächst nur nach der akustischen Seite hin feststellen, dass das Ohr des Hörers die zusammenhängende Rede subjectiv in gewisse Theilstücke zerlegt, d. h. in Schallmassen die es als in sich und im Gegensatz zu andern ähnlichen Schallmassen relativ enger geschlossene Einheiten auf- und zusammenfasst, und dass diese Theilstücke das sind was man als Silben zu bezeichnen pflegt (vgl. **618** ff.).

516. Diese Zerlegung der Rede in Silben beruht darauf, dass das Ohr gewisse Discontinuitäten in der Schallstärke der einzelnen Momente der Rede wahrnimmt und bewerthet. Speciell werden Minima der Schallstärke als silbenscheidend empfunden, d. h. das Ohr lässt allemal da eine Silbe zu Ende gehn und eine neue Silbe anheben, wo in zusammenhängender Rede ein Durchgang durch ein Minimum von Schallstärke stattfindet. Die Minima selbst können wieder verschiedener Art sein, nämlich entweder absolute Minima oder Schallpausen, d. h. schalllose Momente vor dem Einsetzen eines neuen Schalles oder nach dem völligen Verklingen einer abgelaufenen Schallmasse, oder relative Minima, d. h. Momente geringerer Schallstärke, die, bei fortlaufender Schallbildung, durch Momente grösserer Schallstärke umrahmt sind. Die trennende Wirkung absoluter und relativer Minima ist nur dem Grade nach verschieden. Abgesehn davon werden relative Minima ebenso constant als Trenner empfunden wie die absoluten. Schwankungen in der Auffassung können daher nur entstehen, wo es sich nur um sehr geringe Unterschiede der Schallstärke handelt.

517. Für das Verständniss der Silbenbildung und -trennung kommen daher in erster Linie die jeweiligen Abstufungen in der Schallstärke der verschiedenen Sprachlaute in Betracht, aus denen sich die Rede zusammensetzt. Diese Abstufungen sind aber sehr verschiedener Art, je nach dem Grunde, welcher die einzelne Abstufung der Lautheit für das Ohr hervorruft. Danach sind folgende Arten von Abstufungen zu unterscheiden.

1) **Primäre oder willkürliche Abstufungen.** Diese beruhen auf einem Wechsel des **Stromdrucks** oder der **Druckstärke**, mit der die einzelnen Laute hervorgebracht werden, und sind willkürlich, weil man ja jeden einzelnen Laut nach Belieben lauter und leiser, d. h. mit grösserer oder geringerer Druckstärke, sprechen kann.

2) **Secundäre oder unwillkürliche Abstufungen.** Diese sind von der Druckstärke unabhängig und können daher auch nicht wie diese nach freiem Belieben wechseln. Sie sind vielmehr fest an die specifische Art der Schallbildung des einzelnen Lautes gebunden und von dieser abhängig. Innerhalb dieser Gruppe sind wieder zwei Richtungen der Abstufung zu unterscheiden:

a) **Abstufung nach der Schallart.** Hier kommt namentlich der Gegensatz zwischen musikalischem **Klang** (bez. **Stimme**) und blossem **Geräusch** (**16**) in Betracht. Im Allgemeinen wird nämlich unter sonst gleichen Umständen die Stimme als schallstärker empfunden als die Geräusche stimmloser Laute. Innerhalb der Geräusche gehen die Reibungsgeräusche den Explosivschällen vor, u. dgl. mehr.

b) **Abstufung nach dem Grad der Dämpfung.** Wie schon in **23** f. angemerkt wurde, besitzen Hohlräume, also auch das Ansatzrohr des menschlichen Sprachorgans, unter anderm auch die Fähigkeit, hindurchgeleitete Schälle bis zu einem gewissen Grade zu dämpfen. Diese Fähigkeit stuft sich wiederum wesentlich ab nach der Grösse der Ausflussöffnung des Hohlraums, hier also speciell meist nach der Grösse der Mundöffnung. Daher sind z. B. Vocale mit weiterer Mundöffnung wie *a* bei gleichem Stromdruck schallstärker als solche wie *e*, *o* oder *i*, *u*, weil bei den letzteren durch die stärkere Verengung der Mundöffnung ein Theil der primären Stimmstärke auf dem Wege der Dämpfung verloren geht.

518. Die primären Abstufungen der **Schallstärke** nach **517**, 1 kann man hiernach genauer als Abstufungen der **Druckstärke** bezeichnen, die beiden Unterarten der secundären Abstufungen nach **517**, 2 etwa als Abstufungen der **Schallfülle** zusammenfassen. Unter Schallstärke verstehn wir dann das Mass der absoluten Lautheit jedes einzelnen Sprachschalles im einzelnen Falle, und dies Mass ist wiederum in jedem Falle von zwei Factoren, der Druckstärke und der Schallfülle, abhängig. Diese beiden Factoren können selbstverständlich entweder in gleichem oder entgegengesetzten Sinne wirken, d. h. man kann ganz beliebig Laute von grosser Schallfülle zugleich mit grosser, Laute von geringerer Schallfülle zugleich mit geringerer Druckstärke sprechen, ebenso gut aber auch Laute von geringerer Schallfülle mit grosser Druckstärke und umgekehrt. Daraus folgt denn, dass sich die Wirkungen der beiden Factoren auch bis zu einem gewissen Grade gegenseitig compensiren können, d. h. dass z. B. ein weniger schallvoller Laut durch Anwendung grösserer Druckstärke einem schallvolleren Laut mit geringerer Druckstärke mehr oder weniger gleichwerthig gemacht werden kann. Im Ganzen aber überwiegt für die Silbenbildung der Einfluss der Schallfülle den der Druckstärke dergestalt, dass im Ganzen nur geringere Differenzen der Schallfülle durch entsprechende Variation der Druckstärke compensirt oder überwunden werden können (s. **522. 539** f.).

Hinsichtlich des Einflusses der beiden Factoren auf die Silbenbildung im Einzelnen ist etwa Folgendes hervorzuheben.

519. Es ist bekannt, dass z. B. jeder isolirte Vocal, wenn er auch noch so kurz und abgebrochen hervorgestossen wird, für sich eine 'Silbe' bildet. Man kann aber auch einen Vocal, sagen wir a, so lange aushalten als der Athem reicht, ohne dass das Mass einer Silbe überschritten wird. Dabei ist es gleichgültig, ob man den Vocal von Anfang bis zu Ende mit gleicher Druckstärke ($=$) aushält (also $\overline{a}$), oder ihn bei wechselnder Druckstärke gleichmässig anschwellen ($\stackrel{<}{a}$) oder allmählich und gleichmässig verklingen ($\stackrel{>}{a}$) oder endlich ihn erst anschwellen und dann wieder verklingen lässt ($\stackrel{<>}{a}$; vgl. **537**). Bei dieser Behandlung der Druckstärke (d. h. den Typen $=$, $<$, $>$ und $<>$) findet, wie man sieht, da die Schallfülle sich hier gleich bleibt, innerhalb des Vocals kein Durchgang durch ein Minus von Schallstärke statt, und daher wird der Vocal, so lang er auch sein mag, als eine einheitliche Silbe aufgefasst. Spricht man dagegen einen Vocal wie a abwechselnd lauter und leiser, d. h. so, dass man den Stromdruck abwechselnd verstärkt und schwächt (also Typus $<><><>\ldots$), so zerfällt der ausgehaltene Vocal in eine Reihe unterscheidbarer Abschnitte, die dem Ohr ebensogut den Eindruck verschiedener Silben machen, wie etwa eine Reihe von *a*, die mit vollständig getrennten Druckstössen (**60**) und jedesmaligem Aussetzen der Stimme gebildet werden. **Jede neue Verstärkung des Drucks nach vorhergegangener Verminderung ruft den Eindruck einer neuen Silbe hervor, und die Grenzen der einzelnen Silben liegen allemal in den Momenten geringster Druckstärke.**

520. Ebenso kann man auch einer aus verschiedenen Lauten zusammengesetzten Reihe, wie beispielsweise der Folge *aia* durch willkürliche Verschiebung der Druckstärke bis zu einem gewissen Grade willkürlich verschiedene Silbenwerthe geben. Wie bereits **414** gezeigt wurde, kann man diese Gruppe, und zwar auch ohne Aussetzen der Stimme, willkürlich entweder in drei Silben zerlegen, *a-i-a*, oder in zwei, und in diesem letzteren Fall entweder als *ai̯-a* sprechen, indem man das *i* mit dem ersten *a* zu dem fallenden Diphthong *ai̯* (**412**) verbindet, oder als *a-i̯a*, indem man das *i* als unsilbischen Anlaut zur folgenden Silbe zieht, oder endlich als *ai̯-i̯a*, indem man das *i* länger aushält, aber gleichzeitig auf beide Silben vertheilt. Diese Spaltung des *i* geschieht ebenso wie oben beim *a*, indem man innerhalb des *i* den Stromdruck zunächst schwächt und dann wieder wachsen lässt, sodass nun der erste Theil des *i* mit abnehmender, der zweite mit zunehmender Druckstärke (und damit auch hier wieder Schallstärke überhaupt) gesprochen wird. Aehnlich ist es bei *ai̯-a* und *a-i̯a*. Im ersten Falle schwächen wir die Druckstärke und damit die Stimme nach dem Schluss des *i* hin, im zweiten Falle nach dem Schluss des ersten *a* hin. Beim dreisilbigen *a-i-a* aber schwächen und verstärken wir zweimal, zwischen *a* und *i* und wieder zwischen *i* und *a*. Die Grenzen liegen auch hier wieder überall in den Momenten schwächsten Druckes.

521. In allen diesen Fällen wird also als **éine Silbe empfunden, was mit einem selbständigen und zugleich continuirlichen Druckstoss hervorgebracht wird.** Als continuirlich ist dabei nach **519** f. ein jeder Druckstoss zu betrachten, der nicht durch Abnahme und erneute Verstärkung des Stromdrucks (bez. durch den Durchgang durch ein Druckminimum) auch für unser Gefühl in getrennte Theilstösse zerlegt wird (Weiteres dazu s. **537** ff. **580** ff.). Sofern nun weiterhin diesergestalt das Mass einer Silbe durch die Exspiration bez. durch die besondere Art der Druckregelung des arbeitenden Luftstroms bedingt wird, kann man eine so begrenzte

Silbe als eine **Exspirationssilbe** (exspiratorische Silbe) oder kürzer als **Drucksilbe** bezeichnen.

522. Der Satz, dass innerhalb der Silbe die Druckstärke im Sinne von **521** continuirlich sein müsse, lässt sich aber nicht dahin umkehren, dass nun auch alles was mit continuirlicher Druckstärke gesprochen wird, für das Ohr nur éine Silbe ausmache. Die Lautfolge *aia* oder *asa* lässt sich z. B. auf keine Weise einsilbig aussprechen, mag man die gleiche Druckstärke von Anfang bis zu Ende durchführen oder irgend eine andere Form continuirlicher Regelung wählen. An der Zahl der Elemente der Lautfolge liegt das nicht, denn Folgen wie *ais* oder *ain*, *ains* (selbst *ainst*, wenn man von der Explosion des *t* absieht) lassen sich leicht einsilbig aussprechen. Der Grund liegt vielmehr in dem Wechsel von Lauten verschiedener **Schallfülle** innerhalb der Folge. In *asa* hat das *s* als blosser Geräuschlaut wesentlich geringere Schallfülle als die umrahmenden sonoren *a* (vgl. **517,** 2, a), in *aia* ist die Schallstärke des *i* trotz gleicher Schallart durch Dämpfung gegenüber der der *a* stark vermindert, und dieser Contrast kann auch durch entsprechende Veränderung des Drucks nicht beseitigt werden (vgl. **518**). Daher ist denn auch die **Schallstärke in den Folgen *aia*, *asa* nicht continuirlich** in dem Sinne abgestuft wie wir oben **521** von continuirlicher Druckstärke sprachen. Vielmehr findet bei *aia*, *asa* und ähnlichen Folgen auch ganz abgesehn von etwaigem Wechsel der Druckstärke ein **Durchgang durch ein Minus von Schallstärke** statt. Da es nun für unsere Auffassung gleichgültig ist, **auf welche Weise eine Discontinuität** (**516**) in die Schallstärke einer Lautmasse hineingebracht wird, so versteht sich leicht, dass auch bei gleichbleibender oder sonst continuirlicher Druckstärke der blosse **Durchgang durch Laute geringerer Schallfülle** den Eindruck der Mehrsilbigkeit eines Lautcomplexes hervorrufen kann. Neben den oben charakterisirten Drucksilben sind demnach auch Silben aufzustellen, deren Begrenzung von der Abstufung der natürlichen Schallfülle ihrer Elemente abhängt. Wir wollen diese Silben im Unterschied von den Drucksilben mit dem Namen **Schallsilben** bezeichnen.

523. Dass in der That wiederkehrende blosse Dämpfung im Stande ist, einen Sprachschall von gleichbleibender Druckstärke in verschiedene Silben zu zerlegen, kann ein sehr einfaches Experiment lehren: man spreche anhaltend einen Vocal wie *a* mit möglichst gleichmässiger Stärke und schlage dabei mit der flachen Hand auf den Mund, dessen

Ausflussöffnung dadurch bei jedem Schlag verengert wird. Das Resultat ist: Verdumpfung und Dämpfung des Klanges während die Hand den Mund schliesst, und umgekehrt in den Momenten, wo die Hand sich vom Munde entfernt. Der Gesammteffect kommt etwa der Silbenfolge *wawawa* ... gleich. Dass bei diesem Experiment der Vocal *a* auch in qualitativ verschiedene Stücke zerfällt wird, verschlägt nichts für die Hauptfrage.

524. Schallsilben und Drucksilben können sich begreiflicherweise decken, müssen es aber nicht, und zwar können sowohl Lautfolgen, welche an sich eine Schallsilbe bilden können, exspiratorisch in getrennte Silben zerlegt werden (vgl. z. B. zweisilbiges *a-i* mit dem Diphthongen *ai*) als umgekehrt Lautfolgen mit einheitlicher Exspiration hervorgebracht werden, die nach der Abstufung der Schallfülle in mehrere Schallsilben zerfallen müssen (vgl. besonders Cap. 27). Ferner kann, wie schon **518** bemerkt wurde, die Abstufung der Druckstärke in der Silbe mit der Abstufung der Schallfülle parallel gehen (sodass der schallvollste Laut der Silbe zugleich mit stärkstem Stromdruck, und die weniger schallvollen Laute mit entsprechend vermindertem Druck hervorgebracht werden) oder sie kann ihr entgegenwirken. Im Allgemeinen pflegt das erstere der Fall zu sein.

525. Schallsilben wie Exspirationssilben können sowohl einlautig als mehrlautig sein. In der mehrlautigen Silbe aber muss nothwendig eine Abstufung der Schallstärke stattfinden, indem alle übrigen Laute der Silbe einem einzigen Laute untergeordnet werden. Dieser die Silbe beherrschende Laut heisst der Sonant der Silbe (ist silbisch), die übrigen heissen die Consonanten der Silbe (sind unsilbisch, vgl. **109** ff.). Für diese Abstufung der Schallstärke innerhalb der Silbe ist nach **518** in erster Linie die Schallfülle der einzelnen Laute massgebend, erst in zweiter die Druckstärke.

Hieraus lassen sich bereits die wesentlichsten Gesetze für den Bau der Einzelsilben ableiten.

526. Die Fähigkeit, Sonant zu werden, hängt bei jedem Laute zunächst von seiner Schallfülle ab. Beim Zusammentreffen mehrerer Laute muss also jedesmal derjenige zum Sonanten werden, welcher an und für sich die grösste Schallfülle besitzt. Nur Laute, welche auf gleicher oder nahezu gleicher Stufe der Schallfülle stehen, können neben einander abwechselnd Sonanten oder Consonanten sein. In diesem Falle gibt die jeweilige Druckstärke statt der natürlichen Schallfülle den Ausschlag (**518**).

527. Ein ähnliches Verhältniss gilt für die Consonanten unter einander: je näher dem Sonanten, um so grösser muss die Schallfülle sein. Daher ist die Reihenfolge der Lautarten, welche einem Sonanten unsilbisch vorausgehen können, genau entgegengesetzt der Reihenfolge der Lautarten, welche dem Sonanten als Consonanten folgen können; nur sind die Gesetze für den Silbenauslaut strenger als die für den Anlaut.

528. Die Abstufungen der Schallfülle sind lediglich experimentell festzustellen. Dabei ergibt die Untersuchung Folgendes. Zunächst haben alle Dauerlaute (**186**) den Vorrang vor den Explosiven. Innerhalb der Dauerlaute stuft sich die Schallfülle sodann einmal nach dem Grade ab, in welchem die Stimme zur Geltung kommt, sodann nach der Grösse der Ausflussöffnung. Es stehen also alle stimmhaften Dauerlaute den stimmlosen voraus, und unter ihnen die Sonoren den stimmhaften Geräuschlauten.

529. Unter den Sonoren wiederum nehmen die Vocale den ersten Platz ein, und unter diesen das *a*, weil hier bei trichterförmiger Gestalt des Ansatzrohrs die Stimme am wenigsten einer Dämpfung unterliegt. Die Schallfülle nimmt ab, je mehr der Mund geschlossen, d. h. je enger der Vocal gebildet oder je stärker er gerundet wird (Beispiele hierzu s. im Einzelnen bereits **418** etc.).

530. Nächst den Vocalen kommen die Liquiden und Nasale. Sie sind einander für die Silbenbildung gleichwerthig, sobald einer der Laute Sonant, der andere Consonant sein soll, d. h. man kann hier willkürlich durch Veränderung der Druckstärke Verbindungen wie *mṅ, nṁ, rĺ, lŕ, mĺ, lṁ* etc. hervorbringen. Sollen aber zwei von diesen Lauten zugleich Consonanten sein, so scheint eine derartige Ueberwindung der Schallfülle durch die Druckstärke nicht möglich zu sein, und zwar scheinen dabei die Liquiden allemal den Nasalen vorauszustehn, d. h. es sind Silben wie *mlá, mrá* und *álm, árm* möglich, aber nicht wohl *lmá, rmá* oder *áml, ámr*.

531. Vocale können vor Liquiden oder Nasalen nur ausnahmsweise unsilbisch auftreten, nämlich wenn sie besonders starke Verengungsgrade aufweisen, z. B. *i* oder stark gerundetes *u* u. dgl. (also *i̯l, u̯l, i̯la, u̯la* etc.). Sie sind ausserdem dann wohl stets zu blossen Gleitlauten reducirt. Nach Liquiden und Nasalen ist es uns noch schwerer, Vocale unsilbisch zu sprechen. Am besten gelingen noch Bildungen mit *u̯* (wie *alu̯*) einsilbig. In allen solchen Fällen muss man die Druckstärke der Vocale gewaltsam herabsetzen.

532. Unter den Liquiden ist unsilbisches *r* schallvoller als unsilbisches *l*, daher wohl einsilbig *árl*, aber nicht *álr*. Für den isolirten Silbenanlaut werden sowohl *rl* wie *lr* vermieden. — Die relative Schallfülle der Nasale unter einander scheint ziemlich gleich zu sein. Im Ganzen ist der Zusammenstoss zweier unsilbischer Nasale innerhalb einer Silbe selten, und es scheint dabei nicht sowohl auf ihre Stellung vor oder nach dem Sonanten anzukommen, als darauf, dass die Uebergangsbewegung vom ersten auf den zweiten möglichst leicht auszuführen sei; so sprechen sich *mná*, *ṇná* leichter als *nmá* etc., weil die leicht bewegliche Zungenspitze rascher zum *n* einsetzen kann, als die Lippen zum *m*.

533. Die sonoren Nebenformen stimmhafter Spiranten (**500**) stehen etwa auf gleicher Stufe mit den Liquiden, also ᵹ parallel mit *r* etc.

534. Unter den Geräuschlauten gehen, wie bemerkt, die Spiranten den Explosivlauten vor. Es bilden also z. B. *tsa*, *psa* einfache Schallsilben, ebenso auch in umgekehrter Folge *ast*, *asp*, wenn man von der Explosion des Schlussconsonanten absieht. Bei den stimmlosen Explosiven versteht sich dies von selbst, denn mit deren Pause wird der Nullpunkt der Schallstärke erreicht, die Explosion selbst bringt neuen Schall, stellt also eine Verstärkung der Schallstärke dar. Ebenso verhält es sich aber auch mit den stimmhaften Explosiven. Bei ihnen ist die Stimme in dem Moment vor der Explosion am meisten herabgesetzt (**435**), mit der Explosion setzt sie wieder voller ein, also haben wir auch bei ihnen nothwendig eine Discontinuität der Schallstärke. Ist die Explosion selbst bei einem mit Stimme eingesetzten Verschlusslaut stimmlos, wie häufig im Auslaut, so versteht sich wiederum der Bruch der Silbe in dem Momente, wo die Stimme aussetzt, von selbst. **Kommen also irgendwie Verschlusslaute ins Spiel, so kann die Schallsilbe streng genommen höchstens von der Explosion des dem Sonanten zunächst vorangehenden bis zum Verschluss des zunächst folgenden Verschlusslauts dauern.** Noch weniger sind streng genommen Verbindungen zweier Verschlusslaute im Silbenanlaut oder -auslaut möglich, ebensowenig wie Verbindungen von Spirans + Verschlusslaut im Silbenanlaut oder die umgekehrte Reihenfolge im Silbenauslaut. Wenn wir trotzdem *ptá*, *ktá*, *ápt*, *ákt*, *spá*, *stá*, *áps*, *áts*, ja selbst *átst*, *átšt*, *štšá*, *áštš*, zumal bei rascherer Sprechweise, als einfache Silben betrachten, so ignoriren wir einfach die Existenz der hier von den anlautenden oder auslautenden Consonantverbindungen gebildeten kleinen 'Nebensilben', wegen der geringen Schallfülle der hier auftretenden stimmlosen Geräuschlaute, denen gegenüber die Hauptsilbe mit ihrem klangvollen Sonanten durchaus dominirt. **Exspiratorisch** können diese Gruppen von Schallsilben natürlich sehr wohl einheitlich sein.

535. Wie viel wir von solchen Nebensilben als Begleiter der eigentlichen Hauptsilbe dulden, hängt sehr von der Gewohnheit ab, namentlich entscheidet wieder die grössere oder geringere Leichtigkeit in der Aufeinanderfolge der Uebergangsbewegungen. Leicht geduldet werden z. B. Verbindungen, deren zweites Glied ein Dental ist, wie *ptá, ktá, ápt, ákt*, während *tpá, tká, átp, átk* auffallen. Von auslautenden Verbindungen von Explosivlaut + Spirans erscheinen die Africaten natürlich am leichtesten. Stimmhafte Geräuschlaute eignen sich wegen ihrer grösseren Schallfülle noch weniger; man vgl. z. B. *zbá, ábz* mit *spá, áps* u. dgl. — Ausführliche Verzeichnisse von möglichen oder besser gesagt üblichen Combinationen für Silbenanlaut und -auslaut s. z. B. bei Merkel, Laletik 266. 274.

536. Derartige complicirte Silbenanlaute und -auslaute erscheinen übrigens grossentheils erst in moderneren Sprachperioden durch Ausstossung von Sonanten (Vocalen) u. dgl., welche ihrerseits die Folge der energischeren Concentration des ganzen Wortgewichts in der einen Tonsilbe zu sein pflegt. Je stärker aber diese hervortritt, um so eher können jene schwach accentuirten Anhängsel angefügt werden, ohne den einheitlichen Eindruck des Ganzen zu stören. — Für die Sprachgeschichte bleibt zu erwägen, ob vielleicht die Umstellungen von ursprünglichem *sk* zu *ksh* im Sanskrit, zu ξ im Griechischen oder von *sp* zu griech. ψ, oder auch der Vorschlag eines Vocals vor anlautendem *s* + consonant (*s impura*) in den romanischen Sprachen etc. mit diesen Silbenanlautsgesetzen in Beziehung stehn, u. dgl. mehr.

Cap. 26. Die relative Druckstärke der Silbenglieder.

537. Innerhalb des einzelnen Druckstosses bez. der mit einem solchen hervorgebrachten Drucksilbe bleibt die Druckstärke in der Regel nicht von Anfang bis zu Ende gleich, sondern unterliegt einer gewissen, mehr oder weniger natürlichen Abstufung (näheres s. Cap. 29). Die Exspiration beginnt entweder mit einem plötzlichen Stoss, oder sie setzt schwächer ein und schwillt continuirlich an bis sie den Höhepunkt ihres Drucks erreicht. Auf diesem kann sie eine Zeit lang verharren. Nach dem Schluss des Druckstosses hin nimmt die Druckstärke wieder ab, und zwar sinkt sie hier in der Regel allmählich, da die Thätigkeit der Exspirationsmusculatur nur schwer so rasch und vollständig gehemmt werden kann, dass ein jenem Eingangsstoss an Plötzlichkeit entsprechendes Ende der Exspiration erzielt wird. Der einzelne Exspirationsstoss hat demnach gewöhnlich entweder nur einen deutlichen Decrescendo-Ausgang oder zugleich einen deutlichen Crescendo-Eingang und Decrescendo-Ausgang, zeigt also entweder die Form (=)> oder <(=)>, wobei = die Zeit andeuten möge, während welcher der Druck eventuell gleich bleibt (vgl. **519**).

538. Die Drucksilbe umfasst hiernach in der Regel Momente verschiedener Druckstärke, und diesen entsprechen lediglich daraus resultirende (und also von der Schallfülle unabhängige) Abstufungen in der Schallstärke der Sprachlaute, welche während dieser Momente gebildet werden. Wir können diese Stärkeabstufungen der Laute einer Drucksilbe als die relative Druckstärke der Silbenglieder bezeichnen.

539. Betrachten wir das Verhältniss der einzelnen Silbenglieder zu der wechselnden Druckstärke der Silbe, so ergibt sich, dass in der Regel der Sonant der Silbe den Moment grössten Drucks in sich schliesst oder dass er doch mindestens an diesem stärksten Druckgrad der Silbe participirt, dass er also, auch abgesehn von der Frage der Schallfülle, die grösste relative Druckstärke besitzt, und dass umgekehrt die ihn begleitenden Consonanten auch an Druckstärke hinter ihm zurückzustehn pflegen. Bei Verbindungen von Lauten gleicher oder nahezu gleicher Schallfülle hängt es daher wesentlich von der relativen Druckstärke ab, ob der eine oder der andere Sonant bez. Consonant der Silbe wird. Das lässt sich namentlich leicht an den Verbindungen zweier Vocale illustriren. Uns gelten z. B. $\overset{>}{ui}$, $\overset{>}{iu}$, d. h. starkes u + schwächeres i bez. starkes i + schwächeres u als 'fallende Diphthonge', aber $\overset{<}{ui}$, $\overset{<}{iu}$ mit umgekehrtem Stärkeverhältniss als 'steigende Diphthonge' (**412**), d. h. im ersten Falle ist das erste Glied silbisch, das zweite unsilbisch, im zweiten Falle ist bei gleicher Lautfolge das erste Glied unsilbisch, weil es die geringere Druckstärke hat.

540. Nicht alle Lautfolgen lassen sich (vgl. **518**) so ohne Weiteres umkehren wie die eben angeführten. Folgen wie $\overset{>}{al}$, $\overset{<}{la}$ klingen uns gut einsilbig, weil die Abstufung der Druckstärke der Abstufung der Schallfülle parallel geht; $\overset{<}{al}$, $\overset{>}{la}$ dagegen fassen wir eher als zweisilbig auf, weil die Schallfülle des a die des l so überwiegt, dass es trotz seiner geringeren Druckstärke neben dem stärkeren l als silbisch empfunden wird. Eher noch können Gruppen wie $\overset{<}{as}$, welche einen stimmlosen Laut an zweiter Stelle haben, für einsilbig gelten; das *s* mag hier grössere Druckstärke haben als das *a*, aber seine Schallfülle ist wegen seiner Stimmlosigkeit doch so gering, dass wir es nicht als silbisch empfinden, sondern dem *a* die Stelle des Sonanten einräumen. Uebrigens sind alle solche Fälle in der empirischen Sprache sehr ungewöhnlich, im Allgemeinen gehen die Abstufungen der Druckstärke und der Schallfülle zusammen (**524**).

541. Die wechselnde Druckstärke der Drucksilbe wirkt jedoch nicht nur auf das Verhältniss der einzelnen Silbenglieder unter einander ein, sondern auch **auf die Bildung der Einzellaute selbst**, insofern ein jeder Einzellaut entweder mit **gleichmässiger oder zunehmender oder abnehmender Stärke** hervorgebracht werden kann, oder mit Combinationen dieser drei Grundformen, die wir nach Sweet mit $\bar{a}, \overset{<}{a}, \overset{>}{a}$ bezeichnen wollen.

542. Am deutlichsten sind diese Abstufungen beim Flüstern wahrzunehmen, weil man dadurch die störenden Einwirkungen etwaiger Tonhöhenänderungen entfernt (Sweet S. 58).

543. Steht ein Laut wie $\bar{a}$ am Ende einer Silbe, so wird er nach dem zu Eingang Bemerkten stets einen, wenn auch noch so kurzen Decrescendo-Abschluss haben, also $\overset{\rightarrow}{\bar{a}}$; folgt aber ein anderer Laut, so kann natürlich auch ein reines $\bar{a}$ gebildet werden.

544. Die **Consonanten vor dem Sonanten** der Silbe werden in der Regel crescendo gebildet, **die nach dem Sonanten** decrescendo, also z. B. $\overset{<}{n}\overset{>}{a}$, $\overset{>}{a}\overset{>}{n}$, $\overset{<}{n}\overset{>}{a}\overset{>}{n}$. Bei den Sonanten herrscht Decrescendo vor, und zwar um so mehr, je länger der Sonant ist (man vergleiche z. B. die Stärke der *t* in *satt* und *Saat*, welche sich nach derjenigen des Ausgangs des *a* richtet (**445** etc.). Doch hört man auch bisweilen $\overset{<}{a}$, z. B. wie Sweet bemerkt in der freudiges Erstaunen ausdrückenden Interjection *ah!*, welche als $\overset{<}{a}$ oder $\overset{<=>}{a}$ zu bezeichnen ist (wie namentlich die Flüsterprobe deutlich zeigt).

545. Für den einheitlichen Charakter der Drucksilbe ist, wie bereits **521** u. ö. angedeutet wurde, **Continuität der Druckstärke** massgebend, d. h. sowohl $\bar{a}$ wie $\overset{>}{a}$, $\overset{=>}{a}$, $\overset{<}{a}$ und $\overset{<=}{a}$ rufen den Eindruck der Einheit hervor, aber $\overset{<<}{a}$ oder $\overset{<\cdot<}{a}$ (genauer $\overset{<\cdot<}{a}$ etc.) u. dgl. klingen zweitheilig, auch wenn nicht die geringste Pause zwischen den beiden Theilen liegt (Sweet S. 59).

Cap. 27. Die Silbentrennung.

546. Für die Silbentrennung existirt ebensowenig ein einheitliches Princip wie für die Silbenbildung, vielmehr sind wie dort Schallsilben und (Exspirations- oder) Drucksilben, so hier **Schallgrenzen** und (**Exspirationsgrenzen** oder) **Druckgrenzen** zu unterscheiden.

547. Der Name Schallgrenze ist lediglich im Anschluss an den Namen Schallsilbe gewählt und soll demnach nur diejenigen nothwendigen Silbengrenzen bezeichnen, welche von der Abstufung der natürlichen Schallfülle abhängen, nicht aber auch die auf willkürlicher Herabsetzung der Schallstärke durch Minderung des Stromdrucks beruhenden.

548. Eine Schallgrenze ist nothwendigerweise überall da vorhanden, wo bei continuirlicher Druckstärke ein Durchgang durch einen Laut geringerer Schallfülle stattfindet. Lautfolgen wie *aia*, *ala* etc. sind, wie **522** gezeigt wurde, stets mindestens zweisilbig, auch wenn keine Discontinuität der Druckstärke besteht; die Grenze liegt hier in dem weniger schallvollen Durchgangslaut *i* bez. *l*. Wir bezeichnen die Schallgrenze durch ein Spaltungszeichen über dem betreffenden Laut, also *ai̯a*, *al̯a*; die Druckgrenze deuten wir durch - zwischen den Silben an.

549. Im Allgemeinen werden blosse Schallgrenzen, wie es scheint, nur da angewandt, wo nur ein Consonant zwischen zwei Sonanten steht, deren erster stark betont und kurz ist. So sprechen wir im Bühnendeutschen z. B. zweisilbige Wörter mit kurzem Vocal in der ersten Silbe und einfachem, starkem Consonanten dahinter, also etwa Wörter wie *fasse*, *Kammer*, *alle*; ebenso im Englischen, vgl. etwa *hissing*, *hammer*, *hilly*. Hier liegt zweifelsohne die Silbengrenze in dem Consonanten, aber derselbe scheint trotzdem gleichmässig zu beiden Silben zu gehören, weil innerhalb desselben keine Discontinuität der Druckstärke eintritt. Diese Wörter sind demnach bei genauerer Transscription als *fas̯ə*, *kam̯ər*, *al̯ə* u. s. w. zu bezeichnen. Sie sind exspiratorisch einsilbig, enthalten aber zwei Schallsilben. Diese Art der Verbindung zweier Silben wird meist nur mit grosser Mühe von denen erlernt, welche an exspiratorische Trennung aller Nachbarsilben gewöhnt sind. Der Romane, Slave, Grieche etc. wird z. B. stets geneigt sein, in solchen Fällen vor oder in dem Consonanten eine Druckgrenze anzubringen, also entweder *fa-se*, *ka-mer*, *a-le* abzutheilen oder zu geminiren (s. **555** ff.).

550. Die (exspiratorische) Silbentrennung durch **Druckgrenzen** ist, im Gegensatz zu der Silbentrennung durch Schallgrenzen, **frei**, d. h. nicht an bestimmte Lautfolgen gebunden, und während die selbständige Schallgrenze stets **innerhalb** des Durchgangslautes geringster Schallfülle liegt, kann eine Druckgrenze je nach Belieben **vor, nach** oder **in** dem (oder einem) Consonanten angebracht werden, der zwischen den beiden benachbarten Sonanten steht.

a. Druckgrenze vor und nach dem Consonanten.

551. Wenn nur éin Consonant oder eine (nach **527**) im Silbenanlaut mögliche Consonantgruppe (z. B. Muta cum Liquida) die Nachbarconsonanten trennt, so wird in vielen Sprachen der Consonant exspiratorisch regelmässig zur **zweiten Silbe** gezogen, z. B. im Französischen, Spanischen, Neugriechischen und den slavischen Sprachen, auch mehr oder weniger in manchen deutschen, speciell schweizerischen Mundarten. Im Bühnendeutschen, im Englischen etc. geschieht dies dagegen meist nur in zwei Fällen, nämlich beim Uebergang von einer schwächeren auf eine stärkere Silbe (*be-fin-den*, *ge-la-den*, engl. *a-lone*, *a-ppear* etc.), oder, bei umgekehrtem Verhältniss der Stärke nach langem Vocal: *bo-te*, *ha-be*, *see-le*, *lo-se*, engl. *ha-ting*, *lo-sing*, *sea-ling* etc. Ebenso spricht aber der Schweizer auch *lĕ-se*, *gĕ-be* u. dgl., der Spanier *că-za*, *lĕ-tra*, der Russe *vŏ-du*, *ŭ-gol*, *gŏ-rod* etc. Den Deutschen und Engländern wird die Erlernung dieser Art der Silbentrennung nach kurzem Vocal meist sehr schwer, da sie die Neigung haben, in solchen Fällen entweder gar keine Druckgrenze eintreten zu lassen, wie oben **549** ausgeführt ist, sondern *lĕs'*, *gĕb'*, *căza*, *gŏrod* etc. (mit Verschärfung des Consonanten, vgl. **560**) zu sprechen, oder aber, bei Consonantgruppen, in der Mitte abzutheilen, also *let-ra* u. s. w.

552. Seltener findet sich bei **einfachem Trennungsconsonanten** die Druckgrenze **nach demselben**. Doch ziehen wir z. B. im Deutschen einen einfachen Consonanten öfter da allein zur **vorausgehenden** Silbe, wo wir consonantisch ausgehende Endsilben mit vocalisch anlautenden Folgesilben combiniren, z. B. *war-er*, *hat-er* u. dgl. Die beiden Sätze *hat ér's gethan?* und *hat dér's gethan?* unterscheiden wir z. B. so oft als *hat-ērs*.., und *ha-tērs*... (daneben haben wir auch noch eventuell *hat'rs*... für *hat er's gethán?* mit Nachdruck allein auf *gethán*). Doch verschiebt sich auch oft, ja meist, die Silbengrenze in geläufiger Rede, sobald die strenge begriffliche Scheidung der einzelnen Worte ignorirt wird, und es treten die allgemeinen Trennungsregeln in Kraft.

553. Stehen mehrere Consonanten, die nach 527 nicht einen Silbenanlaut bilden können, zwischen zwei Sonanten, so liegt die Druckgrenze in der Regel zwischen zwei von den Consonanten, also z. B. in *hal-me*, *ach-te* zwischen dem *l* und *m* bez. *ch* und *t*. Dass wir es auch hier nicht mit einer blossen Schallgrenze zu thun haben, folgt schon daraus, dass das *m* bez. der Verschluss des *t* mit den vorausgehenden Lauten zu einer Silbe verbunden werden können, *halm*, *acht* (ohne die Explosion des *t*). Eine Schallgrenze hätte bei continuirlicher Exspiration erst in dem *m* und nach dem Verschluss des *t* eintreten müssen, da aber in unserem Falle die Silbengrenze deutlich vor dem *m*, *t* liegt, so kann es sich eben nur um eine willkürliche Druckgrenze handeln.

554. Wie viele Consonanten bei grösseren Gruppen zur vorausgehenden und wie viele zur folgenden Silbe zu ziehen seien, darüber lassen sich bestimmte Regeln nicht aufstellen. Die Gewohnheiten der einzelnen Sprachen weichen hier stark von einander ab.

b. Druckgrenze im Consonanten.

555. Dies ist der Fall bei der sogenannten Gemination. — Um den Begriff der Gemination richtig feststellen zu können, müssen wir zunächst daran erinnern, dass die Mehrzahl der deutschen Mundarten die durch Verdoppelung des Zeichens ausgedrückten Laute nicht mehr als Geminaten, sondern als einfache und kurze Fortes ausspricht: *Amme*, *alle*, *Wasser*, *hoffe*, *Hacke*, *Knüppel*, gesprochen *ăm'*, *ăl'*, *wăs'r* u. s. f. (vgl. oben). Ebenso kennen das Englische ausser bei der Composition, das Französische ausser bei gelehrten Wörtern (wie *grammaire* etc.), sowie die slavischen Sprachen im Allgemeinen keine Gemination mehr. Dagegen sind z. B. das Italienische, auf germanischem Boden das Schwedische, das Deutsch der baltischen Provinzen, sowie einige Schweizermundarten, von nicht-indogermanischen Sprachen das Magyarische und sämmtliche finnische Sprachen reich an echten Geminaten (man vergleiche zur Orientirung etwa ital. *anno, balla, basso, atto, occhio, ebbe, faccia, legge, pozzo, mezzo*, beachte aber, dass gerade auch im Italienischen die Silbengrenze sich vielfach bereits zu verschieben beginnt, d. h. dass man anfängt z. B. *a-to* statt *at-to* zu sprechen).

556. Es ist nun ebenso deutlich, dass das Ohr hier wirklich zwei getrennte Laute (einen am Schlusse der ersten, einen am Anfang der zweiten Silbe) zu vernehmen glaubt, als dass eine eigentliche Doppelsetzung (d. h. doppelte Einsetzung) des betreffenden Consonanten nicht stattfindet. Das letztere zeigen am deutlichsten die Verschlusslaute (und Affricatae), bei denen zwischen den beiden Silben eine Oeffnung des Verschlusses nicht eintritt. Der Name Gemination bezieht sich vielmehr nur auf jenen Doppeleindruck, den das Ohr empfängt, und dieser wird eben dadurch hervorgerufen, dass in den Consonanten hinein eine Druckgrenze gelegt wird.

557. Am deutlichsten ist dies zu beobachten bei stimmhaften Dauerlauten, namentlich Sonoren. In Lautfolgen wie *ai̯-i̯a, au̯-u̯a, an-na* wird z. B. die erste Hälfte des *i, u, n* mit dem Schlusse des Exspirationsstosses der ersten Silbe decrescendo gebildet, bis das Minimum des Druckes erreicht ist, die zweite Hälfte crescendo mit dem Eingang des zweiten Exspirationsstosses, bis die Stimme in dem zweiten Sonanten wieder bei ihrer vollen Stärke anlangt. Der Consonant zerfällt dabei deutlich in zwei Hälften, deren erste exspiratorisch zur ersten und deren zweite exspiratorisch zur zweiten Silbe gehört. Solche Gruppen sind also als $\overset{>\;<}{ai̯\text{-}i̯a}$, $\overset{>\;<}{an\text{-}na}$ zu bezeichnen; sie sind ebenso deutlich von Gruppen wie $\overset{>}{ai̯a}$, $\overset{>}{ana}$ wie von $\overset{>\;<}{a\text{-}i̯a}$, $\overset{>\;<}{a\text{-}na}$ geschieden.

558. Ebenso verhält es sich bei stimmlosen Dauerlauten, also bei Folgen wie $\overset{>\;<}{as\text{-}sa}$ u. dgl., nur ist hier das Decrescendo-crescendo etwas schwieriger zu beobachten, weil es sich nur an dem Geräusch der Spirans geltend macht.

559. Bei Verschlusslauten fällt die Druckgrenze in die Zeit zwischen Verschluss und Explosion. Das Decrescendo-crescendo der Geminata lässt sich demnach nur bei den stimmhaften Verschlusslauten direct hören, bei denen der Blählaut die Dauer der Verschlussstellung ausfüllt. Bei den geminirten stimmlosen Verschlusslauten dagegen kann man den Bruch in der Exspiration nur fühlen oder durch einen empfindlichen Druckmesser demonstriren. Doch ist der Klang auch der stimmlosen geminirten Verschlusslaute bei etwas genauerem Aufmerken von dem der nicht geminirten zu unterscheiden. Bei einer Lautfolge wie $\overline{apa}$ ohne Druckgrenze dominirt der Verschlussact (genauer gesagt der Gleitlaut zur Verschlussstellung hin) über den Oeffnungsact (den Explosionsknall), weil er mit stärkerem Druck gebildet wird. Der Verschlusslaut wirkt also hier vorzugsweise durch Verschlussact und hat daher für das Ohr wesentlich sog. **occlusiven** Charakter, selbst wenn man die Pause erheblich dehnt. Bei der Folge $\overset{>\ <}{a\text{-}pa}$ dagegen kommt der Verschlussact kaum in Betracht, weil er zeitlich mit der Druckgrenze zusammenfällt, also bei minimaler Druckstärke vor sich geht: das p ist deshalb hier wesentlich **explosiv**, und zwar wird auch hier der Charakter des Verschlusslauts durch eine Dehnung der Pause nicht verändert. Man kann das namentlich gut beobachten, wenn man die zweite Silbe stärker spricht als die erste. Bei der Geminata in $\overset{>\ <}{ap\text{-}pa}$ endlich fällt der Verschlussact noch in den starken Theil des ersten Exspirationsstosses und macht sich demnach auch für das Gehör durch die Stärke des Gleitlauts bemerkbar, nicht minder tritt aber auch die mit dem neuen Stosse hervorgerufene Explosion kräftig und selbständig auf. Es ist also weder der Explosionslaut dem Verschlussgleitlaut untergeordnet, wie bei $\overline{apa}$, noch der Verschlussgleitlaut dem Explosionslaut, wie bei $\overset{>\ <}{a\text{-}pa}$, sondern beide sind coordinirt und werden, zumal bei der etwas längeren Dauer der Pause (vgl. oben) als coordinirt empfunden (Verschlussgeminaten sind also für das Ohr deutlich **occlusivexplosiv**).

560. Die Natur des der Geminata vorausgehenden Lautes ist im Allgemeinen gleichgültig; nur muss derselbe im Moment der Verschluss- oder Engenbildung noch mit kräftigem Druck gebildet werden, damit, vor Verschlusslauten, der Gleitlaut deutlich ins Gehör fällt, bei Dauerlauten aber die Druckstärke nach der Druckgrenze hin noch deutlich vermindert werden kann. Aus diesem Grunde sind kurze Vocale als Vorläufer von Geminaten am geeignetsten, Verschlusslaute am ungeeignetsten, weil hier das kurze Explosionsgeräusch selbst noch durch einen raschen Uebergang hörbar abgeschnitten werden muss.

561. Sogar für den letztgenannten Fall lassen sich auch aus dem Deutschen Beispiele bei Composition beibringen; man unterscheidet wenigstens bei langsamer deutlicher Aussprache *gibt Trost* von *gib Trost*; ähnlich vgl. *Lärm machen* und *lürme*, *Moos-sitz* und *Mässe* u. dgl. Nur pflegt man hier nicht an Gemination zu denken, weil man die einzelnen Wörter begrifflich von einander zu trennen gewohnt ist. — Dass uns die Gemination nach Längen oder Diphthongen schwieriger zu bilden scheint als nach Kürzen, liegt daran, dass wir diese Laute und Lautfolgen mit abnehmendem Druck (s. oben **544**) zu sprechen gewöhnt sind; dass sie aber auch uns nicht unmöglich ist, zeigen Fälle wie *noth thun* u. dgl. In geläufigerer Rede lassen wir indess auch bei der Composition fast überall die Gemination fallen, sprechen also *giptröst*, *lärmaxn*, *mŏsits*, *nŏtūn* u. s. w.

562. Ueber die Zusammenhänge zwischen Silbentrennung und exspiratorischem Silbenaccent s. Cap. 29.

563. Analog der Gemination sind endlich noch die Verbindungen eines **stimmhaften** Lauts mit dem entsprechenden **stimmlosen**. Bei diesen setzt die Stimme in der Silbengrenze ein bez. aus, die übrigen Articulationen werden gemeinschaftlich ausgeführt. So spricht man wohl in Norddeutschland *hat dich*, *lass sie* mit stimmhaftem *d* und *z* oder mit umgekehrter Lautfolge in England *had to do*, *has seen*. Sehr gewöhnlich aber treten in diesen Fällen Assimilationen ein, sodass vollkommen stimmlose oder stimmhafte Geminaten entstehen. Die Ausdehnung der Assimilationen unterliegt in den einzelnen Sprachen wieder besonderen Gesetzen.

564. Nur selten habe ich gefunden, dass bei der Composition zweier gleicher Verschlusslaute wirklich doppelte Explosion angewandt wird (*nimmt-Theil*, *hat-dich*), und ich glaube diese Aussprache auf den Einfluss des Schulunterrichts zurückführen zu sollen. Abgesehn von individuellen Gewohnheiten, scheint sie z. B. in Ostpreussen allgemeiner üblich zu sein. Für das Sanskrit und Griechische galt sicher die Gemination mit nur einer Explosion; denn Aspiraten können nicht verdoppelt werden (im Skr. gilt nur *kkh*, *tth*, *pph*, im Griech. nur *κχ*, *τϑ*, *πφ*), eben weil der Hauch in der Verschlusspause zu Grunde gehn muss. Für das Indogermanische aber ist (wie Heinzel, Gesch. der niederfränk. Geschäftssprache S. 128 bemerkte) wirklich doppelte Explosion anzusetzen, da an Stelle von *tt* etc. in einigen Sprachen *st*, *ss* tritt.

565. Mit der **Quantität** der überleitenden Consonanten hat die Gemination wenig zu schaffen. Auch in Gruppen wie *aso* und *a-so* kann z. B. das *s* beliebig gedehnt werden, ohne dass man die Druckgrenze verrückt oder überhaupt eine Druckgrenze einführt. Nur versteht sich von selbst, dass die Minimaldauer der Geminata länger sein muss, als die Minimaldauer des einfachen Lants, weil die Geminata doch in zwei auch für das Gehör trennbare Theile zerfallen muss.

566. Wenn man also auch zugeben darf, dass die Geminaten an sich zugleich auch schon bis zu einem gewissen Grade 'lang' sind, so kann doch nicht streng genug vor dem viel verbreiteten Irrthum gewarnt werden, als ob die Geminaten nun auch bloss 'lange Consonanten' oder alle 'langen Consonanten' gleich Geminaten wären. Zur Gemination gehört eben als wesentlichstes Moment die Discontinuität der Druckstärke innerhalb des Consonanten: lange Consonanten können aber auch ebenso gut bei continuirlicher Druckstärke gebildet und beliebig lange ausgehalten werden.

567. Wie wenig Consonantenquantität und Silbentrennung bez. Gemination mit einander zu thun haben, lässt sich aus den thatsächlichen Verhältnissen mancher Sprachen leicht zeigen. Ein Livländer, der neben Deutsch auch Esthnisch spricht, unterscheidet **principiell** (d. h. je nach der Sprache, die er redet und je nach der Bedeutung) folgende fünf verschiedene Aussprachsformen der Lautfolge ĕ, m, a: ĕ-ma, ĕ-m̄a, ĕm̓a, ĕm̄̓a, em-ma: er hat also zwei Bindeformen für kurzes m (ĕ-ma und ĕm̓a), zwei für einfaches langes m (ĕ-m̄a und ĕm̄̓a) und die Gemination (em-ma).

III. Accent und Quantität.

Cap. 28. Allgemeines.

568. Damit eine Reihe von Lauten als Silbe, eine Reihe von Silben als Wort (oder Sprechtakt, s. **620** ff.), eine Reihe von Wörtern (oder Sprechtakten) als Satz empfunden werde, ist es nothwendig, dass die Glieder der einzelnen Reihe einerseits durch ein gemeinsames rhythmisch-melodisches Band zusammengehalten werden, andererseits in einem bestimmten Ueber- und Unterordnungsverhältniss zu einander stehen. Diesen Bedingungen wird genügt durch die planmässige Abstufung der einzelnen Glieder nach Stärke und Dauer einer- und nach der Tonhöhe andererseits. Nach dem Verhältniss von Stärke und Dauer bestimmt sich im Wesentlichen das rhythmische, nach der Tonhöhe das melodische Element der Bindung.

569. So ordnen sich z. B. die einzelnen Consonanten der mehrlautigen Silbe ihrem Sonanten unter (**525**); die einzelnen Silben des mehrsilbigen Wortes oder Sprechtakts sind nach Tonhöhe, Stärke und Dauer abgestuft, und jeder einzelne Satz hat seinen eigenen Rhythmus und seine eigene Melodie. Der Unterschied einer blossen Laut-, Silben- und Wortreihe von einer wirklichen Silbe, einem Worte oder einem Satze wird demjenigen sofort klar werden, der etwa Gelegenheit hat, eine Sprechmaschine zu beobachten, die bis jetzt wenigstens nur wesentlich unabgestufte Lautreihen zu liefern vermag. Da diese Maschinen an Stelle der Stimmritze nur eine Zungenpfeife von wesentlich unveränderlicher Stimmung besitzen, so haben alle 'stimmhaften' Laute solcher Maschinen gleiche Tonhöhe, und alle Laute sind, da die Maschine, wie z. B. die Orgel, mit einem Blasebalg arbeitet, der wesentlich unter gleichbleibendem Druck steht, gleich stark. Auch die natürlichen Abstufungen der Dauer in der menschlichen Rede lassen sich auf der Maschine nur sehr unvollkommen nachbilden.

570. Die verschiedenen Abstufungen der Dauer hat die Lehre von der Quantität der Satzglieder zu behandeln, deren wichtigste Sätze unten **684** ff. vorgetragen werden sollen. Die Abstufung nach Stärke und Tonhöhe pflegt man unter dem Namen Accent oder Accentuirung zusammenzufassen, und diese Namen mögen auch hier verwendet werden, obwohl sie zu verschiedenen Zeiten in sehr verschiedenem Sinne gebraucht worden sind. Das lat. accentus als Uebersetzung des griech. προσῳδία bedeutete zunächst 'das zum Sprechen Hinzugesungene', also (mindestens vorwiegend) die Melodie des Gesprochenen (das griech. προσῳδία selbst ist allmählich ganz in die Bedeutung von 'Quantitätslehre' übergegangen, also aus der Accentlehre ganz ausgeschieden). Die antike Accentlehre fasste demnach (wie auch die Accentlehre der indischen Grammatiker) wesentlich nur die beim Sprechen gebrauchten Tonhöhen bez. Tonintervalle ins Auge und schuf danach die Namen der einzelnen 'Accente' (z. B. gr. ὀξεῖα, lat. acutus für eine Silbe mit musikalisch hohem, gr. βαρεῖα, lat. *gravis* für eine Silbe mit musikalisch tieferem, gr. περισπωμένη, lat. *circumflexus* für eine Silbe mit einer Bindung zweier verschiedener Töne oder Tonhöhen u. s. w.). Bei modernen Sprachen, wie dem Deutschen aber wird das Wort 'Accent' gemeinhin zunächst auf die Abstufungen des Nachdrucks bezogen, mit denen die einzelnen Satzglieder, besonders Silben, gesprochen werden. In demselben Sinne reden wir gemeinhin von Betonung, Tonsilben, unbetonten Silben u. dgl. oder verstehen unter Hochton und Tiefton (mit Lachmann) die stärkste bez. mittelstarke Silbe einer Silbenfolge u. s. f. Unsere gesammte landläufige Terminologie ist also eine bildliche, indem Namen, die von Tonhöhenunterschieden hergeleitet sind, zur Bezeichnung von Stärkeunterschieden verwendet werden.

571. Beide Gebrauchsweisen des Wortes 'Accent' sind einseitig. Die antike Nomenclatur und Theorie ignorirt die Stärkeabstufungen, die landläufige moderne dagegen die Abstufungen der Tonhöhen. Beide Arten von Abstufung gehen aber in allen Sprachen neben einander her: es gibt weder Sprachen ohne Stärkeunterschiede noch Sprachen ohne Tonhöhenunterschiede; nur sind die einen in dieser, die andern in jener Sprache schärfer ausgeprägt und haben desshalb auch in der grammatischen Theorie zuerst Beachtung gefunden. Erst die neuere Phonetik hat hier, zumal durch die Arbeiten der englischen und skandinavischen Forscher, Licht und Ordnung gebracht.

572. Sofern wir nun unter der Lehre vom Accent die Lehre von der Abstufung der einzelnen Satzglieder nach Stärke und Tonhöhe verstehen, zerlegt sich dieselbe zunächst in die beiden grossen Gebiete der Lehre vom exspiratorischen oder dynamischen Accent, der es mit den Stärkeabstufungen zu thun hat, und der Lehre vom musikalischen oder tonischen Accent, der die wechselnden Tonhöhenverhältnisse zufallen.

573. Innerhalb dieser Gebiete ist sodann weiter danach zu scheiden, in welchem sprachlichen Gebilde die betreffende Accenterscheinung auftritt, ob sie sich in der einzelnen Silbe abspielt oder in der durch den Sinn zusammengehaltenen Silbenreihe, d. h. dem Worte (bez. dem Sprechtakt) oder dem ganzen Satze. Wir haben danach die Lehre vom Silbenaccent zu scheiden von der Lehre vom Wort- und Satzaccent. Dabei ist von vornherein zu beachten, dass Wort- und Satzbildung vom phonetischen Standpunkt aus kaum, wenn überhaupt, zu trennen sind.

574. Ohne genaue Beachtung dieser Unterschiede ist ein wirkliches Verständniss des 'Accents' unmöglich, gerade mit Rücksicht auf die irreleitende landläufige Terminologie. Namentlich ist auch darauf zu dringen, dass die verschiedenen Arten der Accentuirung auch graphisch genauer unterschieden werden als das in den überlieferten Accentuationssystemen z. B. des Sanskrit und des Griechischen nebst den an das letztere sich anschliessenden Systemen der modernen Sprachen der Fall ist.

575. Das Sanskrit bezeichnet z. B. mit seinem udātta im Allgemeinen den Wortaccent, d. h. es hebt die höchstbetonte Silbe des Wortes vor den übrigen hervor, ohne sich um die Art der Hervorhebung (die Art des Silbenaccents) zu kümmern (ich sehe natürlich hier, wo ich von der Bezeichnung spreche, gänzlich von den Theorien der Grammatiker ab), und doch versucht es auch den Satzaccent auszudrücken, indem es dem Verbum finitum des einfachen erzählenden Satzes den udātta raubt, ohne dass es glaublich erscheint, dass nun das Wort überhaupt keine 'Tonsilbe' mehr gehabt habe. Im Griechischen finden wir Ansätze zur Unterscheidung der Arten des Silbenaccents in dem Gebrauch des Acut und des Circumflex; dieselben Zeichen aber dienen zugleich dazu, im einzelnen Falle den Wortaccent anzuzeigen, und der Gravis ist eine Concession an die Forderungen des Satzaccents! Dass bei einer verbesserten Bezeichnung die Zeichen der drei verschiedenen Accente in der Regel auf denselben Laut zu stehen kommen würden, darf dabei nicht irren, denn es liegt in der Natur der Sache selbst, dass der Laut, der an und für sich am meisten in seiner Silbe hervortritt, auch in der Tonsilbe des mehrsilbigen Wortes, namentlich wenn dieses auch noch den Satzaccent trägt, ganz besonders hervortreten muss.

1. Silbenaccent.

Cap. 29. Der exspiratorische oder dynamische Silbenaccent.

576. Wie 537 festgestellt wurde, bleibt die Druckstärke innerhalb der Silbe in der Regel nicht gleich, sondern unterliegt einer gewissen Abstufung. Die verschiedenen Formen dieser Abstufung innerhalb der Einzelsilbe fassen wir unter dem Namen des exspiratorischen oder dynamischen Silbenaccents zusammen. Hierbei ist namentlich zweierlei zu unterscheiden.

1. Die Exspirationsbewegung der Silbe an sich.

(Silbengipfel. Ein- und zweigipflige Silben. Stosston.)

577. Die Druckstärke der einzelnen Drucksilbe ist, wie ebenfalls bereits 537 gezeigt wurde, im Wesentlichen continuirlich abgestuft. Den Moment grösster Stärke nennen wir den Druck- oder Silbengipfel. Er kann entweder schon zu Anfang der Silbe stehn (dann steigt die Druckstärke nach dem Ende zu ab), oder zum Schlusse (dann steigt die Druckstärke auf), oder in der Mitte (aufsteigend-absteigende Druckstärke).

a. Eingipflige Silben.

578. Enthält eine Silbe bei ganz continuirlicher Abstufung der Druckstärke nur einen solchen Gipfel, so bezeichnen wir sie als eingipflig; z. B. continuirlich absteigend, wie in $\overset{>}{al}$, oder continuirlich aufsteigend, wie in $\overset{<}{la}$, oder continuirlich auf- und absteigend wie in $\overset{<>}{lal}$.

579. Eingipflig in diesem Sinne sind z. B. Silben, wie man sie im Bühnendeutschen und in vielen deutschen Mundarten in beliebigen Wörtern wie *Knappe, hatte, Wasser, halte, Knabe, Bote, losen, holte* etc. etc. allgemein zu sprechen pflegt. In ihnen hat der Stromdruck schon zu Anfang des (sonantischen) Vocals seine grösste Stärke; dieser Stärkegrad kann dann entweder durch den Vocal hin festgehalten werden, oder er wird gleichmässig, wenn auch zum Theil nur sehr wenig, verringert. In dem Vocal selbst ist in Folge dessen keine Spur von Discontinuität zu entdecken (auch nicht in Bezug auf den musikalischen Ton, der entweder eben oder einfach steigend oder einfach fallend ist, s. unten **601**). Folgen innerhalb desselben Druckstosses dem Sonanten noch Consonanten, so nehmen diese an dem allgemeinen Absteigen der Druckstärke theil.

b. Zweigipflige Silben.

580. Neben den eingipfligen Silben findet sich in vielen Sprachen noch eine andere Art von Silben, die man als zweigipflig bezeichnen kann. Gilt auch für alle Silben im Allgemeinen das Gesetz von der Continuirlichkeit der Druckabstufung, so finden sich doch namentlich bei einer im Allgemeinen absteigenden Druckstärke häufig geringe Verstärkungen hinter dem eigentlichen Silbengipfel, die für unser Gefühl zu schwach sind, als dass sie als Einsätze zu neuen, selbständigen Drucksilben betrachtet werden können (dies ist namentlich da der Fall, wo die Verstärkung noch in den Sonanten fällt). Man kann diese Verstärkungen wohl als Nebengipfel bezeichnen, im Gegensatz zu dem eigentlichen oder Hauptgipfel der Silbe, d. h. dem Moment stärksten Drucks innerhalb der ganzen Silbe. Wir deuten diese Art der Silbenbildung (den zweigipfligen Silbenaccent) durch ̃ über demjenigen Laut oder denjenigen Lauten an, in welche die beiden Gipfel entfallen (vgl. **583**), z. B. ã, aũ etc.

581. Die Erkenntniss der Bildung eines exspiratorischen Doppelgipfels wird oft dadurch erschwert, dass mit dieser sehr oft ein mannigfach variirter Wechsel der Tonhöhe verbunden ist (vgl. **602** f.), der stärker ins Ohr fällt als der Wechsel der Druckstärke und dadurch die Aufmerksamkeit des Beobachters von der Abstufung des Stromdrucks ablenkt. Daher empfiehlt sich hier wieder sehr die Flüsterprobe (**542** etc.).

582. Zweigipflige Exspiration ist namentlich in den Sprachen und Mundarten verbreitet, die wir als 'singend' zu bezeichnen pflegen. Sie tritt wiederum besonders deutlich in den langsamer und nachdrücklicher gesprochenen einsilbigen Wörtern am Satzschluss auf, während sie z. B. im Bühnendeutschen wie im Englischen im Innern des Satzes mehr zu verschwinden pflegt.

583. Die beiden Gipfel fallen entweder in den Sonanten der Silbe, oder der zweite kommt einem folgenden Consonanten zu gute. Lange Vocale nehmen oft beide Gipfel der Silbe in sich auf: so hört man oft im Deutschen gedehntes $d\tilde{a}$, $j\tilde{a}$, $s\tilde{o}$ u. dgl. aussprechen (meist zerfällt dabei der Vocal in einen Diphthongen mit geringer Distanz der Componenten (vgl. **417**). Indessen kann auch bei langen Vocalen der zweite Gipfel zu einem folgenden Consonanten fortrücken, namentlich wenn dieser ein stimmhafter, besonders ein sonorer Laut ist. So sprechen wir bei nachdrücklicher Betonung oft (isolirt) $k\tilde{a}m$, $n\tilde{a}m$ neben $k\grave{a}m$, $n\grave{a}m$ u. s. w. Nach kurzem Vocal fällt der zweite Gipfel wohl stets dem folgenden Consonanten zu, bei Diphthongen also dem zweiten Componenten; vgl. z. B. nachdrückliches $h\tilde{o}\vartheta$ Heu (in Pausa) mit $h\acute{o}\vartheta^{ə}r$ heuer u. dgl. Aehnlich bei folgender Liquida oder Nasal, vgl. z. B. thüringisches $m\tilde{a}n$, $k\tilde{a}m$, $h\tilde{u}lts$ Mann, Kamm, Holz mit $m\acute{e}n^{ə}r$, $k\acute{e}m^{ə}$, $h\acute{e}lts^{ə}rn$ Männer, Kämme, hölzern. Selbst bei Verbindungen von Vocal + stimmloser Spirans + Consonant findet sich die Bildung des Doppelgipfels z. B. in der thüringischen Aussprache pausaler *lacht*, *fasst* im Vergleich etwa zu unemphatischem *lachte*, *fasste*.

584. Im Einzelnen ist es oft schwer zu sagen, ob man eine einsilbige Lautgruppe mit Doppelgipfel oder eine zweisilbige Gruppe mit zwei selbständigen Gipfeln vor sich hat; es hängt dabei viel davon ab, in wie weit der zweite Gipfel als dem ersten absolut untergeordnet empfunden wird. Ausserdem kommt in Betracht, dass der Begriff der Silbe bei uns wesentlich conventionell fixirt und in der Praxis sehr dehnbar ist. Gewiss ist, dass aus einsilbigen Gruppen mit Doppelgipfel oft deutlich zweisilbige Verbindungen hervorgehen, z. B. in manchen thüringischen Mundarten Bildungen wie $f\bar{u}$-$^{\jmath}s$, $g\bar{u}$-$^{\jmath}t$ aus $f\tilde{u}s$, $g\tilde{u}t$ oder schwäbisch $f\bar{u}$-$^{\jmath}s$, $g\bar{u}$-$^{\jmath}t$ aus ursprünglich diphthongischem $f\tilde{u}es$, $g\tilde{u}et$.

Anhangsweise ist endlich hier noch eine Art der Silbenbildung zu besprechen, die man gewöhnlich unter den 'Accenten' aufzuzählen pflegt. Es ist dies der sogen. 'Stosston'.

c. Der 'Stosston'.

585. Derselbe findet sich z. B. im Lettischen und Dänischen in weiter Verbreitung (zuerst wurde er in der letzteren Sprache von Höysgaard beobachtet). Es ist schwer, durch blosse Beschreibung eine deutliche Vorstellung von demselben zu geben. Die Hauptsache ist dabei, dass inmitten der Silbe ein ganz momentaner, fester Verschluss der Stimmritze gebildet wird (vgl. 608). Die Silbe zerfällt dadurch in zwei Theile, die sich den beiden Gipfeln des gewöhnlichen zweigipfligen Accents vergleichen lassen, nur dass hier durch den Glottisschluss getrennt ist, was dort durch continuirliche Uebergänge verbunden war. Wir bezeichnen den Stosston mit ', dem Zeichen des Glottisschlusses, nach dem Sonanten, also a', e' u. s. w.

586. Der Stosston kann sowohl lange wie kurze Vocale treffen. Ist der Vocal nach dem Ende zu isolirt, so äussert sich im Dänischen wenigstens der zweite Exspirationshub in einem dem Vocal nachstürzenden stimmlosen oder doch nur unvollkommen stimmhaften Hauch von grösserer oder geringerer Stärke, vgl. z. B. dän. $p\mathring{a}$', $f\mathit{æ}$', ti' u. dgl. Nach langem Vocal wird ein folgender Consonant mit dem Exspirationsstoss des zweiten Gipfels hervorgebracht. Folgt aber auf einen kurzen Vocal ein stimmhafter Dauerlaut, so fällt der 'Stoss' (d.h. der Glottisschluss) in diesen, nicht in den Vocal, vgl. etwa die dän. a'nd, vi'ld; die genauere Beschreibung s. **608**.

587. Streng genommen haben wir es übrigens hier stets mit einer Verbindung einer 'Vollsilbe' mit einer 'Nebensilbe' in dem **534** festgestellten Sinne zu thun, da der Glottisschluss die Schallbildung völlig hemmt, also eine Schallgrenze bedingt. Indess ist doch der Gesammteindruck ein sehr einheitlicher, daher man denn wohl 'Silben' mit Stosston als Analoga der zweigipfligen Silben betrachten darf, nur dass bei ihnen der Nebengipfel in erster Linie ein Schallgipfel, nicht ein Exspirationsgipfel ist: in erster Linie, weil es mindestens zweifelhaft ist, ob nicht der Luftstauung, die der plötzliche Kehlkopfschluss zur Folge hat, durch einen besonderen kleinen Nebenexspirationsstoss ein Ende bereitet wird. — Man hüte sich übrigens den Stosston zu verwechseln mit dem festen Uebergang von Vocalen zu Verschlusslauten mit Glottisschluss, wie arm. k̇, l̇, ṗ. In arm. ak̇, aṗ etc. wird zwar der Sonant gleichzeitig mit dem Verschluss auch noch durch den Glottisschluss abgeschnitten, aber die Explosion der Glottis fällt nicht mehr derselben Silbe zu. Man kann auch a'k, a'p etc. mit wirklichem Stosston sprechen, dann muss aber eben der Glottisschluss vor den Mundverschluss fallen.

588. Es versteht sich von selbst, dass der sog. Stosston nur rücksichtlich der durch dem Glottisschluss bedingten Spaltung der Silbe in zwei Theile als besondere Form des 'Silbenaccents' aufzufassen ist. Bezüglich des Glottisschlusses selbst fällt er unter die Lehre von den Lautabsätzen bez. -übergängen und ist als solcher an betreffender Stelle bereits behandelt. Auch für den, welcher den Glottisschluss als besondern Consonanten betrachtet, bleibt immerhin jene Spaltung als Charakteristicum der Silbe bestehen.

2. Die Druckabstufung des Silbenschlusses.

589. Für den Gesammthabitus einer Silbe ist die Druckabstufung des Silbenschlusses von grosser Bedeutung, d. h. die Art wie oder unter welchen Druckverhältnissen die Silbe vom Silbengipfel ab ihr Ende erreicht, oder, wie man sich auch ausdrückt, 'abgeschnitten' wird.

590. In dem nhd. kurzen energisch (gebieterisch) gesprochenen dă! bricht der Vocal, der eben noch in voller Stärke ertönte, plötzlich ab, in dem langen dā verklingt er mehr allmählich. Bei dă! haben wir also ein so jähes Decrescendo vom Silbengipfel ab, dass eine Abnahme der Stärke innerhalb des Sonanten kaum oder gar nicht wahrnehmbar ist: grösste Stärke und Null liegen hart und scheinbar unvermittelt neben einander; bei dā hört man dagegen das stufenweise Decrescendo innerhalb des Sonanten gut und deutlich, und zwar um so besser, je mehr man den Sonanten dehnt.

591. Denselben Unterschied kann man auch in geschlossenen Silben beobachten, in denen dem Sonanten sich noch ein oder mehrere Consonanten anschliessen; man vgl. z. B. nhd. Parallelen wie vŏll: wōl, kămm: kām, făss: lās, hăt: rāt, sŏllt: hōlt u. dgl. (die kurzvocaligen Wörter sind kurz und energisch, eingipflig, gesprochen zu denken). Hier wird der Sonant bei den kurzvocaligen Wörtern (*voll*, *kamm*, *fass*, *hat*, *sollt* etc.) durch den folgenden Consonanten in einem Moment abgelöst, wo er noch voll und kräftig ertönt (unmittelbar hinter dem Silbengipfel), der jähe Absturz der Exspiration fällt in den oder die silbenschliessenden Consonanten, die daher kräftig beginnen, aber mehr oder weniger abrupt endigen; bei den langvocaligen (wōl, kām, lās, rāt, hōlt etc.) erfolgt die Umstellung der Organe für den Consonanten, nachdem der Sonant bereits deutlich geschwächt ist (also eine merkbare Zeit nachdem der Silbengipfel passirt ist); der Consonant setzt daher auch mit nur mässiger Stärke ein, kann aber bei dem langsamern Decrescendo der Silbe deutlich und bequem ausklingen (vgl. kămm: kām u. dgl.).

592. Wir wollen die erstere Art des Silbenschlusses (mit Benutzung eines von Kudelka eingeführten Ausdrucks) als den **stark geschnittenen**, die zweite Art als den **schwach geschnittenen Silbenaccent** bezeichnen, und den ersteren durch ´, den zweiten durch ` über dem Sonanten andeuten: also dắ: dằ, fól: wòl, sólt: hòlt u. dgl.

593. Der stark geschnittene Accent hat im Bühnendeutschen seine Stelle in den meisten betonten Silben mit kurzem Vocal; bei langen Vocalen ist er im Deutschen seltener, weil es nicht üblich ist, den Vocal in voller Stärke längere Zeit auszuhalten; doch findet er sich öfter z. B. auch bei langen Vocalen vor folgender (Schrift-)geminata, also etwa bei deutlicher Aussprache in Combinationen wie *noth thun* (nót-tŭn oder nō-tŭn) im Gegensatz zu *so thun* mit nachdrücklichem *so* (sō-tŭn); in rascherer Rede spricht man auch hier indess gewöhnlicher nō-tŭn, ganz wie sō-tŭn.

594. Der schwach geschnittene Accent ist den meisten unserer langen betonten Vocale und den Vocalen unbetonter Silben eigen: wir sprechen also dằ, kằm, wòl, rằt wie hū̀-bə, šlā̀-fə, hò̄l-tə und bə̀-fin-də, fì-láext (vielleicht), là-táen (Latein) u. dgl.; vgl. auch Parallelen wie *gànz néu* (mit betontem *neu*) und *gánz nèu* (mit betontem *ganz*). Bei kurzen starktonigen Vocalen pflegt er uns Schwierigkeiten zu machen, doch ist er mundartlich auch bei diesen verbreitet, vgl. z. B. schweiz. lè-sə, gè-bə u. dgl., oder sonst gelegentlich dialektisches hàlm, hàl-tn u. dgl. gegenüber bühnendeutschem hálm, hál-tn u. a. Man erreicht ihn in diesem Falle am leichtesten, wenn man überhaupt die Druckstärke des Vocals von vornherein gering nimmt, oder indem man den Vocal ein klein wenig dehnt, damit sich in seinem Verlauf die Druckstärke auf das nöthige Mass verringern kann.

595. Ueberhaupt muss man sich hüten, die Vertheilung dieser beiden Accentarten, welche das Bühnendeutsche aufweist, für allgemein verbreitet zu halten. Fehlt ein deutlich stark geschnittener Accent schon einer Reihe von Mundarten, so scheint er gar ausserhalb des Deutschen nur verhältnissmässig selten aufzutreten, und zwar da eben auch nur in Sprachen, welche wie das Bühnendeutsche sich durch grosse Stärke des betonten Sonanten auszeichnen, also sog. stark exspiratorischen Accent haben. Danach darf man vielleicht annehmen, dass der stark geschnittene Accent des Bühnendeutschen und anderer moderner (germanischer) Idiome erst auf secundärer Entwicklung beruht. Auch begreift sich leicht, dass da es sich hier um graduelle Unterschiede handelt, neben den extremen Formen der beiden Accentarten, wie sie das Deutsche zum Theil aufweist, auch weniger ausgeprägte Uebergangsformen auftreten können.

596. Folgt einem stark geschnittenen Sonanten ein derselben Drucksilbe (demselben Druckstoss) angehörender Consonant, so participirt dieser mindestens in seinem Eingang noch an der Stärke des geschnittenen Sonanten, erhält also mehr oder weniger fortisartigen Charakter, wie schon oben **182** angedeutet wurde. Dies zeigt sich sowohl im Auslaut der Drucksilbe (vgl. z. B. die Stärkeverhältnisse der silbenschliessenden Consonanten in Fällen wie *soll: wol, sollte: holte* (gesp. *sól: wŏl, sólt⁹: hŏl-t⁹*), als beim Schluss blosser Schallsilben mit durchlaufender Exspiration (vgl. z. B. *solle: hole, amme: ahme, ebbe: lebe, egge: lege*, gespr. *sól⁹: hŏ-l⁹, ăm⁹: ă-m⁹, ĕb⁹: lĕ-b⁹, ĕg⁹: lĕ-g⁹* u. dgl.).

597. Nur einen speciellen Fall dieser allgemeinen Regel stellt das von Winteler (Kerenzer Mundart 142 ff.) zunächst für seine Mundart beobachtete sog. **Winteler'sche Silbenaccentgesetz** dar, wonach jeder Dauerlaut (Liquida, Nasal, Spirans) in allen einigermassen nachdrücklichen Silben nach kurzem Vocal in der Regel als Fortis erscheint, sobald noch ein demselben Worte angehöriger Consonant darauf folgt. Dass die letztere Beschränkung von Haus aus nicht wesentlich war, sondern dass es allein auf die Stellung im Nachlaut des stark geschnittenen Sonanten ankam, zeigt Heusler, Alem. Consonantismus 12 ff.

598. Die Unterscheidung des stark und schwach geschnittenen Silbenaccents berührt sich vielfach mit den verschiedenen Arten der Silbentrennung, ist aber nicht von ihr ohne Weiteres abhängig, wie schon die oben **594** angeführten Beispiele lehren (vgl. namentlich Fälle wie bühnendeutsch *hálm* mit dialektischem *hàlm* u. dgl.). Schallsilbengruppen mit durchlaufender Exspiration (also ohne Druckgrenze, wie nhd. $\overline{h\grave{a}t^{\partial}}$, $\overline{\grave{a}l^{\partial}}$, $\overline{k\grave{a}m^{\partial}r}$) setzen allerdings wohl überall starke Schneidung des Sonanten der ersten Silbe voraus, sie finden sich aber auch nur in Sprachen, welche auch sonst den stark geschnittenen Accent besitzen und überhaupt stark erspiratorischen Accent haben. Sprachen, welche alle Silben durch Druckgrenzen von einander scheiden, haben vor der Druckgrenze wohl meist den schwach geschnittenen Accent, auch bei kurzen Sonanten, wie in schweiz. *lĕ̀-s[∂]*, *gĕ̀-b[∂]*, russ. *vŏ̀-du* etc.

Cap. 30. Der musikalische oder tonische Silbenaccent.

599. 'Beim Singen verweilt die Stimme ohne Wechsel der Tonhöhe auf jeder Note und springt dann so rasch wie möglich zu der folgenden Note über, sodass der verbindende "Gleitton" nicht wahrgenommen wird, wenn auch keine wirkliche Unterbrechung des Tones stattfindet. Beim Sprechen dagegen verweilt die Stimme nur gelegentlich auf einer Note; sie bewegt sich vielmehr fortwährend auf und ab, von einer Note zur andern, sodass die verschiedenen Noten, die wir zur Bezeichnung der Tonhöhe einer Silbe ansetzen, einfach Punkte sind, zwischen denen die Stimme beständig gleitet' (Sweet, Handb. S. 93 f., vgl. auch Storm, Om Tonef. 4 [278]; Engl. Phil. 1², 205 ff.).

600. Insofern sich nun diese Tonbewegung **innerhalb der einzelnen Silbe** abspielt, wird sie als **musikalischer oder chromatischer** (Verner) oder kürzer als **tonischer Silbenaccent** bezeichnet. Für den tonischen Silbenaccent kommen also alle Unterschiede der absoluten Tonhöhe der einzelnen Silben im Worte oder Satze nicht in Betracht; diese und ähnliche Fragen sind vielmehr erst in der Lehre vom tonischen Wort- oder Satzaccent (Cap. 33) zu besprechen. Unter tonischem Silbenaccent verstehen wir vielmehr einzig und allein die Art, wie während der Bildung einer Silbe die Tonhöhe der Stimme behandelt wird.

601. Wie leicht ersichtlich, gibt es drei einfache Hauptformen dieses Accents: den **ebenen** −, den **steigenden** ∕ und den **fallenden** \. Ausserdem können Combinationen dieser Grundformen eintreten, von denen der **fallend-steigende** ∨ (*compound rise* Sweet) und der **steigend-fallende** ∧ (*compound fall* Sweet) die häufigsten sind. **Doppelt steigender**

oder doppelt fallender Ton, bei dem die Silbe zwei steigende oder zwei fallende Töne enthält, lässt sich zwar bilden, ist mir aber nicht aus der Erfahrung bekannt. Im Allgemeinen scheint es eben üblich zu sein, bei der Vereinigung zweier Töne in einer Silbe dieselben in entgegengesetzter Richtung sich verändern zu lassen, damit der Grenzpunkt beider deutlicher hervortrete.

602. Am feinsten sind die tonischen Silbenaccente in Sprachen wie dem Chinesischen ausgebildet, in denen die Bedeutung derselben Silbe je nach dem tonischen Accent, mit dem sie ausgesprochen wird, eine sehr verschiedene sein kann. Aber auch in uns näher liegenden Sprachen finden sich zum Theil gut ausgebildete Systeme des tonischen Silbenaccents vor. Als Beispiele nenne ich das Serbische und Litauische (vgl. Masing, die Hauptformen des serbisch-chorwatischen Accents, Petersburg 1876) und das Schwedische (vgl. z. B. die in der Bibliographie citirten Arbeiten von Noreen, Kock etc.). Zweitönige Silbenaccente finden sich überhaupt in den als 'singend' bezeichneten Mundarten, gewöhnlich Hand in Hand gehend mit zweigipfliger Exspiration (582). In andern Sprachen aber, wie der deutschen und englischen höheren Verkehrssprache, dienen die verschiedenen tonischen Silbenaccente hauptsächlich mit zur Charakterisirung der verschiedenen Satzarten (vgl. darüber Cap. 33). Daher lassen sie sich in solchen Sprachen am besten bei isolirten Monosyllabis beobachten, welche begrifflich einen ganzen Satz vertreten. So haben wir den **ebenen** Ton in dem (oft etwas gedehnten) nachdenklichen, halb unentschiedenen *ja, so* ('ja, wenn das so gemeint ist', 'ja, ich weiss eigentlich nicht . . .' u. dgl.), ähnlich auch engl. *well*. Den **fallenden** Ton haben wir im einfach bejahenden *ja*, den **steigenden** im fragenden *ja?, so?, nun?* (vgl. wieder engl. *well, let's go then* und *well, are you ready?*). Den **fallend-steigenden** Ton findet Sweet auf der Silbe *care* in dem warnend gesprochenen *take care*, den **steigend-fallenden** in dem ironischen *oh!, oh really!* Aehnliches kann man auch für diese Fälle im Deutschen beobachten, vergleiche etwa das ironische *so* mit ∧ und das zornige *so* mit ∨, u. ä. mehr.

603. Bezüglich der Vertheilung der Tonhöhe auf die einzelnen Glieder der Silbe ist zu bemerken, dass das Steigen und Fallen keineswegs auf den Sonanten der Silbe beschränkt ist, sondern sich auf alle stimmhaften Laute der Silbe erstreckt. Beim fragenden *soll er* steigt die Stimme vom *o* bis zum Ende des *l* und ebenso vom *e* bis zum Ende des *r*. Bei zweitönigen

Accenten trifft der zweite Ton sehr oft einen oder mehrere Consonanten, die auf den Sonanten der Silbe folgen. Fast Alles was oben **583** über die Vertheilung der einzelnen Glieder der Silbe auf die Druckstösse zweigipfliger Silben dargelegt worden ist, trifft mutatis mutandis auch auf die zweitönigen Silben zu.

604. Für den Gesammteffect der verschiedenen Silbentöne ist die Grösse der Tonbewegung, d. h. das beim Steigen oder Fallen durchlaufene Intervall sehr wesentlich. So gibt ein bei allen Silben eines Satzes gleichmässig durchgeführtes Steigen durch das Intervall etwa eines halben Tones der Sprache etwas Klagendes, Weinerliches; das Steigen durch ein etwas grösseres Intervall, etwa eine Secunde(?), drückt eine einfache Frage, ein noch stärkeres Steigen, durch etwa eine Sexte, Erstaunen aus, u. dgl. mehr (Sweet S. 95).

605. Für die Doppeltöne muss nächstdem auch noch die Grösse des Tonschritts, d. h. das Intervall zwischen den beiden gebundenen Tönen, bestimmt werden. Hierfür lassen sich bestimmte Regeln nicht geben. Noreen a. a. O. unterscheidet beispielsweise in der Mundart von Fryksdal einen 'eigentlichen Circumflex' aus Quinte + Grundton, einen 'niedrigen Circumflex' aus Grundton + Terz, und den 'hohen Circumflex' aus der übermässigen Quarte + Quinte.

606. Als Namen für alle doppeltönigen Silbenaccente gebraucht man jetzt am häufigsten wohl den Ausdruck Circumflex (obwohl das Wort als Uebersetzung des griech. περισπωμένη ursprünglich nur einen bestimmten zweitönigen Accent, nämlich wohl ∧ mit bestimmtem Intervall, bezeichnete), oder auch geschliffener bez. geschleifter Accent, im Anschluss an eine zuerst von Kurschat für das Litauische aufgestellte Terminologie.

607. Der litauische 'geschliffene Accent' Kurschat's soll allerdings nach den Untersuchungen von Masing, Serb.-chorw. Accent S. 46 ff. in tonischer Beziehung als ein einfach steigender Accent aufzufassen sein. Aber in exspiratorischer Beziehung scheinen mir die litauischen 'geschliffenen Silben' trotz des Einspruchs von Masing noch immer zweigipflig, und zweigipflige Silben mit einfach steigendem oder fallendem Ton sind wohl mehr als problematisch.

608. Auch der dänische 'Stosston' (**585** ff.) gehört nach den Angaben von Verner, Anz. f. deutsches Alterth. VII (1880) 6 f. in musikalischer Beziehung zu den zweitönigen Accenten: 'Beim Articuliren des Wortes *maler* 'mahlt' setzt die Stimme auf der mit exspiratorischem Drucke versehenen ersten Silbe in tiefem Tone an, — ... mindestens einen Ton unter der Schlusssilbe des [nicht gestossenen] Accents nr. 2 [zweisilbiger Wörter] —, sie bleibt eine Weile auf derselben Stufe stehn, um sich gegen den Schluss des langen *a* durch ein jähes Portament ungefähr eine Quinte hinaufzuschwingen: auf der höchsten Stufe klappen die Stimmbänder plötzlich zusammen, alle Stimmbildung hört während der dadurch entstehenden ganz kleinen Pause auf; nach einem Moment öffnen sich die Stimmbänder wieder, und die Schlusssilbe *ler* folgt noch auf derselben tiefen Stufe wie die Anfangssilbe. Auf Wörtern, die in der Tonsilbe kurzen Vocal mit nachfolgendem tönend-continuirlichen Consonanten (ð, *w*, *j*, *r* u. s. w.) haben, ist die Modulation dieselbe, nur fällt das aufsteigende Portament sowie der Glottisschluss auf den tönenden 'Consonanten'. — Storm[2] S. 87 hält indess die musikalische Modulation für freier als Verner angibt.

2. Wort- und Satzaccent.

Cap. 31. Allgemeines.

609. Mit der Behandlung des Wort- und Satzaccents betreten wir ein Gebiet, das auch die alltägliche Praxis zur 'Accentuation' zu rechnen pflegt. Sagte man auch zunächst wohl nur, in einem Worte wie ἀνήρ habe die letzte Silbe, in einem Satze wie 'er sagt es, nicht sie' haben die Wörter er und sie 'den Accent', d. h. verstand man zunächst unter 'Accent' nur die Hervorhebung einer bestimmten Silbe im Worte oder die eines bestimmten Wortes im Satze, so hat man sich doch allmählich daran gewöhnt, auch die übrigen Theile des Wortes oder des Satzes in die Lehre von der Accentuation hineinzuziehen. Wir verstehen jetzt unter der Accentuirung eines Wortes die relative Charakteristik aller seiner Silben, unter Satzaccentuirung die relative Charakteristik aller einzelnen Theile eines Satzes oder die relative Charakteristik der einzelnen Sätze gegen einander. Denn zur vollständigen phonetischen Charakteristik eines Wortes oder Satzes gehört ausser dem, was bisher über Einzellaute, Lautverbindungen und Silbenbildung erörtert ist, nicht nur dass man wisse, es sei eine Silbe oder ein Wort vor den andern in irgend welcher Weise hervorgehoben, sondern man muss auch wissen, wie und wodurch diese Hervorhebung geschieht, wie die minder hervorgehobenen Silben oder Wörter sich unter einander und zu den mehr hervorgehobenen verhalten und was den einen Satz von dem andern in charakteristischer Weise unterscheidet.

610. Die Bestimmung dessen, was in dem Worte oder dem Satze hervorgehoben ist oder werden soll und wie dies im einzelnen Falle geschieht, fällt aus dem Gebiet der Phonetik heraus und der beschreibenden Grammatik bez. Rhetorik anheim. Die Grammatik hat z. B. zu bestimmen, welche Silbe eines Wortes etwa die 'Tonsilbe' (d. h. die am meisten hervorgehobene) ist oder welche Silben einen 'Nebenaccent' (d. h. eine weniger ausgeprägte Hervorhebung) erhalten. Sie lehrt ferner, welche Wortclassen etwa im Satze ihren 'selbständigen Accent' (d. h. eine eigene merkbare Hervorhebung) verlieren (vgl. die Lehre von den Encliticis und Procliticis, die von der Betonung des Verbum finitum im Sanskrit), sie hat sich mit der Modulation des ganzen Satzes und der verschiedenen Satzarten im Einzelnen zu beschäftigen, und dgl. mehr. Die Rhetorik aber lehrt dem Wechsel des begrifflichen Gewichtes, welches die einzelnen Wörter im Satze haben können, jedesmal den richtigen Ausdruck zu verleihen, sei es dass sie an den Verstand des Hörers appellirt oder dass sie sich mehr den Ausdruck der Gemüthsbewegungen und Affecte angelegen sein lässt. Die Phonetik hat es einerseits nur mit den allgemeinen Mitteln der Charakterisirung (d. h. der Lehre von den allgemeinen phonetischen Eigenschaften des Satzes und von seiner phonetischen Gliederung) zu thun, andererseits hat sie den allgemeinen Tendenzen in der Anwendung dieser Mittel nachzuspüren, die sich etwa unabhängig von grammatisch-rhetorischen Einzelbestimmungen in den Sprachen beobachten lassen. Ehe wir jedoch auf diese Fragen eingehen können, sind zunächst noch einige Erörterungen über das Verhältniss von Satz und Wort einzuschalten.

611. Satz und Wort[1]). Unter einem Satz wollen wir hier eine jede selbständige gesprochene Aeusserung verstehen, d. h. eine jede in sich geschlossene Lautmasse, die in einem gegebenen Zusammenhang, sei es der Rede, sei es der Situation überhaupt, einen bestimmten Sinn (Gedanken oder Stimmung) zum Ausdruck bringen soll und in diesem bestimmten Sinn von dem Hörer verstanden wird.

---

[1]) Vgl. hierzu und zum folgenden namentlich die Abhandlung von Sweet, Words, Logic and Grammar, in den Transactions of the Philol. Society, London 1875—76, S. 470—503.

612. Ein jeder solcher Satz ist **absolut eindeutig**, und ein richtig gehörter Satz kann daher von dem Hörer stets nur in dem Sinne aufgefasst werden, in dem er von dem Sprecher gemeint war, vorausgesetzt dass beide der betreffenden Sprache vollkommen mächtig sind. Auf den **Umfang** des Satzes kommt es dabei gar nicht an. Sätze die nur aus einer einzigen Silbe bestehen, wie *ja*, *nein*, *hier*, *dort*, ferner Interjectionen u. dgl. sind in ihrem Zusammenhang ebenso verständlich und eindeutig wie die complicirtesten Perioden.

613. Der **Inhalt** eines Satzes kann begrifflich **einheitlich oder mehrtheilig** sein. Der Satz *ich* (als Antwort etwa auf eine Frage gegeben) ist einheitlich, der Satz *er hat das Buch* gestattet eine Zerlegung in die Begriffe *er, haben, das, Buch*. Die Träger dieser begrifflichen Theilglieder des Sinnes nennen wir **Wörter**. Man kann daher auch sagen dass ein Satz je nachdem aus éinem Worte oder mehreren Wörtern bestehe. Aber durch blosse Aneinanderreihung von Wörtern in der Form wie jedes isolirt ausgesprochen werden würde, entsteht noch kein verständlicher, eindeutiger Satz mit bestimmtem Inhalt. Diesen empfängt die Wortreihe erst dadurch dass die 'Wörter' in einer für jeden einzelnen Satz ganz bestimmten Weise zusammengefügt, d. h. durch ganz bestimmte Abstufung nach Stärke, Tonhöhe, Dauer, ferner nach Stimmqualität u. ä. zu einer phonetischen Einheit zusammengeschlossen werden.

614. Die **Schrift**, welche alle diese für das Verständniss nothwendigen Bindungsmittel gar nicht oder in ganz unvollkommener Weise zu bezeichnen vermag, lässt daher meist ganz verschiedene 'Sätze' die aus denselben 'Wörtern' aufgebaut sind, unterschiedslos in ein und derselben Wortreihe zusammenfallen. Eine solche Wortreihe ist daher stets **vieldeutig** und nie einem wirklichen Satze der gesprochenen Rede gleichzustellen: der Sinn muss erst durch Interpretation gefunden werden. So enthält die Wortreihe *er hat das Buch*, je nachdem man das eine oder andere Wort stärker 'betont', die vier inhaltlich ganz verschiedenen Aussagen *ér hat das Buch, er hát das Buch, er hat dás Buch, er hat das Búch*, und selbst diese Viertheilung genügt noch nicht, um wirklich eindeutige Sätze zu schaffen. Durch Aenderung der musikalischen Betonung, der Stimmlage, der Stimmqualität können jene vier Aeusserungen abermals mannigfaltig zerlegt werden. Jene vier Wörter können also z. B. enthalten vier einfache Aussagesätze (vier je nach der 'Betonung' der einzelnen Wörter, wie angegeben), vier Fragesätze, vier Ausrufssätze der Freude, des Staunens, des Aergers u. s. w.

615. Es ist also klar dass die phonetische Untersuchung des Satzbaues nicht von den Wörtern ausgehen darf, die im Satze gebunden erscheinen. Phonetisch betrachtet ist der gesprochene Satz (um den es sich doch allein handeln kann, da 'geschriebene Sätze' überhaupt Undinge sind) in der naiven Sprache eine geschlossene phonetische Einheit, wie er denn auch gar oft gesprochen und verstanden wird, ohne dass Sprecher und Hörer sich der einzelnen Theile (d. h. der Wörter) bewusst werden, aus denen der einzelne Satz begrifflich besteht. Die einzelnen Wörter werden ja im Zusammenhang des Satzes oft so verstümmelt, dass man sie als phonetische Theilstücke gar nicht mehr isoliren kann, und doch wird der 'Satz' richtig verstanden. In der hessischen Mundart werden z. B. die drei Wörter *wollen, wir, gehn* zusammengezogen zu dem dreisilbigen Fragesatz *wómᵊgèn?*, die vier Wörter *wollen, wir, denn, gehn* zu dem nur zweisilbigen Fragesatz *wom̃gèn?* (mit langem silbischem *m*). Isolirt würden die Wörter dort *wóln, mìr, dén, gèn* lauten: in den zusammengezogenen Gruppen oder Sätzen ist von den Lauten der Einzelwörter wenig genug geblieben, und doch ist die verschiedene Bedeutung der beiden Sätze jedem Hörer sofort klar, auch ohne den Versuch einer begrifflichen Analyse.

616. Und so ist es schliesslich überall. Erst eine weitgreifende Speculation lehrt uns allmählich den Satz in seine begrifflichen Elemente (eben in die Wörter) zerlegen, und diese Zerlegung ist eine Hauptarbeit des Grammatikers und Lexicographen. Je naiver, je weniger grammatisch gebildet Sprecher und Hörer sind, um so weniger machen sie beim Sprechen und Verstehen Gebrauch von einer begrifflichen Analyse des Satzes: sie bilden weder ihre Sätze nach einem logisch-grammatischen Schema, noch verstehen sie sie danach, vielmehr thun sie beides in unbewusster Nachbildung und Nachempfindung gewisser durch den Gebrauch verständlich gewordener Satztypen. Je naiver eine Sprache, um so ungestörter und geschlossener ist daher auch die phonetische Einheit und die phonetische Gliederung der Sätze. Aber auch selbst beim grammatisch geschulten Sprecher ist, abgesehn vielleicht von logisch oder rhetorisch besonders pointirter Sprechweise, wie sie namentlich dem gelehrten und schulmässigen Vortrag (vor Allem dem durch Anlehnung an die Schrift durch das 'Wörterlesen' ruinirten Schulvortrag) eigen ist, die phonetische Gliederung des gesprochenen Satzes meist mächtiger als die etymologisch-logische Gliederung nach Wörtern und Wortgruppen.

617. Für die phonetische Charakteristik des Satzes und seiner Theile kommen aber in erster Linie wieder die drei Variationsmittel: Abstufung nach Stärke, Tonhöhe und Dauer in Betracht. Wir haben danach getrennt zunächst den exspiratorischen oder dynamischen Satzaccent (Stärkeabstufung der Sätze und Satztheile), dann den musikalischen oder tonischen Satzaccent (die Tonhöhenabstufung der Sätze und Satztheile, wobei anhangsweise die verschiedenen Stimmqualitäten zur Sprache kommen) zu behandeln; die Besprechung der Abstufung der Dauer der Satzglieder bleibt dem Abschnitt 'Quantität' aufbehalten.

Cap. 32. Der exspiratorische oder dynamische Satzaccent.

1. Der Satz und seine Glieder.

618. Satz und Silbe. Ein gesprochener längerer Satz stellt sich (wenn wir vom Inhalt absehen) dem Gehör zunächst dar als eine in gewissem Sinne rhythmisch gegliederte Reihe von Schällen. Aus dieser sondert das Ohr weiterhin eine je nach der Länge des Satzes grössere oder geringere Anzahl von Theilstücken aus, die wir als Silben bezeichnen und deren Bau und wesentlichsten Eigenschaften wir **515** ff. kennen gelernt haben.

619. Da die Silbenbildung ganz bestimmten Gesetzen unterliegt, so ist im Grossen und Ganzen die Silbeneintheilung und Silbenzahl eines Satzes für das Ohr ohne Schwierigkeiten zu bestimmen. Niemand zweifelt z. B., dass ein Satz wie *kommst du?* zweisilbig, ein Satz wie *kommst du mit?* dreisilbig, ein Satz wie *gib mir das Buch her* fünfsilbig ist, u. s. w. Dass auch einsilbige Sätze, wie *komm!*, *geh!*, *ja*, *nein* u. dgl., vorkommen ist bereits oben **612** bemerkt worden.

620. Silben und Sprechtakte. Ueber dieser Gliederung des Satzes in Silben steht aber noch eine Gliederung höherer Ordnung, durch die der Satz erst den ihm anhaftenden rhythmischen Charakter bekommt. Die einzelnen Silben eines mehrsilbigen Satzes pflegen nämlich nicht gleichwerthig zu sein; sie werden vielmehr in der Regel derart geordnet, dass sich schwächer gesprochene Silben mit einer stärker gesprochenen zu einer in sich geschlossenen Gruppe verbinden, die sich von etwaigen Nachbargruppen mehr oder minder deutlich abhebt. So haben wir in dem Satze *kommst du | morgen | wieder?* einen dreimaligen Wechsel von stärkerer und schwächerer Silbe oder drei solche Silbengruppen; in dem Satze *gib mir das Buch her* erkennen wir eine dreisilbige und eine zweisilbige (*gipmirdas | būxēr*); in allen diesen Beispielen steht die dominirende stärkste Silbe zu Anfang der Gruppe.

621. Diese Gruppenbildung ist wesentlich exspiratorischer Art, d. h. die Druckstösse für die einzelnen Silben der Gruppe werden zu einer höheren Einheit zusammengefasst. Eine solche Gruppe ist gewissermassen eine aus Einzelbewegungen zusammengesetzte rhythmische Figur, nach deren Ablauf, ganz wie beim Tanz, eine neue ähnliche oder gleiche Figur sich anschliessen kann. Jede neue Figur setzt mit einem eigenen Willensimpuls ein, der sich auf die Gesammtgruppe erstreckt, und dieser neue Einsatz macht sich in einem deutlicheren Einschnitt in der Exspiration geltend, d. h. die Exspirationsgrenzen zwischen Gruppe und Gruppe sind stärker markirt als die zwischen den einzelnen Silben einer Gruppe. Man könnte diese Gruppen daher als **Exspirationsgruppen** bezeichnen; doch hat sich dafür mehr und mehr der Name **Sprechtakt** eingebürgert, der von der Aehnlichkeit dieser Silbengruppen mit den musikalischen Takten hergeleitet ist und sich auch darum empfiehlt, weil er auch auf ein zweites Hauptelement der Gruppenbildung, die Dauer, Rücksicht nimmt (hierüber s. **719** ff.). Sweet bezeichnet sie als *stress-groups*, d. h. Gruppen, die durch einen *stress* oder starken Accent zusammengehalten werden.

622. In Hinsicht auf seine phonetisch-rhythmische Gliederung zerfällt also der längere Satz zunächst in **Sprechtakte**, und diese können sich wieder in **Silben** zerlegen. Das Minimalmass des Satzes ist éin Sprechtakt, das Minimalmass eines Sprechtakts éine Silbe. Bei einem einsilbigen Satze wie *komm!* fallen also Satz, Sprechtakt und Silbe ihrem Umfange nach zusammen.

623. **Wörter und Sprechtakte.** Die rein phonetisch-rhythmische Gliederung des gesprochenen Satzes darf nicht mit der logisch-etymologischen Zerlegbarkeit des Satzes in Wörter (**613**) verwechselt werden. Allerdings decken sich in Sprachen wie dem Deutschen die Grenzen von Wörtern und Sprechtakten oft thatsächlich, z. B. in einem Satze wie *die feindlichen | Reiter | kamen | gestern | wieder*. Aber ebenso oft, ja öfter kommt es vor, dass einzelne Wörter auf verschiedene Takte vertheilt werden, ohne dass die Sprache dadurch das geringste an Deutlichkeit einbüsst. In dem Satze *wo sind die Gefangenen?* (gesprochen *-wozindig' | faŋ'n'n?*, wobei - vor *wo* anzeigen möge, dass die erste Silbe unbetont ist) gehört das *g'-* von 'Gefangenen' phonetisch ebensogut zum Vorhergehenden wie die letzte Silbe von 'feindlichen' im vorigen Beispiel. Auch das begrifflich selbständige *di* steht phonetisch nicht anders da als die Mittelsilbe *li* des gedachten Wortes; in *gipmirdas | būxēr* wird der begrifflich zum folgenden *būx* gehörige Artikel *das* rhythmisch von diesem getrennt und zum Vorhergehenden gezogen, u. s. w. (man sieht also deutlich, dass eine begriffliche Analyse des Satzes beim Sprechen nicht stattfindet, welche sonst nothwendig auch eine phonetische Bindung des begrifflich Zusammengehörigen und eine phonetische Trennung des begrifflich Unverbundenen hätte hervorrufen müssen).

624. Dieser Gesichtspunkt ist für die Lehre von den 'unbetonten' Wörtern, wie Encliticae und Procliticae etc., von grosser Bedeutung, aber sehr oft zu Gunsten theoretischer Erwägungen über die Nothwendigkeit phonetischer Selbständigkeit begrifflich selbständiger Satztheile hintangesetzt worden; beispielsweise in der Lachmann'schen Formulirung der mittelhochdeutschen Metrik, welche lehrt, dass nicht ein selbständiges Wort zu Gunsten einer Endsilbe eines andern in die Senkung gesetzt werden dürfe (in Fällen wie mhd. *wâgen den lîp*), weil es als selbständiges Wort Anspruch auf grössere Hervorhebung habe. Hier entscheidet niemals der begriffliche Werth an sich, sondern lediglich die Sprechgewohnheit der einzelnen Sprache.

625. Wort- und Takttrennung dürfen also zwar zusammenfallen, aber in wohlgegliederter Rede, und namentlich im Verse, darf dies nicht allzuhäufig geschehen. Denn die Häufung von begrifflicher und rhythmischer Trennung (Wort- und Takttrennung) an derselben Stelle des Satzes prägt die Trennungseinschnitte zu scharf aus und lässt somit die einzelnen Theile des Satzes zu sehr auseinanderfallen. Bei Kreuzung von Wort- und Takttrennung wird dagegen der begriffliche Bruch zwischen Wort und Wort durch die rhythmische Bindung und der rhythmische Bruch innerhalb des Wortes durch die begriffliche Zusammengehörigkeit der getrennten Stücke gemildert und dadurch ein vollkommenerer Wohllaut erzielt.

626. Taktgliederung und Satzinhalt. Die Taktgliederung eines jeden Satzes in dem oben **611** bestimmten Sinne ist ein für allemal unveränderlich. Jede Veränderung der Taktgliederung einer gegebenen Wortreihe verändert auch den Sinn der Wortreihe, d. h. schafft jedesmal einen neuen Satz. So ergibt eine vierfach verschiedene Taktgliederung der Wortreihe *er hat das Buch* die vier verschiedenen Sätze *érhatas | bux̌* (der Accent möge hier einfach die starken Silben der Takte hervorheben) = ér hat das Buch, *'rhátas | bux̌* = er hát das Buch, *'rhatás | bux̌* oder *'rhatásbux̌* = er hat dás Buch, und *'rhatasbux̌* = er hat das Búch.

2. Die Formen der Sprechtakte.

627. Ueber die Silbenzahl der Sprechtakte lassen sich allgemeine Regeln nicht aufstellen, da das Maximalmass von den Sprechgewohnheiten der einzelnen Sprachen abhängt. Nur lässt sich sagen, dass Sprechtakte um so länger werden können, je mehr sich eine Sprache besonders starker exspiratorischer Accente bedient: je stärker die Haupttonsilbe eines Taktes, um so mehr schwächere Silben kann sie tragen. Im Deutschen, Englischen und ähnlichen Sprachen kommen daher sehr lange Sprechtakte vor (vgl. übrigens hierzu unten **652** f.).

628. Die rhythmischen Formen der Sprechtakte können sehr mannigfaltig sein. Auch in Prosa können alle die verschiedenen Formen vorkommen, die wir im Verse als Versfüsse bezeichnen. Die häufigsten Arten sind wohl:

629. Fallende ('trochäisch-daktylische') Sprechtakte: der Sprechtakt beginnt mit der stärksten Silbe, die schwächeren Silben folgen nach. Diese sind in Sprachen wie dem Deutschen, Englischen u. s. w., welche meist den Wortanfang betonen, weitaus am gewöhnlichsten.

630. Steigende ('iambisch-anapästische') Sprechtakte: die stärkste Silbe steht am Schlusse des Sprechtakts, die schwächeren gehen voran, z. B. nhd. *gip'ér, haltán* = 'gib hér, halt án'. Im Allgemeinen sind diese Takte bei uns seltener; am ersten finden sie sich noch, wenn sie isolirt stehen, namentlich nach ihrem Ende zu (wie das in den gegebenen Beispielen der Fall war). Doch verfallen wir auch im Deutschen, namentlich bei erregter Sprechweise, oft bei längeren Sätzen in durchgehends steigenden (iambisch-anapästischen) Rhythmus, der durch grössere Lebhaftigkeit von dem ruhigeren fallenden (trochäisch-daktylischen) Gang verschieden ist. Man denke sich z. B. den Satz 'und er gíbt mir das Búch und geht wég' in aufgeregt ärgerlichem Ton, mit dem Nachdruck auf dem Ende gesprochen, so stellt sich die Takttheilung *und'rgip(t) | mirdasbū́ | xuŋgētwéx* fast unwillkürlich ein; oder vgl. erregtes *dénk dir, ‖ da kómmt | der Kérl | und schlägt | ihn mit der Faúst | ins Gesícht* mit ruhig erzählendem *da | kám ein | Mánn und | schlúg ihn mit der | Faúst ins Ge- | sícht* u. dgl.

631. Steigend-fallende ('amphibrachische') Sprechtakte: die stärkste Silbe steht in der Mitte des Taktes wie etwa in dem Satze *wo bíst du?* u. dgl. Auch diese Form findet sich im Deutschen meist wieder nur isolirt (wie in dem angezogenen Beispiel), in grösserem Zusammenhang meist nur bei schärfer gliederndem Kunstvortrag. Um so häufiger tritt sie — im Wechsel mit andern, namentlich daktylisch-anapästischen Formen — in der Dichtung auf (ein grosser Theil der daktylisch-anapästisch gemeinten Verse Zesen's und seiner Nachfolger ist z. B. in Wirklichkeit amphibrachisch gebaut, vgl. etwa Verse wie *Was strahlet, | was prahlet, | was blitzen | für Spitzen ‖ in diesem | fürtreffli- | chen Zimmer | allhier?*).

632. Die amphibrachischen Sprechtakte sind besonders empfindlich gegen Veränderungen der Form: sie gestatten kaum mehr als drei Silben in der angegebenen Gruppirung (Schema 1̇23̇). Sobald die Silbenzahl wächst, verschiebt sich gewöhnlich die Gruppirung, d. h. die amphibrachischen Sprechtakte setzen sich in numerisch verwandte (daktylische oder anapästische) Formen um.

633. Auftakt. Von den Sprechtakten mit steigendem Eingang (den echt steigenden und steigend-fallenden Formen) sind streng zu unterscheiden fallende Takte mit vorausgehendem Auftakt, d. h. einer schwächer betonten Silbe oder Silbenfolge, die ausserhalb der rhythmischen Gruppe steht. Bei diesen setzt der neue Impuls bez. die rhythmische Figur (**621**) erst nach jenem unbetonten Stück ein, das eben durch den folgenden Bruch isolirt und dadurch zum 'Auftakt' im eigentlichen Sinne des Wortes wird.

634. Diese Unterscheidung ist besonders auch für die Metrik, sowohl des Gesangs- wie des Sprechverses, von Bedeutung, denn sie trägt viel dazu bei, dem Vers seinen specifischen rhythmischen Charakter zu verleihen. Der fallende Fuss hat durchgehendes Decrescendo; dies erstreckt sich auch auf die Hebung, die also mit abnehmender Stärke, mehr verklingend gesprochen (bez. gesungen) wird; bei dem ganz crescendo gebildeten steigenden Fuss bleibt auch die Hebung bis zum Schluss gleich stark, und der plötzliche Abbruch danach verleiht dem Verse einen kräftigeren Charakter. Auch sind die Hebungen der steigenden Füsse meist etwas mehr gedehnt als die der fallenden (was sich namentlich auch wieder in der Composition bemerklich macht). Die steigend-fallenden Füsse nehmen eine Art Mittelstellung ein.

635. Die Musik ignorirt im Ganzen diesen Unterschied, indem sie aus praktischen Gründen ihre Takte schematisch von Hebung zu Hebung misst, d. h. den Taktstrich stets unmittelbar vor die Hebung setzt, unbekümmert darum, ob an der betreffenden Stelle ein rhythmisch-melodischer Bruch einsetzt oder nicht (als Ergänzung, d. h. zur Hervorhebung der nicht mit den abstracten, nur der Zeitmessung dienenden Takten identischen rhythmisch-melodischen Gruppen, wird gelegentlich der Figurationsbogen gebraucht). Infolge dieser mangelhaften Bezeichnungsweise wird denn auch der Unterschied der verschiedenen Rhythmenformen selbst beim Vortrag oft verwischt, namentlich bei der Instrumentalmusik, seltener beim Gesang, wo die Sinnesgliederung des Textes die rhythmische Gliederung stützen hilft. So sind also gerade beim Gesang die verschiedenen Arten der rhythmischen Bindung gut zu beobachten. In dem Simrock'schen Liede »Warnung vor dem Rhein« sind z. B. die beiden ersten Zeilen der Strophe (*an den Rhéin,* | *an den Rhéin,* | *geh nicht* | *an den Rhéin* || *mein Sóhn,* | *ich rá-* | *the dir gút* ||) steigend, die dritte ist steigend fallend (*da géht dir* | *das Lében* | *zu lieblich* | *éin* ||), die vierte fallend mit Auftakt (*da* || *blüht dir zu* | *fréudig der* | *Múth* ||). Hat man sich einmal daran gewöhnt, auch beim Gesang die wahren Rhythmusgruppen auszuscheiden, so wird man sie auch im Sprechvers und der Prosarede leicht wiedererkennen. Nur stehen sie da in noch viel freierem Wechsel als im Gesang, und gerade darauf beruht ein guter Theil der eigenthümlichen Wirkung solcher Partien (vgl. etwa Stellen wie *er fégte* | *die Félder,* | *zerbrách* | *den Fórst* || *auf* || *Flüssen und* | *Séen das* | *Gründeis* | *bórst,* wo eine Gruppirung der Schlusszeile nach dem Muster der ersten, also *auf Flüssen* | *und Séen* | *das Gründ-* | *eis börst* abscheulich wäre).

636. Eine einheitliche Bezeichnungsweise für die verschiedenen Arten der Sprechtakte wird sich schwer auffinden lassen. Sweet theilt alle Sprechtakte nach dem Muster der musikalischen Taktbezeichnung ab, d. h. lässt sie stets mit der Hebung beginnen und fasst unbetonte Silben vor dieser stets als Auftakt, schreibt sie demnach eventuell getrennt und bezeichnet ihre Unbetontheit durch vorgesetztes - (er würde also z. B. den steigend-fallenden Takt *wobistu?* in *-wo bistu* zerlegen). Im Grossen und Ganzen trifft ja diese Zerlegung für die Sprachen mit Anfangsbetonung, wie eben die germanischen, zu, aber sie verwischt doch auch hier nicht selten die wahre rhythmische Gliederung, und reicht daher namentlich für die Zerlegung der gebundenen Rede in ihre rhythmischen Elemente nicht aus.

3. Die Abstufung innerhalb der Sprechtakte.

637. Die einzelnen Silben des mehrsilbigen Sprechtakts unterscheiden sich, wie bereits angegeben (**620**), durch ihre verschiedene Stärke. Die stärkste Silbe eines solchen Takts bezeichnet man im Deutschen herkömmlich als die Tonsilbe des Takts, oder sagt, dass sie betont sei, den Ton oder den Accent schlechthin habe; die andern Silben nennt man dann, je nach dem Grade ihrer Stärke, unbetont (tonlos) oder nebentonig (vgl. **641**). Mit Rücksicht darauf aber, dass die Hervorhebung der 'Tonsilbe' hier speciell auf einer Verstärkung des Exspirationsdrucks beruht, spricht man auch hier besser speciell vom exspiratorischen oder dynamischen Accent (*emphasis* Ellis, *stress* Sweet).

638. Die Abstufung der Silbenstärke innerhalb des Takts hat mit der absoluten Stärke (Lautheit) der einzelnen Silben nichts zu schaffen. Für die Abstufung der beiden Silben des Taktes *habe* ist es z. B. gleichgültig, ob der ganze Takt lauter oder leiser gesprochen wird, denn mit zunehmender Stärke der ersten Silbe wächst auch die Stärke der zweiten, und umgekehrt beim Abnehmen: das relative Verhältniss, auf das es hier allein ankommt, bleibt dasselbe.

639. Für die nähere Charakteristik eines Sprechtakts in exspiratorisch-dynamischer Hinsicht kommt namentlich Folgendes in Betracht:

640. Der Stärkeabstand der starken Silben von den schwächern. Dieser kann ein sehr verschiedener sein. Im Deutschen ist er z. B. ein sehr grosser, und so pflegt er es überhaupt gern in solchen Sprachen zu sein, welche vorwiegend nur dynamischen Accent haben, d. h. eben die einzelnen Silben des Taktes oder Satzes vorwiegend nur nach ihrer Stärke abstufen. In andern Sprachen, wie den romanischen, den slavischen, dem Schwedischen etc., ist der Stärkeunterschied geringer, sodass die schwachen Silben jener Sprachen von den Deutschen meist als halbstark oder einen Nebenaccent tragend empfunden werden (vgl. **643**).

641. Die Anzahl der entwickelten Stärkestufen. Es gibt nicht nur eine zweifache Abstufung der Silbenstärke — starke und schwache Silben —, sondern es sind sehr häufig Mittelstufen entwickelt. In einem Takt wie *redete* sind die beiden Schlusssilben schwächer als die erste, zugleich aber ist die letzte etwas stärker als die zweite, und man pflegt daher zu sagen, dass sie einen (exspiratorischen oder dynamischen) Nebenaccent trage. Einfacher ist es, direct starke, mittelstarke (oder halbstarke) und schwache Silben zu unterscheiden. Zur Bezeichnung verwenden wir im Anschluss an den Gebrauch der englischen Phonetiker · nach dem Sonanten der starken, : nach dem Sonanten der mittelstarken Silben, die schwachen Silben bleiben unbezeichnet. Das Beispiel von **619** würde hiernach *gi·pmirda:s bū·xē:r* zu schreiben sein. Dass übrigens mit dieser Dreitheilung die Zahl der möglichen Abstufungsgrade noch nicht erschöpft ist, versteht sich von selbst.

642. Die Unterscheidung dieser drei Stufen deckt sich mit der Lachmann'schen Unterscheidung von Hochton, Tiefton, Unbetontheit. Diese Namen aber sind phonetisch nicht verwendbar, da es sich nicht um Höhe und Tiefe, überhaupt nicht um Töne (d. h. Tonhöhen) handelt, sondern ausschliesslich um Stärke und Schwäche der betreffenden Silben. Man müsste also jene Ausdrücke, um sie verwendbar zu machen, mindestens in (exspiratorischer oder dynamischer) Hauptaccent, Nebenaccent und Unaccentuirtheit verwandeln, da wir das Wort 'Accent' einmal als neutralen Ausdruck sowohl für Stärke- wie für Tonhervorhebungen verwenden.

643. Ueber die Lagerung der Silben mittlerer Stärke zu den starken Silben lassen sich feste Regeln nicht geben. Im Deutschen folgt im zweisilbigen Takt auf die starke Silbe in der Regel eine schwache, wie in *gā·bᵊ*, *'á·tn*, *'a·ndl* 'Gabe, hatten, Handel'; eine mittelstarke meist nur, wenn die zweite Silbe einen 'vollen Vocal' enthält, wie in *á·nā:*, *ó·tō:*, *wi·rkli:χ* 'Anna, Otto, wirklich'. In isolirten mehrsilbigen Takten macht sich meist das Bestreben geltend, schwache Silben mit stärkeren regelmässig abwechseln zu lassen, d. h. es folgt auf die starke Anfangssilbe eine schwache, dann eine mittelstarke, wieder eine schwache, mittelstarke u. s. w.

644. Was das Verhältniss der Taktabstufung zum dynamischen Wortaccent, d. h. zur Stärkeabstufung der Silben im Worte anlangt, so bilden selbstverständlich die stärksten Silben der Wörter die starken Silben der Takte, und diese pflegen in den meisten Fällen festzustehn. Auch die mittelstarken Silben der Wörter geben im Allgemeinen mittelstarke Silben im Takt ab. Aber die Vertheilung der mittelstarken Silben im Worte ist, wenigstens im Deutschen, nicht immer fest, sondern sie richtet sich oft auch nach der Zusammensetzung des Taktes oder der Takte, welche das Wort füllt, namentlich bei mehr getragener Recitation, insbesondere im Verse. Bei rascherem Sprechen von mehrtaktigen Sätzen aber lassen wir oft eine an sich mittelstarke Silbe durch eine folgende stärkere zur schwachen Silbe herabdrücken; wir sagen z. B. im Bühnendeutschen und den mittel- und norddeutschen Mundarten *mū·tigᵊ:* in Pausa (*mū·ti:gᵊ* scheint dagegen im Süden sich zu finden), aber *mū·tigᵊ me·nᵊr* u. dgl.

645. Diese Variabilität der schwächeren Silben erstreckt sich auch auf die eines eigenen Nachdrucks entbehrenden Wörter, namentlich wieder die Encliticae u. dgl. Wir sagen z. B. *-wo zai·tirgᵊ(:) wē·zn*, wo seid ihr gewesen, d. h. das *ir* hat die schwächste Stelle im Takt, wenn auch das *gᵊ* kaum merkbar stärker ist; aber bei der Vermehrung des Taktes um eine Silbe, z. B. in *wō·zaiti:rgᵊ wē·zn* (Nachdruck auf *wo*) wird *tir* mittelstark und *zai* schwach (man beachte, dass nicht die ebenfalls häufige Aussprachsweise *wō·zai:tirgᵊ wē·zn* mit gedehntem starkem *wō* und übermittelstarkem, fast einen neuen Takt einführenden *zai* gemeint ist). — Man vergleiche auch häufige Betonungen wie ʽa·ndarbei:tn Handarbeiten, *unfolšte:ndiχ* unvollständig, oder wie *mi·taelu:rᵊᵊn* Mittheilungen, etc.

646. Es ist oft sehr schwer über die Stärkeverhältnisse der schwächeren Silben in's Klare zu kommen, zumal man gewöhnlich bestimmte Vorstellungen darüber mitbringt, namentlich wie die oben **624** erwähnten Ansichten über die Stärke ʽselbständiger Wörter'. Man darf auch nicht einzelne Silbengruppen aus dem Satze herausnehmen, weil sich dabei gar zu leicht die Takttheilung und damit die relative Stärke der einzelnen Silben verschiebt. Sweet empfiehlt daher S. 92 nur die zu untersuchenden Silben des Satzes mit lauter Stimme auszusprechen, die andern sich nur gesprochen zu denken oder sie zu flüstern.

4. Die Abstufungen der Satztakte unter einander.

647. Auch die einzelnen Takte des Satzes können unter einander mannigfach abgestuft sein. Man muss hier zweierlei unterscheiden: die bis zu einem gewissen Grade feststehende, natürliche Abstufung benachbarter Takte, und die willkürlich wechselnde Abstufung von Takten beliebiger Stellung zum Behuf von Modificationen des Sinnes einer Wortreihe.

648. Die erstere Art der Abstufung (einfach rhythmische Abstufung) vergleicht sich der Abstufung der einzelnen Silben im Takte. Sie dient dazu, den Eindruck der Monotonie im gesprochenen Satze zu verhüten. Am deutlichsten tritt sie für uns hervor, wo die Nachbartakte sich über ein einziges Wort erstrecken, das ja in der Regel eine feste Abstufung der einzelnen Silben zeigt. In *ko·nstanti: nō·pl* enthalten beide Takte eine starke Silbe; functionell steht die Silbe *kon* der Silbe *nō* völlig gleich; aber ihre absolute Stärke ist verschieden, da der Takt *nōpl* an sich stärker ist als der vorausgehende. Im Deutschen, das einfache Wörter von bedeutender Länge kaum kennt, tritt diese Erscheinung am häufigsten in Compositis auf, z. B. *a·ltᵊrtū:ms ku·ndᵊ*; der Anfangstakt ist hier meist der stärkere.

649. Nach Lachmann's Auffassungsweise hat die Stammsilbe des zweiten Gliedes von Compositis im Deutschen einen ʽTiefton',

d. h. nur Mittelstärke; dies ist vom phonetischen Standpunkt aus unrichtig, wenn es als allgemeine Regel gelten soll. Zwar kann im Compositum die Stammsilbe eines zweiten Gliedes zu blosser Mittelstärke und noch weiter herabgedrückt werden, ursprünglich aber bezeichnet die Stammsilbe des zweiten Gliedes den Eintritt eines neuen Hauptaccents (Lachmann's Hochton), der nur nicht ganz die Stärke des vorausgegangenen erreicht, mithin als ein Hauptaccent zweiten Grades zu bezeichnen wäre.

650. Bei diesen natürlichen Abstufungen ist der Stärkeunterschied der benachbarten Takte im Ganzen nicht sehr bedeutend. Dagegen treten bei jenen willkürlichen Abstufungen (dem **dynamischen Sinnesaccent**) auch grössere Differenzen auf, und zwar wächst die absolute wie relative Stärke eines Taktes um so mehr, je mehr Gewicht, 'Nachdruck' auf seinen Begriffsinhalt gelegt wird.

651. Durch solche Veränderungen des Nachdrucks, der auf einzelne Theile der Wortreihe (von der einfachen Silbe bis zum vielsilbigen Worte hinauf) gelegt wird, verschiebt sich oft auch die ganze Takteintheilung der Reihe, nämlich stets da, wo eine bei gewöhnlicher Sprechweise schwächere Silbe zur Nachdruckssilbe gemacht wird: denn dadurch wird sie zur Anfangssilbe eines neuen Taktes. Man vergleiche z. B. die Variationen der oben **645** analysirten Wortreihe 'wo seid ihr gewesen' als *wō·zaiti:rgᵊ wēzn*, -*wo zai·tirgᵊ:wēzn*, *wō·zai tī·rgᵊ wēzn* (oder -*wozai tī·rgᵊ wēzn*) etc. mit 'Nachdruck' auf *wo, seid, ihr* etc. Dass es sich auch hier stets um Bildung neuer 'Sätze' handelt, versteht sich von selbst.

652. **Takte und Taktgruppen.** Es ist oft schwer, zwischen einem langen Takte mit gewichtiger mittelstarker Silbe und zwei vollen Takten mit fallender Stärke zu unterscheiden. Man kann das Wort 'Alterthumskunde' (s. oben) sowohl als *a·ltᵊrtū:ms ku·ndᵊ*, wie als *a·ltᵊrtūmsku:ndᵊ* sprechen und auffassen. Es hängt das wesentlich von der Stellung im Satze und den Nachdrucksverhältnissen der benachbarten Takte ab, auch die Quantität spielt eine Rolle dabei (vgl. **719** ff.). Steht eine solche Silbenreihe wie *altᵊrtūmskundᵊ* am Ende eines Satzes, wo die Quantität der einzelnen Silben überhaupt gesteigert zu werden pflegt, so spaltet sie sich leicht in zwei rhythmisch coordinirte Takte, d. h. die zweitstärkste Silbe erhält einen dynamischen Accent ersten Grades; z. B. in dem Satze -ᵊrbᵊ zū·xtᵊdi fō·rlē:zuɳᵊnȳ:bᵊr (oder fō·rlēzu:ɳᵊnȳ:bᵊr) grī·xišᵊ a·ltᵊrtū:ms ku·ndᵊ 'er besuchte die Vorlesungen über griechische Alterthumskunde'. Steht aber eine solche Reihe nachdrucksloser im Innern des Satzes, und liegt insbesondere der Nachdruck auf einem späteren Takt, so wird zugleich mit einer Minderung der Quantität auch der Nachdruck der ganzen Reihe geschwächt, und die zweitstärkste Silbe dadurch zum Range einer bloss mittelstarken Silbe herabgedrückt, z. B. in dem Satze -dī al·t'ŕtūmsku:nd'istai:nᵊ wi·snśaftwe:lχᵊ ... 'die Alterthumskunde ist eine Wissenschaft welche ...' Man könnte hier auch abtheilen -di alt'ŕtūms kund'ist ainᵊ wisnśaft welχᵊ, man müsste dann aber dabei noch ausdrücklich anmerken und bezeichnen, dass der zweite und dritte Takt zum ersten, der fünfte Takt zum vierten in einem durchaus untergeordneten Verhältniss stehen. Zieht man es aber vor, die untergeordneten Takte mit den dominirenden zusammenzuziehen, so muss man in ähnlicher Weise doch auch den Accentabstufungen der Einzelsilben noch Rechnung tragen. In dem oben gegebenen Takte a·lt'ŕtūmsku:nd'istai:nᵊ haben wir zwar zwei mittelstarke Silben, aber dieselben sind doch nicht absolut gleich an Stärke, ferner ist die dritte hier als 'schwach' bezeichnete Silbe tūms stärker als die ebenfalls 'schwache' zweite t'r, ebenso die Silbe ist stärker als dᵊ, und wiederum stehen weder diese beiden stärkeren Silben tūms und ist einander an Stärke völlig gleich, noch die beiden schwächsten t'r und dᵊ.

653. Die Schwierigkeit der Bezeichnung wächst natürlich mit der Anzahl der Glieder, deren Abstufung zu bezeichnen ist. Es empfiehlt sich daher vielleicht aus praktischen Gründen, so viele Takte auszusondern als möglich, und die relative Stärke dieser Takte durch vorgesetzte Ziffern anzugeben, dergestalt, dass 1 einen Takt grösster Stärke, 2, 3, 4 etc. Takte von continuirlich geringer werdenden Stärke andeuten; dann erspart man sich die Bezeichnung der Abstufung der einzelnen Silben, da dieselbe sich in den so gewonnenen kürzeren Takten leicht von selbst regelt; also etwa 5ᵊrlᵊ 2zūxt'di 1fö·rlē:zunᵊ 4nȳb'r 2grīχiśᵊ 1alt'rtūms 3kund'.

Cap. 33. Der musikalische oder tonische Wort- und Satzaccent.

1. Vorbemerkungen.

654. Unter musikalischem oder tonischem Wortaccent verstehn wir die Tonlage und Tonführung des isolirten Einzelwortes. Aus dieser Definition ergibt sich sofort, dass gerade dieser Theil des Wortaccents nicht ohne gewisse Schwierigkeiten zu beobachten und festzulegen ist. Denn das Wort erscheint normalerweise nicht isolirt, sondern als im Satze gebunden, und darum ist die Tonlage und Tonführung des solchergestalt gebundenen Wortes nicht die des Wortes an sich, sondern sie beruht auf einem Compromiss zwischen dem eigent- Wortaccent und dem (ideellen, **655**) Satzaccent desjenigen Satzstückes, dem das Wort angehört. Das gilt selbst von sprachlich isolirten Wörtern, die innerhalb der zusammenhängenden Rede auftreten. Diesen mag zwar die grammatische Bindung fehlen, aber nicht so auch die begriffliche etc., denn jene Wörter haben zugleich Satzfunction (sie sind einwortige Sätze im Sinne von **612**) und nehmen danach auch an der Einwirkung des Satzaccents Antheil. Der eigentliche tonische Wortaccent tritt erst dann hervor, wenn man das Einzelwort vollkommen affect- und beziehungslos ausspricht: eine Aufgabe, die freilich in der Regel nicht ohne sorgsamste Uebung befriedigend zu lösen ist. Zur Unterstützung kann dabei die Vergleichung von Sätzen dienen, die nach der Begriffs- und Affectseite hin vollkommen gleich gebaut sind. So wird z. B. die Beobachtung, dass die isolirte 3. Sing. *geht* im Deutschen (nach der norddeutschen und bühnengemässen Aussprache) höher liegt als die isolirte 3. Plur. *gehn* (vgl. **668**), durch die weitere Beobachtung unterstützt und bestätigt, dass in dem affectlosen Aussagesatz *sie geht* die Tonhöhe von *sie* zu *geht* steigt (= $zì.\,g\vec{e}\cdot t$), dagegen in dem gleichartigen *sie gehn* (= $zì\cdot g\tilde{e}.n$) von *sie* zu *gehn* hin fällt, d. h. durch die Beobachtung, dass die verschiedene Tonhöhe von *geht* und *gehn* auch für die Tonführung des Satzes mit massgebend ist. Weiteres dazu s. **663** ff.

655. Innerhalb des Gesammtgebiets des musikalischen oder tonischen Satzaccents sind zunächst die zwei Untergebiete des empirischen und des ideellen Satzaccents zu unterscheiden. Zum empirischen (musikalischen) Satzaccent gehören die Tonlage, die Tonführung und die Tonqualität der fertigen empirischen Rede, vom einfachsten isolirten Satz aufsteigend bis zu den complicirtesten Satzgefügen von Rede und Gegenrede. Dieser empirische Satzaccent ist aber nicht etwas Einheitliches. Er beruht vielmehr, wie schon in **654** angedeutet wurde, auf einem Compromiss zweier Factoren, nämlich des tonischen Wortaccents einerseits und desjenigen Theils des tonischen Satzaccents, den wir als den ideellen zu bezeichnen haben. Dieser begreift diejenigen tonischen Charakteristica des Satzes in sich, die dem Satze als solchem zukommen, abgesehn also von denjenigen Veränderungen, welche im empirischen

Einzelsatz durch den Einfluss des tonischen Wortaccents hervorgebracht werden.

656. Tonischer Wortaccent und ideeller tonischer Satzaccent können zumal bezüglich der Tonführung entweder gleichgerichtet sein oder sich kreuzen. In dem isolirten Wort *morgen* liegt z. B. nach der nord- und bühnendeutschen Aussprache die Starktonsilbe *mor* höher als die Schlusssilbe *gen* (*mo·r-gn.* oder *mo·r-gṇ.*), und dieser absteigende Tonschritt bleibt (nur eventuell mit anderm Intervall) auch etwa am Schlusse des Aussagesatzes *ich komme mórgen*. Hier ist also die (absteigende) Richtung des Tonschritts in Wort und Satz dieselbe. In dem Fragesatz *kommst du mórgen?* steigt dagegen die Tonhöhe von *mor* zu *gen*, also *komstumór.gn·* etc. (man beachte dabei, dass die Höhenstellung der Punkte nur die relative Tonhöhe der beiden Nachbarsilben bez. die Richtung des Tonschritts ausdrücken sollen, nicht etwa zugleich die absolute Tonhöhe etwa der Starksilbe *mor*: in dem gegebenen Beispiel liegt z. B. das *mo·r* des Aussagesatzes normaler Weise tiefer als das *mo.r* des Fragesatzes). Hier ist also der Wortacccent dem Satzaccent unterlegen, der Fallschritt des Wortaccents in einen Steigschritt des Satzaccents verwandelt worden. Es kann aber auch der umgekehrte Fall eintreten, dass der Wortaccent als der stärkere Factor erscheint. So macht sich z. B. der Tonhöhenunterschied der isolirten Wörter *geht* und *gehn* ($g\overset{\backslash}{e}·t$ und $g\widetilde{e}.n$, **654**) auch in den Parallelsätzen *sie geht* und *sie gehn* (phonetisch $z\overset{\prime}{i}.\ g\overset{\backslash}{e}·t$ und $z\overset{\prime}{i}·\ g\widetilde{e}.n$) geltend, indem sich die Richtung des Tonschritts je nach der Tonhöhe des führenden Starktonworts umgestaltet.

657. Ein Beispiel wie das eben gegebene ist zugleich geeignet, den Unterschied zwischen empirischem und ideellem tonischem Satzaccent noch weiter zu illustriren. Hinsichtlich des empirischen Satzaccents wäre hier einfach zu constatiren, dass der Satz *sie geht* mit steigendem, der Satz *sie gehn* mit fallendem Tonschritt gesprochen wird (man kann das etwa durch *sie/geht* und *sie\gehn* graphisch andeuten). Ganz anders hätte die Regel für den ideellen Accent dieser und ähnlich gebauter Sätze zu lauten, der doch wohl, schon aus allgemeinen Gründen, für einheitlich angesehn und daher auch auf eine einheitliche Formel zurückgeführt werden muss. Diese Formel würde hier lauten: in Sätzen wie *sie/geht* und *sie\gehn* empfängt das (schwachtonige) Pronomen jeweilen diejenige Tonlage, welche der Tonlage des führenden (starktonigen) Verbums entgegengesetzt ist, d. h. liegt das Verbum hoch, so wird das Pronomen tief, liegt das Verbum tief, so wird das Pronomen hoch, u. s. w. Für das Verständniss des (empirischen) tonischen Satzaccents ist die Beachtung aller solcher Contrasterscheinungen von grösster Wichtigkeit (vgl. 682).

658. Für das Verhältniss des tonischen Accents zum dynamischen ist noch Folgendes zu beachten. Wie in der Musik der Wechsel von Tönen verschiedener Höhe (hoch und tief) nichts mit dem Wechsel ihrer Stärke (forte und piano) zu thun hat, so ist auch der Wechsel der Tonhöhen in der Sprache unabhängig von dem Wechsel der Tonstärke in den einzelnen Lauten, Silben, Wörtern, Sprechtakten u. s. w. Man kann ebenso gut einen lauten Ton tief und einen leisen Ton hoch singen wie umgekehrt, und ebenso gut kann man eine starke Silbe mit tiefem, eine schwache Silbe mit hohem Ton sprechen wie umgekehrt. Es beruht daher auf einem vollständigen Verkennen nicht nur der theoretischen Möglichkeiten, sondern auch der thatsächlichen Verhältnisse, wenn man behauptet hat, die stärkste Silbe z. B. eines Wortes müsse auch den höchsten Ton haben. Man pflegt zur Begründung dieser Behauptung wohl zu sagen, das stärkere Anblasen der Stimmbänder in starken Silben müsse deren Ton in die Höhe treiben, wie das bei jedem mechanischen Zungenwerk geschieht. Dabei lässt man aber ausser Acht, dass die Stimmbänder nicht eine ein für allemal fixirte Stimmung haben, wie die Zungen der mechanischen Zungenwerke. Die Wirkung des stärkeren Anblasens kann demnach durch entsprechende Gegenwirkung der Kehlkopfarticulation (d. h. entsprechenden Wechsel der Stimmbandspannung) ohne alles Weitere und ganz mühelos selbst mehr als bloss compensirt werden. Wo daher Starkton mit Hochton, und Schwachton mit Tiefton factisch zusammengeht, beruht das keineswegs auf einem nothwendigen innern Zusammenhang, sondern ist rein Sache der Gewohnheit im einzelnen Falle. Man sieht das besonders deutlich daraus, dass fast überall sämmtliche Tonlagen und Tonschritte der Sprache, die im isolirten Wort oder in einer bestimmten Satzart vorkommen, unter gegebenen Umständen, z. B. durch besondere Bindung des Worts im Satze, durch Wechsel der Satzart oder der Stimmung, durch Wahl eines andern Führtons (vgl. **657**) u. s. w. in ihr directes Gegentheil umgelegt werden können, auch ohne alle Verschiebung der dynamischen Verhältnisse. Beispiele dafür sind bereits im Vorhergehenden gegeben. Man vergleiche etwa aussagendes *morgen*, *behalten* mit den Tonfolgen ·. und ··. mit fragendem *morgen?*, *behalten?* mit den umgekehrten Tonfolgen .· bez. .··, oder singularisches *sie/geht* mit steigendem Tonschritt neben pluralischem *sie\gehn* mit fallendem Tonschritt, und so weiter in buntestem Wechsel, nicht nur von Satzart zu Satzart, von Stimmung zu Stimmung u. ä., sondern auch von isolirtem Wort zu isolirtem Wort, wenn man da die Gewohnheiten der einzelnen Sprachen und Mundarten mit einander in Vergleich stellt. Dasselbe Resultat bezüglich der Unabhängigkeit der Tonhöhe von der Stärke eines Lauts, einer Silbe u. s. w. folgt übrigens auch schon aus der Thatsache, dass innerhalb der dynamisch einheitlich gebauten Einzelsilbe doch ganz verschiedene Arten der Tonbewegung möglich sind (vgl. **599** ff.).

659. Dagegen besteht in einem andern Sinne allerdings ein innerer Zusammenhang zwischen dynamischem und tonischem Satzaccent, insofern die Grösse (aber nicht die Richtung) der Tonschritte wenigstens innerhalb gewisser Grenzen der Grösse der Druckunterschiede proportional zu sein pflegt. Je stärker man in der Rede Silben oder überhaupt Satztheile irgendwelcher Art dynamisch gegen einander differenzirt, um so grösser werden auch die beim Sprechen durchlaufenen Intervalle, und umgekehrt. Noch stärker als die rein dynamischen Unterschiede wirken aber hier die Affectunterschiede, da ja die Affectunterschiede sich überhaupt in erster Linie im Musikalischen der Sprache geltend machen.

660. Hierbei ist natürlich nicht zu übersehen, dass es sich bei allen diesen Erscheinungen nur um relative Unterschiede innerhalb einer einheitlichen Sprache etc. handelt, die mit den absoluten Massen der Tonschritte, die in verschiedenen Sprachen bei gleicher Sprechweise üblich sind, nichts zu thun haben. Es ist an sich sehr wohl möglich, dass eine Sprache oder Mundart gewohnheitsmässig auch bei dynamisch nicht besonders differenzirter und affectfreier Sprechweise grössere Tonschritte anwendet als eine andere Sprache etc. selbst bei stärkerer dynamischer Differenzirung oder im Affectsprechen. Vergleichbar sind hier eben nur die verschiedenen Sprechweisen, denen ein und dasselbe sprachliche Material in der Rede unterworfen werden kann und gewohnheitsmässig unterworfen wird.

2. Der tonische Wortaccent.

661. Man pflegt im Allgemeinen wohl Sprachen und Mundarten mit stark und weniger deutlich ausgeprägtem tonischen

Wortaccent zu unterscheiden. Zur ersteren Gruppe rechnet man von den germanischen Sprachen z. B. etwa das Schwedische und Norwegische, ferner etwa das Litauische und Serbische, von nichtindogerm. Sprachen in erster Linie das Chinesische, etc., zur zweiten Gruppe etwa Sprachen wie Deutsch, Englisch u. dgl. Der Unterschied ist wirklich vorhanden, aber doch nur ein gradueller, denn auch bei den Sprachen der zweiten Gruppe finden sich thatsächlich auch im Worte Unterschiede der Tonlage und Tonführung, nur fallen sie nicht so stark in's Ohr wie bei den Sprachen der ersten Gruppe.

662. Die Gründe für diese Verschiedenheit der Wirkung auf das Ohr können im Einzelnen sehr verschieden sein. Hier möge nur zweierlei hervorgehoben werden. Einmal kommt die Grösse der jeweilen üblichen Tondistanzen bez. Tonschritte sehr wesentlich in Betracht, insofern das grössere Intervall allgemein stärker wirkt als das kleinere. Ferner markirt sich der tonische Wortaccent um so deutlicher, je mehr eine Sprache wesentlich gleichartige Wortformen durch Tonlage und Tonführung principiell zu differenziren pflegt. Hier steht namentlich das Chinesische voran, bei dem ein und derselbe (einsilbige) Lautcomplex ganz verschiedene Bedeutung hat (also verschiedene 'Wörter' darstellt), je nachdem er mit hohem oder tiefem, mit steigendem oder fallendem Ton u. s. w. gesprochen wird. Analogien dazu weisen auch Sprachen wie Norwegisch und Schwedisch auf in Parallelen wie etwa norw. *vesten* 'westlich' und 'die Weste', *bönner* 'Bohnen' und 'Bauern', *taget* 'genommen' und 'das Dach'; hier wird bei der jeweilen an erster Stelle gegebenen Bedeutung das betr. Wort mit tieferem Fallton auf der ersten, mit höherem Steigton auf der zweiten Silbe gesprochen, bei der an zweiter Stelle gegebenen Bedeutung aber mit zwei Falltönen, deren zweiter tiefer liegt als der erste, u. s. w. (Weiteres dazu s. **673**).

Für die tonische Charakteristik des Einzelworts ist namentlich Viererlei zu beachten:

663. Die relative Tonlage, d. h. die relative Stellung, welche sei es das Einzelwort, sei es eine Gruppe formell oder begrifflich zusammengehöriger Wörter oder Wortformen im Gegensatz zu andern solchen Einzelwörtern oder Gruppen in der Tonscala gewohnheitsmässig einnimmt. Bei mehrsilbigen Wörtern oder Wortformen wird man bei der Vergleichung am besten von den habituellen Tonhöhendifferenzen der Starktonsilben ausgehn.

664. Die relative Worttonlage ist gewöhnlich nicht ganz leicht festzustellen, weil sie meist durch den Einfluss des Satzaccents verschoben oder überdeckt werden kann. Daher hat man bisher fast nur bei Sprachen wie dem Chinesischen allgemeiner auf die eben dort für das Verständniss des Gesprochenen direct mit massgebenden Unterschiede der Worttonlage (vgl. **662**) geachtet, sie aber da nicht systematisch oder gar nicht erforscht, wo sie für das Verständniss der Rede weniger essentiell sind. Thatsächlich spielen aber auch in Sprachen wie dem Deutschen, Englischen, Französischen diese Unterschiede eine sehr wichtige Rolle, nicht nur an sich, sondern auch als Basis für die specifische Verschiedenheit der Tonführung im Satze (vgl. oben **654** und unten **682**). Im Folgenden können daher auch einstweilen nur einige Andeutungen über die Richtungen gegeben werden, in denen sich die weitere Forschung beispielsweise zu bewegen haben wird.

665. Zunächst sind diejenigen Verschiedenheiten der Tonlage auszusondern, welche auf mehr oder weniger rein mechanischen Ursachen beruhen und daher auch oft in Sprachen und Mundarten gleichmässig durchgehn, welche sonst in Bezug auf Tonlage und Tonführung zu einander im Contrast stehn. Dahin gehören vor Allem die Unterschiede der Tonlage, welche von der Verschiedenheit der Articulationsstellung der einzelnen Vocale abhängen. So wird z. B. wohl in allen deutschen Mundarten etwa *binden* mit höherem Ton gesprochen als *banden*. Die Erklärung dieser Thatsache liegt in Folgendem. Beim *i* ist die Zunge mehr nach vorn und oben geschoben als beim *a*, und diesem Zug folgt auch der Kehlkopf ein wenig; Hebung des Kehlkopfs bedeutet aber (wenn nicht im Einzelnen wieder besonders ausgeglichen wird) zugleich eine stärkere Spannung der Stimmbänder und damit eine Erhöhung ihres Tones. Diese Wirkung ist so stark, dass sie sich sogar bei etymologisch gleichartigen Vocalen geltend macht, deren Articulationsstellung durch den Einfluss benachbarter unsilbischer Laute modificirt ist. Daher zeigen die in **478** erörterten Beispiele wie deutsch *Fi.nder*, *Bi.nder* : *Ki.nder* (mit nicht palatalem *k*), *Ri.nder*, engl. *thee·* : *tea.* zugleich auch Unterschiede der Tonhöhe in der durch die Stellung der Punkte angedeuteten Richtung. Man beachte übrigens auch, dass diese mechanisch bedingten Unterschiede der Tonlage im Satze auch da bleiben, wo bloss habituelle (**666**) Unterschiede bei Veränderung des Satzaccents (vgl. **682**) in ihr Gegentheil umgelegt werden, dass also z. B. *Finder*, *Binder* auch in der Frage höheren Ton behalten als *Kinder*, *Rinder* u. dgl.

666. Andere Unterschiede der Tonlage sind habituell, oder, was zum Theil auf dasselbe hinausläuft, historisch bedingt. Für sie ist es charakteristisch, dass ihre Toncontraste umlegbar sind, sei es etwa in den verschiedenen Mundarten einer und derselben Sprache (bez. in untereinander verwandten Sprachen), sei es durch die Wirkung veränderten Satzaccents. Wenn z. B. nord- und bühnendeutsch isolirtes *ha·lten* mit höherem Ton des *a* gesprochen wird als das Compositum *beha.lten*, so kehrt sich die Tonlage in der oberdeutschen Aussprache um, also *ha.lten* mit tieferem, *beha·lten* mit höherem Ton (ähnlich etwa engl. *ge.t* im Gegensatz zu *forge·t*). Bei Frageton aber werden alle diese Gegensätze direct umgekehrt; es heisst also norddeutsch umgekehrt *ha.lten?* : *beha·lten?*, oberdeutsch *ha·lten?* : *beha.lten?*, engl. *ge·t?* : *forge.t?* u. dgl. Als Normaltonlage hat in allen solchen Fällen natürlich wieder die des nach **654** affect- und beziehungslos ausgesprochenen Wortes zu gelten, nicht die durch Affect oder Beziehung hervorgerufenen Umlegungsformen.

667. Habituelle Verschiedenheit der Tonlage kann mit begrifflichen Unterschieden zusammenhängen. So werden z. B. im Deutschen Familiennamen adjektivischer Herkunft durch Contrast der Tonlage von sonst gleichartigen Namen substantivischer Herkunft geschieden, d. h. die ersteren liegen im Norden höher, im Süden tiefer als die letzteren; vgl. z. B. Contrastpaare wie *Schö·ne* : *Bö·hme* oder *Schö·n* : *Bö·hm* (aber süddeutsch *Schö.n* : *Bö·hm*, und fragend umgelegt norddeutsch *Schö.n?* : *Bö·hm?*, süddeutsch *Schö·n?* : *Bö·hm?*) etc. Ebenso bei zusammengesetztem Eigennamen mit adjektivischem und substantivischem erstem Glied, wie norddeutsch *A·ltenburg* : *Fa·lkenburg* (aber fragend umgelegt *A·ltenburg?* : *Fa·lkenburg?*, und umgekehrt im Süddeutschen) u. dgl. mehr. Dass es sich hier nicht um mechanisch bedingte Unterschiede handelt, geht schon aus der Umlegbarkeit der Tonlagen hervor, ausserdem auch aus dem Umstand, dass das adjektivische *Schö·ne* nach der norddeutschen Aussprache höher liegt als das substantivische *Bö·hme*, obwohl das anlautende *š* an sich die Tonhöhe des folgenden Palatalvocals gegenüber labialem Anlaut herabdrückt. — In letzter Instanz mögen übrigens die hier vorgeführten Contraste der Tonlage im Satzaccent wurzeln, d. h. auf einen typischen Unterschied der Tonlage von im Satze gebundenem Adjektiv + Substantiv zurückgehn. Sie haben sich dann aber thatsächlich vom Satzaccent losgelöst, denn sie bestehn eben auch bei völlig isolirten Einzelworten.

668. Weit grösser ist die Anzahl und die Mannigfaltigkeit der **formell bedingten** Tonlagenunterschiede. Im Deutschen lässt sich beispielsweise u. A. Folgendes beobachten. Nach nord- bez. bühnendeutscher Aussprache liegen die Starktonsilben von Compositis mit schwachtoniger Vorsilbe tiefer als die der entsprechenden Simplicia oder sonst entsprechender Wortformen, vgl. etwa Contrastpaare wie *beha·lten* : *ha·lten* oder *verge·hn* : *ge·hn*. Dies gilt auch bei secundärer Verkürzung der Wortfolge, vgl. etwa *Glau·be* : *Lau·be*, *glü·cken* : *Mü·cken*, *Gna·de* : *Scha·de* u. ä. aus mhd. *geloube* : *loube* etc., selbst *gö·nnen* : *kö·nnen* u. dgl. Bei der Umlegung des Satzaccents (z. B. in der Frage) kehren sich auch hier die Contraste um, desgleichen wieder beide Contraste in der süddeutschen Aussprache (mit der hier z. B. auch das Englische zusammengeht: *forge·t* : *ge.t*, *belie·f* : *grie.f* u. dgl.). Im Norddeutschen drückt, im Süddeutschen hebt ferner im Allgemeinen zunehmende Silbenzahl die Tonlage, vgl. z. B. norddeutsches *Bad* mit höchster, *bade* mit mittlerer, *badete* mit tiefster Tonlage. Andrerseits drückt (nach einer mündlich mitgetheilten Beobachtung von G. Burchardi) jeder Circumflex (**606**) die Tonhöhe im Norddeutschen herab, und zwar derartig, dass selbst der Einfluss der Silbenzahl überwunden werden kann; vgl. etwa norddeutsches *ich si·nge* mit *du si.ngst* (genauer *zi·ŋə* : *zi.ŋst*), oder Contraste wie *Brau·t* : *(er) brau.t* (genauer *bráo·t* : *brão.t*) u. dgl. Aus dem Französischen sei beispielsweise angeführt, dass die urspr. zweisilbigen Ausgänge mit sog. stummem *e* tiefer liegen als Ausgänge ohne dieses *e*, also etwa in Paaren wie m. *ami·* : f. *amie.*, oder m. *aimé* : fem. *aimée.*, u.s.w. (hierüber und über andre Erscheinungen verwandter Natur wird demnächst eine Untersuchung von J. Poirot weitere Aufklärung bringen).

669. Die relativen Tonhöhen der einzelnen Silben und ihre Intervalle. Die eingehendsten Untersuchungen über hierher gehörige Fragen verdanken wir den schwedischen Phonetikern. Diese gehn bei der Vergleichung von dem tiefsten Ton aus den ein Wort in irgend einer Silbe aufweist (dem

Grundton oder Gravis). Von ihm aus werden die Intervalle gemessen, um die sich die übrigen Silben von ihm entfernen. Dies Verfahren hat grosse praktische Vorzüge. Mit Rücksicht auf die jedesmal gleichzeitig festzustellende Tonlage des ganzen Worts dürfte es sich jedoch empfehlen mindestens daneben auch noch ein zweites Berechnungssystem einzuführen, das als Basis der Vergleichung die jeweilige Tonhöhe der Starktonsilbe nimmt (vgl. **663**).

670. Wie viele Abstufungen der Tonhöhe anzusetzen seien, lässt sich nicht allgemein bestimmen, auch die Grösse der Intervalle ist eine sehr verschiedene. Noreen findet z. B. in der Mundart von Fårö drei Stufen, die er als Gravis, hohen Gravis und Acut bezeichnet; der zweite liegt eine Secunde über dem Gravis, der dritte eine Terz; ausserdem gibt es einen doppeltönigen Circumflex aus Terz + Grundton; in der Mundart von Dalby bestehen die drei ersten Töne aus Grundton, kleiner Terz und Quinte, dazu kommt ein Circumflex aus der kleinen Terz + Quinte; die Mundart von Fryksdal dagegen kennt nach Noreen vier einfache Tonabstufungen, den tiefen Gravis = Grundton, den hohen Gravis = Terz, den tiefen Acut = übermässiger Quart, und den hohen Acut = Quinte; dazu drei Circumflexe, s. **605**.

671. Die Anordnung, in der die einzelnen Töne oder Intervalle auf einander folgen. Auch hier verdanken wir die genauesten Beobachtungen wieder schwedischen Forschern wie Noreen, Kock u. A.

672. In dem Dialekt von Fårö ist nach Noreen's Untersuchungen (unabhängig von den Stärkeabstufungen des dynamischen Accents) die Reihenfolge hoher Gravis, Aout, Gravis, Gravis, in dem von Fryksdal tiefer Acut, tiefer Acut, Aout, Gravis, hoher Gravis, Acut. Diese Regel erstreckt sich auch auf die zweitönigen Circumflexe; jede circumflectirte Silbe gilt gleich zwei auf einander folgenden Silben, welche die im Circumflex vereinigten Töne einzeln enthalten. Für das Deutsche fehlen eingehendere Untersuchungen dieser Art noch so gut wie ganz. Andeutend sei hier nur hervorgehoben, dass es sich im Deutschen grossentheils um (im Satze etc. umlegbare) Contrasttöne handelt, und dass der Contrast auch auf die Grösse der Intervalle von Einfluss ist. So drückt z. B. im Nord- und Bühnendeutschen die hohe Vortonsilbe in Compositis wie *be·ha.lten*, *verge.hn* (**666**) durch Contrast die Tonhöhe der Starktonsilbe unter das Niveau derselben Silbe im Simplex *halten*, *gehn*, und umgekehrt im Süddeutschen u. s. w.

673. Die Richtung der Stimmbewegung in den einzelnen Silben. Im Deutschen und Englischen haben meist alle Silben eines Wortes gleichmässig fallenden Silbenaccent (**601**), z. B. in dem Satze *ich komme mórgen*; in der einfachen Frage *kommst du mórgen?* haben dagegen beide Silben von *morgen* steigenden Silbenaccent. Die Richtung der Stimmbewegung innerhalb desselben Wortes ist in beiden Fällen die nämliche, man kann also hier von einem **gleichlaufenden Tonfall** reden. In andern Sprachen ist es dagegen üblich, Silben mit entgegengesetzter Richtung des Silbenaccents zu verbinden. Im Norwegischen und Schwedischen herrscht z. B. nach den Untersuchungen von Storm, Sweet, Kock u. a. in ursprünglich zweisilbigen Wörtern die Verbindung von fallendem mit steigendem Accent (ˇ, s. **601** f., auch **662**); die stärkere Stammsilbe hat den tieferen und fallenden, die schwächere Endsilbe den höheren und steigenden Ton. Im Serbischen dagegen existirt nach Masing die umgekehrte Verbindung von hohem steigendem mit hohem fallendem Ton (ˆ) in alten zweisilbigen Oxytonis u. s. w., z. B. in *voda* Wasser, im Gegensatz zu dem ursprünglich barytonirten Accusativ *vodu* mit gleichlaufendem Tonfall und dynamischem Accent auf der ersten Silbe bei tieferer Stimmlage. Wir können diesen zweiten Tonfall als den **gebrochenen** bezeichnen. Dieser ist übrigens auch in deutschen Mundarten hie und da anzutreffen, z. B. herrscht er wohl in den meisten Schweizermundarten und sonst. Aber die Intervalle des Steigens und Fallens der Stimme sind hier nicht so gross als etwa im Schwedischen und Serbischen, und das macht die Sache weniger leicht wahrnehmbar (**662**).

674. Der gebrochene Tonfall eines zweisilbigen Wortes ist vollständig zu parallelisiren mit den doppeltönigen Silbenaccenten, **601**; sprachgeschichtlich sind auch gar häufig Monosyllaba mit Circumflex durch Verkürzung von mehrsilbigen Wörtern entstanden, deren Dauer, Stromdruckabstufungen und musikalische Modulation sammt und sonders in die eine Silbe zusammengerückt sind. Einzelne Beispiele hierfür gewähren namentlich wieder die Arbeiten von Noreen über schwedische Dialekte.

3. Der tonische Satzaccent.

675. Auch bezüglich der tonischen Charakteristik des Satzes hat der Beobachter sein Augenmerk auf verschiedene Punkte zu richten. Namentlich lerne man zunächst diejenigen Eigenheiten, welche dem ganzen Satz zukommen, von denjenigen scheiden, welche **einzelne Theile** desselben betreffen. Zu den ersteren gehört insbesondere:

676. Das Sprechen in einer gewissen Stimmlage, und zwar unabhängig von der speciellen Füllung des Satzes durch Worte (vgl. Sweet S. 95). Für gewöhnliche Zwecke genügt es, mit Sweet drei Stufen derselben anzusetzen, eine **hohe, mittlere und niedere**. Die erste bezeichnet Sweet durch vorgesetztes ⌐, die letzte durch vorgesetztes ⌐, die mittlere Stimmlage bleibt unbezeichnet. Die eigentliche Modulation des Satzes wird durch die verschiedenen Stimmlagen nicht beeinflusst. Diese selbst richten sich theils nach der natürlichen Beschaffenheit des Stimmapparats (wonach z. B. Kinder und Frauen in einer höheren Stimmlage sprechen als Männer), theils dienen sie in willkürlichem Wechsel zum Ausdruck verschiedener Stimmungen oder logischer Verhältnisse. Hohe Stimmlage ist den Ausdrücken starker und freudiger Erregungen eigen, tiefe Stimmlage denen der Trauer oder der Feierlichkeit. Von den verschiedenen Satzarten zeichnen sich die Fragesätze meist durch höhere Stimmlage aus. Parenthetische Schallsätze empfangen in der Regel contrastirende Stimmlage, d. h. sie werden entweder tiefer oder höher gelegt als die umgebenden Sprachstücke, je nachdem diese selbst mit relativ hoher oder aber mit relativ tiefer Stimmlage gesprochen werden, u. dgl. mehr.

677. Die Anwendung eines bestimmten Silbenaccents durch den ganzen Satz hindurch, um diesem einen bestimmten Ausdruck zu verleihen; so macht die Anwendung eines nur um ein geringes Intervall steigenden Silbenaccents bei relativ hoher Stimmlage den Eindruck klagender, weinerlicher Stimmung (oben **604**) u. s. w.

678. Anhangsweise ist auch hierher zu stellen die Anwendung einer bestimmten Stimmqualität. In erster Linie kommen hier die verschiedenen Arten der Reinheit oder Glätte des Stimmtons in Betracht; daneben mag noch das Tremuliren oder Beben der Stimme besonders erwähnt werden, welches im Wesentlichen auf einem Zittern im Kehlkopf beruht, das geringe Schwankungen in der Stärke und Tonhöhe der Stimme hervorruft.

Alle diese Abstufungen dienen zum Ausdruck verschiedener Stimmungen. Ihre Scala ist sehr umfänglich: sie erstreckt sich von den sanftesten, flötenartigen Tönen der lyrischen Declamation bis zu den heiseren Tönen der verbissenen Wuth und des Hasses. (Einige Angaben hierüber s. bei Merkel, Laletik S. 356 ff.).

Andere Eigenthümlichkeiten, die auf den Gesammtklang der Sprache einwirken können, wie das helle oder dunkle Timbre, Verengung der Bänderglottis, geringere oder stärkere Mundöffnung u. s. w. (Sweet S. 97 ff.) können kaum noch zu den musikalischen Charakteristicis des Satzes im engern Sinne des Wortes gerechnet werden.

679. Man kann auch während des Sprechens aus einer Sprechweise in die andere übergehen, entweder sprungweise oder allmählich. Allmähliche Steigerung der Stimmhöhe z. B. — wie man sie z. B. beim Ausdruck steigender Aufregung und Leidenschaft hört — bezeichnet Sweet durch vorgesetztes ╱ ⌈, allmähliches Sinken durch ╲ ⌊.

680. Was die eigentliche Modulirung des Satzes anlangt, so lässt sich da über den Wechsel der Tonhöhen im Einzelnen kaum eine allgemeinere Regel aufstellen. Es lässt sich z. B. keinerlei Auskunft darüber geben, welche Intervalle überhaupt die Stimme innerhalb eines empirischen Satzes durchlaufen könne. Denn die Satzintervalle sind, wie schon **659** ausgeführt wurde, nicht fest, sondern dehnbar. Es können also je nach den Umständen und der Stimmung des Sprechenden einmal die allergewaltsamsten Tonsprünge vorkommen, während anderwärts der ganze Satz oder die ganze Rede monoton heruntergeleiert wird.

681. Dagegen lassen sich wohl gewisse allgemeine Tendenzen der Tonführung im Satze beobachten. Um über diese in's Klare kommen zu können, hat man vor Allem den in **655** ff. erörterten Unterschied von empirischer und ideeller Tonführung im Auge zu behalten. Am leichtesten erkenntlich ist im Allgemeinen die ideelle Tonführung des Satzschlusses, insofern gerade hier die verschiedenen Satzarten etc. durch bestimmte Cadenzen charakterisirt zu werden pflegen. So fällt am Schluss einfacher Aussagesätze gewöhnlich die Stimme, während sie im Schluss des Fragesatzes ohne Fragewort zu grösserer Tonhöhe emporsteigt, der Schluss des Fragesatzes mit Fragewort gern durch steigend-fallende Cadenz ausgezeichnet wird, u. s. w.

682. Im Uebrigen beruht, wie ebenfalls bereits **655** ff. ausgeführt worden ist, die empirische Modulation des Einzelsatzes auf einem Compromiss zwischen dem tonischen Wortaccent und dem ideellen Satzaccent. In dieser empirischen Modulation pflegen, wenigstens in Sprachen wie dem Deutschen, Englischen, Französischen die Tonhöhen der Starktonsilben die Stelle von führenden Tönen oder Leittönen zu spielen, zu denen die Stimme von Fall zu Fall auf- oder absteigt, je nachdem der Leitton selbst hoch oder tief liegt. Auch hier herrscht also das Princip des Toncontrastes, das auch überall da gewahrt zu bleiben scheint, wo das Niveau der Leittöne und damit die

Richtung der verbindenden Tonschritte in Folge der Wirkungen des ideellen Satzaccents umgelegt wird (vgl. **658**).

683. Für fast alle diese Fragen, wie auch die weiteren nach der Einwirkung des dynamischen Satzaccents auf den tonischen, oder die Kreuzungen des tonischen Wort- und Satzaccents fehlt es noch sehr an eingehenden Einzeluntersuchungen. Beispiele von musikalischen Satznotirungen gibt z. B. Merkel, Laletik S. 412—428. Auch die vorhergehenden Untersuchungen über Accent im Allgemeinen S. 330 ff. enthalten sehr viele richtige und feine, dabei durchaus noch nicht genügend gewürdigte Beobachtungen, die nur leider wegen des zu wenig ausgedehnten sprachlichen Gesichtskreises des Verfassers in einer den speciellen Zwecken der Sprachwissenschaft wenig entsprechenden Form niedergelegt sind. Weiteres s. z. B. bei Storm[2] S. 175 ff. und sonst, Jespersen S. 583 ff. u. s. w.

---

3. Quantität.

Cap. 34. Allgemeines.

684. Die Lehre von der Quantität oder Dauer hat es mit den Zeitmassen der verschiedenen phonetischen Gebilde zu thun. Die hier in Betracht kommenden Erscheinungen sind äusserst mannigfaltig und verlangen deshalb genaue Classification.

685. Zunächst ist streng darauf zu achten, welchem Theilstück der Rede im Einzelfalle eine bestimmte Dauer zukommt. Danach sind Lautquantität, Silbenquantität und Taktquantität (oder Taktdauer) principiell zu unterscheiden, wenn sie auch in innerem Zusammenhange mit einander stehen.

686. Absolute und relative Quantität. Unter absoluter Quantität verstehen wir das Zeitmass eines im Einzelfalle gegebenen Lautes, einer solchen Silbe u. s. w., das sich mit den üblichen Zeitmessern feststellen und also z. B. nach Secunden oder deren Bruchtheilen angeben lässt. Bei der relativen Quantität handelt es sich dagegen um das Verhältniss der absoluten Quantitäten der einzelnen phonetischen Gebilde zu einander.

687. Der Ausdruck 'Quantität' im hergebrachten Sinne mit seinem Gegensatz von 'kurz' und 'lang' bezieht sich, wie man sieht, zunächst nur auf diese letztere Abstufung, nicht auf die absoluten Zeitwerthe im Einzelnen. Ausserdem ist die Anwendung des Terminus 'Quantität' insofern noch gewohnheitsmässig eingeschränkt, als man wohl von der Quantität eines Lautes oder einer Silbe, aber kaum von der Quantität eines Sprechtakts zu reden pflegt; für den letzteren Fall pflegt man wohl den Ausdruck 'Dauer' vorzuziehen, der an sich auch nichts anderes besagt als 'Quantität', und gelegentlich auch auf Laute und Silben angewandt wird.

688. Traditionelle und rhythmisch bedingte Quantität. Der Unterschied zwischen 'kurz ă' und 'lang ā' in einem Beispiel wie *fă : fā* wird im Allgemeinen festgehalten, auch wenn die Silbe wächst (z. B. *făll : fāhl*, *fälle : fāhle*, *fällende : fāhlere* u. dgl.). Dieser ganz allgemeine Gegensatz von 'kurz' und 'lang' ist also traditionell gegeben; wir können ihn daher als traditionelle oder primäre Quantitätsabstufung bezeichnen. Aber in den angeführten Beispielen zeigt sich neben dem beharrenden allgemeinen Gegensatz von 'kurz' und 'lang' auch ein Wechsel der absoluten Dauer und damit zugleich ein Wechsel des factischen Verhältnisses der Dauer von 'kurz' und 'lang'. Zwar das 'kurze ă' bleibt sich im Wesentlichen gleich und büsst höchstens ein Minimum seiner Dauer ein (vgl. 695); dagegen ist die Dauer des 'langen ā' vielfach abgestuft. Insbesondere ist (auch bei gleichem Redetempo) das ā des einsilbigen Sprechtakts *fāhl* länger als das des zweisilbigen Sprechtakts *fāhle* und dieses wieder länger als das des dreisilbigen Taktes *fāhlere*. Hier wird also der einfache traditionelle Gegensatz von 'kurz' und 'lang' im Einzelnen durch rhythmische Einflüsse variirt; man kann mithin solche Modificationen des traditionellen Grundschemas als rhythmische oder secundäre Quantitätsabstufungen bezeichnen.

689. Auch die starken Verschiebungen der normalen traditionellen Quantitäten, die oft durch die Einwirkung des Sinnesaccentes (vgl. 712) hervorgebracht werden, kann man den rhythmischen Modificationen zurechnen, da der Sinnesaccent zunächst das rhythmische Schema und erst durch dieses hindurch die Einzelquantitäten trifft. Dagegen kann man andere Abstufungen, wie etwa die häufige Längung durch Anwendung zweigipfliger und zweitöniger Silbenaccente u. dgl. eher der traditionellen Abstufung zuzählen, wenn sie auch oft thatsächlich einmal durch rhythmische Einflüsse entstanden sind.

690. Quantität und Tempo. Die absolute Dauer aller phonetischen Gebilde wechselt stets nach dem Tempo der Rede: je schneller das Tempo, um so kürzer die Dauer des einzelnen Gebildes und umgekehrt. Die relative Dauer braucht beim Tempowechsel nicht erheblich verschoben zu werden. — Im Uebrigen unterscheide man beim Tempo wieder die mittlere oder allgemeine Sprechgeschwindigkeit der einzelnen Sprecher oder Idiome, und das willkürlich wechselnde

Tempo verschiedener Satztheile, das wesentlich von Sinn und Stimmung abhängig ist.

691. Zur Feststellung der im Einzelnen anzusetzenden traditionellen oder primären Quantitätsstufen darf man, wie sich aus dem Gesagten ergibt, zunächst nur gleichartige, d. h. unter gleichen rhythmischen u. s. w. Bedingungen stehende phonetische Gebilde benutzen. Doch kann man auch für deutlich ausgeprägte Stufen der rhythmischen u. s. w. Variation ohne Schaden stehende Namen einführen, wenn man sich nur der principiellen Verschiedenheit von primärer und secundärer Abstufung stets bewusst bleibt.

Cap. 35. Lautquantität.

692. Die alte Grammatik unterscheidet verschiedene Stufen der Dauer (Kürze und Länge) nur bei den Sonanten der Silben (d. h. praktisch nur bei dem was sie als 'Vocale' anerkennt) und lässt die Abstufungen der Dauer bei den unsilbischen Sprachlauten (ihren 'Consonanten') ausser Acht (doch vgl. **701**), obwohl deren Quantitäten ebenso verschieden sind wie die der Sonanten. So ist im Neuhochdeutschen z. B. das *nn*, *ll* in Wörtern wie *mén^{e}r*, *fél$^{\partial}$*, 'Männer, Fälle' deutlich kurz; deutlich länger (und zwar auch wieder, namentlich je nach dem Dialekt, verschieden abgestuft) in *mán*, *fál*, oder *mã͂n*, *fã͂l* 'Mann, Fall', oder *$^{\partial}$rmánt$^{\partial}$*, *félt$^{\partial}$*, *féld$^{\partial}$r* 'ermannte, fällte, Felder' u. dgl.

693. Der Gegensatz von 'lang' und 'kurz' im hergebrachten Sinne bezeichnet nicht ein bestimmtes Verhältniss des Zeitmasses, sondern zunächst nur den allgemeinen Gegensatz von 'länger' und 'kürzer'. Es ist also ebenso falsch, wenn die alten Grammatiker das Verhältniss von sprachlicher Länge und Kürze auf 2:1 normirten (zur Erklärung dieses Umstandes vgl. **705**), als wenn man etwa mit Brücke (Die physiol. Grundlagen der neuhochd. Verskunst S. 67) findet, dass das Verhältniss der Dauer gewöhnlicher langer Vocale zu der der kurzen sich im Allgemeinen dem von 5:3 nähere. Solche Angaben mögen für einen bestimmten Einzelfall gelten (z. B. mögen Brücke's Messungen für den abgeglichenen declamatorischen Vortrag der neuhochdeutschen Schriftsprache mit gewissen Einschränkungen zutreffen), aber anderwärts sind die Verhältnisszahlen ganz andere. Vor Allem geht auch die traditionelle Abstufung mancher Sprachen sicher über die Zahl von bloss zwei Stufen hinaus. Es bedarf also überall bestimmter Einzeluntersuchungen (genauere Messungen s. z. B. bei Ph. Wagner, Der gegenwärtige Lautbestand des Schwäbischen in der Mundart von Reutlingen S. 181 ff.).

694. Demnächst bezeichnen lang und kurz den Gegensatz von traditionell dehnbar und nicht dehnbar. Kurz nennt man also im Deutschen herkömmlicher Weise die betonten Vocale in Wörtern wie *hätte*, *kämm*, *röss*, weil wir diese unserer traditionellen Gewohnheit nach nicht dehnen können, ohne die typische Form des Wortes zu zerstören; lang dagegen die entsprechenden Vocale in *vāter*, *kām*, *rōse* nicht nur, weil sie thatsächlich länger ausgehalten werden als jene (**693**), sondern auch weil sie beliebig dehnbar sind (also *kăm*..., aber *kă̄...m* u. dgl.).

695. Stufen der Kürze. a) Das natürliche Mass der Kürze ist das Minimum der Zeit, das man braucht, um einen Stellungslaut einer betonten Silbe bei mittlerem Redetempo deutlich articuliren und vernehmbar machen zu können. Dieses Mass wechselt in den einzelnen Sprachen ein wenig. In Sprachen mit stark geschnittenem Accent wie dem Neuhochdeutschen und Englischen sind die Kürzen oft schärfer ausgeprägt als in Sprachen mit schwach geschnittenem Accent, wo das allmähliche Decrescendo am Schlusse des Sonanten oft eine geringe Längung hervorruft (vgl. **699**).

b) Minderung der gewöhnlichen Kürze zur sog. Ueberkürze finden sich namentlich bei Uebergang zu schnellerem Tempo und damit flüchtigerer Articulation (daher besonders in dynamisch unbetonten Silben); auch die zu Gleitlauten reducirten Stellungslaute (**504** ff.) können im Allgemeinen als überkurz bezeichnet werden. Dass sich zwischen dem äussersten Extrem der Ueberkürze und dem gewohnheitsmässig gestatteten Maximalmass der gewöhnlichen Kürze auch noch Uebergangsstufen beobachten lassen, ist selbstverständlich (so hat z. B. Wagner in der Reutlinger Mundart neben der für einzelne Fälle durch Messung auf etwa 0,2 Secunden festgestellten einfachen Kürze und der Ueberkürze von etwa 0,1 Secunde auch noch eine mittlere 'Halbkürze' von etwa 0,15 Secunde Dauer gemessen).

696. Stufen der Länge. Die gewöhnlichsten Abstufungen der Länge sind die (einfache) Länge und die Ueberlänge, die man durch untergesetztes _ bez. = bezeichnen kann.

Als Normaldauer der einfachen Länge betrachtet man in Sprachen wie dem Deutschen am besten wohl das Zeitmass der sog. langen Vocale in zweisilbigen Wörtern wie *bōte*, *kāmen*, *lōse*; überlang sind dann die Vocale der einsilbigen Parallelen wie *bōt*, *bāt*, *sāss*, *kām*, die deutlich länger sind als die Vocale z. B. der entsprechenden Plurale *bōten*, *bāten*, *sāssen*, *kāmen* (also *bo̯tn*, *ba̯tn*, *sa̯sn*, *ka̯mn*, aber *bo̯t*, *ba̯t*, *sa̯s* u. dgl., vgl. **715**). — Für die einfache Länge ergaben, um ein Beispiel anzuführen, Wagner's Messungen eine Dauer von 0,3 Secunden, für die Ueberlänge etwa 0,6 Secunden oder etwas mehr; doch ist es fast unmöglich, für die Ueberlänge überhaupt specielle Angaben zu machen, weil gerade sie besonders stark allen rhythmischen Schwankungen ausgesetzt ist.

697. Im Deutschen beruht der hier veranschaulichte Unterschied von Länge und Ueberlänge auf rhythmischer Modification (**688**), insofern die Wahl der einen oder andern Quantität von der Silbenzahl des Taktes abhängig ist (vgl. auch **714** ff.). Anderwärts, z. B. im Englischen (das überhaupt den Unterschied von Länge und Ueberlänge viel deutlicher ausgeprägt hat als das Deutsche) kommt dieser Factor zwar auch in Betracht, ist aber nicht der einzige. Dort sind z. B. (Sweet S. 59) alle betonten auslautenden oder von einem stimmhaften Consonanten gefolgten sog. langen Vocale in Pausa überlang (z.B. *see*, *seize*, *broad* = *sī̱*, *sīz*, *bro̱²d*), während stimmlose Consonanten in gleicher Stellung nur einfache Länge vor sich dulden (vgl. z. B. *seed* und *seat*, *pease* und *piece*, *brogue* und *broke* = *sīd* : *sit*, *pīz* : *pīs*, *bro̱ᵘg* : *bro̱ᵘk* u. dgl.). — Uebrigens gehen diese Ueberlängen des Englischen Hand in Hand mit zweigipfliger Betonung (*sī̱*, *sīd* etc. gegen *sı̇t*, *sı̇s*), und das ist auch sonst oft der Fall (z. B. im Deutschen oft *jā̱* : *jā̱* u. dgl.).

698. Sweet bezeichnet die 'Ueberlängen' als eigentliche 'Längen' und unsere 'Längen' als 'Halblängen'. Beide Bezeichnungsweisen sind an sich ziemlich gleichberechtigt, doch spricht für die oben vorgeschlagene Bezeichnung der Umstand, dass die 'einfachen Längen' doch auch im Englischen die weitaus häufigere Stufe bilden und die Ueberlängen auch dort sich zweifelsohne historisch aus den einfachen Längen entwickelt haben.

699. Unter Halblängen (bezeichnet durch untergesetztes ̯) verstehe ich Zwischenstufen zwischen Kürzen und Längen in dem oben festgestellten Sinne, die sich in manchen Sprachen und Mundarten sowohl aus etymologischer Kürze wie aus etymologischer Länge entwickeln (Wagner's Messungen ergaben z. B. die Dauer von etwa 0,25 Secunden für die Reutlinger Mundart). Aus etymologischen Kürzen entspringen sie namentlich öfters in Sprachen mit schwach geschnittenem oder überhaupt mit schwachem exspiratorischem Accent, deren Sonanten, wie bereits **695** bemerkt wurde, eine gewisse Neigung zur Längung haben. Solche Halblängen erscheinen in gewissen deutschen Mundarten namentlich vor Dauerlaut + Consonant (also in Fällen wie dialektischem h̭a̭lm neben bühnendeutschem h̭ă̬lm). Im Englischen erfahren etymologische Kürzen vor auslautendem stimmhaften Consonanten öfters Längung zur Halblänge, ohne mit den eigentlichen Längen und Ueberlängen (auch abgesehen von Qualitätsunterschieden) zusammenzufallen; man vgl. etwa Reihen wie *gŏddess*, *gŏd*, *gaudy*, *gawk*, *gaud* = *gŏ̭dis*, *gŏ̭d* (gelegentlich; aber auch oft *gǫ̭d*, selbst *gǫ̭d*), *go̬²di*, *go̬²k*, *go̬²d*, oder *mădden*, *măd*, *māte*, *māde* = *mæ̭dn*, *mæ̭d*, *me̬ⁱt*, *me̬ⁱd* u. s. w. (die Entscheidung im Einzelnen ist oft schwierig, da die Vertheilung der Silbenquantität auf Sonant und Consonant oft schwankt (vgl. auch **717**). Für etymologische Länge tritt Halblänge namentlich oft als rhythmische Modification unter dem Einfluss der Accentlosigkeit ein.

700. Etymologisch und phonetisch bedingte Quantität. In vielen, z. B. allen älteren indogermanischen Sprachen ist die Quantität der Sonanten etymologisch bedingt, d. h. der Sonant jeder einzelnen Wortform ist ohne Rücksicht auf deren Bau gewohnheitsmässig entweder kurz oder lang (vgl. etwa lat. *lĕgo—lēgi*, ahd. *stĭgu—stīgum*, gr. τόν—τῶν), und dieser Unterschied ist offenbar in diesen Sprachen frühzeitig als etwas besonders Charakteristisches empfunden, daher auch in vielen Alphabeten besonders bezeichnet worden (vgl. z. B. das Sanskritalphabet oder die griechische Unterscheidung von ε—η, ο—ω u. dgl.). Allgemeine phonetische Regeln über die Quantitätsscheidung lassen sich daher für solche Sprachen nicht geben. In andern, namentlich vielen modernen Sprachen, ist dagegen das etymologische Princip der Quantitätsscheidung mehr oder weniger verdrängt worden durch ein phonetisches, insofern sich hier der Unterschied der Quantität oft wesentlich nach der Gestalt der Silbe richtet. So haben im Neuhochdeutschen alle offenen Tonsilben jetzt langen Vocal (z. B. nhd. *Näme*, *Säme* gegen mhd. *năme*: *săme*), während die geschlossene Silbe vielfach die Kürze des Sonanten bevorzugt (z. B. nhd. *ăchten*, *brăchte* gegen mhd. *ăhten*: *brăhte*).

701. Bei den unsilbischen Lauten (Consonanten) scheiden die Grammatiker und Schriftsysteme der älteren indogermanischen Sprachen nicht so zwischen Kürze und Länge wie bei den Sonanten. Einigermassen scharf ist meist nur der Unterschied zwischen einfachen Consonanten und Geminaten durchgeführt, und das ist in erster Linie nicht ein Unterschied der Dauer, sondern der Silbentrennung (**555** ff.), und auch 'einfache Consonanten' werden z. B. am Silbenschluss oft ohne Weiteres als Längen behandelt, d. h. gedehnt (in einem Verse wie νοῦσον ἀνὰ στρατὸν ὦρσε κακήν, ὀλέκοντο δὲ λαοί muss z. B. das ν von ὀλέκοντο länger sein als das ρ von ὦρσε, weil bei gleicher Länge und Silbenzahl des Taktes das lange ω von ὦρσε mehr Zeit absorbirt als das undehnbare kurze ο von ὀλέκοντο). Diese Möglichkeit der Dehnung haben die im Nachlaut des Sonanten stehenden Consonanten auch jetzt noch in den meisten Sprachen (wenn nicht geradezu überall): es fehlt ihnen also wenigstens an dieser Stelle eine feste Quantität. Sie dienen vielmehr gewissermassen nur zur Füllung der Silbenquantität, daher sich gern langer Sonant mit kürzerem, kurzer Sonant mit längerem Consonanten paart. So sind z. B. im Englischen nach den Bestimmungen von Sweet (Handb. S. 60, The Acad. 3/4. 80, vgl. Storm[1] S. 434) alle Endconsonanten betonter Monosyllaba mit kurzem Vocal lang, vgl. etwa *hil* 'hill' und *hil* 'heel', oder *bad* 'bad' und *be^id* 'bade', *man* 'man' und *me^in* 'mane'. Ferner sind infolge der gesteigerten Silbenquantität *l* und die Nasale nach Kürze lang vor stimmhaften, kurz vor stimmlosen Consonanten: *bild* 'build' und *bilt* 'built' u. s. w. Im Deutschen sind diese Unterschiede nicht so scharf ausgeprägt: die langen Consonanten im Munde des deutschredenden Engländers klingen uns daher ungemein schleppend (sie sind beiläufig eine der Eigenheiten, welche die Engländer am schwersten ablegen). Im Gegentheil hat das Deutsche und mehr noch das Dänische bei stark geschnittenem einsilbigem Silbenaccent gerade nach kurzem Vocal oft ausserordentlich kurze Schlussconsonanten, etwa in dialektischem *Mann*, *hat*, die nach dem Zeugniss von Sweet englischen Ohren sehr abrupt klingen. Mundarten mit zweigipfligem Silbenaccent weisen dagegen auch im Deutschen wieder gern lange Consonanten im Silbenschluss auf (also *mãn*, *hãt* u. dgl.). Je nach dem Accent und der Silbenzahl kann man hier auch geradezu oft consonantische Länge und Ueberlänge beobachten, vgl. etwa norddeutsch *šált* 'schalt' in 'schelten' und *šaĺt* 'schallt', *bráut* 'Braut' und *bráut* 'braut', oder thüring. *wãldə*, *mḛ́xtə* 'Walde, möchte' gegen *wãld*, *mãxt*. Auch zeigen consonantische Fortes im Allgemeinen eine etwas grössere Dauer als die entsprechenden Lenes (vgl. 187); doch sind gerade im Deutschen die aus alten Geminaten nach kurzem Vocal bei durchlaufender Exspiration entstandenen Fortes relativ sehr kurz (vgl. etwa *ál̄ə*, *mén̄ər* 'alle,

Männer'). Anderwärts wieder erscheinen hier deutliche einfache Längen (entstanden durch Verschiebung der Silbengrenze, wie etwa in ital. *fà-to* neben *fat-to* 'fatto' (555). Für den Silbenanlaut besteht vielfach (z. B. auch im Deutschen) die Neigung, Consonanten zum blossen Gleitlaut, also zur Ueberkürze zu reduciren (510), während sie anderwärts mehr gleichmässig als einfache Kürzen erscheinen. Auch macht sich ein Unterschied der Quantität von Fortis und Lenis gerade in dieser Stellung oft bemerkbar. Genauere Untersuchungen über alle diese und ähnliche Fragen sind erwünscht.

Cap. 36. Silben- und Taktdauer.

1. Silbenquantität.

702. Die absolute Dauer einer Silbe (vgl. 685) ergiebt sich durch Addition der Zeittheilchen, welche für die Aussprache der in ihr vereinigten Laute in Anspruch genommen werden. Bei Drucksilben hat man dabei von Druckgrenze zu Druckgrenze zu rechnen, bei Schallsilben wäre etwa die zeitliche Mitte des trennenden Lautes als Grenzpunkt anzusetzen.

703. Auch für die Bestimmung der relativen Silbendauer sollte man streng genommen von denselben Grenzen ausgehen. Es ist aber üblich geworden, hier von den Consonanten abzusehen, die etwa dem Sonanten vorausgehen, die Silbe also erst vom Eingang des Sonanten ab zu messen. Nur so ist es zu verstehen, dass man eine Silbe wie *pstră* 'kurz', eine solche wie *ai* 'lang' nennt, obwohl die erstere in der Regel eine grössere absolute Dauer haben wird, als die zweite.

704. Der relative Gegensatz zwischen sog. **langen und kurzen Silben** nun bezeichnet wie bei den Einzellauten (692) neben dem allgemeinen Gegensatz eines Mehr oder Weniger von absoluter Dauer (vom Sonanten ab gerechnet) zunächst wiederum nur den Gegensatz von traditionell dehnbar und nicht dehnbar.

705. Die Unterscheidung von langen und kurzen Silben in diesem Sinne ist von den Metrikern ausgegangen und soll zunächst nur metrischen Bedürfnissen dienen. Kurz nennen die alten Metriker eine jede Silbe, die beim Gesang traditionell nicht mehr und nicht weniger Notenwerth erhalten konnte als die primäre Zeiteinheit (den sog. χρόνος πρῶτος), lang dagegen diejenigen Silben, denen beim Gesang traditionell ein Vielfaches dieser Zeiteinheit zufallen musste, mittelzeitig (*anceps*) endlich diejenigen Silben, die beim Gesang je nach Bedürfniss entweder den einfachen χρόνος πρῶτος oder einen grösseren Zeitwerth erhalten durften. Innerhalb der Länge wurden dann weiter zwei-, drei-, vierzeitige u. s. w. Längen unterschieden. Diese ganze Eintheilung vergleicht sich, wie man sieht, den ähnlichen Unterscheidungen unserer Notenschrift. Setzt man den χρόνος πρῶτος etwa als Achtelnote an, so waren kurz (⌣) alle Silben, welche beim Gesang nur das einfache ♪ erhalten konnten; die zweizeitige Länge dazu (—) war dann ♩ (= 2 mal ♪), die dreizeitige (⌐) ♩. (= 3 mal ♪), die vierzeitige (⌐⌣) ♩ (= 4 mal ♪) u. s. w. — Am häufigsten war im Gesang unter den Längen die zweizeitige (— = ♩): daher der geläufige Irrthum, dass auch beim Sprechen die 'lange Silbe' die doppelte Dauer der 'kurzen' gehabt habe. Ueber das Verhältniss von Länge und Kürze in der gesprochenen Rede lässt sich aber natürlich aus dem Gesang überhaupt nichts schliessen, weil da alle sprachlichen Zeitwerthe mehr oder weniger unter das Joch der rhythmischen Zeitwerthe (wie ♪, ♪. ♩, ♩. u. s. w.) gebeugt werden.

706. Für undehnbar, also kurz können nach dem **694** Erörterten nur Silben gelten, die auf einen kurzen Sonanten ausgehen, d. h. hinter diesem eine Druckgrenze (**551**) haben, also Silben wie *ră, lă, pră, fră, pră-tă, tă-ră* u. s. w.

707. Unbedingt dehnungsfähig, mithin lang sind dagegen a) alle Silben mit langem Sonanten, und b) alle geschlossenen Silben (einschliesslich der Schallsilben). Bei den ersteren trifft eine etwaige Dehnung den Sonanten selbst, sofern er am Silbenschluss steht; steht er im Silbeninnern (in geschlossener Silbe), so kann gleichzeitig auch der silbenauslautende Consonant gedehnt werden; geschlossene Silben mit kurzem Sonanten dehnen stets nur den schliessenden Consonanten. Sehr deutlich lässt sich dies namentlich beim Gesang beobachten, weil da starke Silbendehnungen vorkommen; man vgl. z. B. die Sonantendehnung bei der Silbe *mu* im Gegensatz zur Consonantendehnung bei den Silben *rei̯, freu̯, schwin, schnei̯, blit* in den beiden Zeilen des Blücherliedes *Er reitet so freudig sein muthiges Pferd, er schwinget so schneidig sein blitzendes Schwert* (bei *blitzendes* wird die Pause zwischen dem durch stark geschnittenen Silbenaccent markirten Verschluss und der zur Folgesilbe gezogenen Explosion gedehnt). Genau dieselbe Verschiedenheit der Dehnung lässt sich aber auch bei der gesprochenen Rede beobachten.

708. Eine scharfe Scheidung zwischen dieser metrischen Art von Länge und Kürze (genauer Dehnbarkeit und Nichtdehnbarkeit) ist also nur möglich in Sprachen mit ausgebildetem Druckgrenzensystem, wie es z. B. das Griechische und Lateinische waren. An der neuhochdeutschen Bühnensprache lässt sich daher diese Unterscheidung nicht wohl demonstriren, da hier alle betonten Silben entweder langen Sonanten, oder bei kurzem Sonanten durchlaufende Exspiration haben, also als Schallsilben geschlossen sind. Von den Mundarten aber haben viele, namentlich süddeutsche und speciell schweizerische, die alte Unterscheidung getreu gewahrt.

709. Lange Silben mit langem Sonanten bezeichnet die antike Terminologie als von Natur (φύσει, natura) lang, die übrigen langen Silben als bloss conventionell (θέσει, positione) lang. Diese letzteren 'positionslangen' Silben entsprechen unseren 'geschlossenen Silben mit kurzen Sonanten'. Für die 'Positionsbildung' ist eben das Wesentliche das, dass ein silbenschliessender Consonant (oder mehrere) hinter den Sonanten tritt. Nach der alten Definition wird allerdings Positionslänge nur solchen Silben zugeschrieben, auf deren Sonanten mehr als ein Consonant folgt. Das erklärt sich aber einfach aus dem Umstande, dass die classischen Sprachen (wie übrigens auch viele neuere) silbenschliessende Consonanten überhaupt nur in dem Falle kennen, dass mehrere Consonanten zusammenstehen (vgl. **553**); denn sobald auf einen Sonanten im Satzinnern nur éin Consonant folgt, wird dieser meist zur Folgesilbe gezogen, d. h. durch Druckgrenze von dem vorausgehenden Sonanten geschieden, der dadurch nun ans Silbenende tritt (vgl. also etwa griech. τὸν τόπον, gespr. *ton-to-pon* gegen τὸν αὐτόν, gespr. *to-nau̯-ton*, oder οἱ πατέρες, gespr. *hoi̯-pa-te-res* gegen οἱ ἄλλοι, gespr. *ho-i̯al-loi̯* u. dgl.).

710. Uebrigens ist die antike und die daraus hergeleitete landläufige moderne Nomenclatur sehr inconsequent, indem sie Silben mit fallenden Diphthongen wie *ai, au, eu* etc. für 'lang', dagegen Silben wie *ar, al, am, at, as* u. dgl. für 'kurz' erklärt, obwohl beide Reihen ganz gleich gebaut sind, d. h. aus einem kurzen Sonanten und einem silbenschliessenden Consonanten bestehen, mithin auch gleiche Quantität haben müssen. In Wirklichkeit sind ja auch im antiken Vers 'Silben' wie die *ar, al* etc. nur dann kurz, wenn auf sie ein Vocal folgt, also ihr Schlussconsonant zur Folgesilbe gezogen wird (die Silben sind dann also *a-ra, a-la* etc., nicht mehr *ar-, al-* oder *ar-a, al-a* etc.). Unter denselben Bedingungen aber erscheinen ja auch jene Diphthonge ganz gewöhnlich als Kürzen, und zwar um so leichter, je schwächer betont ihr Sonant ist, also im Verse in der Senkung (in der Hebung bleibt, wegen der grösseren Stärke des Vocals, eher die Silbentrennung *ai-a* etc., vgl. **414**, und damit Länge). Dagegen sind die Diphthonge wie die *ar, al* u. s. w. regelmässig lang, wenn ihnen noch ein Consonant folgt, der den Schlussconsonanten dieser Lautgruppen zur vorausgehenden Silbe drängt. — Aus genau dem gleichen Gesichtspunkt ist die verschiedenartige Behandlung der Gruppen von Muta + Liquida u. ä. zu erklären: *ă-tră* = ⌣⌣, aber *ăt-ră* = —⌣ u. s. w.

711. Abgesehn von dieser Scheidung metrischer Kürze und Länge gelten für die Silben ähnliche Abstufungen der Dauer, wie sie oben **695** ff. für die Einzellaute festgestellt worden sind, namentlich also etwa die Gegensätze von Kürze, Länge und Ueberlänge. Die relativen Unterschiede dieser Stufen lassen sich abermals nicht durch eine allgemeine Formel ausdrücken, sondern auch hier gelten allein die Gewohnheiten der einzelnen Idiome und Sprecher. Doch sind allerdings einige mehr oder weniger allgemeine Zusammenhänge der Quantitätsabstufung mit anderen sprachlichen Erscheinungen zu constatiren.

712. So pflegt auch die Quantitätsabstufung in einem gewissen Zusammenhang mit der Stärkeabstufung zu stehen (vgl. **689**), d. h. nachdrücklichere Silben empfangen zugleich gern eine gewisse Dehnung, während über nachdruckslosere Silben der Sprecher auch gern rascher hinweggleitet. Es gilt eben hier in ausgedehntem Masse die Regel, dass, was man dem einen Theile des Satzes zulegt, den übrigen Theilen entzogen wird. Hiermit steht auch die weitere Thatsache im Zusammenhang, dass Sprachen mit bedeutenderem Stärkeunterschied zwischen betonten und unbetonten Silben (wie z. B. das Deutsche und Englische) auch bedeutendere Unterschiede in der Zeitdauer der Silben zu besitzen pflegen, als Sprachen, welche (wie die romanischen und slavischen, das Neugriechische und andere) betonte und unbetonte Silben mit minder verschiedener Stärke bilden.

713. Auch mit den Silbenaccenten berührt sich die Abstufung der Silbendauer mehrfach. Ueberlange Silben finden sich vielleicht am häufigsten und deutlichsten in Sprachen mit der Neigung zur Bildung zweigipfliger Silben (**580**) entwickelt; als Beispiel kann wiederum besonders das Englische, demnächst auch das Deutsche dienen. Für diese Sprachen ist es weiterhin characteristisch, dass sie, ausser in nachdruckslosen Silben, wenig entschiedene Kürzen haben: in ihnen macht eben die Anwendung des stark geschnittenen Silbenaccents (vgl. **707**) alle Stammsilben mit kurzem Sonanten und einfachem Consonanten vor einem folgenden Sonanten dehnbar, vgl. etwa Fälle wie nhd. *hát^ə*, *ál^ə*, *wás^{ə}r* im Gegensatz zu solchen wie schweiz. *gĕ-b^ə*, *lĕ-s^ə* (oben **594**). Es ist deshalb vollkommen richtig, zu sagen, das Neuhochdeutsche kenne nur 'lange' Stammsilben: nach mittelhochdeutschen Begriffen sind nhd. *blét^{ə}r*, *šnit^ə*, Blätter, Schnitte, in der That nicht mehr 'verschleifbar' (die mhd. Aussprache war *blè-t^{ə}r*, *snì-t^ə*).

714. Vor Allem aber regelt sich die Silbendauer zu einem grossen Theile nach der Silbenzahl der Sprechtakte, denen die betreffenden Silben angehören (vgl. **688**). Sprechtakte, die an äusserem Umfang, d. h. eben an Silbenzahl, nicht zu verschieden sind, werden gern mit gleicher oder doch annähernd gleicher Dauer gesprochen (**719** ff.), vgl. etwa

Sprechtakte wie *heil,* | *heilig,* | *heilige,* | *heiligere* | u. s. w. Dann entfällt aber auf jede Einzelsilbe eines aus weniger Silben bestehenden Sprechtakts ein grösseres Stück Zeit als auf die Einzelsilben eines Taktes von mehr Silben. Aber auch selbst da, wo Gleichheit der Dauer der Sprechtakte nicht erreicht wird, herrscht doch stets die Neigung, vielsilbige Takte schneller, solche von weniger Silben langsamer zu sprechen, d. h. eben die Silbendauer nach der Taktform zu modificiren.

715. Als normale Dauer der einfachen Länge wird man daher das Zeitmass 'langer' Silben in Sprechtakten von mittlerer Silbenzahl anzusetzen haben. Für Sprachen wie das Deutsche und Englische empfiehlt es sich dabei, wieder von den Quantitäten des zweisilbigen Sprechtakts auszugehen (vgl. **696**) und demnach die erhöhte Silbendauer des einsilbigen Sprechtakts als (rhythmische) Ueberlänge, die geringere Silbendauer in mehrsilbigen Takten als (rhythmisch) verminderte Länge oder (rhythmische) Unterlänge zu bezeichnen. Die erste Silbe des zweisilbigen *heilig, tote* ist also einfach lang, das einsilbige *heil, tot* überlang, die Eingangssilben von *heilige, tötete* oder *heiligere* sind unterlang u. s. f.

716. Mit der Ueberlänge verbindet sich gern zweigipfliger Accent (**713**). Historisch erklärt sich dies Verhältniss wohl so, dass der zweisilbige Takt gewissermassen die Normalform des Taktes repräsentirt. Wird dessen Silbenzahl auf eins reducirt, so concentrirt sich in dieser einen Silbe nicht nur die Dauer, sondern auch die Exspirationsbewegung des zweitheiligen Taktes.

717. Bei entschieden kurzem Sonanten trifft die Ueberdehnung im einsilbigen Takt nur den oder die silbenschliessenden Consonanten, also *fal, grau, falt, heil* oder *falt, heil* u. s. w.; bei langem Sonanten theils diesen allein, theils daneben etwa vorhandene auslautende Consonanten, also etwa *lònᵊ : lòn* oder *lòn* bez. *lõn* 'lohne : Lohn', *tò-tᵊ : tòt* oder *tòt* 'todte : todt' u. dgl. (vgl. übrigens **699**).

718. Die Ueberlänge dieser Art ist an die Einsilbigkeit des Sprechtakts gebunden. Sie schwindet also nicht nur, wenn etwa das einsilbige Wort an sich wächst (also etwa *lòn : lònᵊ*, engl. *mãn : mánly* u. dgl.), sondern überhaupt, wenn es in einen mehrsilbigen Takt eintritt, also etwa *gutᵊr* | *lòn*, aber *dᵊr* | *lòn ist* | *gut*, oder engl. 'i 'æzᵊ gud dõg 'he has a good dog', aber *ðᵊ dogiz gud* 'the dog is good' etc.

2. Taktdauer.

719. Die Dauer der Sprechtakte kann eine sehr verschiedene sein. Sieht man von den Schwankungen des absoluten Zeitmasses ab, die durch wechselndes Tempo der Rede hervorgebracht werden vgl. 690', so regelt sie sich im Einzelnen nach zwei Hauptfactoren, die zu einander in Gegenwirkung stehen: der **speciellen sprachlichen Füllung** einerseits, die von Inhalt und Wortwahl abhängt, und **allgemeinen rhythmischen Neigungen** andererseits. Der erstere Factor drängt zur Mannigfaltigkeit, der letztere mehr zur Gleichförmigkeit hin, d. h. während der bunte Wechsel des Inhalts und der Gliederung der Rede Sprechtakte aller möglichen Formen schafft, drängt das rhythmische Gefühl dazu, wenigstens die Unterschiede im Zeitmass auszugleichen, also Takte von mindestens annähernd gleicher Dauer zu schaffen.

720. Das Resultat dieses Antagonismus ist nicht überall dasselbe: es schwankt vielmehr je nach dem Kraftverhältniss der beiden Factoren. Je bewusster der Sprecher sein Augenmerk auf scharfe logische Gliederung des Inhalts seiner Rede richtet, um so schwächer wird der Einfluss des nivellirenden rhythmischen Gefühls sein, und umgekehrt. **Daher dominirt das Rhythmische (d. h. auch die Neigung zur Bildung gleich langer Sprechtakte) einerseits in der gleichgültigen Rede des Alltagslebens (also zumal beim Dialektsprechen), andererseits wieder in der Sprache der Leidenschaft,** der wie jener das bewusste Aufmerken auf Inhalt und Gliederung des Gesprochenen abgeht. **In diesen beiden Sprechweisen neigen daher die Einzeltakte des Satzes im Allgemeinen am stärksten zu ungefährer** Gleichheit der Dauer hin. Eine schärfere Regelung der Taktlänge tritt jedoch erst in der gebundenen Rede, im Verse, ein: sie ist da auch leichter möglich, weil im Verse die Füllung der einzelnen Sprechtakte eine viel gleichartigere ist als in der ungebundenen Rede.

721. Die Neigung zur Rhythmisirung auch der Prosarede (d. h. hier zur Zerlegung derselben in Stücke von annähernd gleicher Dauer) zeigt sich oft auch da, wo die einzelnen Sprechtakte scheinbar ganz verschiedene Dauer haben: in solchen Fällen wird nämlich oft eine wechselnde Anzahl von kleineren Sprechtakten je zu einer höheren Taktgruppe zusammengefasst, und diese Gruppen weisen dann gern die vom Rhythmusgefühl geforderte Gleichheit der Dauer auf. Man kann so oft selbst beim Kunstvortrag Takt schlagen, wenn man vielmehr diese Taktgruppen als die Einzeltakte markirt (vgl. übrigens hierzu auch 652).

IV. Abschnitt.

Lautwechsel und Lautwandel.

Cap. 37. Allgemeines.

722. Die traditionelle Aussprache der einzelnen sprachlichen Gebilde (Laute, Lautgruppen, Silben, Sprechtakte u. s. w.) pflegt sich im Laufe der Zeit zu verändern. Statt des frühahd. *gasti* heisst es z. B. später (gemeinahd.) *gesti* und statt dessen wiederum spätahd. und mhd. *geste*; dem lat. *peregrinus* mit *n* steht ahd. *piligrim* mit *m* gegenüber, dem altnd. *brestan* mit der Lautfolge *re* das mittelnd. *bersten* mit der Lautfolge *er*, u. s. w. Die Resultate solcher Veränderungen würde man am besten als Aussprachswechsel bezeichnen; doch hat sich statt dessen der Ausdruck Lautwechsel eingebürgert, der ja auch brauchbar ist, wenn man erwägt, dass auch die Gesammtveränderungen in der Aussprache complicirterer Gebilde (wie einer Lautgruppe, einer Silbe, eines Wortes) sich aus den Aenderungen zusammensetzen, welche die einzelnen Laute dieser Complexe erfahren.

723. Aller Lautwechsel beruht auf mangelhafter Reproduction der traditionellen Aussprache. Die Bildung neuer Aussprachsformen geht daher vom einzelnen Individuum oder auch von einer Reihe von Individuen aus, und erst durch Nachahmung werden solche individuelle Neuerungen allmählich auf grössere Theile einer Sprachgenossenschaft oder auch auf deren Gesammtheit übertragen. Dabei ist es für die Weiterentwicklung der Sprache ziemlich gleichgültig, wo die Neuerung einsetzt, ob etwa innerhalb ein und derselben Generation von Sprechern oder bei der Uebertragung der Sprache von einer Generation auf die andere. Wahrscheinlich spielen beide Arten der Neuerung bei der Sprachveränderung eine typische Rolle.

724. Neu entstehende Aussprachsformen treten in einen Gegensatz zu den bis dahin allein üblich gewesenen älteren Formen. Die vollständige Auseinandersetzung zwischen Altem und Neuem kann unter Umständen lange Zeit in Anspruch nehmen. Eine Zeit lang werden die beiden Formen wohl promiscue gebraucht, bis schliesslich die eine den Sieg davon trägt. So schwanken z. B. viele norddeutsche Mundarten (ähnlich z. B. das Armenische) zwischen stimmhafter und stimmloser Aussprache der Mediae, während das Mittel- und Oberdeutsche längst in die Periode der Alleinherrschaft der stimmlosen Aussprache eingetreten ist, u. dgl. mehr. — Natürlich braucht nicht jede sprachliche Neuerung, die irgendwo aufkommt, zum Siege zu gelangen: in dem Kampfe zwischen Alt und Neu kann ebensogut auch das Neue unterliegen wie das Alte. Nur werden diese Fälle in der Sprachgeschichte nicht so oft und deutlich zu constatiren sein, weil Zeugnisse für das nicht durchgedrungene Neue meist fehlen werden.

725. Ursachen des Lautwechsels. Es ist eine noch heutzutage sehr beliebte Meinung, dass aller Lautwechsel aus einem Streben nach Erleichterung der Aussprache hervorgehe, dass er mit andern Worten stets auf Kraftverminderung ('Lautschwächung'), nie auf Kraftvermehrung ('Lautverstärkung') beruhe. Man kann zugeben, dass viele sprachgeschichtliche Erscheinungen unter diese Rubrik gebracht werden dürfen, aber in der Allgemeinheit, mit der der Satz ausgesprochen wird, ist er entschieden falsch. Seine Fehlerhaftigkeit tritt klar zu Tage, wenn man auch nur eine ganz flüchtige Umschau über die verschiedenen historisch bezeugten Richtungen der Lautentwicklung hält. Dass aus ursprünglicher Tenuis eine Media, d. h. aus der Fortis eine Lenis wird, wie etwa im ital. *padre* gegenüber lat. *patrem*, und dass diese Lenis ganz verschwindet, wie in dem entsprechenden prov. *paire*, franz. *père*, ist gewiss als eine Schwächung zu bezeichnen. Aber auch genau die umgekehrte Entwicklungsreihe findet sich, z. B. auf germanischem Boden, wo wir ein *ddj* aus einfachem *j* hervorgehen (got. *twaddjé* aus *twaijé u. s. w.) und sämmtliche ursprüngliche Mediae sich zu Tenues oder Affricaten umgestalten sehen (gr. δέκα, lat. *decem*, got. *taihun*, ahd. *zëhan*). Analog steht es auf vocalischem Gebiet. Dieselben Sprachen zeigen uns häufig genug (wenn auch theilweise in verschiedenen Perioden) z. B. Vereinfachung von Diphthongen zu langen Vocalen und Diphthongirungen ursprünglich einfacher Vocale (ahd. *mêr*, *lôn* gegenüber got. *máis*, *láun* und ahd. *hiar*, *fuor* gegenüber got. *hêr*, *fôr*; oder ital. *oro* neben lat. *aurum* und *buono*, *Pietro* neben lat. *bonum*, *Petrum* u. dgl.). Besonders interessante Erscheinungen bieten in dieser Hinsicht Sprachen wie das Dänische, welches seine anlautenden Tenues sehr energisch und mit starker Aspiration bildet, während es sie im In- und Auslaut nach einem Vocal zu sehr wenig energischen Spiranten hat herabsinken oder gar ganz verloren gehen lassen.

726. Schon diese wenigen Beispiele genügen um zu zeigen, dass der Begriff der Erleichterung der Aussprache, wenn er überhaupt weiter bewahrt werden soll, sehr relativ gefasst werden muss (oft wird es sich um weiter nichts als eine blosse Mode handeln). Ueberhaupt muss stricte festgehalten werden, dass an und für sich die Unterschiede in der Schwierigkeit der Hervorbringung von Sprachlauten ausserordentlich gering sind, und dass wirkliche Schwierigkeiten bezüglich der Nachbildung in der Regel nur gegenüber fremden Lauten bestehen. Denn wie überhaupt jeder Theil des menschlichen Körpers durch einseitige Uebung zwar für den einen Dienst, den er täglich versieht, besonders ausgebildet, für andere Zwecke aber weniger tauglich oder geradezu unbrauchbar gemacht wird, so erlangt auch das menschliche Sprachorgan durch die von Jugend auf unausgesetzt fortdauernde Uebung in der Hervorbringung der Laute und Lautgruppen der Muttersprache eine unbedingte Gewalt über alle Articulationsbewegungen, welche diese erfordert. Aber auch nur über diese. Haben einmal die Sprachwerkzeuge für und durch ihren bestimmten Dienst eine einseitige Bildung erhalten, so wird alles, was aus dem Rahmen der geläufigen Articulationsbewegungen heraustritt, als schwierig empfunden. Natürlich gilt dies gegenüber den Lauten der einen Sprache ebenso wie gegenüber denen der anderen: dieselbe Schwierigkeit, die der Deutsche bei der Nachbildung des engl. *th* oder der cerebralen *r* oder cerebralen *d*, *t* empfindet, hat auch der Engländer etwa bei der Aussprache des deutschen *ch* oder des alveolaren bez. uvularen gerollten *r* oder der dorsalen *d*, *t* zu überwinden, u. s. f. Solche Schwierigkeiten spielen aber natürlich höchstens bei der Uebertragung einer Sprache von einem Volke auf ein anderes (also bei Sprachentlehnung im weitesten Sinne des Wortes) eine Rolle.

727. Entstehungsweise des Lautwechsels. Ein Lautwechsel kann auf verschiedene Art zu Stande kommen, durch allmähliche Verschiebung der Aussprache oder durch einen plötzlichen Sprung in der Articulation. Zwischen dem *m* von ahd. *piligrim* und dem *n* von *peregrinus* oder zwischen der Lautfolge *re* in ahd. *brestan* und *er* in späterem *bersten* (**722**) lassen sich Mittelstufen nicht denken oder sind sie jedenfalls nicht anzusetzen: das fertige *m* ist zu einer bestimmten Zeit einmal an die Stelle des *n* getreten, ebenso hat *er* das frühere *re* direct abgelöst. Man kann hier also passend von **springendem Lautwechsel** reden. Anders bei dem Beispiel *gasti — gesti*. Hier ist, wie sich aus Analogien lebender Sprachen ergibt, zweifelsohne nicht von dem ursprünglichen *a* mit einem Male auf das schliesslich allein herrschende geschlossene *e* übergesprungen worden, sondern die Stellung des *a* ist ganz allmählich mehr und mehr der *e*-Stellung angenähert worden (es wurde also eine Zeit lang *gasti* mit reinem *a*, dann *gasti* mit etwas palatalisirtem *a*, dann etwa *güsti* mit breitem *ü*, *ge²sti*, schliesslich *ge¹sti* u. dgl. gesprochen). An Stelle des Sprunges finden wir also einen ganzen Process von kleinen Verschiebungsacten. Diesen Process selbst bezeichnen wir (im Gegensatz zu seinem Resultat, dem Lautwechsel) als **Lautwandel**, und es ist nur eine abgekürzte Sprechweise, wenn man etwa sagt, bei *gasti — gesti* liege ein 'Lautwandel von *a* zu *e*' vor, statt 'ein durch Lautwandel entstandener Wechsel von *a* mit *e*'.

728. Insofern auch bei der allmählichen Verschiebung der Aussprache von Etappe zu Etappe ein kleiner Sprung gemacht wird, ist der Unterschied zwischen 'springendem Lautwechsel' und 'Lautwandel' zunächst als ein gradueller zu bezeichnen. Es besteht aber auch ein Wesensunterschied, den man nicht übersehen darf. Jede allmähliche Verschiebung der Aussprache schafft neue Lautnüancen, die der betreffenden Sprache bis dahin fremd waren und nun ältere Lautnüancen verdrängen. Bei dem springenden Lautwechsel aber braucht sich an dem Lautmaterial der Sprache selbst nicht das Geringste zu ändern: durch die Vertauschung des *n* von *peregrinus* mit *m* in *piligrim* wird weder die Aussprache des *n*, noch die des *m* an sich berührt, und für die Qualität des *e* und *r* ist es vollkommen gleichgültig, ob sie in der Folge *re* verbunden werden, wie in *brestan*, oder in der Folge *er*, wie in *bersten*.

729. Deutliche Beispiele des springenden Lautwechsels sind die Metathesen (**823**). Auch ein Theil der Assimilationen und Dissimilationen gehört hierher, wie z. B. die Assimilation des wortschliessenden *n* an den wortanlautenden Labial in der Reihe *peregrinus — piligrim*, oder der Umsprung gerundeter Velarlaute in Labiale (**755**) oder die Dissimilation in mhd. *marter — martel* (**752**) u. dgl. Solche Fälle lassen sich kaum anders erklären als durch die Annahme wiederholter und schliesslich mehr oder weniger allgemein recipirter Versprechungen. Der springende Lautwechsel vollzieht sich hier am einzelnen Worte, nicht am Lautmaterial der Sprache als solchem, und darum haftet ihm oft der Charakter des Zufälligen und Unstetigen an, da der vereinzelte Sprechfehler, der bei einem

Vorkommen des betreffenden Wortes gemacht wurde, beim nächsten Vorkommen ohne Weiteres wieder corrigirt werden kann. Wenn trotzdem manche Veränderungen dieser Art mit grosser Regelmässigkeit auftreten, so liegt das daran, dass gewisse Versprechungen sehr nahe liegen und sich deshalb auch ohne oder geradezu gegen unsern Willen häufig einstellen (darauf beruht z. B. die regelrechte Wiederkehr derselben Sprechfehler bei den sog. Schnellsprechübungen wie *Messwechsel*, *Wachsmaske* u. dgl.).

730. Eine besondere Art des springenden Lautwechsels bildet die sog. Lautsubstitution namentlich bei der Herübernahme fremder Wörter, welche Laute enthalten, die der entlehnenden Sprache fehlen. Solche Laute werden bei der Entlehnung — und dies geschieht naturgemäss mit grosser Consequenz — durch ähnliche, und zwar durch die nach dem Sprachgefühl des Entlehnenden nächstliegenden Laute der entlehnenden Sprache ersetzt (vgl. etwa deutsch *Genie*, gesprochen šenì mit franz. *génie*, gespr. ženi u. dgl., oder, um ein Beispiel für Substitution bei einheimischem Material zu geben, den Gebrauch des uvularen oder Kehlkopf-*r* statt des Zungenspitzen-*r*). In der Regel ist jedoch der Sprung bei solchen Substitutionen nicht allzu bedeutend.

731. Weit ausgedehnter ist das Gebiet der durch Lautwandel veranlassten Wechsel. Ihm fallen theils die im einzelnen Individuum unbewusst und in kleinsten, fast unmerklichen Etappen fortschreitenden Verschiebungen der beim Erlernen des Sprechens anerworbenen Articulations- oder Sprechbewegungen, theils die ebenfalls meist minimalen Verschiebungen in der Articulationsweise zu, die bei der Uebertragung des Sprechens von einem Individuum auf das andere oder von einer Generation auf die andere vorkommen. Hier handelt es sich also nicht wie beim springenden Lautwechsel um ein gelegentliches oder wiederholtes Versprechen, d. h. eine 'falsche' Verwendung der einmal erlernten Articulationsbewegungen, sondern um Einübung oder Angewöhnung neuer, von dem Traditionellen abweichender Articulationsweisen, die nun unter gleichen Bedingungen auch stets in gleicher Weise zur Anwendung kommen wie vorher die früher üblich gewesenen, die nun ausser Uebung gekommen oder (von der jüngeren Generation) nicht mehr erlernt worden sind, also auch nicht mehr ohne Schwierigkeit erzeugt werden können (**726**). Gerade weil der Einzelne nur eine beschränkte Menge von Articulationsbewegungen einübt und nur über sie frei verfügt (**726**), zeichnet sich der Lautwandel, d. h. die Einübung neuer Articulationsformen, durch ungemeine Regelmässigkeit und Stetigkeit aus, d. h. man darf erwarten, dass ein irgendwo thatsächlich constatirter Lautwandel auch in allen Fällen zu Tage trete, welche denselben Bedingungen unterliegen wie diejenigen, welche zur Constatirung der Thatsache geführt haben. Man nennt desshalb den Lautwechsel durch Lautwandel geradezu lautgesetzlich und erwartet, dass Lautgesetze in diesem Sinne ausnahmslos seien. Die mehr oder weniger zahlreichen scheinbaren Ausnahmen, welche diesem Satze entgegen stehen, sind theils nicht lautlicher, sondern analogischer Art, theils erklären sie sich durch zu weite Fassung der Regeln, welche die für den Eintritt des Lautwechsels massgebenden Bedingungen nicht genügend specialisirten, theils gehören sie dem Gebiete des springenden Lautwechsels an. Die Grenzlinie zwischen springendem Lautwechsel und lautgesetzlichem Wandel im Einzelfalle sicher zu bestimmen, kann freilich Schwierigkeiten machen.

732. Das Wort Lautgesetz ist, wie man sieht, nicht in dem Sinne aufzufassen, in dem man von Naturgesetzen redet. Es soll nicht ausdrücken, dass unter gewissen gegebenen Bedingungen eine gewisse Folge nothwendig überall eintreten müsse, sondern nur andeuten, dass wenn irgendwo unter gewissen Bedingungen eine Verschiebung der Articulationsweise eingetreten sei, die neue Articulationsweise nun auch ausnahmslos in allen Fällen angewendet werde, welche genau denselben Bedingungen unterliegen.

733. Für die Beurtheilung der Frage nach der Ausnahmslosigkeit der Lautwandelprocesse ist übrigens von wesentlicher Bedeutung der Grad der Genauigkeit in Lautauffassung und Lautreproduction, den der einzelne Sprecher oder die einzelne Sprachgenossenschaft besitzt. Auch bei dem routinirtesten und exactesten Sprecher bleibt doch für alle Articulationsbewegungen ein gewisser Spielraum übrig, ebenso wie z. B. auch bei dem Besitzer der gleichmässigsten Handschrift (deren Gleichmässigkeit ja auch auf einseitiger Ausbildung der für das Schreiben verwendeten Musculatur beruht) kleine Verschiedenheiten in der Bildung der einzelnen Zeichen bestehen. Aber diese Zone des Schwankens kann eine sehr verschiedene Breite haben. Manche Sprachen (und zu ihnen gehören von Hause aus auch die indogermanischen) zeichnen sich durch eine Fülle von feinen Lautunterscheidungen aus, weisen also auch nothwendig grosse Exactheit der Auffassung und Nachbildung auf, während andere Idiome Lautformen unterschiedslos durcheinander werfen, die einem feineren Hörer als grundverschieden erscheinen können (ein Papua, den ich untersuchte, sprach z. B. in dem Satze *ramamini voka* 'ich trinke Kaffee' das Wort für 'Kaffee' unterschiedslos bald *voza* mit sanfter stimmhafter Spirans, bald *voga* mit stimmhafter Media, bald *voka* mit Tenuis, bald *vok̓a* mit Tenuis asp., bald v̯okxa mit stark kratzender Affricata aus; bekannt ist ferner das Schwanken vieler Sprachen zwischen anlautendem *b*, *d*, *g* und *mb*, *nd*, *ŋg* u. dgl.). Consequente Lautvertretung wird man also überall nur innerhalb der Grenzen erwarten dürfen, die durch die Breite jener Zone des Schwankens im Einzelnen bestimmt werden.

734. Anfangs- und Endglied eines Lautwandlungsprocesses können unter Umständen weit von einander abstehen. Dann ist aber der Process selbst ein complicirter und lässt sich meist mit Sicherheit in eine Reihe successiver Einzelacte zerlegen, deren Addition erst jenen grösseren Endabstand ergibt. Gleichzeitige Veränderungen eines Lautes oder einer Lautgruppe nach mehr als einer Richtung hin (vgl. **742**) sind im Allgemeinen nicht anzunehmen.

735. Eine allgemein gültige, streng systematische Classificirung der Arten des Lautwechsels bez. -wandels ist ebenso unmöglich wie die Aufstellung eines allgemein gültigen Lautsystems, weil hier wie dort die Eintheilungsmomente sich vielfach kreuzen, ohne dass dem einzelnen Momente ohne Weiteres und ein für alle Mal der Vorrang bei der Gruppirung zugesprochen werden könnte. Auch hier muss es genügen, Gruppen aufzustellen, die je durch ein gemeinsames Band (oder mehrere solche) zusammengehalten werden (vgl. **123** ff.).

736. Eine Anzahl rein praktischer Gruppen dieser Art ergibt sich ohne Weiteres durch den Vergleich von Anfangs- und Endpunkt der betreffenden Wechsel. Solche Gruppen sind beispielsweise: Wechsel verschiedener Vocale (z. B. velarer und palataler beim sog. Umlaut), Wechsel von Verschlusslauten und Nichtverschlusslauten, von Geräuschlauten und Sonoren, von Stimmlosen und Stimmhaften, von Fortes und Lenes, von Stellungs- und Gleitlaut, von Geminata und einfachem Laut, auch Functionswechsel, wie Wechsel von Sonant und Consonant, u. dgl. mehr. Für das Verständniss der einzelnen Processe selbst aber ist vor Allem jedesmal die Frage zu beantworten, welche von den verschiedenen Articulationsfactoren (vgl. **98** ff.) von einer Veränderung betroffen werden und welcher Art die Veränderung ist. Danach sind insbesondere zu scheiden:

737. Räumliche Verschiebung, d. h. Wechsel der Articulationsstellung. Dieser Wechsel kann wieder von zweierlei Art sein. Er betrifft entweder die Articulationsstelle als solche, also den Ort der Articulation (örtliche Verschiebung, wie etwa beim Uebergang von Velaren in Palatale) oder (**130** ff.) den Grad der Hemmung (graduelle Verschiebung, z. B. beim Uebergang von Verschlusslauten zu Nichtverschlusslauten und umgekehrt; Weiteres s. **773** ff.).

738. Zeitliche Verschiebung. Hierunter soll die Verschiebung des Ein- und Austritts benachbarter Articulationsbewegungen gegen einander verstanden werden. Bei dieser braucht die Articulationsbewegung selbst keine oder doch keine wesentliche Veränderung zu erfahren. Wenn z. B. aus der Lautgruppe *agna* die Form *aŋna* erwächst, so bleiben alle einzelnen Articulationsbewegungen dieselben, nur wird bei *aŋna* das Gaumensegel gleichzeitig mit der Bildung des Verschlusses zwischen Hinterzunge und weichem Gaumen gesenkt, bei *agna* erst, nachdem dieser Verschluss bereits erfolgt ist (dass hiermit auch eine kleine Aenderung in der räumlichen Lagerung der Organe verbunden ist, ist mehr nebensächlich).

739. Dynamische Verschiebung. Sie zeigt sich in der Veränderung der Druckstärke und der damit parallel gehenden Stärke der Hemmung (**98**).

740. Quantitätsverschiebung. Diese berührt sich mit der zeitlichen Verschiebung, unterscheidet sich aber dadurch von ihr, dass sie die Articulationsform der einzelnen Laute selbst nicht direct beeinflusst; vgl. etwa nhd. *tage*, d. h. *tā-gᵊ*, aus mhd. *tà-gᵉ*, oder Lautfolgen wie *ā-ma* aus *ám-ma* u. dgl.

741. Die dynamische wie die zeitliche Verschiebung können sowohl die Exspiration wie die Articulationen des gesammten Hemmungsapparats, d. h. sowohl Kehlkopf- wie Ansatzrohrarticulation treffen. Dagegen findet sich örtliche Verschiebung nur beim Ansatzrohr: der Kehlkopf, der nur eine Articulationsstelle (die Stimmritze) hat, kann also nur dynamische und graduelle Abstufung der Hemmung aufweisen (z. B. beim Wechsel von Voll- und Murmel- oder Flüsterstimme).

742. Die verschiedenen Arten der Verschiebung können sich unter einander combiniren. Namentlich zeigt sich eine solche Combination vielfach, wenn man nur das Anfangs- und Schlussglied eines Wechsels contrastirt. So haben wir in altn. *faðir* gegenüber indog. *pᵊtḗr eine dreifache Verschiebung: eine räumliche (graduelle) im Uebergang vom Verschlusslaut *t* zur Spirans, eine zeitliche in der Durchführung der Stimme (dem Uebergang vom stimmlosen Laut *p* zum stimmhaften *ð*), und eine dynamische im Uebergang von der Fortis *t* (bez. der daraus hervorgegangenen Fortis *p*, **779**) zur Lenis *ð*, aber diese Uebergänge fallen ganz verschiedenen Sprachperioden zu. Im nhd. *vater* haben sich gegenüber germ. *faðēr genau die umgekehrten Processe vollzogen, aber auch wieder in getrennten Zeiträumen. — Dass in der Regel ein gleichzeitiger Eintritt von Veränderungen zweier oder mehrerer Factoren nicht anzunehmen ist, ist bereits **734** erwähnt.

743. Spontan nennen wir fernerhin diejenigen einfachsten Verschiebungsacte, welche lediglich der freien Willkür der Sprechenden ihren Eintritt verdanken, ohne an irgend eine andere Bedingung geknüpft zu sein. Beispiele solchen spontanen Lautwandels sind etwa die Entrundung gerundeter Vocale (Uebergang von *ö, ü* in *i, e* durch Wegfall der Lippenarticulation), der Uebergang von indog. *o* und *ā* in germ. *a* und *ō*, die meisten Einzelacte der germ. Lautverschiebung (z. B. der Uebergang von indog. *b, d, g* zu germ. *p, t, k*), die Fixirung des Starktons auf die Wurzelsilbe im Germanischen u. dgl.

744. Bedingt heisst dagegen derjenige Lautwandel, der noch an andere Bedingungen als die blosse Willensthätigkeit der Sprecher geknüpft ist. So ist z. B. der Uebergang des ahd. *-i* in *gesti* zu mhd. *-e* in *geste* an die Nachdrucksloigkeit der Schlusssilbe, der Umlaut von ahd. *gasti* zu *gesti* an das Vorhandensein des *i* in zweiter Silbe, die Verkürzung des *ll* in nhd. *falle* (gespr. *fal'ə*) gegen mhd. *falle* (gespr. *fal-lə* mit Geminata) an die Verschiebung der Druckgrenze gebunden.

745. Eine besondere Art des bedingten Lautwandels ist der combinatorische, dessen Eintritt von der Einwirkung von Nachbarlauten abhängig ist. Als Beispiel kann wieder der Umlaut von *gasti* zu *gesti* dienen (vgl. **765**).

746. Combinatorischer Lautwandel kann sowohl auf räumlicher, als auf zeitlicher, als auf dynamischer Verschiebung beruhen. Wenn z. B. aus einem Diphthong wie *ai* allmählich der Monophthong *e* hervorgeht, so ist das ein reines Beispiel einer räumlichen Verschiebung, speciell einer Ausgleichung einer Articulationsdifferenz (d. h. des Masses für die Bewegungen, welche beim Uebergang von einem Laute zu einem andern zu machen sind). Die Exspiration ist in dem neuen *e* dieselbe wie in dem alten Diphthongen *ai*, ebenso die Zeitdauer; nur ist der Abstand, der ursprünglich zwischen der Zungenstellung im ersten Momente und der im letzten Momente bestand (*a—i*) auf 0 reducirt. Mit anderen Worten, es ist eine räumliche Assimilation eingetreten. Solche Assimilationen sind auch auf den anderen Gebieten der Verschiebung sehr häufig. Ein Beispiel für (partielle, **751**) Assimilation durch zeitliche Verschiebung bietet etwa der Uebergang von *agna* zu *aŋna* (für totale der analoge Uebergang von *adna* zu *anna, abma* zu *amma*) u. dgl. Assimilation durch dynamische Verschiebung findet sich z. B. beim Uebergang von mhd. *gìbet, nìmet* mit Lenis *b*, *m* zu nhd. *gipf*, *nimt* mit den entsprechenden Fortes.

747. Aus der Häufigkeit der Assimilation darf indessen keineswegs geschlossen werden, dass aller combinatorische Lautwandel zugleich Assimilation sei. Das würde namentlich nicht auf die Fälle der zeitlichen Verschiebung zutreffen, von denen sehr viele nicht zu Assimilationen führen, z. B. die sog. Epenthesen (**809**), die Einschiebung gewisser reducirter Vocale (Svarabhakti, **812**) u. dgl.

748. Mag das Resultat einer combinatorischen Verschiebung eine Assimilation sein oder nicht, das Zeitmass der veränderten Lautgruppe bleibt zunächst unverändert. Geschichtlich nachweisbare Veränderungen desselben beruhen stets auf spontanem Lautwandel, der den Wirkungen des combinatorischen Lautwandels nachgefolgt ist.

749. Arten der Assimilation. Man pflegt die Assimilationen je nach der Richtung ihrer Entwicklung in regressive und in progressive einzutheilen, je nachdem ein Laut einen vorhergehenden oder einen folgenden Nachbarlaut sich assimilirt; als dritte Unterart kann man dazu noch eine reciproke Assimilation aufstellen, bei der beide Theile sich gleichmässig beeinflussen (wie oben beim Uebergang von *ai* zu *e*).

In den indogermanischen Sprachen ist die regressive Assimilation durchaus überwiegend an Häufigkeit, während die ural-altaischen Sprachen die progressive Assimilation begünstigen. Nähere Bestimmungen lassen sich aber nicht wohl in Kürze geben, weil die einzelnen Sprachen zu sehr differiren.

750. Ein Beispiel für regressive Assimilation bietet der germanische Umlaut (**714**), für progressive die finnisch-türkische Vocalharmonie, bei der innerhalb eines und desselben Wortes auf Velarvocal der ersten Silbe immer nur wieder ein Velarvocal, auf Palatalvocal nur wieder Palatalvocal, und nur auf sog. neutrale Vocale (genauer gesagt, Vocale ohne ausgeprägt palatalen oder velaren Charakter) beliebige Vocale folgen können. Ueber diesen Gegensatz von regressiver und progressiver Wirkung sagt Böhtlingk (Jenaer Lit.-Ztg. 1874, S. 767): 'Ein indogermanisches Wort ist in dem Masse eine wirkliche Einheit, dass der Sprechende schon beim Hervorbringen der ersten Silbe das ganze Wort sozusagen im Geiste ausgesprochen hat. Nur auf diese Weise ist es zu erklären, dass zur Erleichterung der Aussprache einer nachfolgenden Silbe [resp. Lautes] schon die vorangehende [Silbe resp. Laut] modificirt wird. Ein Individuum der ural-altaischen Völkergruppe stösst, unbekümmert um das Schicksal des Wortes, die erste Silbe desselben, den Träger des Hauptbegriffes, ohne Weiteres heraus; an diese reiht er dann die weniger bedeutsamen Silben in etwas roher Weise an, indem er gleichsam erst in dem Augenblick an Abhülfe denkt, wenn er nicht mehr weiter kann.' — Hierzu ist etwa nur zu bemerken, dass von einem Bestreben nach Erleichterung wohl nicht gesprochen werden darf, denn willkürlich und bewusst pflegen auch die Assimilationen nicht zu sein. Vielmehr wird die Sache wohl so aufzufassen sein, dass dem Sprecher die besonders charakteristischen Theile der

Articulation folgender Laute (z. B. um bei a*n*na aus agna stehen zu bleiben, die Senkung des Gaumensegels für das *n*) besonders lebhaft vorschweben, und dass demzufolge die Auslösung derjenigen Nerventhätigkeit, welche zur Erzeugung dieser Articulationsbewegung dient, vor der ihr eigentlich zustehenden Zeit erfolgt. Umgekehrt wird in den Sprachen, welche die sog. Vocalharmonie kennen, durch die Aussprache der ersten Silbe die Zunge in der Horizontalstellung des Vocals dieser Silbe gewissermassen fest gebannt, sodass sie in den Folgesilben von da aus wohl verschiedene Höhenstufen einnehmen, aber nicht in (wesentlich) andere Horizontalstellungen gelangen kann, bis der Beginn eines neuen Wortes den Bann löst. Bei correctem Nachsprechen solcher Fremdbeispiele empfindet man, wie ich z. B. beim Finnischen beobachtet habe, dies Zwangsgefühl in der Zunge ganz deutlich. — Ein interessantes Beispiel für die Nachwirkung vorausgegangener Articulationen bietet die Assimilation nachfolgender *n* an wortanlautende Labiale im Deutschen wie in *peregrinus—piligrim* u. dgl.

751. Endlich hat man auch noch zwischen **partieller** und **totaler Assimilation** unterschieden. Letztere tritt um so leichter ein, je mehr Factoren die beiden Nachbarlaute bereits mit einander gemein haben. Es wird z. B. *adna* unter denselben Bedingungen zu *anna* mit totaler Assimilation, wie *agna* zu a*n*na oder *abna* zu *amna* mit partieller, weil *d* und *n* neben der Stimme auch noch den dentalen Verschluss gemeinsam haben, so dass nur die verschiedene Stellung des Gaumensegels sie überhaupt unterscheidet. — Wo weiter auseinänderliegende Laute vollkommen assimilirt werden, sind nach dem allgemeinen Gesetz von der Allmählichkeit des Lautwandels in der Regel Uebergangsstufen anzusetzen, also etwa für lat. *summus* aus *supmus die Mittelstufe *submus (wenn nicht vorher noch **su*b̭*mus* mit stimmloser Media aus geschwächter Tenuis), oder für die Contraction von *ai* zu *ē* Mittelstufen wie *üi*, *ei* u. dgl.

752. Neben der Neigung zur Assimilation zeigt sich vielfach auch eine Neigung zur **Dissimilation**, d. h. zur Entwicklung benachbarter Laute in divergirender Richtung. Als classisches Beispiel kann die Diphthongirung einfacher Vocale, sowie die divergirende Weiterentwicklung von Diphthongen überhaupt (**768**) dienen. Fälle springenden Lautwechsels durch Dissimilation treten namentlich oft bei rascher Wiederkehr gewisser Laute (besonders *r* und *l*) ein, vgl. etwa mhd. *martel* neben *marter* u. dgl.

753. Von den hierdurch im Allgemeinen skizzirten Arten des Lautwechsels möge zum Schluss eine Anzahl von Einzelfällen noch in Kürze erläutert werden.

Cap. 38. Lautwechsel durch örtliche Verschiebung.

754. Wechsel der Articulationsstelle kann alle Laute betreffen und ist äusserst mannigfaltig. Er kann theils auf einem Sprung, theils auf allmählicher Verschiebung beruhen und sowohl spontan als auch bedingt sein.

755. Von sprunghaften Veränderungen der Articulationsstelle sind neben den **737. 752** berührten Assimilationen und Dissimilationen wie *peregrinus — piligrím, marter — martel* etwa noch anzuführen der Ersatz des Zungenspitzen-*r* durch das alveolare oder das Kehlkopf-*r* (**307 ff.**) oder das Umspringen gerundeter Velare in Labiale (wie in griech. πότερος aus *qoteros* u. dgl.). Beachtenswerth ist namentlich auch die Vertretung eines Kehlkopfverschlusses (Stosstons, **585 ff.**) durch einen Mundverschluss, die in gewissen westmitteldeutschen Mundarten sehr gewöhnlich ist (dial. *iks, uks* 'Eis, aus' aus *i̯'s, u̯'s*, siebenbürg. *bræokt, šlæogdrn* 'Braut, schleudern' aus *bru̯'t, slu̯'dern*; mit palatalem Verschluss *tsett, šnedˊdn, lett* 'Zeit, schneiden, Leute' aus *zi̯'t, sni̯'den, lü̯'de*; desgl. niederrhein. *tsik, lük* 'Zeit, Leute' für **tsikt, *lükt* aus *zi̯'t, lü̯'t*. In englischen Mundarten wird umgekehrt ein Mundverschlusslaut zuweilen durch den Kehlkopfverschluss ersetzt, z. B. *baˀər* 'Butter' aus *butter*.

756. Spontane Verschiebung der Vocalreihen. Hier kommen sehr mannigfaltige Erscheinungen in Betracht, aber sie sind in ihrer Art meistens einfach. Als die einfachste von allen ist wohl der Uebergang von Vocalen mit starker Lippenthätigkeit in solche mit passiver Lippe (und umgekehrt) voranzustellen, wie er sich z. B. im Englischen und in vielen mitteldeutschen Mundarten vollzogen hat.

757. Mit dieser Veränderung hängt der Wegfall der gerundeten Palatalvocale *ü, ö* zusammen. Wird diesen die das in ihnen liegende *u*-Element bedingende Lippenrundung genommen, so bleiben einfach die restirenden Producte der Articulation der Zunge, d. h. *i, e* übrig. — Das Fehlen von Vocalen wie *ü, ö* gibt also für solche Sprachen, bei denen sie früher einmal nachweislich vorhanden waren, einen sicheren Anhaltspunkt für die Beurtheilung des gesammten Vocalismus ab.

Als Gegensatz zu dieser Entrundung der gerundeten Vocale kann man den Uebergang zu abnorm starker Rundung bezeichnen, welcher namentlich im Norwegischen und Schwedischen sehr um sich gegriffen hat (Storm² S. 132 f.).

758. Demnächst ist hier des spontanen Wegfalls der **Nasalirung** zu gedenken, wie etwa in schweiz. $a̦$ 'an' gegen schwäb. $\bar{a̦}$. Ueber bedingten Eintritt der Nasalirung vgl. **800**.

759. Hieran reihen sich die den Charakter eines Vocalsystems weit stärker modificirenden Veränderungen in der **Zungenarticulation**. Solche können theils in verticaler, theils in horizontaler Verschiebung der Zunge bestehen (**246** ff.), auch auf Verschiedenheit der Spannung zurückgehen (**252**), d. h. es finden Uebergänge von höhern zu niedern, von gespannten zu ungespannten, von velaren zu palatovelaren und palatalen Vocalen statt und umgekehrt. Für den ersten Fall denke man z. B. an die Ueberführung der indog. *e, o* in got. *i, u* und die entgegengesetzte der latein. *ĭ, ŭ* in roman. *e, o*. Wollte man für den zweiten Fall auch noch eine Wirkung des Trägheitsgesetzes annehmen, insofern die Zungenarticulation der *e, o* geringer ist als die der *i, u*, so genügt diese Erklärung doch nicht für den umgekehrten ersten Fall. Man wird also besser thun, beide und überhaupt alle ähnlichen Erscheinungen auf allmähliche unbewusste Verschiebung der Zungenarticulation ohne Rücksicht auf den Kraftaufwand zurückzuführen und im gegebenen Einzelfall eine Anknüpfung derselben an andere charakteristische Lautwandlungen zu versuchen.

760. Kurze und lange Vocale schlagen bekanntlich bei derartigen Verschiebungen häufig entgegengesetzte Wege ein. Unsere meisten kurzen *i, e, o, u* sind i^2 u. s. w., unsere Längen i^1 u. s. w.; oder die Kürzen werden in ursprünglicher Qualität erhalten, wie im Englischen *e, o, ä*, während die Längen zu $\underline{i}, \underline{u}, \underline{i}$ (e^1) geworden sind. Hierfür liegt der Grund wohl in dem auch sonst vielfach zur Anwendung kommenden Gesetz, dass die Articulationen eines Lautes um so energischer und sicherer vollzogen werden, je stärker derselbe zum Bewusstsein kommt, d. h. je grösser seine Stärke oder Dauer ist. Dies erklärt beim langen Vocal sowohl eine Steigerung der specifischen Zungenarticulation (nach Stellung und Spannung) als der Rundung, falls solche vorhanden ist. Beim kurzen Vocal dagegen, der nur einen momentanen Zungenschlag erfordert, wird leicht das eigentliche Mass sowohl der Entfernung von der Ruhelage wie der Spannung nicht erreicht, d. h. es wird eine Wandlung von Vocalen mit stärkerer specifischer Articulation zu Lauten von

Cap. 38. Lautwechsel durch örtliche Verschiebung.

754. Wechsel der Articulationsstelle kann alle Laute betreffen und ist äusserst mannigfaltig. Er kann theils auf einem Sprung, theils auf allmählicher Verschiebung beruhen und sowohl spontan als auch bedingt sein.

755. Von sprunghaften Veränderungen der Articulationsstelle sind neben den **737.** 752 berührten Assimilationen und Dissimilationen wie *peregrinus—piligrim*, *marter—martel* etwa noch anzuführen der Ersatz des Zungenspitzen-*r* durch das alveolare oder das Kehlkopf-*r* (**307** ff.) oder das Umspringen gerundeter Velare in Labiale (wie in griech. πότερος aus *qoteros* u. dgl.). Beachtenswerth ist namentlich auch die Vertretung eines Kehlkopfverschlusses (Stosstons, **585** ff.) durch einen Mundverschluss, die in gewissen westmitteldeutschen Mundarten sehr gewöhnlich ist (dial. *iks, uks* 'Eis, aus' aus *i̯'s, u̯'s*, siebenbürg. *bræokt, šlæogdrn* 'Braut, schleudern' aus *bru̯'t, slu̯'dern*; mit palatalem Verschluss *tsett, šneddn, lett* 'Zeit, schneiden, Leute' aus *zi̯'t, sni̯'den, lü̯'de*; desgl. niederrhein. *tsik, lük* 'Zeit, Leute' für **tsikt, *lükt* aus *zi̯'t, lü̯'t*. In englischen Mundarten wird umgekehrt ein Mundverschlusslaut zuweilen durch den Kehlkopfverschluss ersetzt, z. B. *ba¹'ər* 'Butter' aus *butter*.

756. Spontane Verschiebung der Vocalreihen. Hier kommen sehr mannigfaltige Erscheinungen in Betracht, aber sie sind in ihrer Art meistens einfach. Als die einfachste von allen ist wohl der Uebergang von Vocalen mit starker Lippenthätigkeit in solche mit passiver Lippe (und umgekehrt) voranzustellen, wie er sich z. B. im Englischen und in vielen mitteldeutschen Mundarten vollzogen hat.

757. Mit dieser Veränderung hängt der Wegfall der gerundeten Palatalvocale *ü, ö* zusammen. Wird diesen die das in ihnen liegende *u*-Element bedingende Lippenrundung genommen, so bleiben einfach die restirenden Producte der Articulation der Zunge, d. h. *i, e* übrig. — Das Fehlen von Vocalen wie *ü, ö* gibt also für solche Sprachen, bei denen sie früher einmal nachweislich vorhanden waren, einen sicheren Anhaltspunkt für die Beurtheilung des gesammten Vocalismus ab.

Als Gegensatz zu dieser Entrundung der gerundeten Vocale kann man den Uebergang zu abnorm starker Rundung bezeichnen, welcher namentlich im Norwegischen und Schwedischen sehr um sich gegriffen hat (Storm[2] S. 132 f.).

758. Demnächst ist hier des spontanen Wegfalls der Nasalirung zu gedenken, wie etwa in schweiz. a 'an' gegen schwäb. $\tilde{a}$. Ueber bedingten Eintritt der Nasalirung vgl. **800**.

759. Hieran reihen sich die den Charakter eines Vocalsystems weit stärker modificirenden Veränderungen in der Zungenarticulation. Solche können theils in verticaler, theils in horizontaler Verschiebung der Zunge bestehen (**246** ff.), auch auf Verschiedenheit der Spannung zurückgehen (**252**), d. h. es finden Uebergänge von höhern zu niedern, von gespannten zu ungespannten, von velaren zu palatovelaren und palatalen Vocalen statt und umgekehrt. Für den ersten Fall denke man z. B. an die Ueberführung der indog. e, o in got. i, u und die entgegengesetzte der latein. $\breve{\imath}, \breve{u}$ in roman. e, o. Wollte man für den zweiten Fall auch noch eine Wirkung des Trägheitsgesetzes annehmen, insofern die Zungenarticulation der e, o geringer ist als die der i, u, so genügt diese Erklärung doch nicht für den umgekehrten ersten Fall. Man wird also besser thun, beide und überhaupt alle ähnlichen Erscheinungen auf allmähliche unbewusste Verschiebung der Zungenarticulation ohne Rücksicht auf den Kraftaufwand zurückzuführen und im gegebenen Einzelfall eine Anknüpfung derselben an andere charakteristische Lautwandlungen zu versuchen.

760. Kurze und lange Vocale schlagen bekanntlich bei derartigen Verschiebungen häufig entgegengesetzte Wege ein. Unsere meisten kurzen i, e, o, u sind i^2 u. s. w., unsere Längen i^1 u. s. w.; oder die Kürzen werden in ursprünglicher Qualität erhalten, wie im Englischen $e, o, ä$, während die Längen zu i, u, i (e^1) geworden sind. Hierfür liegt der Grund wohl in dem auch sonst vielfach zur Anwendung kommenden Gesetz, dass die Articulationen eines Lautes um so energischer und sicherer vollzogen werden, je stärker derselbe zum Bewusstsein kommt, d. h. je grösser seine Stärke oder Dauer ist. Dies erklärt beim langen Vocal sowohl eine Steigerung der specifischen Zungenarticulation (nach Stellung und Spannung) als der Rundung, falls solche vorhanden ist. Beim kurzen Vocal dagegen, der nur einen momentanen Zungenschlag erfordert, wird leicht das eigentliche Mass sowohl der Entfernung von der Ruhelage wie der Spannung nicht erreicht, d. h. es wird eine Wandlung von Vocalen mit stärkerer specifischer Articulation zu Lauten von mehr neutraler Articulation angebahnt, sowohl was Zungen- und Lippenstellung als was Spannung betrifft.

761. Vocalwechsel bedingt durch Verschiedenheit der Tonhöhe. Zur Hervorbringung höherer Töne wird der Kehlkopf gern gehoben, zur Hervorbringung tieferer gern gesenkt, und die Zunge folgt diesen Bewegungen des Kehlkopfs unwillkürlich ein wenig nach. Bei hohem Ton erfahren die Vocale daher leicht eine Vorschiebung bez. Erhöhung, bei tiefem eine Zurückziehung bez. Senkung der Zunge, d. h. sie werden im ersten Fall 'heller' (d. h. palataler bez. höher), im zweiten 'dunkler' (d. h. velarer bez. tiefer), vgl. z. B. hohes zweifelndes *ja*' mit tiefem zweifelnden *ja*'. — Ueber den Einfluss der Tonhöhe auf die Diphthongirung von Vocalen s. **768** f.

762. Seit Scherer, Zur Geschichte der deutschen Sprache [1] S. 121 ff. ist es sehr Mode geworden, den Uebergang 'dunklerer' (velarer) Vocale in 'hellere' (palatale), namentlich den von *a* in *ä* etc. mit den Namen der **Tonerhöhung** zu belegen, weil an die Stelle des einen Vocals ein anderer **mit höherem Eigenton** (vgl. **226** ff.) tritt. Es wird dann der Vorgang mit dem altgermanischen musikalischen Accent in Verbindung gebracht, indem 'die Höhe oder Tiefe des Tons, welche einer bestimmten Silbe in der Rede beiwohnt, den Vocal mit entsprechendem höherem oder tieferem Eigenton attrahirt'. Diese Erklärung ist für die Fälle, für die sie aufgestellt ist, durchaus unerwiesen, namentlich in ihren weiteren Consequenzen, z. B. dass sich die Vermischung der ursprünglichen gerundeten Palatalvocale *ö*, *ü* mit *e*, *i* im Angelsächsischen aus denselben Gründen erkläre: denn in diesem Falle hat man es klärlich nur mit einer Entrundung ursprünglich gerundeter Vocale zu thun.

763. Vocalwechsel bedingt durch Stärke und Dauer. Abgesehen von der bereits oben **760** erwähnten Beeinflussung der Vocalentwicklung durch verschiedene Quantität fallen hierher besonders noch die Verstümmelungen von Vocalen unbetonter Silben, die zugleich in rascherem Tempo genommen zu werden pflegen. An die Stelle voll ausgeprägter Vocale treten in Folge schlaffer und hastiger Articulation zunächst dumpfere Varietäten mit weniger ausgeprägter Stellung, schliesslich einfache Stimmgleitlaute, die sich nur nach der jeweiligen Lautumgebung richten.

764. Vocalwechsel, bedingt durch den Einfluss von Nachbarlauten (Assimilation). Die Differenz zwischen den Stellungen benachbarter Vocale wird gern vermindert, sei es durch einseitige, sei es durch gegenseitige Annäherung. Sehr gewöhnlich ist dieser Process bei Diphthongen, vgl. z. B. nhd. *a̯e* oder *æe* aus *ai̯*, *ao̯* oder *åu̯*, *åo* aus *au̯* (vgl. **415**), oder *i̯æ*, *u̯å* aus *i̯a*, *u̯a* u. dgl. Vollkommene Ausgleichung führt zu

Contractionen, zu einfacher Länge. Uebergänge wie der von ursprünglichem *ai* zu *ę*, *au* zu *ǫ̣* zeigen reciproke, solche wie *ai* zu *a* (z. B. im Angelsächsischen) oder *au* zu *a* (im Altfriesischen) progressive, solche wie *ei* zu *i* (z. B. im germ. *i* aus indog. *ei*) regressive Assimilation.

765. Zu den Ausgleichungen der Stellung von Nachbarvocalen gehören auch die sog. Umlaute (einschliesslich des *a*-Umlauts oder der sog. Brechung), soweit sie als Endresultat wieder einfache Vocale an Stelle einfacher Vocale (z. B. in ahd. *gesti* aus *gasti*) oder Diphthonge an Stelle von Diphthongen (z. B. altn. *heyra* aus *hauzjan*) aufweisen. Seltener wirkt hier der umlautende Vocal direct auf den umzulautenden (wie in ahd. *sáįen* = mhd. *sæjen*), gewöhnlicher treten Consonanten als Vermittler auf (Scherer, zur Geschichte der deutschen Sprache [1] 142 ff., Verf. in den Verhh. der Leipziger Philol.-Vers. 1872, 189 ff.), indem sie die specifische Stellung des umlautenden Vocals durch Articulationsmischung (**469** ff.) in sich aufnehmen und so mit der des umzulautenden Vocals in Contact bringen. Der *i*-Umlaut setzt also Palatalisirung (**482** ff.), der *u*-Umlaut Rundung (**491** ff.) der zwischenliegenden Consonanten voraus.

766. Die verschiedenen Wechsel, die man unter dem Namen 'Umlaut' zusammenfasst, enthalten übrigens durchaus verschiedene Processe. Bei den meisten sog. *u*-Umlauten (wie altnord. *hǫndum* aus *handum*, *syngva* aus **singwan*, *stǫkkva* aus **stenkwan*), handelt es sich um Vorausnahme der *u*-Rundung bei bleibender Zungenstellung, also zugleich um eine zeitliche Verschiebung. Der *i*-Umlaut besteht in der Regel in einer Verschiebung velarer Vocale zu Palatalen gleicher Höhe (wie ahd. *gasti—gesti*, Wechsel von *mid-back* zu *mid-front* u. dgl.), seltener in einer Hebung der Zunge (wie beim Umlaut des urags. *æ* zu *e*, oder dem des germ. *ë* zu *i* wie in *hëlfan—hilfit*). Beim *a*- und *u*-Umlaut tritt (soweit letzterer nicht bloss in Rundung ungerundeter Vocale besteht, s. oben) nur Ausgleichung der Zungenhöhe ohne Verschiebung in horizontaler Richtung ein. So bringt z. B. das ahd. *hilfu* aus **helfu* den mittleren Vocal *e* auf die Höhenstufe des hohen Vocals *u*. Bei ahd. *stëga*, *bogan* aus germ. **stiȝā* und älterem germ. **buȝana* sind die hohen Vocale *i*, *u* auf die Höhe des mittleren Vocals *a* herabgesunken. Etymologisches *i̯* bleibt ahd. vor dem hohen Vocal *u*, sinkt aber vor den mittleren Vocalen *a*, *o* gern zu dem mittleren *ę* herab (ahd. *hirtịu*, aber *hirtęa*, *hirtęo* neben *hirtịa*, *hirtịo*), während unsilbisches *u̯* ebenso wie silbisches *u* constant dem *a*-Umlaut unterliegt (daher ahd. *balo* etc. aus **baloa* aus germ. *balu̯a*) u. dgl. (vgl. auch **415**).

767. In ähnlicher Weise wie Consonanten mit Vorausnahme specifischer Vocalarticulation können auch Consonanten bloss durch ihre eigene specifische Stellung auf Vocale einwirken, indem der Contrast zwischen dieser und der Stellung des Vocals durch Annäherung gemildert wird. Hierher fallen

z. B. die sog. Brechungen des *i*, *u* vor *r*, *h* im Gotischen zu *ai*, *au* (d. h. e^2, o^2), der Uebergang des *e*, *o* zu *i*, *u* vor Nasal + Consonant im Germanischen (ahd. *bintan*, *gibuntan* gegen *helfan*, *giholfan*), ferner die Begünstigung der Contraction von Diphthongen durch Consonanten stark differirender Stellung (z. B. der Contraction des *au* zu *ô* vor Dentalen und *h* und des *ai* zu *ê* vor *h*, *r*, *w* im Althochdeutschen), u. dgl. Vgl. auch **478**.

768. Neigung zur Dissimilation macht sich besonders bei Diphthongen geltend, deren Componenten sie auseinander treibt. Beispiele hierfür sind z. B. mittelhochdeutsches schwäbisch-bairisches und gemein-neuhochdeutsches *ai*, *au*, wie in *stain*, *paum*, nhd. *Bein*, *Baum* (gesprochen *baẹn*, *baǫm*), aus urspr. *ei*, *ou*, desgleichen das neuengl. dialektische *ai*, *au* wie in *sai*, *nau* für *sei*, *nou* ('say, no') u. dgl. Auch die Spaltung einfacher Vocale in Diphthonge kann hierher gezogen werden, wie etwa der Uebergang des *ẹ*, *ǫ* in neuengl. *ei*, *ou* (s. oben) oder zu *ea* (*ia*), *oa* (*ua*) im Althochdeutschen (*hear*, *goat* etc. aus *hêr*, *gôt*) u. s. w.

769. Diese Diphthongirung mag zum guten Theil mit der Betonung zusammenhängen, insofern bei steigendem Ton die Zunge im Laufe des Vocals vorgeschoben und gehoben, umgekehrt bei fallendem Tone zurückgezogen und gesenkt wird: der erste Vorgang führt zur Bildung von Diphthongen wie *ei*, *ou*, der zweite zu solchen wie *ea*, *oa*, vgl. oben **761**. Diese Annahme eines Zusammenhangs zwischen Diphthongirung und Betonung wird besonders dadurch wahrscheinlich gemacht, dass solche Diphthongirungen besonders gern bei zweigipfligem bez. zweitönigem Silbenaccent (vgl. **580** ff.) eintreten, durch den der Vocal in zwei Theilstücke zerschnitten wird, die nun in der Entwicklung nach verschiedenen Seiten auseinander gehen.

770. Zu den spontanen Verschiebungen im Consonantensystem gehören beispielsweise die Schwankungen innerhalb der verschiedenen Arten der Dentale (**154** ff.) oder Zischlaute (**334** ff.), ferner die Uebergänge von *z* in *r*, die von cerebralem *ṛ* in *ḷ*, der Uebergang von uvularem *r* in *ʒ* (**307**) u. dgl. mehr (in einigen dieser Fälle, wie gerade dem zuletzt angeführten, findet zugleich eine graduelle Verschiebung der Articulation statt).

771. Bedingter Lautwandel bei Consonanten. Beispiele für die assimilirende Einwirkung von Vocalen auf Consonanten bieten die oben **469** ff. besprochenen Aufnahmen specifischer Articulationselemente, sofern sie auf Ausgleichung von Zungenarticulationen beruhen, also namentlich die Verlegung der Articulationsstellen der *k*- und *x*-Laute je nach dem folgenden oder vorausgehenden Vocal u. dgl. (die Mitwirkung der Lippenarticulation bei der Berührung gerundeter Vocale mit Palatovelaren und der Zungenarticulation beliebiger Vocale bei der Berührung mit Labialen beruht dagegen auf zeitlicher Verschiebung dieser Accidentia).

772. Stärkere Veränderungen erfahren die Consonanten bei der gegenseitigen Berührung. Das Resultat der Assimilation ist hier häufig die Herstellung vollkommener Homorganität. Die specifische Articulation des unterliegenden Lautes fällt also ganz weg, so z. B. der dentale Verschluss in *ampa* aus *anpa* oder der velare in ital. *atto* aus *acto*. Im letzteren Falle ist von dem *c* (*k*) nichts geblieben als der Zeittheil, den seine Hervorbringung erforderte und der nun dem verlängerten (durch zeitliche Verschiebung über die Silbengrenze hinübergezogenen) *t* zu Gute gekommen ist. Die Richtung der Assimilation ist gewöhnlicher regressiv, seltener progressiv, wie altnord. *ll* aus *lþ*, ahd. *mm* aus *mn* in *stimma* aus und neben *stimna* (vgl. auch die zahlreichen urgerm. Geminaten aus Consonantgruppen, wie in *fullás* aus *fulnás* u. dgl.). Am leichtesten unterliegen der Assimilation im Allgemeinen die Laute mit Verschlussbildung durch die Zungenspitze (also *t*, *d*, *n*). — Ueber die lateralen und nasalen Degenerationen, die ebenfalls hierher gehören, vgl. oben **460** ff.

Cap. 39. Lautwechsel durch graduelle Verschiebung der Hemmung.

773. Wie oben **130** ff. gezeigt wurde, gibt es drei Hauptgrade der Hemmung: Verschluss, Reibeenge, Weitstellung ohne Reibegeräusch. Verschiebungen der Articulation, welche einen Uebergang aus einem dieser Grade in einen andern involviren, sollen danach hier als graduelle Verschiebungen bezeichnet werden.

774. Streng genommen bedeutet jede Veränderung des Lumens der Ausflussöffnung eine graduelle Verschiebung; es erscheint aber zweckmässig, solche Veränderungen, bei denen kein Wechsel der Classe vorkommt, eher den örtlichen Verschiebungen zuzugesellen, weil sonst oft nahe Zusammengehöriges auseinandergerissen würde (vgl. z. B. die verschiedenen Verschiebungen der Vocale oben **759**).

775. Eine scharf ausgeprägte räumliche Grenze zwischen den verschiedenen Stufen der Hemmung besteht übrigens nur beim Wechsel von Verschlusslauten und Nichtverschlusslauten.

Beim Uebergang von Sonoren in Reibelaute und umgekehrt kann auch ein dynamisches Element (Verstärkung und Schwächung des Stromdrucks) mitwirken, vgl. oben **192** ff. und namentlich den Abschnitt über Geräuschreduction **499** ff., wo über solche Fälle bereits das Nöthigste beigebracht ist. Auch beim Wechsel der Hemmung im Kehlkopf (Uebergang von der Vollstimme zur Murmel- und Flüsterstimme) ist das dynamische Element wesentlich, ja vielleicht die eigentliche primäre Ursache des Wechsels (vgl. **787**). An Einzelfällen verdienen etwa noch Erwähnung:

776. Uebergang stimmhafter Oeffnungslaute in (stimmhafte) Verschlusslaute. Besonders häufig ist der Uebergang stimmhafter Spiranten in Medien, namentlich auch im Germanischen; vgl. z. B. den Uebergang des germ. *ð* in westgerm. *d*, den Uebergang des germ. *ƀ, ʒ* in einzelsprachhches *b, g*, den Uebergang des germ. *þ* durch stimmhaftes *ð* in dentales *d* u. dgl. Hauptbedingung dabei ist (s. **503**) geringer Stromdruck im Ansatzrohr und demnach nur schwaches Reihegeräusch. Ausserdem finden sich namentlich noch Berührungen von *r, l, n* mit *d*, wie etwa in neuisländ. gesprochenes *baḍn, faḍla, steḍn* aus altisländ. *barn, falla, steinn* (mit nachträglichem Uebergang zu stimmloser Media).

777. Uebergang stimmhafter Verschlusslaute in stimmhafte Oeffnungslaute. Hier vollzieht sich der Wechsel in umgekehrter Richtung, d. h. auch hier treten zunächst wohl stets Oeffnungslaute ohne deutliches Reibungsgeräusch an die Stelle stimmhafter Medien mit schwacher Explosion. Dies gilt sowohl vom Uebergang der Medien in homorgane Spiranten (wie etwa dem Uebergang von *b, d, g* in *ƀ, đ, ʒ*), als von dem Wechsel von etymologischem *d* mit *l, r* (wie lat. *lacruma* aus *dacruma*, oder westmitteld. *lar³, laer³* aus *laden, leiden* u. dgl.).

778. Uebergang stimmloser Spiranten in stimmlose Verschlusslaute ist seltener, weil die stimmlosen Spiranten meist stärkeres Reibungsgeräusch haben als die stimmhaften. Beispiele sind etwa der Uebergang des germ. anlautendem *þ* in *tʿ* im Dänischen, Schwedischen, Färöischen und in der irischen Aussprache des Englischen; ferner der Uebergang von *x* in *k̓*, z. B. im armen. *kh* aus *su̯*, wie in *khuir* Schwester aus **su̯esēr* (vielleicht gehört hierher auch das heutige oberdeutsche *k̓* für ahd. *ch-*, wie in *k̓ an* aus ahd. *chan*, wenn nämlich dies *ch-* im

Ahd. wirklich die Spirans *x* und nicht die Affricata *kx* ausdrückte). Vorschlag eines Verschlusses zeigt z. B. mhd. *phn-* aus *fn-*, wie in *phnehen, phnast, phnüsel*. Häufiger als spontan findet sich dieser Wechsel als bedingter, also in gewissen Consonantengruppen. Ganz gewöhnlich wandelt sich *hs* in *ks*, vgl. altn. *vaxa*, ags. *weaxan*, nhd. *wachsen*, d. h. *waksn*, mit got. *wahsjan*, ahd. *wahsan*, oberd. (schweiz. österr.) *waxs'* u. dgl. Ebenso wechselt *fs* öfter mit *ps* (vgl. dialektisches deutsches *lepse, repsen, wepse* aus und neben *lefse, refsen, wefse* oder altnord. *repsa* neben *refsa, ups* aus *ufs*, got. *ubizwa*). Uebergang von *ft* zu *pt* findet sich im Altnordischen (*opt* aus *oft* etc.). Ueberall, wo *f* zu *p* wird, scheint bilabiale Aussprache vorgelegen zu haben: das bilabiale *f* hat schwächeres Reibungsgeräusch als das labiodentale (**325**; vgl. auch Formen wie mitteld. *inpåhen, inpallen*, d. h. *inpʿahᵊn, inpʿallᵊn* aus *intfåhan, intfallan* mit Schwächung des bilabialen *f* zu blossem Hauch).

779. Uebergang stimmloser Verschlusslaute in stimmlose Spiranten ist sehr häufig in den verschiedensten Sprachen, doch ist seine Entstehung nicht überall mit Sicherheit festzustellen. Vermuthlich sind zwei grundsätzlich verschiedene Arten anzuerkennen:

780. Uebergang durch die Aspirata und Affricata hindurch, also angebahnt durch starke Exspiration, die sich zunächst in der Aspiration kundgibt. Dieser Art sind z. B. die Uebergänge von *p, t, k* zu *f, z, ch* in der hochdeutschen Lautverschiebung (vgl. got. *hilpan, itan, brikan* mit ahd. *helfan, ezzan, brehhan*, nhd. *helfen, essen, brechen*). Für den Anlaut liegen sämmtliche hier angenommene Stufen: Tenuis, Aspirata, Affricata, Spirans in deutschen Dialekten bei der Labialreihe vor: niederfränk. und ripuarisch *punt*, moselfränk. rheinfränk. hess. *pʿunt*, sonst entweder *pfunt* oder *funt* 'Pfund'. In der Velarreihe fehlt hier meist die Affricata: niederfränk. rip. *kan*, gemeindeutsch *kʿan*, aleman. *xan*, in der Dentalreihe fehlen Aspirata und Spirans: niederfränk. *toe*, hochdeutsch *zu*. Für gleiche Entwicklung im Inlaut sprechen die für das Hochdeutsche bezeugten Uebergänge von älterem *helpfan* zu jüngerem *helfan* in gewissen Mundarten. Lebendiger Wechsel von starker Aspirata und Affricata begegnet auch in lebenden Mundarten, z. B. im Dänischen und irischen Englisch, wo *t* vor palatalen Vocalen ziemlich deutliche Affricata (annähernd *ts*), vor anderen stark aspirirte Tenuis ist, u. dgl.

781. Bei dieser Entwicklung gehört nur der letzte Act, die Oeffnung des Verschlusses, hierher: die Aspiration beruht auf spontaner Verschiebung der Exspiration, die Affrication auf zeitlicher Verschiebung, d. h. sie ist die Folge des verlangsamten Uebergangs zur Stellung des folgenden Oeffnungslauts.

782. Charakteristisch ist, wie bemerkt, für diese Art des Uebergangs die Drucksteigerung. In Folge dieser Steigerung treten denn die auf diesem Wege entstehenden Spiranten stets als Fortes oder Geminaten auf.

783. Umstände, welche der Aspirirung erfahrungsgemäss hinderlich sind (z. B. die Stellung des Verschlusslauts hinter einem Consonanten, wie in nhd. *šp-*, *št-*, *šk-* oder *šþ-*, *šd̥-*, *šg-* gegen sonstiges *p̒-*, *t̒-*, *k̒-*), hindern oder hemmen daher auch die Affricirung mehr oder weniger vollständig. Bei der hochdeutschen Lautverschiebung bleiben daher Tenues nach Consonanten und in der Gemination hinter einfachen Tenues nach Vocalen zurück.

784. Directer Uebergang von der Tenuis (oder schwachen Aspirata) zur Spirans durch Lockerung des Verschlusses. Hierher gehören wahrscheinlich moderne Fälle, wie irisch-engl. *mèi-χiŋ*, *i-þiŋ*, *blà-χiŋ* 'making, eating, blacking', bei denen zum Theil die Spirans noch in lebendigem Wechsel mit dem Verschlusslaut steht. Vermuthlich werden hierher auch vorhistorische Processe wie die Verschiebung der indog. Tenues zu germ. *f*, *þ*, *x* oder die Spirirung alter Tenues z. B. im Iranischen und Keltischen gehören, bei denen sich kein specieller Hinweis auf etwaige Entwicklung nach 780 finden lässt.

785. Der Lockerung des Verschlusses liegt als Vorstufe vermuthlich schwache Bildung desselben voraus. Es ist daher z. B. wohl denkbar, dass die Verschiebung im Wortanlaut und im Wortinnern nach einer Druckgrenze eintritt, aber nicht bei einer Geminata, welche kräftigen Verschluss fordert (560). Hiernach können germ. geminirte *tt*, *pp*, *kk* wie in *Chatti*, got. *skatts*, ags. *hoppian*, altnord. *smokkr* recht wohl der Verschiebung widerstanden haben, welche einfache *p*, *t*, *k* in *f*, *þ*, *x* wandelte.

786. Wegfall eines Mundverschlusses bei Halbschlusslauten findet sich öfter bei Nasalen, z. B. beim Uebergang von Vocal + Nasal in einfachen Nasalvocal, wie in *ą* aus *an* oder *ąn*, vermuthlich auch in Fällen wie altn. *fn* aus *mn* (z. B. *nefna*, d. h. *nebna*, aus *nemna*, got. *namnjan*); die Vermittelung bildet hier wohl nasalirtes *b̨*, das vielleicht durch Schreibungen wie *nemfna* angedeutet werden soll. Anderwärts gehen Nasale zwischen Vocalen in nasalirte Spiranten über, z. B. *m* im Irischen in *mh*, d. h. nasalirtes *v*. — Umgekehrt ist die Oeffnung einer Spirans durch den Mundverschluss eines Nasals ersetzt bei dem Wechsel von germ. *bn* mit *mn* (ags. *emne* aus *ebne, geschr. *efne*; altnord. *jamnan* aus *jabnan, geschr. *jafnan*). Ob auch hier ein $b\!n$ die Brücke bildet, ist zweifelhaft; es ist auch ein Durchgang durch *bn* denkbar, das dann weiter nach **800** behandelt wäre.

787. Graduelle Verschiebung der Kehlkopfhemmung. Hierher fällt der Wechsel von Tenues mit und ohne Kehlkopfverschluss; ferner, wie bereits **775** bemerkt wurde, der Uebergang von der Vollstimme zur Murmel- und Flüsterstimme. Vorbedingung für diesen Uebergang ist hier in der Regel Mangel an Nachdruck. In demselben Masse wie der Druck abnimmt, erschlafft auch die Hemmung im Kehlkopf. Bei fortschreitender Schwächung von Exspiration und Hemmung kann dann auch noch das Flüstergeräusch ganz schwinden, so dass nun stimmlose Laute an Stelle stimmhafter auftreten (über zeitliche Verschiebung hierbei s. **794** ff.).

Cap. 40. Lautwechsel durch zeitliche Verschiebung von Articulationsfactoren.

788. Die Articulationsfactoren, deren zeitliche Folge gegeneinander verschoben werden kann, sind einerseits die Exspiration, andererseits die Hemmung bez. Resonanzbildung in Kehlkopf und Ansatzrohr. Innerhalb des letzteren kommen dann wieder gegenseitige Verschiebung der Actionen der drei unabhängig von einander beweglichen Theile, des Gaumensegels, der Zunge und der Lippen, in Betracht, wobei dann noch zu beachten ist, dass die Bewegungen der Zunge und der Lippen durch die Bewegungen des Unterkiefers unterstützt werden können (vgl. **40** f.).

789. Unter diesen Factoren nimmt die Exspiration eine besondere Stellung ein, insofern sie den ganzen Process der Lautbildung durchläuft (abgesehen von den **64** ff. erwähnten Ausnahmen). Von zeitlichen Verschiebungen der Exspiration kommen daher nur die Verlegungen der Silbengrenzen einerseits und die Verschiebung des Silbengipfels innerhalb der Silbe andererseits in Betracht. Im Wesentlichen handelt es sich also für uns hier nur um die gegenseitigen Verschiebungen der einzelnen Actionen des Hemmungs- und Resonanzapparats.

a. Verschiebung der Exspiration.

790. Die Veränderungen, die durch Verschiebung der Silbengrenzen hervorgerufen werden, sind meist zugleich dynamischer Art. Es kommen hier namentlich die Bestimmungen von **537** ff. in Betracht. Von anderen Wechseln kann beispielsweise der Wechsel von auslautender aspirirter und unaspirirter Tenuis bez. die Oeffnung von Verschlüssen ohne Explosion (**459**) angeführt werden. Sonst ist etwa noch anzuführen, dass Assimilationen von Nachbarlauten leichter eintreten, wenn sie einer und derselben Silbe angehören, als wenn sie durch eine Druckgrenze getrennt sind.

791. Die Verschiebung des Silbengipfels innerhalb der Silbe veranlasst namentlich oft einen Functionswechsel von Nachbarlauten, von denen der eine Sonant, der andere Consonant ist. Beispiele hierfür sind etwa die Umsetzung fallender Diphthonge in steigende, wie etwa in altn. *bjúga, gjóta, bjarga, skjaldar* aus *beu̯ga, geo̯ta, bea̯rga, skea̯ldar*, oder franz. *rua* 'König' aus altfranz. *rei̯s, roi̯s* (diese Umsetzung findet sich namentlich oft bei Diphthongen, deren erster Component ein Vocal geringerer Schallfülle ist, also besonders bei 'unechten Diphthongen', **418**). Auch zwischen Liquiden und Nasalen einerseits und Vocalen andererseits finden solche Functionswechsel statt. So setzen sich im Germanischen die Lautfolgen Consonant + *ri, li, ni* + Vocal gern in Consonant + *rj, lj, nj* + Vocal um, deren silbische *r, l, n* sich weiterhin in Secundärvocal + Cons. *r, l, j* spalten (s. **814**): so in got. *hwóftuljós* aus **hwóftljós* für **hwóftlióz* neben Formen wie *haimóþlja, hwilftrjóm* aus **haimóþlia, *hwilftrióm*; ahd. *-sidillo* aus **sidiljo* für **sidljo* aus germ. **siðlið*, ahd. *súbiren* aus **súbirjan* für **súbrjan* aus **súbrian*, ahd. *wahin(n)en* aus **wahinjan* für **wahnjan* aus **wahnian* u. dgl. Functionswechsel von Liquiden und Nasalen zeigen Formen wie nhd. *mauern*, gespr. *maur̥n*, aus mhd. *múren* (vermittelt durch *maur̥n*, wie man etwa gelegentlich noch den Namen 'die Mauren' ausspricht).

792. Eine Art Mittelstellung zwischen den in **790** und **791** besprochenen Verschiebungen bildet die Hineinziehung eines schwächeren Silbengipfels in eine vorausgehende starktonige Silbe, die dadurch zweigipflig wird. So sind vermuthlich Uebergänge wie der von germ. **sókið* zu got. *sókja* (d. h. von *sǫ-ki-o̯* zu *sǫ̃-kı̣a*) zu beurtheilen. Ueber andere Fälle dieser Art, die mit Vocalabsorption oder -synkope verbunden sind, s. **817** ff.

793. Wie die Verschiebung der Silbengrenze (**790**), so involvirt auch die Verschiebung des Silbengipfels dynamische Veränderungen der betroffenen Laute. Der besprochene Functionswechsel beruht also überall auf einem Zusammengehen von zeitlicher und dynamischer Verschiebung.

b. Verschiebung der Kehlkopfarticulation gegen die Articulationen des Ansatzrohrs.

794. Hierher gehören die vielen Wechsel von stimmlosen und stimmhaften Lauten, wenigstens insofern man nur das Endresultat ins Auge fasst. Das Stimmloswerden ursprünglich stimmhafter Laute setzt nämlich ein zu spätes Einsetzen oder ein zu frühes Aussetzen der Stimme voraus (wie etwa bei ober- und mitteldeutschem *b̦in, d̦u, g̦ut* aus ursprünglichem und zum Theil noch norddeutschem *bin, du, gut* einerseits, und bei gemeindeutschem *Leib, leid, Tag*, gespr. *laep, laet, t'ak* oder *t'ax*, bez. oberdeutschem *laeb̦, laed̦, tag̦* andrerseits). Beim Stimmhaftwerden (der sog. Erweichung), also etwa bei nordd. *sausen*, gespr. *zau-zn*, gegenüber urspr. und ober- und mitteldeutschem *sau-sn* kehren sich diese Verhältnisse einfach um.

795. In der Regel wird der Wegfall der Stimme sich als eine Stimmreduction (**512** ff.) darstellen, d. h. dem völligen Schwinden liegt der Durchgang durch eine geschwächte (Murmel- oder Flüster-) Stimme voraus (vgl. auch **787**). Auch zeitlich kann die Dauer der Stimme verkürzt werden, ehe sie ganz ausfällt. So liegen z. B. zwischen den vollstimmigen Medien etwa des Französischen und den stimmlosen Medien des Deutschen die halbstimmigen Medien mancher norddeutschen Mundarten, bei denen nur ein Theil der Zeit der Verschlussstellung durch eine schwache Murmelstimme ausgefüllt wird. Hier ist also der Eingang der Medien stimmlos, der Schluss stimmhaft. Das umgekehrte Verhältniss findet sich oft im Auslaut, d. h. die Stimme verklingt innerhalb des Schlusslauts, ehe die Exspiration erlischt. So hat das engl. *had* noch Stimme während der Verschlussbildung des *d* und selbst noch einen Moment darüber hinaus, aber die Explosion ist stimmlos, und Formen wie engl. *has*, gespr. *hazs͡*, zeigen ein schwaches *s*, das in seinem Eingang stimmhaft, in seinem Ausgang stimmlos ist.

796. Der Wechsel von Stimmlosen und Stimmhaften steht ausserdem vielfach in Beziehung zu dynamischen Verhältnissen. Stimmlose Geräuschlaute werden z. B. in der Regel nur 'erweicht' wenn sie zugleich Lenes sind (vgl. z. B. den grammatischen Wechsel, unten **831**). Umgekehrt neigen stimmhafte Geräuschlaute oft um so eher zur Stimmlosigkeit, je stärker ihr Stromdruck ist. So werden z. B. selbst in den norddeutschen Mundarten, welche im Allgemeinen stimmhafte Laute im Anlaut festhalten, doch in besonders emphatischer Sprechweise stimmlose Laute dafür eingestellt (eine Erscheinung, die sich in der Bühnensprache besonders gut beobachten lässt). Damit mag es in Zusammenhang stehen, dass die westgerm. geminirten *bb*, *dd*, *gg* wegen ihres stärkeren Druckes (**560**) bei der hochdeutschen Lautverschiebung früher und in weiterem Umfang stimmlos werden (zu *pp*, *tt*, *kk*) als die einfachen *b*, *d*, *g*.

797. Ein grosser Theil dieser Wechsel fällt in das Gebiet der Assimilation. Man kann selbst sagen, dass beim Verstummen der Stimmhaften im An- und Auslaut eine Angleichung an die vorhergehende bez. folgende Pause stattfinde, bei der Erweichung der Stimmlosen im Anlaut eine Angleichung an stimmhafte Folgelaute. Vor Allem aber zeigt sich sicher eine Assimilation bei den betreffenden Fällen des Inlauts. Im Ganzen lieben eben stimmhafte Laute stimmhafte, und stimmlose Laute wieder stimmlose Laute in ihrer Nachbarschaft. Die Assimilation selbst kann sowohl progressiv als regressiv sein, vgl. z. B. deutsches *iχbin*, *furχ(t)bar* 'ich bin', 'furchtbar' mit dialektischem *ijbin*, *furjbar* u. dgl.

798. Die Neigung zur Assimilation ist um so stärker, je mehr die Nachbarlaute homogen sind. Am meisten beeinflussen einander die Geräuschlaute (vgl. etwa wieder *iχbin* oder *ijbin* mit *du bist* oder *iχ kʻan*). Auch bei Sonoren vor und nach stimmlosen Geräuschlauten ist der Stimmverlust sehr geläufig (vgl. deutsches *blau* und *plan*, *gnade* und *knapp*, *balde* und *alt* oder schärfer ausgeprägt engl. *grow* und *crow*, *glow* und *slow*, *bride* und *pride*, *send* und *sent* u. dgl.). Weniger stark wirken sonore Consonanten auf benachbarte Geräuschlaute ein (vgl. etwa mhd. *finden*, *lande* aus ahd. *fintan*, *lante*), am wenigsten die Vocale (vgl. zum Ganzen auch noch etwa die sog. Sandhigesetze des Sanskrit).

799. Eigenthümlich und nicht genügend aufgeklärt ist die Neigung mancher Sprachen (z. B. des Sanskrit, aber auch verschiedener deutscher

Mundarten), wortauslautende stimmlose Geräuschlaute vor folgendem Vocal im Zusammenhang des Satzes zu erweichen, während sie im Wortinlaut vor Vocalen unversehrt bleiben.

c. Verschiebung von Ansatzrohrarticulationen.

800. Auf einer zeitlichen Verschiebung der Gaumensegelarticulation beruhen die Wechsel von Mundlauten mit Nasen- und Mundnasenlauten (**133** ff.), soweit diese auf Assimilation beruhen (über spontanen Wechsel von Nasalirung und Nichtnasalirung s. **758**). Hierher gehört namentlich der Uebergang von Vocalen zu Nasalvocalen und von Verschlusslauten zu Nasalen in der Nachbarschaft von Nasalen. Beispielsweise geht *mạ* aus *ma* hervor durch Verspätung des Verschlusses der Gaumenklappe, *ạm* aus *am* oder *ámna, anna, aŋna* aus *abna, adna, agna* durch Vorausnahme der Oeffnung, *abna* aus *amna* durch Verspätung der Oeffnung, *amma, anna, aŋŋa* aus *amba, anda, aŋga* durch Verspätung des Verschlusses. Zu beachten ist dabei, dass die Nasalirung durch Einwirkung eines benachbarten Nasals u. ä. sich nicht nur auf den unmittelbar daneben stehenden Laut zu beschränken braucht, sondern sich auch weiter ausdehnen kann. Im amerikanischen Englisch pflegt beispielsweise ein anlautender Nasal sein ganzes Wort zu nasaliren, sofern nicht durch einen Verschlusslaut (welcher den Verschluss auch der Nasenklappe erfordert) die Nasalierung unterbrochen wird; vgl. etwa durchgehends nasalirtes amerik. *never, measure* (d. h. *nẹvə̣, mẹžə̣*) mit nicht nasalirtem *ever, pleasure* (d. h. *evə, pležə*), u. dgl.

Von andern Fällen zeitlicher Verschiebung der Ansatzrohrarticulation sollen nur noch einige besonders bedeutsame angeführt werden.

801. Ueber den Process der Affrication ist bereits **454** das Nöthigste mitgetheilt. Die wesentlichste Vorbedingung ist das Zögern der Mundorgane in einer Engenstellung vor dem Uebergang zum Folgelaut. Am häufigsten gehen Affricaten aus Aspiraten hervor: bei diesen begünstigt der zwischen Explosion und Folgelaut liegende Hauch die Bildung des zur Affricata gehörenden homorganen Reibegeräusches. Unaspirirte Tenues ergeben Affricaten nur dann leicht, wenn deren Verschlussstellung der Stellung des folgenden Lautes nahe liegt, namentlich bei den Palatalen. Bei diesen ist ausserdem die Zunge auf eine ziemlich geraume Strecke hin dem harten

Gaumen angeschmiegt, sodass eine bedeutendere Kraft und längere Zeit erfordert wird, um sie in allen ihren Theilen vom Gaumen zu entfernen.

802. Da für das Entstehen eines Reibungsgeräusches immer das Verhältniss von Oeffnung und Druckstärke massgebend ist, so sieht man sofort, dass auch für die Affricirung ein dynamisches Element in Betracht kommt: je stärker der Druck, um so leichter Affricirung und umgekehrt.

803. Auch die Aspiration gehört vielleicht zum Theil hierher, insofern sie — was bisweilen wenigstens der Fall zu sein scheint — ihren Grund in einer Beschleunigung der Explosion findet. Namentlich bei anlautender Tenuis pflegt die Dauer des Verschlusses grösser zu sein als bei anlautender Aspirata, offenbar damit durch die allmähliche Stauung des Druckstroms die Luft im Mundraum den nöthigen Grad von Compression erhält. Wird aber explodirt, noch ehe dieser völlig erreicht ist, so fahren die mit der Comprimirung der Luft beschäftigten Muskeln noch fort, einen Hauch zu erzeugen, bis die Umstellung des Ansatzrohrs für den Folgelaut nachkommt. Dass die Compression der Luft bei den Aspiraten in der That erheblich geringer sein kann als bei einfachen Tenues, habe ich durch manometrische Messungen (namentlich auch z. B. bei Armeniern, denen die Unterscheidung der beiden Classen von Lauten ganz geläufig ist) vielfach constatiren können. — Für die Entstehung der Aspiraten mit starkem Hauch ist freilich auch bei dieser Erklärung nachfolgende dynamische Verstärkung des Hauchs anzunehmen.

804. Einschiebung und Ausstossung von Verschlusslauten findet sich namentlich beim Uebergang von Halbschlusslauten (Nasalen und *l*, s. **140**) zu andern Lauten, die an derselben Stelle eine Enge haben, wo der Halbschlusslaut einen Verschluss erfordert (also etwa bei *amfa* zwischen Lippen und Zähnen, bei *ansa*, *alra* zwischen Zungenspitze und Alveolen, bei *aŋxa* zwischen Hinterzunge und weichem Gaumen). Bei Folgen wie *amfa*, *aŋxa*, *ansa*, *anra* muss also beim Uebergang vom ersten auf den zweiten Consonanten gleichzeitig die Gaumenklappe geschlossen und der Mundverschluss in Enge umgewandelt werden. Eilt die erste Bewegung der zweiten voraus, d. h. wird der Nasenraum eher abgesperrt als der Mundverschluss gelöst wird, so bleibt der Mundraum, wenn auch nur für einen Moment, vollkommen abgeschlossen; unterbricht man nun nicht gleichzeitig die Luftzufuhr, so staut sich die Luft im Mundraum und explodirt bei der Oeffnung zur folgenden Enge: es schiebt sich also ein Explosivlaut zwischen die beiden Nachbarlaute ein. Aus *amfa*, *aŋxa*, *ansa*, *anra* wird also *am(p)fa*, *aŋ(k)xa*, *an(t)sa*, *an(d)ra* u. dgl. Durch Voreilen der Mundöffnung kann umgekehrt ein vorhandener Explosivlaut getilgt werden, also *ampfa*, *antsa* u. dgl. in *amfa*, *ansa* etc. übergehen. — Bei den Verbindungen von *l* (also beim

Uebergang von Gruppen wie *alsa*, *alša*, *alra* zu *al(t)sa*, *al(t)ša*, *al(d)ra* und umgekehrt) spielt die Schliessung und Oeffnung der seitlichen Ausflussöffnung des *l* dieselbe Rolle wie die Bewegung der Gaumenklappe bei den Nasalverbindungen.

805. Dieselben Erscheinungen wiederholen sich auch bei grösserer Distanz der Articulationsstellen. Aus *ms* und *ɷs* entwickelt sich leicht *mps* (wie in lat. *sumpsi*, got. *swumfsl* aus *swumpsl für *swumsla-) und *ɷks*. — Auch zwischen Nasal und nicht homorganem Verschlusslaut entwickelt sich leicht ein dem Nasal homorganer Verschlusslaut (z. B. lat. *sumptus* aus *sumtus*, deutsch dialekt. *kompt* aus *kommt*, vgl. auch ahd. *kumft* aus germ. *kumfti- für *kumpti aus *kumti = indogerm. **gm̥ti* u. dgl.).

806. Auch vor einem Halbschlusslaut zeigen sich oft ähnliche Erscheinungen, z. B. nhd. dialekt. *le̱-m*, *sa̱-ɷ* für *le̱-bm*, *sa̱-gɷ* 'leben, sagen', engl. *ofn, lisn, grisl* für *oftn, listn, gristl* 'often, listen, gristle'.

807. Nicht alle Consonanteinschübe zwischen Consonantverbindungen beruhen auf zeitlicher Verschiebung, so z. B. nicht die Einschiebung des *t* zwischen *s* oder *š + r* (wie in ahd. *stroum* 'Strom' aus germ. *strauma- aus *srauma-; nhd. dialektisch *štraube* für *Schraube* u. dgl.). Der Grund des Einschubs liegt hier darin, dass man beim Uebergang vom *s*, *š* zu *r* nahe an einer Verschlussstellung vorübergeht und bei geringer räumlicher Verschiebung der articulirenden Theile leicht unwillkürlich zu wirklicher Verschlussbildung gelangt.

808. Diphthongirung einfacher Vocale unter dem Einfluss benachbarter Consonanten zeigt sich z. B. in den sog. Brechungen des Angelsächsischen, Friesischen und Altnordischen, wie ags. *feallan, beorʒan, feohtan*, altfries. *tsiurke, riucht*, altn. *bjarga, hjálpa* (aus *bearga, *healpa, vgl. **420**). Die 'Brechung' ist zunächst nichts anderes als das deutliche Hervortreten des Gleitlauts von dem palatalen Vocal (z. B. in vorhistorisch ags. *fællan, *berʒan, *fehtan u. s. w.) zu dem folgenden Consonanten, der hier stark conträre Articulation hat (die Brechung erfolgt vor *l*, das ohne Zweifel stark velar war, vor dem laryngalen (bez. gleichzeitig velaren?) *h* und vor dem *r*, das vermuthlich supradental, mit starker Auf- und Rückbiegung der Zunge gesprochen wurde). Nachträglich mag im Einzelfalle immer noch eine divergirende Entwicklung der beiden Componenten des neuentstandenen Diphthongs (**768**) eingetreten sein.

809. Mit diesen Diphthongirungen sind nahe verwandt die sog. Epenthesen, d. h. das Eindringen von Vocalen von Folgesilben in vorausgehende Silben, wie etwa in *aili*, *aulu* aus *ali*, *alu* (hierher gehören auch die ags. sog. *u*- und *o/a*-Umlaute, wie etwa in *ealu*, *feolu*, *mioluc* aus *alu, *felu, *miluk). Bei diesen wirkt nur nicht die specifische Articulation des Folgeconsonanten selbst diphthongirend, sondern die Articulation des zweiten Vocals, die in den vermittelnden Consonanten aufgenommen ist (ähnlich wie beim Umlaut, **765** f.). Ein *aili* aus *ali*, ein *aulu* aus *alu* setzt also zunächst Palatalisirung bez. Rundung des *l* voraus (vgl. **469** ff.), demnächst ein weiteres zeitliches Vorgreifen der dem *l* eingemischten Elemente der *i*- und *u*-Stellung über den Anfang der *l*-Einstellung hinaus. Von dem Moment an, wo der Uebergang vom *a* zu der vorgeschobenen *i*-, *u*-Stellung begonnen wird, bis zu dem Moment, wo die nachhinkende *l*-Articulation perfect wird, schiebt sich danach nothwendig ein i, u ein.

810. Am meisten begünstigt werden Epenthesen durch sonore Laute. Schwerere Consonantgruppen hindern sie. Ausserdem ist vielfach die Grösse der Articulationsdifferenz massgebend. Je stärker sich Lippen und Zunge an der Bildung des beeinflussenden Vocals betheiligen, je mehr also dessen Articulation von der Ruhelage abweicht, um so kräftiger ist die Wirkung.

811. Ein merkwürdiges und phonetisch noch nicht genügend aufgeklärtes Beispiel entgegengesetzter Wirkung bietet die **Absorption der zweiten Componenten von Diphthongen** vor articulationsverwandtem Folgelaut. Hierher gehört z. B. die sog. 'Ebnung' des Angelsächsischen, d. h. der Uebergang von Diphthongen wie *ea*, *eo*, *io* in einfache Vocale vor Velaren und Laryngalen, wie anglisch *sæh*, *béʒ*, *feh*, *fléʒan*, *rihtan*, *lihtan* gegen westsächs. *seah*, *béaʒ*, *feoh*, *fléoʒan* bez. urags. *riuhtjan, *liuhtjan etc. Ueber ähnliche Vorgänge im spätern Englischen etc. s. Luick, Anglia XVI, 468 ff.

812. Svarabhakti. Mit diesem indischen Namen bezeichnet man jetzt vielfach die Entwicklung eines Secundärvocals aus einem sonoren Consonanten vor einem andern Consonanten, z. B. ahd. *alah*, *beraht*, oberd. auch *perac*, *starab* aus *alh*, *berht*, *perg*, *starb*, nhd. dialektisch *balᶦχ*, *burᶦχ*, *halᵊf*, *finᵊf*, *štarᵊp* 'Balg, Burg, half, fünf, starb'. Diese Erscheinung setzt wohl meist zweigipflige Aussprache der ursprünglichen Silben voraus. Dabei können die einzelnen Laute der Silbe so vertheilt sein, dass der Nebengipfel in die Liquida oder den Nasal hineinfällt. Dann wird deren Schluss decrescendo gebildet (**537** ff.), hat also consonantische Function, und eine Vocalentwicklung tritt nicht ein. Bei schärferer exspiratorischer Trennung der beiden

Silbenstösse zwischen Vocal und Consonant rückt aber der Nebengipfel leicht in den Schluss der Liquida und des Nasals. Da nun dieser Laut crescendo gebildet wird (als im Silbenanlaut stehend), so tritt er als Sonant mit dem folgenden Consonanten in unmittelbarem Contact. Der erste Anlass zur Svarabhakti ist dann also eine Verschiebung des Stromdrucks gegen die Articulationen der einzelnen Laute der Silbe. Dazu kann dann als zweiter Act eine Verschiebung der Ansatzrohrarticulationen treten: durch verfrühte Aufhebung der *l*-, *r*-Enge oder des *n*-Verschlusses bei forttönender Stimme entwickelt sich ein Gleitvocal zwischen dem *l*, *r*, *n* und dem folgenden Consonanten, der dann eventuell secundär noch dynamisch verstärkt werden kann.

813. Svarabhakti tritt um so leichter ein, je grössere Schwierigkeiten sich einer raschen Umsetzung der Articulationsstellung darbieten, d. h. je grösser die Articulationsdifferenz der Nachbarlaute ist. Zwischen nahezu homorganen Lauten tritt sie daher äusserst selten auf, so etwa zwischen *r* + *d*, *r* + *t*. Immerhin ist hier die Möglichkeit gegeben, da das *r* ein Oeffnungslaut ist, dessen Oeffnung bei verfrühtem Wegfall des Rollens Anlass zur Bildung eines Gleitvocals geben kann. Haben aber beide Laute an derselben Stelle einen Verschluss (das gilt von Verbindungen wie *ld*, *lt*, namentlich aber von den Verbindungen von Nasal + homorganem Verschlusslaut, wie *mb*, *mp*; *nd*, *nt*; *ŋg*, *ŋk*), so kann eine Vocalentwicklung überhaupt nicht eintreten, weil die zur Ermöglichung einer Gleitlautbildung nothwendige Umstellungsbewegung (d. h. der Durchgang durch eine Oeffnungsstellung) fehlt.

814. Nahe verwandt mit der Svarabhakti (ja von einigen unter diesem Namen direct mitverstanden) ist die **Entwicklung von Vocalen aus silbischen Liquiden und Nasalen nach Consonanten**, wie in germ. *ul, ur, um, un, uŋ* aus indog. silbischem *l, r, m, n, ŋ*, oder ahd. -*ul* (-*ol*, -*al*), -*ar*, -*um* (-*am*), -*an* aus älterem silbischen *l* u. s. w. (auch in Fällen wie franz. *canif* aus nd. *knif*, vermittelt durch eine Form *kni̯f* mit silbischem *n*). Dieser Uebergang setzt das Bestehen eines schwachen unsilbischen Stimmgleitlauts zwischen dem vorausgehenden Consonanten und dem silbischen Sonorlaut voraus (also bei Verbindungen wie *tl*, *tn* u. dgl. eine wirkliche Explosion des *t* und Wiederverschluss für *l*, *n*). Dieser Gleitlaut kann nun zunächst durch Verspätung des Eintritts der specifischen Mundstellung des *l*, *r* u. s. w. deutlicher hervortreten und schliesslich selbst Sonant werden (was eine Verstärkung der Stimme durch dynamische Verschiebung der Exspiration voraussetzt).

815. In Fällen wie ahd. *aram, charal*, nhd. dialektisch *arᵊm, karᵊl* aus *arm, karl*, wo zwei sonore Consonanten zusammenstehen, kann es zweifelhaft sein, aus welchem der beiden Laute sich der Secundärvocal entwickelt hat. Vermuthlich ist jedoch anzunehmen, dass zunächst der zweite Sonorlaut silbisch wurde und die Weiterentwicklung dann nach **814** erfolgte.

816. Auch im freien Anlaut können sich Secundärvocale entwickeln (Prothese), vgl. etwa germ. *un-* aus indog. silbischem *n-* aus *ne* 'nicht', auch die Prothesen, die in manchen Sprachen vor *l, r* etc. auftreten u. dgl. Auch diese Prothesen setzen vermuthlich überall silbische Function des betreffenden Sonorlauts voraus und nachheriges Zurückbleiben der Ansatzrohrarticulation hinter dem Stimmeinsatz (vgl. auch **396**).

817. Auf genau umgekehrtem Wege erfolgt die **Absorption von Vocalen durch Nachbarlaute**, namentlich consonantische Liquide und Nasale, die dadurch silbisch werden, vgl. etwa nhd. *ápfḷ, lḕ-zṇ, ā̀-tṃ* gegen ahd. *áp-pful, lḕ-san, ā̀-tum* oder nhd. *brítṇ, blā̀dṇ* neben *bᵊrítn, bᵊlā̀dn* 'beritten, beladen' und so schon ahd. *glouben, gnáda* aus *gḷouben, *gṇada für *gᵊlouben, *gᵊnada aus *gilouben, ginā́da* (mit nachfolgender Ueberführung des silbischen *l, n* in unsilbisches).

818. Natürlich können auch andere Laute als Liquide und Nasale durch Absorption eines Vocals silbisch werden. So ergeben sich aus engl. *possible, visible* bei der Absorption des Vocals der Mittelsilbe durch die Zischlaute dreisilbige *po-s͡-bl, vi-z͡-bl* mit silbischem *s, z*, welche Exspirationsform und Dauer der ursprünglichen Silben *si, zi* bewahren. In Sprechformen wie engl. *præk-t͡-kl, p͡-teḵ-to* 'practical, potato' liegen geradezu silbische *p, t* vor.

819. Auch bei der Absorption ist die zeitliche Verschiebung nur der Schlussact eines längeren Processes. Zunächst sinkt der ursprünglich vollstimmige Stellungsvocal zum Murmelvocal herab und gibt seine sonantische Function an den folgenden Stellungslaut ab. Durch noch weiteres Vorgreifen der Articulation des Folgelauts kann selbst dieser Gleitvocal noch ganz schwinden. Dies geschieht insbesondere ganz gewöhnlich da, wo er zwischen Verschlusslaut und Halbverschlusslaut steht; vgl. etwa nhd. *handḷ, ritn, lipm, hakṇ* 'Handel, ritten, Lippen, hacken' u. a. (ohne gesonderte Explosion des Verschlusslauts, s. oben **112**).

820. **Vocalsynkope** (bez. **-apokope**) unterscheidet sich von der Vocalabsorption in dem eben festgestellten Sinne nur dadurch, dass sie zugleich eine Verminderung der Silbenzahl hervorbringt. Bei dem nhd. viersilbigen *bᵊ-lā̀-dṇ-nᵊ* aus *beladene* sprechen wir also z. B. von einer Absorption des Vocals der urspr. dritten Silbe durch das *n*, bei der auf drei Silben reducirten Form *bᵊ-lā̀-dnᵊ* dagegen von einem Ausfall oder einer Synkope des betreffenden Vocals. In beiden Fällen ist durch zeitliche Verschiebung der Mundarticulationen die specifische

Stellung dieses Vocals (des *e*) verschwunden, in beiden Fällen aber hat auch eine Absorption der übrigen Articulationsfactoren stattgefunden: Exspiration und Dauer des *e* sind im einen Falle auf das *n* übergegangen, im andern Falle von der vorhergehenden Silbe an sich gerissen worden. Besonders deutlich ist das bezüglich der Quantität, denn in dem dreisilbigen *bᵊ-là-dnᵊ* wird die Mittelsilbe genau so lang gesprochen wie die beiden Mittelsilben von *bᵊ-là-dn-nᵊ* zusammen, und in Mundarten mit zweigipfliger Silbenbildung macht sich auch die Herüberziehung des schwächeren Silbengipfels leicht bemerkbar, vgl. Aussprachen wie *bᵊ-là-dnᵊ* oder namentlich einsilbige Formen wie *braut* 'braut' aus *brauet* gegen *bráut* 'Braut' oder *schalt* 'schallt' aus *schallet* gegen *schalt* 'schalt' von 'schelten'. (vgl. **701**; wenn daneben auch wieder eingipflige Formen mit einfacher Länge auftreten, so beruht das sicher auf secundärer Umgestaltung).

821. Insofern eine Vocalsynkope dieser Art eine Dehnung der vorausgehenden Silbe involvirt, kann sie überhaupt nur nach dehnbarer, also langer (**704**) Silbe eintreten. Dieser theoretische Satz bestätigt sich gut durch die thatsächlichen Verhältnisse vieler Sprachen, z. B. durch die westgerm. Synkope; vgl. etwa ahd. *hôrta*, d. h. *hŏrta* aus *hôrita*, d. h. *hŏ-ri-ta*, gegenüber erhaltenem *ne-ri-ta*. Wenn eine Form wie dies *ne-ri-ta* trotzdem später Synkope erfährt, wie in mhd. *ner-te*, so setzt dieser Vorgang vermuthlich zunächst Absorption des *i* bez. des daraus hervorgegangenen ᵊ durch das *r* und nachfolgende Verschiebung der Silbengrenze voraus (also Stufenfolge *ne-rᵊ-te*: *ne-r-te* [wie oben engl. *vi-z-bl̩*]: *nẽr-te* u. s. w.).

822. Man bringt die Vocalsynkope oft mit angeblich verschiedener Betonung der nach kurzer und langer Silbe stehenden schwächeren Vocale zusammen, aber sicherlich mit Unrecht, wenigstens in dieser Allgemeinheit. Das primum agens ist die Quantität, d. h. bei einer (aus allgemeinen sprachrhythmischen Neigungen oder Moden erwachsenden) Neigung zur Ueberdehnung betonter Silben dehnen sich die dehnungsfähigen (langen) Silben auf Kosten der Nachbarsilben aus. Kurze betonte Silben aber können ohne Verschiebung der Silbengrenze nicht ausgedehnt werden: sie bleiben also auch überall da kurz, wo die alten Druckgrenzen erhalten werden. Einer Neigung zur Längung der Sprechtakte (denn darum handelt es sich hierbei in erster Linie oft) kann dann nur durch Dehnung unbetonter Folgesilben Genüge geschehen (daher z. B. die in den nord. Mundarten häufigen Dehnungen urspr. kurzer Endvocale nach kurzer Wurzelsilbe, wie *liva̱*, *nema̱* u. dgl., s. darüber jetzt besonders Storm² 250 ff.).

d. Metathesen.

823. Anhangsweise sind hier auch die Metathesen zu erwähnen, von denen bereits oben **729** bemerkt wurde, dass sie ganz dem Gebiete des springenden Lautwechsels zugehören.

Von den übrigen zeitlichen Verschiebungen unterscheiden sie sich dadurch, dass nicht der Eintritt oder Austritt eines Articulationsfactors (oder eventuell mehrerer zugleich) einfach vor- oder zurückgerückt wird, sondern dass eine Vertauschung der Reihenfolge stattfindet (wie in *bersten* aus *brestan* u. dgl.). Für die hierbei auftretenden grossen Abnormitäten ist noch kein bestimmtes Gesetz gefunden. Nur so viel lässt sich vielleicht sagen, dass die meisten Stellentauschungen unter den Sonoren stattfinden und dass unter den Consonanten *r* und *l* am leichtesten der Metathese anheimfallen, am allerhäufigsten wieder das *r*. Es lässt sich vermuthen, dass eine Metathese um so leichter eintrete, je ungewöhnlicher die Articulationsweise eines Lautes ist, und das trifft für *r* und *l* zu (wegen des Rollens des *r* und der lateralen Articulation des *l*, die von dem sonst üblichen Habitus der Sprachlautbildung am stärksten abweichen).

Cap. 41. Lautwechsel durch dynamische Verschiebung.

824. Auch diese Fälle sind sehr mannigfaltiger Art. Doch lassen sie sich im Ganzen annähernd in drei Hauptgruppen ordnen, je nachdem die Verschiebung der Druckstärke einzelne Laute, oder einzelne Theile der Silben oder endlich ganze Silben betrifft, d. h. je nachdem sie ohne Beziehung zum Accent ist oder mit dem Silben- bez. Wort- und Satzaccent im Zusammenhang steht.

825. Ein reines Beispiel für die erste Art bietet z. B. die Steigerung der ursprünglichen Mediae (Lenes) *b*, *d*, *g* zu den Fortes *p*, *t*, *k* durch die german. Lautverschiebung dar. Ebenso sinken alte Fortes nicht selten ebenso spontan zu neutraler Mittelstärke (wie in mitteldeutschem stimmlosem *b*, *d*, *g*, vgl. 184) oder zu vollen Lenes herab. Bedingt durch die Stellung innerhalb der Silbe ist dagegen die sehr häufige Schwächung der *p*, *t*, *k* in Verbindungen wie *sp*, *st*, *sk*, *ft*, *ht* u. s. w. zu stimmlosen Lenes oder Lauten von mittlerer Stärke (hier hat offenbar die Aussprache der vorausgehenden Spirans so viel Luft und Druck verbraucht, dass der folgende Verschlusslaut nur noch mit halber Kraft gebildet wird). Wieder andere Fälle beruhen auf Assimilation, indem der Druckunterschied zwischen Lenis und Fortis ausgeglichen wird, namentlich da wo beide ein und derselben Silbe angehören (wie etwa schweiz. *kseit*, *pxenn⁹*, aus *g(e)seit*, *b(e)chenne*), aber auch in Fällen wie nhd. *lebte*, gespr. *lept⁹* neben *lebe*, gespr. *lè-b⁹* u. s. f.

826. Sehr verbreitet ist die Verstärkung von Lenes zu Fortes, sobald sie in den Silbenauslaut treten; man denke etwa an den Uebergang der etymologischen Lenes *b*, *d*, *g* in *p*, *t*, *k* in mhd. *lîp*, *leit*, *tac* neben *lîbes*, *leide*, *tage* (und so noch gemeinhin nhd. *Leib*, *Leid*, *Tag*, gespr. *laep*, *laet*, *t'ax* oder *t'ak̑*; aber oberdeutsch herrscht hier — analogisch eingeführt — wieder die Lenis, z. B. *ta̯g* mit stimmlosem *g*, abgesehen etwa von isolirten Formen wie *wek* 'fort'). Oben **596** ff. ist bereits gezeigt worden, dass diese Verstärkung mit dem Silbenaccent im Zusammenhang steht, mithin zu unserer zweiten Gruppe zu stellen ist. Es folgt daraus, dass auch eine Verlegung der Silbengrenze zur Verschiebung der Druckstärke eines Lautes führen kann. Ein Beispiel ist etwa der Uebergang der ursprünglichen Lenes zu geminirten Fortes bei der sog. westgermanischen Gemination, wie in ahd. *kuṅ-ṅi̯e*, *kuṅ-ṅe* gegenüber got. *kù-nja* u. dgl.

827. Bedeutsam ist ferner ein Wechsel der Druckabstufung des Silbenschlusses, d. h. Wechsel von schwach und stark geschnittenem Silbenaccent, namentlich wegen seiner Einwirkung auf Quantitätsveränderungen der Sonanten. Hierüber vgl. **695**. **713** und **842** ff.

828. Verschiebungen im dynamischen Wort- und Satzaccent sind theils rein dynamisch, d. h. sie bewirken nur Veränderungen des Stärkeabstands von betonten und unbetonten Silben (**640**), theils zugleich zeitlich, d. h. sie involviren eine Verlegung der Starktonsilbe innerhalb des Wortes oder Sprechtakts. Beispiele für Verschiebungen der letzteren Art sind etwa die Festigung des Starktons auf der Wurzelsilbe im Germanischen und Čechischen, auf der vorletzten Silbe des Wortes im Polnischen, das Aufgeben der Oxytonirung im Lateinischen u. dgl.

829. Nach Massgabe der Betonungsverhältnisse etwa des Französischen und Serbischen wird man annehmen dürfen, dass es sich bei solchen Verschiebungen des Starktons im Grunde auch nur um eine allmähliche Verschiebung des Stärkeabstands von starken und halbstarken Silben handelt, und zwar entweder um allmähliche Verstärkung eines alten Vortons unter gleichzeitiger Schwächung des alten Starktons, oder die Entwicklung eines (secundären) Vortons auf ursprünglich unbetonter Silbe (wie in serb. /voda\ aus urspr. *roda·*, **673**) und nachherige Weiterentwicklung dieses Vortons zum Starkton.

830. Was den Einfluss des dynamischen Accents auf die Vocale betrifft, so pflegen diejenigen, welche in ihrer eigenen Sprache einen grossen Stärkeabstand zwischen betonten und unbetonten Silben besitzen (also z. B. die Deutschen) die grosse Stärke ihrer dynamisch betonten Vocale leicht zu übersehen oder als etwas Selbstverständliches zu betrachten. Ja man hat dem stark dynamischen Accent wohl gar Wirkungen zugeschrieben, die seinem Wesen direct zuwider sind (Weiteres s. 842 ff.).

831. Für die Einwirkung des dynamischen Wort- und Satzaccents auf den Consonantismus ist der sog. grammatische Wechsel der germanischen Sprachen ein classisches Beispiel. Die aus den indog. Verschlussfortes p, t, k durch die Lautverschiebung hervorgegangenen Fortes f, $þ$, x des Wortinnern und Wortschlusses erhielten sich, wie K. Verner gezeigt hat (Kuhns Zeitschr. XXIII, 97 ff.), nur im Nachlaut der indog. Starktonsilbe; im Nachlaut nicht haupttoniger Silben sanken sie dagegen zunächst zu stimmlosen Lenes herab, um weiter in die stimmhaften Lenes $ƀ$, $ð$, $ʒ$ überzugehen. Aehnliche Vorgänge begegnen auch in andern Sprachen.

832. Sehr häufig hat eine dynamische Verschiebung zugleich noch andere Verschiebungen im Gefolge, wie des Oefteren bereits bemerkt ist. Ueber den Einfluss der Nachdrucklosigkeit auf die Kehlkopfarticulation von Stimmhaften s. **787. 794**, auf die Mundarticulation von Vocalen **763**; über Begünstigung von Stimmlosigkeit durch Druckverstärkung **796**, über dynamische Verschiebung durch Verlegung der Silbengrenze bez. des Silbengipfels **791.**

Cap. 42. Quantitätswechsel.

833. Quantitätswechsel im weitesten Sinne des Wortes umfasst alle Veränderungen, welche die Normaldauer irgend eines sprachlichen Gebildes erfahren kann. Der grösste Theil dieser Verschiebungen ist rhythmischer Natur (vgl. **688**), d. h. er betrifft in erster Linie das rhythmische Skelet des Satzes (Sprechtakte und Silben) und erst durch diese hindurch indirect die einzelnen Sprachlaute, aus denen sich dies Skelet aufbaut (vgl. **836**). Hierbei empfängt nicht das einzelne Gebilde eine feste Quantität, sondern die Quantität wechselt fortwährend nach den rhythmischen Bedingungen unter deren Einwirkung das betreffende Gebilde steht; d. h. je nach dem Bedürfniss des Rhythmus werden dehnbare Theile der Sprechtakte (dehnbare Silben) bez. dehnbare Theile der Silben (dehnbare Laute) gedehnt und kürzbare Theile (Silben bez. Laute) entsprechend gekürzt, ohne dass der allgemeine Gegensatz von 'lang' und 'kurz' (**694. 704**) dabei verloren ginge. Hierher gehören z. B. die Quantitätswechsel durch Aenderung des Tempos (**690**), durch verschiedene Füllung der Sprechtakte (**688. 714**), durch Verschiebung des Sinnesaccents (**689**), durch Verschiebung der Stärkeabstufung (**712**) u. dgl. mehr.

834. Von diesen lebendigen Verschiebungen der Quantität sind die Quantitätswechsel im engeren Sinne zu unterscheiden, d. h. die historischen Uebergänge traditioneller Kürzen in traditionelle Längen und umgekehrt, wie etwa in nhd. *tāge* aus mhd. *tage* oder in nhd. *brächte* aus mhd. *brāhte*. Es liegt dabei auf der Hand, dass die neuen Quantitäten ebenso wieder dem lebendigen Wechsel unterliegen wie die einer vergangenen Periode angehörigen alten Quantitäten, die der Vergessenheit anheim gefallen sind (also etwa nhd. *tsa̱lʾ* 'zahle' mit einfacher Länge im zweisilbigen, *tsa̱l* 'Zahl' mit Ueberlänge im einsilbigen Sprechtakt, u. s. w., vgl. **696**).

835. Für die Beurtheilung auch dieser historischen Quantitätswechsel ist vor allen Dingen die Frage wichtig, ob es sich um absolute Mehrung oder Minderung der Dauer einzelner sprachlicher Gebilde oder um die gegenseitige Verschiebung der Dauer von Nachbargliedern zusammengesetzter Gebilde bei gleichbleibender Gesammtdauer handelt. Eine Dehnung wie die des *a̱* von mhd. *tă-ge* zu nhd. *tà-gʾ* ist ein Beispiel der ersten Art (absolute Quantitätsverschiebung), dagegen die Dehnung des *a̱* in einem Falle wie *à-ma* aus *ám-ma* ein Beispiel der zweiten Art (relative Quantitätsverschiebung): hier hat das *a* nur soviel an Dauer gewonnen, als das *m* verloren hat, während bei *tă-ge* : *tàgʾ* das Gesammtmass des Sprechtakts vermehrt worden ist.

836. Weiterhin ist überall die Frage aufzuwerfen, welchem sprachlichen Gebilde eine Dehnung oder Kürzung primär zukommt, und wie weit dann eventuell secundär die einzelnen Glieder dieses Gebildes bei der Verschiebung der Gesammtdauer in Mitleidenschaft gezogen werden.

837. Absolute Steigerungen und Minderungen der Dauer werden primär wohl stets den Sprechtakt als solchen betreffen. Der primäre Anlass dazu ist dann eine Tempoverschiebung, d. h. eine Neigung zur Dehnung oder Kürzung der Sprechtakte an sich, ohne Rücksicht auf deren Füllung. Die Verschiebung selbst kann dabei in den Grenzen des lebendigen rhythmischen Wechsels (**833**) bleiben, oder zu einem historischen Quantitätswechsel Anlass geben. Im letzteren Falle unterliegen bei etwaiger Dehnung meist die betonten Silben des Taktes der

Verschiebung, vgl. z. B. wieder nhd. *tà-g⁹* mit ahd. *tà-ge*; anderwärts aber, wo die traditionelle Kürze betonter Silben schärfer festgehalten wird, können auch unbetonte Glieder des Sprechtakts zur Füllung gedehnt werden (vgl. etwa die **822** erwähnten nord. Dehnungen von Endsilben wie *li-va̱*, *nè-ma̱* u. dgl.). Absolute Kürzung der Taktlänge trifft im Allgemeinen unbetonte Silben leichter und stärker als betonte.

838. Auch bei der relativen Quantitätsverschiebung werden im Allgemeinen meist betontere Glieder des Satzes auf Kosten schwächerer Glieder gedehnt. Dies gilt sowohl von den relativen Quantitäten stärker und schwächer betonter Sprechtakte, als namentlich auch von der Verschiebung der Silbenquantität im Takte (**712**). Mehrung und Minderung der Silbendauer betrifft dagegen meist nicht sowohl die stärksten Laute der Silbe (also den Sonanten der Silbe an sich), als solche Laute, die an sich leichter variable Quantität besitzen, also vorzugsweise die dehnbaren 'Längen', mögen diese Sonanten (**700**) oder Consonanten (**701**) sein. Für die relative Verschiebung der Lautquantität innerhalb der Silbe lassen sich bestimmte Regeln nicht geben.

839. Urspünglich kurze Silben (706) können historisch in zwiefacher Weise zu Längen (**707**) werden: entweder durch Dehnung des Sonanten (d. h. Aufgabe von dessen traditioneller Undehnbarkeit), wie in mhd. *tà-ge* : nhd. *tà-g⁹*, oder durch Verschiebung der Silbengrenze (d. h. Uebergang der offenen Silbe in geschlossene), wie in mhd. *hì-mel, gò-tes, blè-ter* : nhd. *himmel, gottes, blütter*, d. h. *hím⁹l, gót⁹s, blét⁹r* aus älternhd. *him-m⁹l, gót-t⁹s, blét-t⁹r* mit Geminata.

840. Urspünglich lange offene Silben können nur durch Verkürzung des Sonanten zu kurzen Silben werden (vgl. **707**), lange geschlossene Silben mit kurzem Sonanten nur durch Verschiebung der Silbengrenze, die aus der geschlossenen Silbe eine offene macht. Insbesondere tritt dieser Fall bei der Vereinfachung von Geminaten ein, mag diese nun zum Wegfall einer Druckgrenze führen (wie in nhd. *amme*, d. h. *ám⁹* aus mhd. *am-me* oder den **787** erwähnten Beispielen mit secundärer Geminata), oder zur blossen Verlegung der Druckgrenze vor den Consonanten (wie in altslav. *jesi* 'du bist', d. h. *i̯è-si̱* aus urspr. **i̯es-si̱*). Geschlossene Silben mit langem Sonanten können nur durch einen Doppelprocess zu Kürzen werden, durch die Verkürzung des Sonanten (mit oder ohne gleichzeitige Dehnung des silbenschliessenden Consonanten, vgl. **849)** und Verlegung der Silbengrenze unmittelbar hinter den Vocal.

841. Als Mittelstufe bei diesen Vereinfachungen wird vermuthlich kurzer Vocal + Druckgrenze + langem Consonanten anzusetzen sein, also z. B. mhd. *ám-me*, dann *à-me*, dann *ám'* oder *á-m'* (vgl. etwa das **555** angeführte ital. *a-to* aus *at-to* u. dgl.). — Am leichtesten vollzieht sich übrigens diese Verschiebung der Silbengrenze wieder in unbetonter Silbe (vgl. etwa schon mhd. *lebene*, d. h. *lè-be-ne*, aus ahd. *lebénne*, d. h. *lè-ben-ne*, neben erhaltenem *ám-me* u. dgl.).

842. Auch die specielle Form des Silbenaccents (**589 ff.**) ist von Einfluss auf den Quantitätswechsel (vgl. **827**). Dehnung alter kurzer Vocale setzt ohne Zweifel schwach geschnittenen Silbenaccent voraus (vgl. **594**), und dieser herrscht wieder in offenen Silben am stärksten vor, daher auch deren Vocale am ehesten gedehnt werden (wie in nhd. *tà-g'* aus *tà-ge* gegenüber mhd. nhd. *hál-t'*).

843. Es ist vielfach üblich, solche Dehnungen direct dem Einfluss des dynamischen Accents zuzuschreiben. Diese Anschauung ist aber irrig. Starker Stromdruck begünstigt vielmehr den Eintritt des stark geschnittenen Silbenaccents und dieser schützt geradezu alte Kürzen vor der Dehnung. Im Nhd. sind daher alte Kürzen überall da erhalten, wo sich ein stark geschnittener Silbenaccent ohne Weiteres einstellen konnte, d. h. in geschlossener Silbe (also nhd. *hál-t'* aus mhd. *hàl-te* [vgl. **598**], oder nhd. *ám*ᵉ aus mhd. *am-me*). Der primäre Anlass ist vielmehr auch hier die Neigung zur Taktdehnung (**837**), und diese trifft erfahrungsgemäss bei stark geschnittenem Silbenaccent regelmässig nur einen silbenschliessenden Consonanten, nicht aber vorausgehenden kurzen Vocal.

844. Die Beibehaltung alter schwach geschnittener Accente in ursprünglich offenen Silben wird dadurch erleichtert, dass die folgende Silbe mit einer Lenis anlautet. Im Nhd. ist daher auch z. B. die Dehnung der Stammsilbenvocale vor erhaltenen Lenes am consequentesten durchgeführt. Fortis im Anlaut der Folgesilbe erzeugt unter Umständen leicht einen stark geschnittenen Accent Hand in Hand mit einer Verschiebung der Silbengrenze (daher z. B. die secundären Geminaten in spätmhd. *gottes*, *bletter* u. dgl., oben **839**), und hilft dadurch die Vocalkürze erhalten (also nhd. *gottes*, d. h. *gót's* u. s. w.).

845. Vocaldehnungen in geschlossener Silbe beruhen mindestens zu einem grossen Theile auf relativer Verschiebung der Dauer von Sonant und Consonant (**838**). Formen wie etwa ags. *ald*, *wind*, *word* 'alt, Wind, Wort' setzen z. B. offenbar die Grundformen *ald*, *wind*, *word* voraus und gehen aus diesen durch zeitliche Verschiebung (d. h. verspätete Umstellung des Ansatzrohrs für den Consonanten) hervor. Am verbreitetsten sind solche Dehnungen vor sonorem Dauerlaut, am seltensten vor stimmlosen Lauten, weil bei diesen auch eine zeitliche Verschiebung der Stimme stattfinden muss (vgl. z. B. engl. *kind, mild*, d. h. *kaind, maild* aus älterem *kind, mild* aus *kind, mild* mit stimmhaftem *n, l* gegenüber engl. *tint, hilt* mit stimmlosem *n, l*).

846. Die zuletzt angeführten Beispiele weisen zugleich eine Accentverschiedenheit auf, *tint, hilt* mit stark geschnittenem, aber *kaind, maild* mit zweigipfligem Accent. Auf alle Fälle setzt die Dehnung des Vocals auch hier wieder schwach geschnittenen Ausgang voraus (vgl. **842**), und wird sie durch zweigipfligen Accent begünstigt (d. h. es ist z. B. das erwähnte ags. *wind* aus *wind* genauer als *wind* aus *wind* zu interpretiren).

847. Nur einen besonderen Fall dieser Dehnungen stellen die Vocaldehnungen vor urspünglicher Geminata dar, also Beispiele wie *a-ma, a-ta, a-sa* aus *am-ma, at-ta, as-sa* u. s. w. Nur verbindet sich bei diesen mit der zeitlichen Verschiebung der Ansatzrohrarticulation zugleich noch eine Verschiebung der Silbengrenze, die nun vor den Consonanten statt in ihn hinein zu liegen kommt (vgl. **555** ff.).

848. Man pflegt Erscheinungen wie die zuletzt besprochene mit dem Namen Ersatzdehnung zu bezeichnen. Dieser Name kann an sich nichts weiter ausdrücken, als die Thatsache, dass die Dauer eines Lautes auf Kosten eines anderen vermehrt worden ist. Die Vorgänge selbst aber, durch die dies Ziel erreicht werden kann, sind ganz verschiedener Art. Bei *a-ma* aus *am-ma* handelt es sich z. B. um parallele zeitliche Verschiebung von Ansatzrohrarticulation und Exspiration, in einem Falle wie etwa altsächs. *ūs* aus *uns* zunächst um reciproke Assimilation von Vocal + Nasal zu einem Nasalvocal (vgl. **800**), der die Dauer der alten Gruppe beibehält, und nachherige spontane Aufgebung der Nasalirung (**758**) u. dgl. Es wird also besser sein, den zweideutigen Ausdruck zu vermeiden.

849. Auch Vocalkürzungen in geschlossener Silbe beruhen oft auf relativer Quantitätsverschiebung. In einem Falle wie nhd. *brachte* aus mhd. *brâhte* (d. h. *braxt⁹* aus *braxte*, vgl. **701**) ist eben nur dem *x* zu Gute gekommen, was das *a* an Dauer eingebüsst hat. Auch hier spielt übrigens einerseits der Eintritt des stark geschnittenen Silbenaccents, andererseits der Wechsel von stimmhaftem und stimmlosem Schlussconsonanten eine nicht unwesentliche Rolle.

Literatur.[1]

Araujo, F., Recherches sur la phonétique Espagnole. Phonet. Studien III (1890), 309 ff., V (1892), 47 ff., 142 ff., VI, 35 ff., 134 ff., 257 ff., VII (= Die neueren Spr. I, Beibl.), 37 ff.
—— Estudias de fonétika kastelana. Toledo 1894.
Arendt, C., Phonetische Bemerkungen. 1. Die Medienaspiraten. 2. Haben wir im Griechischen und Zend von Aspiraten oder aber von Spiranten zu reden? Beiträge zur vergl. Sprachf. II, 283—308. 424—453.
Ascoli, G. J., Vorlesungen über die vergleichende Lautlehre des Sanskrit, des Griechischen und des Lateinischen. I. Halle 1872.
Auerbach, F., Untersuchungen über die Natur des Vokalklanges. Berlin 1876.
—— Zur Grassmann'schen Vocaltheorie. Ann. der Physik und Chemie N. F. IV (1878), 508 ff.
—— Die physikalischen Grundlagen der Phonetik. Zeitschr. f. franz. Spr. XVI, 117 ff.
A(urén), J. A., Bidrag till svenska språkets ljudlära. Linköping 1869.
—— De klusila konsonantljuden. Norrköping 1876.
—— Bidrag till svenska språkets akcentlära. Stockholm 1880.
Balassa, J., Phonetik der ungar. Sprache. Internat. Zeitschr. für allg. Sprachw. IV (1889), 130 ff.
—— Die Aussprache des Schriftdeutschen in Ungarn. Phonet. Stud. II (1889), 136 ff.
—— Kurze Darstellung des ungar. Lautsystems. Phonet. Stud. VI (1893), 167 ff., 302 ff.
Bell, A. Melville, The Principles of Speech and Vocal Physiology. London 1849. New Ed., 1865.
—— Visible Speech. London 1867.
—— Elocutionary Manual. 3d Ed. London 1860.
—— Sounds and their Relations. London 1882.
—— Essays and Postscripts on Elocution. New-York 1886.
—— A popular Manual of Vocal Physiology and Visible Speech. London 1889.
Bell, D. C. and A. M., Standard Elocutionist. New Ed. London 1879.
Benedix, R., Der mündliche Vortrag. 3 Bde. 3. Aufl. Leipzig 1871.
Berghold, K., Somali-Studien. Wien 1899 (= Wiener Zeitschr. f. die Kunde des Morgenl. XIII, 123 ff.).
Beyer, Fr., Das Lautsystem des Neufranzösischen. Köthen 1887.
—— Französ. Phonetik für Lehrer und Studirende. Köthen 1888. 2. Aufl. 1897.

---

[1] Ergänzungen hierzu s. besonders bei Breymann, Techmer und Vietor, sowie in den Bibliographien etc. der Indog. Forschungen, des Maitre Phonétique und der Neueren Sprachen.

Boeke, J. D., Mikroskopische Phonogrammstudien. Pflüger's Arch. f. die gesammte Physiol. L (1891), 297 ff.

Böhmer, E., De sonis grammaticis accuratius distinguendis et notandis. Roman. Studien I (1875), 295—301.

—— Gemeinsame Transcription für Franz. u. Englisch. Zeitschr. f. neufranz. Sprache VI (1884), 1 ff.

Böhtlingk, O., Beiträge zur russischen Grammatik. 1. Welche Laute kennt die heutige russische Sprache? 2. Vom Einfluss der mouillirten Consonanten auf einen vorangehenden Vocal. 3. Ueber ъ, ь und ы. Mélanges russes II, 26—85.

Du Bois-Reymond, F. H., Kadmus oder allgemeine Alphabetik vom physikalischen, physiologischen und graphischen Standpunkt. Berlin 1862.

Brambach, W., Ueber die Betonungsweise in der deutschen Lyrik. Leipzig 1871.

Bredsdorff, J. H., Om Aarsagerne til Sprogenes Forandringer. Paa nyt udgivet af V. Thomsen. Kjøbenhavn 1886.

Brekke, K., Bidrag til dansk-norskens lydlære. Kristiania 1881.

Bremer, O., Deutsche Phonetik. Leipzig 1893.

—— Zur Lautschrift. Leipzig 1898.

Breymann, H., Ueber Lautphysiologie und deren Bedeutung für den Unterricht. München und Leipzig 1884.

—— Die phonetische Literatur von 1876—1895. Leipzig 1897.

Bruch, C., Zur Physiologie der Sprache. Basel 1854.

Brücke, Ernst, Untersuchungen über die Lautbildung und das natürliche System der Sprachlaute. Wiener Sitz.-Ber. math. naturw. Cl. II (1849), 182—208.

—— Grundzüge der Physiologie und Systematik der Sprachlaute. Wien 1856. 2. Aufl. 1876.

—— Phonetische Bemerkungen. Zeitschr. für die österr. Gymn. VIII (1857), 749—768.

—— Ueber die Aspiraten des Altgriechischen und des Sanskrit. Ebenda IX (1858), 689—701.

—— Nachschrift zu Prof. Joseph Kudelka's Abhandlung betitelt: »Ueber Herrn Dr. Brücke's Lautsystem«, nebst einigen Beobachtungen über die Sprache bei Mangel des Gaumensegels. Wiener Sitz.-Ber. math.-naturw. Cl. XXVIII (1858), 63—92.

—— Ueber die Aussprache der Aspiraten im Hindustani. Wiener Sitz.-Ber. phil.-hist. Cl. XXXI (1859), 219—224.

—— Beiträge zur Lautlehre der arabischen Sprache. Ebenda phil.-hist. Cl. XXXIV (1860), 307—356.

—— Ueber eine neue Methode der phonetischen Transcription. Wien 1863 = Wiener Sitz.-Ber. phil.-hist. Cl. XLI (1863), 223—285.

—— Die physiologischen Grundlagen der neuhochdeutschen Verskunst. Wien 1871.

Burt, A. W., A Manual of Elementary Phonetics. Toronto 1898.

Chladni, E. F. F., Traité d'acoustique. Paris 1809.

—— Ueber die Hervorbringung der menschlichen Sprachlaute. Gilbert's Annalen LXXVI (1824), 187—216.

Czermak, J. N., Ueber das Verhalten des weichen Gaumens beim Hervorbringen der reinen Vocale. Wiener Sitz.-Ber. math.-naturw. Cl. XXIV (1857), 4—9.

—— Ueber reine und nasalirte Vocale. Ebenda XXVIII (1858), 575—578.

—— Einige Beobachtungen über die Sprache bei vollständiger Verwachsung des Gaumensegels mit der hinteren Schlundwand. Ebenda XXIX (1858), 173—176.

Czermak, J. N., Physiologische Untersuchungen mit Garcia's Kehlkopfspiegel. Ebenda XXIX (1858), 557—584.
—— Ueber die sogenannten Kehlkopflaute (gutturales verae). Zeitschr. f. die österr. Gymn. IX (1858), 541—547.
—— Ueber die Sprache bei luftdichter Verschliessung des Kehlkopfes. Wiener Sitz.-Ber. math.-naturw. Cl. XXXV (1859), 65—72.
—— Bemerkungen zur Lehre vom Mechanismus des Larynxverschlusses. Wiener Medic. Wochenschr. 1860, No. 49.
—— Der Kehlkopfspiegel und seine Verwendung für Physiologie und Medizin. 2te, theilw. umgearb. und verm. Aufl. Leipzig 1863.
—— Ueber den Spiritus asper und lenis, und über die Flüsterstimme, nebst Bemerkungen zur phonetischen Transcription der Kehlkopflaute. Wiener Sitz.-Ber. math.-naturw. Cl. LII (1866), 2, 623—641.
—— Populäre physiologische Vorträge. (2. Das Ohr und das Hören. 3. Stimme und Sprache). Wien 1869.
Deutschbein, K., Ueber die Resultate der Lautphysiologie mit Rücksicht auf unsere Schulen. Herrig's Archiv LXX (1883), 39 ff.
Devantier, Fr., Zur Physiologie der franz. und deutschen Consonanten. Herrig's Archiv LXIX (1883), 97 ff.
Donders, F. C., Ueber die Natur der Vocale. Archiv für die holl. Beiträge zur Natur- und Heilkunde. I (1858), 157 ff.
—— De physiologie der spraakklanken, in het bijzonder van die der nederlandsche taal. Utrecht 1870.
Ellis, A. J., Essentials of Phonetics. London 1848.
—— On Early English Pronunciation with especial reference to Shakspere and Chaucer. 5 Bde. London 1869 ff.
—— On the Physical Constituents of Accent and Emphasis. Transact. of the Philol. Soc. 1873—74.
—— Practical Hints on the Quantitative Pronunciation of Latin. London 1874.
—— Pronunciation for Singers. London 1877.
—— Speech in Song, being the Singer's Pronouncing Primer. London o. J.
Evans, Phonetic Outlines. The Spelling Experimenter II (London 1882), 53 ff.
—— On the Bell Vowel-System. Phonet. Studien II (1889), 1 ff., 113 ff.
Flatau, Th. S., und H. Gutzmann, Die Bauchrednerkunst. Leipzig 1894.
Flodström, I., Om konsonantgeminationen och andra därmed i sammanhang stående frågor. Nord. Tidskr. for Filologi. Ny række V (1880—82), 135 ff.
—— Zur Lehre von den Consonanten. Bezzenberger's Beitr. zur Kunde der indog. Sprachen VIII (1884), 1 ff.
Forchhammer, G., Udkast til en dansk artikulationslære (Særtryk af Tidskr. för döfstumskolan 1894—97). Stockholm 1898.
—— Exposé des principes de l'articulation. Copenh. 1900.
Franke, C. G., Der obersächsische Dialekt. Leisnig 1884.
Franke. F., Die Umgangssprache der Nieder-Lausitz in ihren Lauten. Phonet. Stud. II (1889), 21 ff.
Gallée, J. H., Studie van spraakklanken. Taal en letteren X (1900), 74 ff.
—— und H. Zwaardemaker, Ueber Graphik der Sprachlaute. Die neueren Spr. IX (1900), 8 ff.
Genetz, A., Lautphysiologische Einführung in das Studium der vestfinnischen Sprachen. Helsingfors 1877.
Goldschmidt, H., Der Vokalismus des neuhochd. Kunstgesanges und der Bühnensprache. Leipzig 1892.
Grandgent, C. H., Vowel Measurements. Publ. of the Modern Lang. Assoc. of America. Suppl. to V, 2 (1890), 148 ff.

Grandgent, German and English Sounds. Boston 1892.
Grasserie, R. de la, Études de grammaire comparée. Paris 1890.
Grassmann, H., Ueber die physikal. Natur der Sprachlaute. Poggendorff's Ann. N. F. I (1877), 606 ff.
Grundtvig, Sv., Det danske sprogs tonelag. (Beretning om forhandl. på det I. nord. filologmøde 1876. Köbenh. 1879, 98 ff.).
Grunzel, J., Zur Phonetik der altaischen Sprachen. Internat. Zeitschr. f. allg. Sprachw. V (1890), 47 ff.
Grützner, P., Physiologie der Stimme und Sprache, in L. Hermann's Handb. der Physiol. II^a (Leipzig 1879), 1 ff.
Guex, Fr., Des recherches phonétiques et de leur application à l'enseignement des langues vivantes. Zürich 1890.
Gutersohn, J., Beiträge zu einer phonetischen Vocallehre I. II. Karlsruhe 1882—84.
Hagelin, H., Stomatoskopiska undersökningar af franska språkljud. Stockholm 1889.
Havet, L., Observations phonétiques d'un professeur aveugle. Mém. de la Société de Linguistique II (1875), 218—221.
Hellwag, Ch. Fr., Dissertatio de formatione loquelae. Tubingae 1781. Neudruck besorgt von W. Victor, Heilbronn 1886.
—— Aus C. F. Hellwags Nachlass (Mitteilungen von W. Vietor). Phonet. Studien I (1888), 257 ff. III (1890), 43 ff.
Helmholtz, H., Die Lehre von den Tonempfindungen. 4. Aufl. Braunschweig 1877.
Hempl, G., German Orthography and Phonology. I. Boston 1898.
Hensen, V., Ueber die Schrift von Schallbewegungen. Zeitschr. für Biologie XXIII (1887), 291 ff.
Hermann, L., Phonophotographische Untersuchungen. Pflüger's Archiv f. d. ges. Physiologie XLV (1889), 582 ff., XLVI (1890), 44 ff., 347 ff., LIII, 1 ff. (Aehnliche einschlägige Arbeiten von demselben ebenda XLVII (1890), 42 ff., XLVIII (1891), 181 ff., 543 ff., 574 ff.)
Heyse, K., System der Sprachlaute. Hoefer's Zeitschr. für Wissensch. d. Sprache IV (1853), 1—74.
Hobbing, J., Die Laute der Mundart von Greetsiel in Ostfriesland. Nienburg 1870.
Hoffmann, E., Stärke, Höhe, Länge. Ein Beitrag zur Physiologie der Accentuation mit bes. Berücksichtigung des Deutschen. Zürich 1891.
Hoffory, J., Phonetische Streitfragen. Zs. für vergl. Sprachf. XXIII (1876), 525 ff.
—— Tennis und Media. Ebenda XXV (1880), 419 ff. (Dazu XXVI, 320 ff.).
—— Professor Sievers und die Elemente der Sprachphysiologie. Eine Streitschrift. Berlin 1884.
v. Hörschelmann, C., Giebt es einen Unterschied zwischen Vocalen und Konsonanten? Organ der Taubstummenanstalten in Deutschland etc. XLV (Friedberg 1899), 172 ff.
Humperdinck, G., Die Sprachlaute, physiologisch und sprachwissenschaftlich betrachtet. Siegburg 1869.
—— Die Vocale und die phonet. Erscheinungen ihres Wandels. Siegburg 1874.
Jäger, J., Die Quantität der betonten Vocale im Neufranzösischen. Altenburg 1882.
Jespersen, O., Anzeige von Hoffory, Streitschrift. Nord. Tidskr. f. Fil. Ny Række VI (1884), 322—327.
—— Til spörgsmålet om lydlove. Ebenda VII (1885), 207 ff.
—— Zur Lautgesetzfrage. Internat. Zeitschr. III (1887), 188 ff.
—— The Articulations of Speech Sounds represented by means of Analphabetic Symbols. Marburg 1889.

Jespersen, O., Danias Lydskrift. Dania I (København. 1890), 33 ff.
—— Fonetik. En systematisk fremstilling af læren om sproglyd. København 1897—1890.
Jessen, C. A. E., Om stavelsemåls og 'toneholds' gengivelse i lydskrift. Tidskr. f. Phil. og. Pæd. II (1861), 63 ff.
Karsten, G., Zur Geschichte der altfranzösischen Consonantenverbindungen. Freiburg 1884.
—— Sprecheinheiten und deren Rolle in Lautwandel und Lautgesetz. Phonet. Studien III (1890), 1 ff. (Wiederholt aus Transactions and Proceedings of the Mod. Lang. Assoc. of America III.)
Kempelen, W. v., Mechanismus der menschlichen Sprache und Beschreibung einer sprechenden Maschine. Wien 1791.
Kingsley, N. W., Illustrations of the Articulations of the Tongue. Internat. Zeitschr. f. allg. Sprachw. III (1887), 225 ff.
Kirste, H., Die constitutionellen Verschiedenheiten der Verschlusslaute im Indogerm. Graz 1881.
Klinghardt, H., Die Lautphysiologie in der Schule. Englische Studien VIII (1885), 287 ff.
—— Artikulations- und Hörübungen. Prakt. Hülfsbuch der Phonetik. Köthen 1897.
Kock, A., Språkhist. Undersökningar om Svensk Akcent I. II. Lund 1878—85.
—— Die alt- und neuschwedische Accentuierung unter Berücksichtigung der anderen nord. Sprachen. Strassburg 1901.
Köppel, E., Spelling pronunciations. Bemerkungen über den Einfluss des Schriftbildes auf den Laut im Englischen. Strassburg 1901.
Koschwitz, E., La phonétique expérimentale et la philologie franco-provençale. Zeitschr. für franz. Sprache u. Litt. XIV (1892), 122 ff.
—— Experimentalphonetische Studien I. Herrig's Archiv LXXXVIII (1892), 241 ff.
Kräuter, J. F., Die neuhochdeutschen Aspiraten und Tenues. Kuhn's Zeitschr. XXI (1873), 30—66.
—— Das physiologische System der Sprachlaute. Du Bois-Reymond's Archiv 1873, 449—477.
—— Die Prosodie der neuhochdeutschen Mitlauter. Paul und Braune, Beitr. II (1876), 551—573.
—— Zur Lautverschiebung. Strassburg 1877.
—— Ueber mundartliche Orthographie. Frommann's Mundarten VII (1877), 305 ff.
—— Stimmlose antepalatale und mediopalatale Reibelaute im Neufranz. Zs. f. neufranz. Sprache und Lit. II (1880), Heft 1.
Kruszewski, N., Ueber die Lautabwechslung. Kasan 1881.
Kudelka, J., Analyse der Laute der menschlichen Stimme von physikalisch-physiologischem Standpunkte. Linz 1856.
—— Ueber Herrn Dr. Brücke's Lautsystem. Wiener Sitz.-Ber. math.-naturw. Cl. XXVIII (1858), 3—63.
Lahr, J., Die Grassmann'sche Vocaltheorie im Lichte des Experiments. Leipzig 1885.
Lange, A., Der vocalische Lautstand in der franz. Sprache des 16. Jahrh. Elbing 1883.
Leffler, Leop. Fredr., Några ljudfysiologiska undersökningar rörande konsonantljuden. I. De klusila konsonantljuden. Upsala 1874 (= Upsala Universitets Årsskrift).
Lenz, R., Zur Physiologie und Geschichte der Palatalen. Zeitschr. f. vergl. Sprachf. XXIX (1888), 1 ff.
—— Chilenische Studien. Phonet. Studien V (1892), 272 ff., VI (1893), 18 ff., 151 ff.

Lepsius, Rich., Das allgemeine linguistische Alphabet. Berlin 1855.
—— Ueber die Umschrift und Lautverhältnisse einiger hinterasiatischer Sprachen, namentlich der Chines. und der Tibetan. Abhandl. der Berl. Akad. 1860, 449—496.
—— Ueber die Aussprache der arabischen Sprachlaute und deren Umschrift nebst einigen Erläuterungen über den harten i-Vocal in den Tatarischen, Slavischen und der Rumänischen Sprache. Ebenda 1861, 97—152.
—— Das ursprüngliche Zendalphabet. Ebenda 1862, 293—383.
—— Ueber das Lautsystem der Persischen Keilschrift. Ebenda 1862, 385—412.
—— Standard Alphabet for reducing unwritten languages and foreign graphic systems to a uniform orthography in European letters. 2 Ed. London 1863.
Leskien, A., Untersuchungen über Quantität und Betonung in den slav. Sprachen. I, B. Leipzig 1893 (Abhh. der philol.-hist. Cl. der Sächs. Ges. der Wissenschaften XIII, 529 ff.).
Lloyd, R. J., Speech Sounds: Their Nature and Causation. Phonet. Studien III (1890), 251 ff. IV (1891), 37 ff., 183 ff., 275 ff. V (1892), 1 ff., 129 ff., 263 ff. XI (= Die neueren Spr. V. 1897), 1 ff.
—— Some Researches into the Nature of Vowel Sound (Thesis). London 1890. (Dazu H. Pipping, Zeitschr. f. franz. Sprache XV, 2, 157 ff.).
—— The Physical Nature of Vowel-Sounds. Proceedings of the Lit. and Philosoph. Soc. of Liverpool XLIV (1890), 243 ff.
—— Huit voyelles, françaises et anglaises. Die neueren Spr. V (1897), Beibl. 25 ff.
—— On the Acoustic Analysis of the Spirate Fricative Consonants. Ebda. VII (1899), 488 ff.
—— The Genesis of Vowels, and the Interpretation of the Phonograms of Vowels. Journ. of Anat. and Physiol. XXXI, 233 ff.
Logeman, W. S., Darstellung des niederländ. Lautsystems. Phonet. Studien III (1890), 28 ff., 279 ff.
Loewe, R., Die Ausnahmslosigkeit sämmtlicher Sprachneuerungen. Zeitschr. des Vereins für Volksk. I, 56 ff.
Luick, K., Unechte und steigende Diphthonge. Beitr. zur Gesch. der deutschen Sprache u. Lit. XVI (1892), 336 ff., 561 f.
Lundell, J. A., Det svenska landsmålsalfabetet. Nyare Bidrag till kännedom om de Svenska landsmål I (1878), 13 ff.
—— Sur l'étude des patois. Internat. Zeitschr. für allg. Sprachwiss. I, 308 ff. (Schwedisch in Nyare Bidrag III, No. 1).
—— Études sur la prononciation russe. 1. Upsala Universitets Årsskr. 1891.
Lütgenau, Fr., Physiologische Untersuchungen über das neufranz. Lautsystem. Herrig's Archiv LXXII (1884), 59 ff.
Lyttkens, I. A., och F. A. Wulff, Svenska språkets ljudlära och beteckningslära jämte en afhandling om aksent. Lund 1885.
—— Svenska språkljud och akcenter. Lund 1898.
Maitre Phonétique, Le, s. Titcer.
Martens, W., Ueber das Verhalten von Vocalen und Diphthongen in gesprochenen Worten. Kiel 1890 (= Zeitschr. f. Biologie XXV [1889], 289 ff.).
Masing, L., Die Hauptformen des serb.-chorwat. Accents. Petersburg 1876.
Matthiae, J., De literis. Basilcae 1596 (Neudruck des ersten Buches: De vera literarum doctrina, Internat. Zeitschr. f. allg. Sprachw. V [1890], 90 ff.).

Meringer, R. und K. Mayer, Versprechen und Verlesen. Eine psychol.-linguist. Studie. Stuttgart 1895.
Merkel, C. L., Anatomie und Physiologie des menschlichen Stimm- und Sprachorgans (Anthropophonik). Leipzig 1856.
—— Ueber einige phonetische Streitpunkte (1. Ueber die sog. Gutturales [Ein- und Absätze]. 2. Zur Physiologie der Vocale. 3. Zur Physiologie der Consonanten). Schmidt's Jahrbb. der ges. Med. C (1858), 86—101.
—— Physiologie der menschlichen Sprache (physiologische Laletik). Leipzig 1866.
Merlo, P., Problemi fonologici sull' articolazione e sull' accento. Firenze 1884.
Meyer, E. A., Zur Tonbewegung des Vokals im gesprochenen und gesungenen Einzelwort. Die neueren Spr. IV (1896), Beibl. 1 ff.
—— Beiträge zur deutschen Metrik. Marburg 1898 (= Die neueren Spr. VI (1898 f.), 1 ff., 122 ff.
—— Die Silbe. Die neueren Spr. VI (1898 f.), 479 ff.
—— Stimmhaftes *H*. Marburg 1900 (= Die neueren Spr. VIII [1900], 260 ff.).
Meyer, G. H. v., Unsere Sprachwerkzeuge und ihre Verwendung zur Bildung der Sprachlaute. Leipzig 1880.
Michaelis, G., Ueber den Unterschied der Conss. tenues und mediae, und über die Unterscheidung des *ach*- und *ich*-Lautes. Berlin 1862 (Zs. f. Stenogr. X).
—— Ueber die Physiologie und Orthographie der *s*-Laute. Berlin 1863 (Herrig's Archiv XXXII). Zweite Aufl. 1883.
—— Dorsal und apical, oder oral? Kuhn's Zeitschr. XXIII (1877), 518 ff.
—— Thesen über die Schreibung der Dialekte. 2. Bearb. Berlin 1878.
—— Zur Lehre von den Klängen der Consonanten. Berlin 1879 (Zs. f. Stenogr. XXVI).
—— Ueber die Anordnung der Vocale. Berlin 1881 (Herrig's Archiv LXIV. LXV). II. Herrig's Archiv LXXI (1884), 73 ff.
—— Ueber das mittlere *a*. Internat. Zeitschr. f. allg. Sprachw. II (1885), 269 ff.
—— Ueber die Theorie der Zischlaute. Zeitschr. f. Orthogr. V (1885), 347 ff.
—— Ueber die Aussprache der Dentallaute in den alten Sprachen. Herrig's Archiv LXXV (1886), 419 ff.
—— Ueber das *H* und die verwandten Laute. Herrig's Archiv LXXIX (1888), 49 ff.
Möller, Herm., Die Palatalreihe der indogerm. Grundsprache im Germanischen. Leipzig 1875.
Moore, G., On a new theory of the nature of the so-called Emphatic Consonants in the Semitic languages. Journ. of the American Or. Soc. XIII, xxx ff.
Noreen, A., Fryksdalsmålets ljudlära. Upsala 1877 (Univ.-Årsskrift).
—— Dalbymålets ljud-ock böjningslära. Nyare Bidrag till känned. om de Svenska landsm. I (1878), 159 ff.
—— Fårömålets ljudlära. Ebenda I, 285 ff.
Nörrenberg, K., Ein niederrhein. Accentgesetz. Beitr. z. Gesch. d. deutschen Sprache IX (1884), 402 ff.
Oldenberg, A., Ueber den Tiefton von Tonsilben. Neue Jahrbb. f. Phil. u. Päd. 1886, II. Abt., 560 ff.
Passy, J., Notes de phonétique française à propos de la Französische Phonetik de Fr. Beyer. Phonet. Studien III (1890), 345 ff.
Passy, P., Les sons du Français, leur formation, leur combinaison, leur représentation. Paris o. J. [1887]. 5. Aufl. 1899.

Passy, P., Kurze Darstellung des französ. Lautsystems. Phonet. Studien I (1888), 18 ff., 115 ff., 245 ff.
—— Étude sur les changements phonétiques et leur caractères généraux. Paris 1890. Dazu Corrections et additions, im Suppl. zu Maitre Phonét. 1891, 93 ff.
Paul, A., Ueber vocalische Aspiration und reinen Vocaleinsatz. Hamburg 1888.
Paul, H., Prinzipien der Sprachgeschichte (Cap. III. Lautwandel). 3. Aufl. Halle 1898.
Pierson, P., Metrique naturelle du langage. Paris 1884.
Pipping, H., Om klangfärgen hos sjungna vokaler. Helsingfors 1890.
—— Zur Klangfarbe der gesungenen Vocale. Zeitsch. f. Biologie XXVII (1890), 1 ff., 433 ff. (mit reichen Literaturnachweisen).
—— Om Hensens fonautograf som ett hjälpmedel för språkvetenskapen. Helsingfors 1890.
—— Phonautographische Studien über die Quantität schwedischer Worte und den musikal. Accent. Finländska bidrag till Svensk språk- och folklifsforskning, Helsingfors 1894, S. 99 ff.
—— Ueber die Theorie der Vokale. Helsingfors 1894 (= Acta soc. scient. Fenn. XX, No. 11).
—— Zur Lehre von den Vokalklängen. Zeitschr. f. Biologie XXXI (1895), 524 ff.
—— Zur Phonetik der finn. Sprache. Helsingfors 1896 (= Mémoires de la soc. Finno-Ougrienne No. 14).
—— Zur Definition des H-Lautes. Mémoires de la soc. néo-philolog. à Helsingfors II, 19 ff.
Porter, S., On the Vowel-scheme of M. Bell. Transact. of the Amer. Philol. Assoc. 1882.
Purkinje, Badania w przedmiocie fiziologii mowy ludzkiéj. Kwartalnik naucowy. Kraków 1836.
Quiehl, K., Einführung in die französ. Aussprache. Marburg 1889. Dritte Aufl. u. d. T. Französ. Aussprache und Sprachfertigkeit 1899.
v. Qvanten, E., Einige Bemerkungen zur Helmholtz'schen Vocallehre. Poggendorff's Ann. der Phys. und Chem. CLIV (1875), 272 ff.
Radloff, W., Phonetik der nördl. Türksprachen. I. Leipzig 1883.
—— Die Lautalternation und ihre Bedeutung für die Sprachentwickelung, beleuchtet durch Beispiele aus den Türksprachen. Abhh. des 5. Internat. Orientalisten-Congresses. Berlin 1882, 54 ff.
Rapp, Mor., Versuch einer Physiologie der Sprache. 4 Bde. Stuttgart und Tübingen 1836—1841.
Rask, Rasm. Krist., Forsög til en videnskabelig Dansk Retskrivningslære. Köbenhavn 1826.
—— Nonnulla de pleno system. sibilantium in linguis montanis. Havniae 1832.
Raumer, R. v., Die Aspiration und die Lautverschiebung. Leipzig 1837.
—— Gesammelte sprachwissenschaftliche Schriften. Frankfurt a/M. 1863.
Reichel, W., Von der deutschen Betonung. Jena 1888.
Roorda, P., De klangleer en hare practische toepassing. Groningen 1889.
Rousselot, L'Abbé, La méthode graphique appliquée à la recherche des transformations inconscientes du langage. Compte rendu du congrès scientifique international des catholiques tenu à Paris 1.—6. avril 1891. 6. sect. Philologie (Paris 1891), 109 ff.
—— Les modifications phonétiques du langage, étudiées dans le patois d'une famille de Cellefrouin (Charente). Paris 1892 (aus der Revue des Patois Gallo-Romans).
—— Principes de phonétique experimentale. I. II. Paris 1897—1901.

Rumpelt, H. B., Das natürliche System der Sprachlaute. Halle 1869.
Šajković, Iv., Die Betonung in der Umgangssprache der Gebildeten im Königreich Serbien. Breslau 1901.
Schleicher, A., Zur vergleichenden Sprachengeschichte. Bonn 1848.
Schmidt-Wartenberg, H., A Physiological Criticism of the Liquid and Nasal Sonant Theory, American Journ. of Philol. XVII (1896), 217 ff.
—— Zur Physiologie des litauischen Akzents. Indog. Forsch. VII (1897), 211 ff.
—— Phonet. Untersuchungen zum lettischen Akzent. Ebda. X (1899), 117 ff.
—— Phonetical Notes. Journ. of Germanic Philol. I, 66 ff.
Schoell, Frid., De accentu linguae Latinae veterum grammaticorum testimonia. Acta soc. phil. Lips. VI (1876), 1—231.
Schröer, M. M. A., Ueber den Unterricht in der Aussprache des Englischen. Berlin 1884.
Schuchardt, H., Ueber die Lautgesetze. Gegen die Junggrammatiker. Berlin 1885.
Schumann, P., Französische Lautlehre für Mitteldeutsche, insbesondere für Sachsen. Dresden 1884.
Schwan, E., und E. Pringsheim, Ueber den französ. Accent. Arch. f. das Studium der neueren Sprachen LXXXV (1890), 203 ff.
Scripture, E. W., Researches in Experimental Phonetics. Observations on Rhythmic Action. Studies from the Yale Psychol. Laboratory VII (New Haven 1899), 1 ff.
Seelmann, E., Die Aussprache des Latein nach physiologisch-historischen Grundsätzen. Heilbronn 1885.
—— Phonetik. Krit. Jahresber. über die Fortschritte der Roman. Phil. I, 1 ff.
Setälä, E. N., Ueber Transscription der finnisch-ugrischen Sprachen. Finn.-ugr. Forschungen I (Helsingfors 1901), 15 ff.
Sievers, E., Phonetik. Paul's Grundriss der german. Philologie I (Strassburg 1891), 266 ff. 2. Aufl. I (1897), 283 ff.
Soames, L., An Introduction to Phonetics (English, French and German). London 1892. New Ed., revised and edited by W. Vietor 1899.
v. Sowa, R., Zur Aussprache des Westarmenischen. Progr. des Staats-Gymn. in Mähr. Trübau 1882.
Sprachen, Die neueren. Zeitschr. für den neusprachl. Unterricht, zugleich Fortsetzung der Phonet. Studien ... hg. von W. Vietor. Marburg 1893 ff.
Stoerk, Carl, Sprechen und Singen. Wien 1881.
Storm, J., Om tonefaldet i de skand. sprog. Christiania Vidensk. Selsk. Forh. 1874, 286 ff.
—— Om vokalernes kvantitet i de romanske sprog i sin udvikling fra Latinen (Ber. om det I. nordiske filologmøde 1876. Kjøbenh. 1879. S. 157—191). Deutsch u. d. T. 'Romanische Quantität', Phonet. Studien II (1889), 139 ff.
—— Englische Philologie. Heilbronn 1881. 2. Ausg. I. Leipzig 1892 (citirt 'Storm').
—— Norsk Lydskrift med Omrids af Fonetiken. Norvegia I (Kristiania 1884), 132 ff.
—— Nogle bemærkninger om diftongdannelse i de romanske sprog. Aus den Forhandlinger paa det 4. nord. filologmøde, Kobenhavn 1893.
—— Om musikalsk tonelag, især i Kinesisk. Ebendaher.
Studien, Phonetische. Zeitschr. für wissenschaft. u. prakt. Phonetik. mit bes. Rücksicht auf die Reform des Sprachunterrichts. Hg. v. W. Vietor. I—VI. Marburg 1888—1893.

Sundevall, C. J., Om fonetiska bokstäfver. Svensk. Vetenskaps-Akad. Handlingar. Ny följd I, No. 2. Stockholm 1862.
Sweet, H., On Danish Pronunciation. Transact. of the Philol. Soc. 1873—74, S. 94—112.
—— A Handbook of Phonetics. Oxford 1877 (citirt 'Sweet').
—— Sounds and Forms of Spoken Swedish. Transact. of the Phil. Soc. 1877—79.
—— On Russian Pronunciation. Ebenda 543—560.
—— Sound Notation. Ebenda 1880—81. Pt. II, 177—235.
—— The Elementary Sounds of English. London 1881.
—— Elementarbuch des gesprochenen Englisch. Oxford 1885. 3. Aufl. 1891.
—— A History of English Sounds. Oxford 1888.
—— A Primer of Spoken English. Oxford 1890.
—— A Primer of Phonetics. Oxford 1890.
Swoboda, W., Zur Geschichte der Phonetik. Phonet. Studien IV (1891), 1 ff., 147 ff.
Tänzer, A., Die Natur unserer Sprachlaute mit Berücksichtigung des Franz. und Engl. Zwickau 1890.
Techmer, F., Phonetik. 2 Bde. Leipzig 1880.
—— Naturwissenschaftl. Analyse und Synthese der hörbaren Sprache. Internat. Zeitschr. für allg. Sprachwiss. I (1884), 69 ff.
—— Sprachentwickelung, Spracherlernung, Sprachbildung. Ebenda II (1885), 141 ff.
—— Zur Veranschaulichung der Lautbildung. (Mit Wandtafel.) Leipzig 1885.
—— Zur Lautschrift mittels lat. Buchstaben und artikulatorischer Nebenzeichen. Internat. Zeitschr. für allg. Sprachw. IV (1889), 110 ff.
—— Beitrag zur Geschichte der franz. und engl. Phonetik und Phonographie. Ebenda V (1890), 145 ff.
—— Bibliographie (für 1883 ff.). Ebenda I (1884), 416 ff. II (1885), 277 ff. III (1887), 292 ff. IV (1889), 160 ff.
Tîtcer, Dhi Fonètik. Dhi organ ov dhi fonètik tîtcer'z asósiécon édited bai Paul Passy. Paris 1886 ff. — Fortgesetzt unter dem Titel: Le Maitre Phonétique, 1889 ff.
Thausing, M., Das natürliche Lautsystem der menschlichen Sprache. Leipzig 1863.
Thomsen, V., Remarques sur la phonétique romane. Mém. de la Soc. de Linguistique III (1878), 106—123.
Trautmann, M., Lautliches, Anglia I (1878), 587 ff.
—— Die Sprachlaute im Allgemeinen und die Laute des Englischen, Französischen und Deutschen im Besondern. Leipzig 1884—86.
—— Kleine lautwissenschaftl. Beiträge. Phonet. Stud. I (1888), 63 ff.
Verner, K., Eine Ausnahme der deutschen Lautverschiebung. Zs. für vgl. Sprachw. XXIII (1877), 97 ff.
—— Anzeige von Kock, Svensk Akcent. Anz. f. deutsch. Alterth. VII (1881), 1 ff.
Vianna, A. R. G., Exposição da pronuncia normal portuguesa. Lisboa 1892.
Victor, W., Elemente der Phonetik und Orthoepie des Deutschen, Englischen und Französischen. Heilbronn 1884. Vierte Aufl. 1898.
—— Beiträge zur Statistik der Aussprache des Schriftdeutschen. Phonet. Studien I (1888), 95 ff., 209 ff., II (1889), 243 ff., III (1890), 11 ff., 121 ff.
—— Kleine Beiträge zur Experimentalphonetik. Die neueren Spr. I (1894), Beibl. 25 ff.
—— Kleine Phonetik. 2. Aufl. Leipzig 1901.
Wagner, Ph., Der gegenwärt. Lautbestand des Schwäbischen in der Mundart von Reutlingen. I. II. Reutl. 1889.

Wagner, Ph., Ueber die Verwendung des Grützner-Marey'schen Apparats und des Phonographen zu phonet. Untersuchungen. Phonet. Studien IV (1891), 68 ff.
—— Französische Quantität (unter Vorführung des Albrecht'schen Apparats). Phonet. Studien VI (1893), 1 ff.
Wallis, Joh., Tractatus grammatico-physicus de loquela, in dessen Grammatica Linguae Anglicanae, Oxoniae 1653 u. ö.
Wechssler, E., Giebt es Lautgesetze? Halle 1900 (aus den Forschungen zur roman. Philologie, Festgabe für H. Suchier).
Weiss, G. Gottfr., Allgemeine Stimmbildungslehre für Gesang und Rede. Braunschweig 1868.
Wendeler, P., Ein Versuch die Schallbewegung einiger Consonanten und anderer Geräusche mit dem Hensen'schen Sprachzeichner graphisch darzustellen. Zeitschr. f. Biol. XXIII (1886), 303 ff.
Western, A., Engelsk Lydlære for Studerende og Lærer. Kristiania 1882.
—— Englische Lautlehre für Studirende und Lehrer. Heilbronn 1885.
—— Kurze Darstellung des norweg. Lautsystems. Phonet. Studien II (1889), 259 ff.
Whitney, W. D., Oriental and Linguistic Studies. II. New York 1874. (VII. How shall we spell? VIII. The Elements of English Pronunciation. IX. The Relation between Vowel and Consonant. X. Bell's Visible Speech. S. 181—317.)
—— On the Relation of Surd and Sonant. Transact. of the Amer. Philol. Assoc. 1877.
—— The Principle of Economy as a Phonetic Force. Ebenda.
—— Further Words as to Surds and Sonants and the Law of Economy. Ebenda 1882.
Wilkins, J., Essay towards a real character and a philosophical language, London 1668 (Abdruck der phonetischen Capitel, Internat. Zeitschr. für allg. Sprachw. IV [1889], 349 ff.).
Winteler, J., Die Kerenzer Mundart in ihren Grundzügen dargestellt. Leipzig 1876.
Wolf, Osc., Sprache und Ohr. Braunschweig 1871.
Wolff, J., Ueber den Consonantismus des Siebenbürgisch-Sächsischen. Programm des ev. Untergymn. in Mühlbach. 1873.
—— Ueber die Natur der Vocale im Siebenbürgisch-Sächsischen Dialekt. Hermannstadt 1875.
Wulff, Fr., Några ord om aksent i allmänhet och om den moderna Franska aksentueringen i synnerhet (Forhandl. ved det norske Filologmøde i Kristiania 1881).
—— Un chapitre de phonétique avec transcription d'un texte andalou. (Extrait du recueil offert à M. Gaston Paris le 9. août 1889). Lund 1889.
Zeitschrift für Orthographie (Orthoepie und Sprachfysiologie). Herausg. von W. Vietor. Rostock 1880 ff.
Zeitschrift, Internationale, für allgemeine Sprachwissenschaft. Herausgeg. von F. Techmer. I—V. Leipzig (Heilbronn) 1884—1890.

Register.

Die Zahlen beziehen sich auf die fettgedruckten Paragraphennummern.

$\dot{a}$, A, v, $æ$, $\ddot{u}$, $\mathring{a}$ s. unter a; x, χ unter c; $\eth$ unter d; $\bar{z}$, $\jmath$ unter g
$\ddot{o}$, σ, $œ$, $ɔ$, $\dot{ɔ}$ unter o; $\acute{s}$ unter s; θ unter t; $\acute{z}$ unter z.

a 206. 209. 217 f. 273; a^1, a^2, $\dot{a}$, A, v 270.
$æ$, $\ddot{u}$ 268. 270; $\dot{æ}$ 274.
$\mathring{a}$ 273.
Abgleiten von Mischungselementen 474.
Absätze s. Lautabsätze.
Absorption von Vocalen 817 ff.; des zweiten Gliedes von Diphthongen vor articulationsverwandtem Folgelaut 811.
Accent 381. 568 ff. Dynamischer (exspiratorischer) und musikalischer (tonischer) 572. Geschleifter (geschliffener) 606. Zweigipfliger Accent und Quantität 716. Einwirkung des dynam. Accents auf Vocale 830, auf Consonanten 831 (vgl. 796). S. auch Satzaccent, Silbenaccent, Wortaccent.
Accentus (lat.) 570.
ach-Laut 343.
Acutus 570.
Adamsapfel 31.
Affricatae 139. 399. 454 ff.
Affrication 801 f.
Ajin (arab.) 172. 178. 354.
Akustischer Gesammtwerth der Sprachlaute 127.
Aleph 178. 353.
Alveolare 156; alv. r 299 ff. 333, l 313, Nasale 322, Spiranten 328 ff. (*s* 335), Verschlusslaute 349.
Alveolen 48.
Amplitude 17.

Anceps 705.
Anfallgeräusche 130.
Ansatzrohr 24. 27. 37. 53. Thätigkeit dess. 89 ff. Articulationen dess. 128 ff. Articulationsstufen dess. 129 ff. Articulationsstellen dess. 141 ff.
Ansatzrohrgeräusche 27.
Apicale 152.
Arcus glosso- und pharyngopalatinus 48.
Articulation: Begriff ders. 58 f. Schallbildende und schallmodificirende 92 ff. Mediane 150. 153 ff. Coronale 150. 155 ff. Dorsale 150. 159 ff. Laterale 150. 167. Einseitige (asymmetrische) 312. 330. 336. Randarticulationen 152.
Articulationsarten (-stufen) des Ansatzrohrs 128 ff., des Kehlkopfs 172 ff.
Articulationsbasis 291.
Articulationsdifferenz 746. Vgl. 810. 813.
Articulationsstelle 92. 141 ff.
Aspiratae 139. 372 ff. 401. 436 ff. S. auch Mediae und Tenues.
Aspiration 803.
Assimilation 746 ff. Regressive, progressive und reciproke 749 f. Totale und particlle 751. Einzelfälle 755. 764 ff. 786. 797 ff. 825.
Asymmetrische Laute (l) 312; vgl. auch 330. 336.
Athemritze 33.

Athmungsstrom 60.
Aufgaben der Phonetik 1 ff.
Aufnahme specifischer Articulationsfactoren s. Mischung.
Auftakt 633 ff.
Ausgang 378.
Aussprachswechsel 722. S. auch Lautwechsel.
Ausstossung von Consonanten 804; von Vocalen s. Absorption und Synkope.

b 48, Wechsel mit ƀ 776 f.
ƀ, Uebergang in b 776.
Back vowels 249.
Bänderglottis 33.
Βαρεῖα 570.
Bauchreden, -stimme 80.
Beibehaltung specifischer Articulationsfactoren s. Mischung.
Berührungen benachbarter Laute 404 ff.; von Sonoren 407 ff.; von Vocalen 409 ff.; von Vocalen mit Liquiden und Nasalen 426 f.; von Liquiden und Nasalen unter einander 428; von Sonoren mit Geräuschlauten 429 ff., mit Verschlusslauten 434 ff.; von Geräuschlauten 448 ff.; von homorganen Lauten 406. 460 ff.; von nicht homorganen Spiranten und Verschlusslauten 450 f. Einfluss der Berührung auf den Lautwechsel (combinatorischer Lautwechsel) 745.
Betonte Silben 637.
Betonung 570.
Bilabiale 146; Spiranten 324 ff., Verschlusslaute 348.
Blade s. Zungenblatt.
Blählaut 357. 400. 403.
Brechungen 507. 808; des Gotischen 767.
Bruststimme 74.

c 350.
Cacuminale 155. S. auch Cerebrale.
Cartilago arytaenoidea 33, cricoidea 31.
Catch, glottal 385.

Cerebrale 144. 154 f.; r 297 f. 321. 333; l 313 f. 321; Spiranten 333; Zischlaute 333 ff. (s 335, $\int$ 339); Verschlusslaute 349.
ch 341 ff.
Cheek rounding, narrowing 263.
Chordae vocales 33.
Chromatischer Accent 599.
Circumflex 570. 606.
Circumflexus (lat.) 570.
Combinationslehre 377 ff.
Composita, Betonung ders. 649.
Compound rise und fall 601.
Consonanten 109 ff. Relative Schallfülle ders. 527. Quantität 701. Verschiebungen im Cons.-System 770 ff. Einschiebung und Ausstossung von Conss. 804 ff. S. auch Sonanten.
Consonantisch 116.
Continuae 186. S. auch Dauerlaute.
Contraction von Vocalen 764.
Coronale Articulation 150 ff. 155 ff., Cor. Spiranten 329 ff., Verschlusslaute 349.
Crescendo 537. 541 ff.; crescendo-h 391.
x 343; aus s 778.
χ 341, $\chĭ$ 342.

d, Arten dess. 155 ff. 349 (arab. $ḍ$ 166. 349). Uebergang in $ð$ 777, in r, l 777. S. auch Dentale.
$ð$ 329. Uebergang in d 776.
Dämpfung 23 f. Wirkungen ders. bei der Silbenbildung 522 f.
Dauer s. Quantität.
Dauerlaute 186; ohne Engenreibungsgeräusch (s. Sonore) 198.
Deckung und Nichtdeckung von Druck- und Schallsilben 524.
Decrescendo 537. 541 ff.; decr.-h 391.
Dehnbar und nicht dehnbar 694. 704.
Dehnung von Vocalen 842 ff.; von urspr. kurzen Silben 839.
Dentale 144. 154 ff.; r 305; Nasale 322; Spiranten und Zischlaute 328 ff.; Verschlusslaute 349 ff., mit lateraler und nasaler Explosion 462 ff. Verhalten der Dentale bei Palatalisirung 485.

Dentipalatale 159.
Diphthonge 410 ff. (steigende, fallende, schwebende 412 f., echte und unechte 418; reducirte und kurze 507). Componenten ders. 415; deren Abstand 417, Qualität 418, relative Lage 420, Quantität 421. Vereinfachung von Diphthongen zu Vocalen 764. Absorption der Schlusscomponenten von Diphthongen vor articulationsverwandtem Folgelaut 811.
Diphthongirung von Vocalen 768; unter conson. Einfluss 808. Vgl. auch Brechung und Epenthesen.
Dissimilation 752. 768.
Divided 312. 330.
Dominanten und Dominaten 115.
Doppelexplosion gleicher Verschlusslaute 564.
Dorsale 150 ff. 154. 159 ff. Dorsalalveolare 159 (Zischlaute 335, Verschlusslaute 349). Dorsaldentale 159.
Druckabstufung des Silbenschlusses 589 ff. Wechsel ders. 827.
Druckgipfel 577.
Druckgrenzen 546. Vor und nach einem Consonanten 551 ff., in einem Consonanten (Gemination) 555 ff. (vgl. auch 521).
Drucksilben 519 ff.; ein- und mehrlautige 525. S. auch Druckgrenzen.
Druckstärke: primäre und secundäre 60; Messung ders. 61; Grade ders. 62; Reduction ders. 514. Relative Druckstärke der Silbenglieder 537 ff. Verschiebung der Druckstärke 824 ff. (innerhalb der Silbe 812). S. auch unter Stärke.
Druckstoss 60; continuirlicher 521.
Druckstrom 60. 98.
Durchhalten von Mischungselementen 474.
Dynamischer Accent s. Accent.
Dynamische Verschiebung 739. 824 ff.

e 268. $\grave{e}$ 273.
Ebnung 811.
Eigenton 21. Eigentöne der Vocale 234 ff.
Eingang 378 f.
Eingleiten von Mischungselementen 473.
Einsätze s. Lauteinsätze.
Einschiebung von Vocalen 809 ff., von Consonanten 804 ff.
Einseitige Laute 312. 330. 336.
Eintheilung der Sprachlaute 101 ff.
Einzellaute 119 ff.
Einzelsysteme statt eines Gesammtsystems der Sprachlaute 125.
Emphasis 637.
Emphatische Laute 166. 335. 349.
Enge und weite Vocale 257.
Entrundung gerundeter Palatalvocale 757.
Epenthesen 809.
Erleichterung, Streben nach 725.
Ersatzdehnung 848.
Erweichung 794. 796 f.
Explosionslaute 106 f.
Explosivlaute s. Verschlusslaute.
Exspiration 63. Verschiebung ders. 789 ff.
Exspirationsdruck s. Druckstärke und Stromdruck, vgl. auch unter Stärke.
Exspirationsgrenzen s. Druckgrenzen.
Exspirationsgruppen 621.
Exspirationssilben s. Drucksilben.
Exspiratorischer Accent s. Accent.
Exspir. Sprachlautbildung 63.

f 324 f.; für $\acute{s}$ 327.
Factoren der Sprachlautbildung 98.
Falsetstimme 74.
Färbungsmethode 143.
Faucale 168 ff. 465 f. Verhalten ders. bei Palatalisirung 485.
Flüsterlaute 173.
Flüstern (sanftes, mittleres, heiseres) 81 ff.
Flüsterstellung des Kehlkopfs 172.
Flüsterstimme 81 f.; statt Vollstimme 775. 787.

Fortis und Lenis 179 ff., und Geminata 184. Verschlussfortes 359. Spreng- und Lösungsfortes 368 ff. 375. Wechsel von Fortes und Lenes 825. 831.
Fricativae 137. S. auch Spiranten.
Front vowels 249.
Functionen der Sprachlaute (Sonant und Consonant) 109 ff. S. auch Silbe.

g 364; Uebergang in *ȝ* 777.
ȝ 350. *ȝ* 344; Uebergang in *g* 776.
Gaumen, harter und weicher 40. 48; künstlicher 143.
Gaumenbögen 48.
Gaumensegel 48; Bewegungen dess. 49; Articulationen dess. 133 ff.; zeitl. Verschiebung dess. 800.
Geflüsterte Laute 173; Mediae 374.
Gegensätzliche Verwendung der Sprachlaute 119 ff.
Gehör, Schulung dess. 13.
Geminatae (Gemination) 555 ff. (vgl. 701). Gem. aus stimmlosem + stimmhaftem Laut 563. Natur der vorhergehenden Laute 560. Unterschied von Gem. und langem Consonanten 566. Secundäre Geminaten des Deutschen 844.
Gemurmelte Laute 175; gemurmelter Hauch 87.
Geräusche 16; als Tongemische 24.
Geräuschlaute (reine oder stimmlose, und stimmhafte etc.) 188 ff.; im Einzelnen 324 ff. Berührungen mit Sonoren 429 ff., mit Geräuschlauten 448 ff.
Geräuschreduction 499 ff.
Geschleifter (geschliffener) Silbenaccent 606 f.
Geschlossene und offene Vocale 258.
Giessbecken- (Giesskannen-) knorpel 33.
Gleitlaute (Glides) 101 ff. 107. 122. 378 f.; silbische 506; nach palatalisirten Lauten 488.
Glottids: check gl. 385, clear gl. 387, gradual gl. 389, flatus gl. 391, wheezing gl. 392, jerk 391.

Glottis vera 30, spuria 34.
Graduelle Verschiebung der Hemmung 737. 773 ff.
Gravis (lat.) 570.
Grundton 19.
Gruppen der Sprachlaute 125 ff. (genetische und akustische 127); des Lautwechsels 735 ff.
Guttural(e) etc. s. Velar(e).

h 178. 389 ff. (crescendo und decrescendo *h* 391, gehauchtes 392; heiseres *h* des Arab. 178. 346; stimmhaftes und stimmloses *h* 87. 283. 347, vgl. 436 ff. 442; halb-, hauchstimmiges *h* 283 f. *h* als stimmloser Vocal 282 ff., als Gleitlaut 472.
Halbkürze 695.
Halblänge 699.
Halbschlusslaute 140. Wegfall eines Mundverschlusses bei dens. 786.
Halbstarke Silben 641.
Halbstimme 84. S. auch Murmelstimme.
Halbstimmige Laute 175.
Halbvocale 422 ff.; nasalirte 423; stimmlose 424.
Hamza 178. 353.
Hauch, stimmhafter oder gemurmelter 87. 436 ff. 442.
Hauchlaute, laryngale 346.
Hauchmurmelstellung 172.
Hauchreibestellung 172.
Hauchstimmige Laute 175.
Hauptaccent 642.
Hauptlaut der Silbe 110. 112.
Hemmung (schallbildende) 92 ff.; abgestuft nach Grad, Dauer und Stärke 98. Graduelle Verschiebung ders. 737. 773 ff.
hm! 397.
Hochton 570. 642.
Homorgane Laute s. Berührungen.
Horizontalbewegungen und -stellungen der Zunge bei der Vocalbildung 245. 247. 249.

i 211 ff. *i*-Basis 217 etc. 250. *i̭* 412 ff. 422. *ï* 274.
ich-Laut 341.

Implosivlaute 445.
Indifferenzlage s. Ruhelage.
Inner rounding 263.
Inner vowels 250.
Inspiratorisches Sprechen 64 f.
Intensität s. Stärke.
Interdentale 158; *r* 305, *l* 313, Spiranten 329, Verschlusslaute 349.
Interstitielle Zischlaute 329. 331.
Inverteds 155. S. auch Cerebrale.

j 341.
Jerk 391.

k, Arten dess. 351; arab. georg. *k* (*q*) 166. 351. 365.
Kehldeckel 35.
Kehlkopf: Aufgaben dess. (Klänge und Geräusche) 27; Bau 31 ff. Thätigkeit dess. 68 ff. 89. 95 (deren Beobachtung 28, Producte 70 f.); unabhängig von der des Ansatzrohrs 176. Seine Stellungen (Weit-, Reibe-, Hauchreibe-, Flüster-, Stimm-, Murmel-, Hauchmurmel-, Verschluss-, Pressstellung) 172. Graduelle Verschiebung der Kehlkopfhemmung 787.
Kehlkopfarticulation und Stromdruck 73.
Kehlkopfexplosivlaut 172. 385. 585.
Kehlkopfgeräusche 68.
Kehlkopf-*r* 309. 395.
Kehlkopfspiegel 35. 54.
Kehlkopfspirans: s. *h*.
Kehlpresslaute 175.
Kehlraum 37 f.
Kiefer 40. 148.
Kieferwinkel 40. 252.
Klang, musikalischer 16 f. 18.
Klangfarbe 17. 20.
Klanglaute 188.
Knall (bei Verschlusslauten) 106.
Knarrvocal, -stimme 309.
Knorpelglottis 33.
Kopfstimme 74. 76.
Kürze, Stufen ders. 695.
Kürzungen von Vocalen 849, von langen Silben 840.

l: Allgemeines 293; als Halbschlusslaut 140, als lateraler Laut 296. Arten dess. 312 ff.; asymmetrische oder einseitige 312; spirantische 317; cerebrale, palatale, alveolare, postdentale und interdentale 313; helle und dunkle 314. 316; velare 315; dickes *l* des Norweg. und Verwandtes 321. Wechsel von *l* mit *u*, *o* und *ʒ* 315, mit *r* 719, mit *d* 776 f.
Labiale und Labiodentale 144. 146; Nasale 322; Spiranten 324 ff.; Verschlusslaute 348 ff. Lippen-*r* 310. Verhalten ders. bei Palatalisirung 485, bei Velarisirung 490.
Labialisirung s. Rundung.
Labiolabiale s. Bilabiale.
Länge und Kürze 692 ff. Stufen der Länge 696. Normale oder einfache 715. Halblänge 699. Ueberlänge 696. 715 f. Unterlänge 715.
Laryngale 70. 89. 178. 383; Hauchlaute 346 f., Spiranten 178. 346 f., Verschlusslaute 178. 353.
Laterale Articulation 150. 167. Lat. Laute 167 (*l* 312 ff.); Verschlusslaute 352. Lat. Explosion von Dentalen etc. 462 ff.
Lauteinsätze und -absätze 377 ff. Bei Vocalen 382 ff. (fester 385, leiser 387, gehauchter 388 ff., stimmhaft gehauchter 392). Bei Liquiden und Nasalen 396 f. Bei Spiranten 398 f. Bei Verschlusslauten 400 ff. Bei Affricaten 454.
Lautgesetz 731 ff.
Lautquantität 685. 692 ff.
Lautstärke 183.
Lautsubstitution 730.
Lautsysteme 12.
Lauttabelle I (Vocale) 266; II (übrige Laute) 376.
Lautwechsel und Lautwandel 722 ff. Ausgangspunkt des Lautwechsels 723. Ursachen dess. 725. Springender L. 727. 729. 755. L. durch allmähliche Verschiebung (Lautwandel) 727. 731. Gruppen des L. 735. Spontaner

743, bedingter 744 (bei Consosonanten 771 f.), combinatorischer 745. L. durch örtliche Verschiebung 754 ff., durch graduelle Verschiebung der Hemmung 773 ff., durch zeitliche Verschiebung 788 ff., durch dynamische Verschiebung 824 ff.
Lenis und Fortis 179 ff. Verschlusslenes 359 ff., stimmlose 360 f., als reducirte 513. Ein- und Absätze bei Lenes 402 f. Uebergang von Lenes in Fortes 825, im Silbenauslaut 826.
Linguale 155. S. auch Cerebrale.
Linguopalatale s. Zungengaumenlaute.
Lippen 40. Thätigkeit ders. 42 ff. Spaltförmige Ausdehnung 42. 264. Rundung s. dies. Vorstülpung 43 f. Lippenarticulation der Vocale 259, bei *l* 316. Lippen-*r* 310.
Lippenlaute s. Labiale.
Liquidae 137. 203 (als reducirte Geräuschlaute 501); im Einzelnen 293 ff.; sonore und spirantische 293; stimmhafte und stimmlose 293; nasalirte 137. Ein- und Absätze ders. 396 f. Berührungen mit Vocalen 426 f., mit Liquiden und Nasalen 428, mit Geräuschlauten 432. 443. Abstufungen ihrer Schallfülle 529. S. auch *l*, *r*.
Lösungslaute (-fortes und -lenes) 370 f.
Lowered vowels 251.
Lungendruck 60. 183.

m 123. 322.
Mandeln 78.
Marginales *s* 329.
Mediae 372. 402; stimmhafte 403. 435; geflüsterte und stimmlose 374; stimmlose und reducirte 513. Mediae als Lösungslenes 375. Ein- u. Absätze der Mediae 402 f.; Uebergänge von und zu ihnen 435 ff. Mediae aspiratae 436 f. Uebergang von Mediae in Tenues 825 f.

Mediane Articulationen 150. 153 ff.
Mediopalatale 163.
Metathesen 823.
Methoden der Phonetik 1 ff.
Mischung specifischer Articulationselemente 469 ff. Eingleiten und Vorausnahme 474, Durchhalten und Abgleiten von solchen 475; Compromissformen 475 (vgl. 477). Beeinflussung von Sonanten durch Consonanten und umgekehrt 478. Gradverhältnisse der Mischung 479. Wirkung der Mischung auf den Charakter der beeinflussten Laute 480. Aufnahme von *r*-, *l*-Articulationen 495.
Mittelstarke Silben 641.
Mittelzeitige Silben 705.
Mittönen 21.
Mixed vowels 249.
Momentane Laute 186.
Mouillirung s. Palatalisirung.
Munddach 148.
Munddruck 60 f. 183.
Mundhöhle s. Mundraum.
Mundlaute 134. Wechsel mit Mundnasenlauten 800.
Mundnasenlaute 135.
Mundraum 37. 39. 48 ff. Articulationsarten dess. 129 ff. (Weitstellung 130, Reibungsstellung 131, Verschlussstellung 132). Articulationsstellen dess. 141 ff.
Mundsonore 138, nasalirte 138.
Mundspiranten 137. S. auch Spiranten.
Mundverschlusslaute 137. S. auch Verschlusslaute.
Murmelstellung 172.
Murmelstimme 84 ff. (Verhältniss zur Vollstimme 85); bei stimmhaften Consonanten 88. Statt Vollstimme 775. 787.
Murmelvocale 233. 279 ff.
Musculus genio- und hyoglossus 51.

n, *ń* (*ñ*), *ṇ*, *ŋ* 322 f.
Nasale 137 f. (als Halbschlusslaute 140). 203. Arten ders. 322 f. Stimmlose 322 f. Ein- und Absätze der Nasale 396 f. Abstufung

ihrer Schallfülle 530. Nasale Explosion von Verschlusslauten 465 f.
Nasalirte Laute 137. 139. Vocale 277 f., Liquidae und Spiranten 137, 4 (r 311, l 318), Verschlusslaute 123. 137, 6.
Nasalirung, Stufen ders. 277. Eintritt und Wegfall ders. 758. 800.
Nasalvocale 277 ff. Velare, dentale, labiale Varietäten 278.
Nasenraum 37. 52. Articulation dess. 128. 134 ff.
Naturlänge 709.
Nebenaccent 641 f. (vgl. 637).
Nebengipfel (zweigipfliger Silben) 580.
Nebensilben 534. 587.
Nebenton(ig) 637; vgl. 641 f.
Nebenvocale Trautmann's 237. 241.
Neutrale Laute (im Gegensatz zu Fortes und Lenes) 184.
Normallaute und Varietäten 205; bei Vocalen 223.

o 272. ó 274.
ö, ɵ, œ 271. 275.
ɔ 271, ɔ́ 274.
Oberkiefer 40.
Obertöne 19.
Occlusivlaute 445. 559.
Offene und geschlossene Vocale 258.
Oertliche Verschiebung 737. 754 ff.
Os hyoideum 31.
Outer vowels 250.
Ὀξεῖα 570.

p, pf 123. 348. p (aethiop.) 166. 365.
Palatale 144. 161 f.; l 313, Nasale 322, Zischlaute: š 335, š́ 339; pal. x, χ 341 f.; Verschlusslaute 350, mit lateraler Explosion 462 f.
Palatalisirte Laute einheitlich 487; Gleitlaute ders. 488.
Palatalisirung 482 ff.; Grade ders. 486; Pal. durch nachfolgende und durch vorhergehende Laute 493; Pal. von Lautgruppen 494; Pal. verbunden mit Rundung 492.
Partialtöne 19.
Pausen 103. 107.

Pendelschwingungen 18.
Περισπωμένη 570. 606.
Pfeifen 29.
Point consonants 156.
Point-teeth consonants 157.
Positionslänge 709.
Postdentale 157; r 305, l 313, Spiranten 329, Verschlusslaute 349.
Postpalatale 163.
Praepalatale 161.
Pressstellung des Kehlkopfs 172.
Pressstimme 166.
Pressstimmige Laute 175.
Primary vowels 257.
Processus vocales 33.
Prohibitivlaute 445.
Προσῳδία 570.

q, indog.: Uebergang in p 755. S. auch k.
Quantität: als Factor der Lautbildung 186 f. Quant. und Gemination 565 ff. Quant. der Satzglieder 570. Quant. im Allgemeinen 684 ff. Absolute und relative 686 ff. Traditionelle und rhythmisch bedingte 688 ff. Etymologisch und phonetisch bedingte 700. Quant. und Tempo 690. S. auch Lautquantität, Silbenquantität, Taktdauer.
Quantitätsverschiebung 740; absolute und relative 835 ff.
Quantitätswechsel 833 ff.; rhythmischer 833; historischer 834; Taktdehnung 837.

r 293; als Coronallaut 296. Arten des r 297 ff.; cerebrales 297 f. (stimmloses 333; Wechsel mit ḷ 770); alveolares 299 ff., gingivales 300; dentales 305; uvulares (gutturales) 307; Kehlkopf-r 309. 395; Lippen-r 310; gerollte und nichtgerollte r 301 ff.; stimmlose 301. 303. 333, gespannte und ungespannte 302; nasalirte 311. Aufnahme der r-Articulation in andre Laute 495. Wechsel mit ʒ 307. 770, mit d 776 f.
Rachenraum 37.

Rachenwand 48.
Raised vowels 251.
Randarticulationen 152.
Rangordnung der Eintheiluugsprincipien der Sprachlaute 124.
Räumliche Verschiebung 737.
Reduction 380. 496 ff.; des Reibungsgeräusches von Spiranten 499 ff., (von Verschlusslauten 503), von Stellungslauten zu Gleitlauten 504 ff., von Stimmhaften zu Stimmlosen 512 ff. Red. der Druckstärke 514.
Reibeenge s. Reibestellung.
Reibelaute 137. S. auch Spiranten.
Reibe-, Reibungsstellung des Mundraums 131, des Kehlkopfs 172.
Resonanten 138. S. auch Nasale.
Resonanz 23 f.
Resonanzraum 23. 25. 98.
Respiration 60 ff.; Bildung von Sprachlauten ohne solche 66.
Respirationsapparat, Aufgabe dess. 27.
Respirationsstrom 60. S. auch Druckstrom.
Ringknorpel 31.
Rollen (beim r) 296. 301.
Rounding 259.
Ruhelage 55 ff.; Verschiedenheiten ders. 291.
Rundung 42 f. 259 ff., bei Vocalen 261. Verticale, horizontale, gemischte 43. 262; innere oder Wangenrundung 263. Aufnahme der Rundung in die Articulation von Nachbarlauten 491 ff. Rundung verbunden mit Palatalisirung 492. Verlust und Verstärkung der Rundung 757.

s 335 (marginales 329; emphatisches $ş$ 166). Uebergang in r 770, in x und k^c 778. — $š$-Laute 336 ff.
Satz: als rhythmisch-melodisch abgestuftes Gebilde 568 ff.; phonet. Definition dess. 611; seine begriffliche Eindeutigkeit 612. Begrifflich einheitliche und mehrtheilige Sätze 613. Satz und Wort 611 ff., Satz und Schrift, Satz und Wortreihe 614, Satzanalyse 615 ff., Satz und Sprechtakte 620 ff.
Satzaccent 573. 609 ff.; exspiratorischer oder dynamischer 618 ff. (dessen Verhältniss zum musik. Wortaccent 658); musikalischer oder tonischer 654 ff. 675 ff. (empirischer und ideeller 655 ff.; Verhältniss des letztern zum musik. Wortaccent 656).
Satzmodulirung 680; des Satzschlusses 681.
Satztakte s. Sprechtakte.
Sauglaute 67.
Schall 15.
Schallbildung und Schallmodificirung 92 ff. (vgl. 27).
Schallfülle 518. 526 ff.; Abstufungen ders. 518. 528 ff., bei Vocalen 529, bei Liquiden und Nasalen 530 ff., bei Verschlusslauten 534; bez. Sonant und Consonant 526 ff. Wechsel von Lauten verschiedener Schallfülle bei der Silbenbildung 522.
Schallgrenzen 546 ff. (im Consonanten 549).
Schallmodificirung s. Schallbildung.
Schallsilben 522 ff.; ein- und mehrlautige 525. Grenzen ders. 546 ff.
Schallstärke 516 ff. 522. 525.
Schallwellen 15.
Schildknorpel 31.
Schlundgaumenbogen 48.
Schlundkopf 38.
Schnalzlaute 67.
Schulung des Sprachorgans 13.
Schwa 279 f.
Schwach geschnittener Accent s. Silbenaccent.
Schwingungen 15. 17.
Schwingungsformen 17.
Schwingungszahl 17.
Silbe: Bildung ders. 515 ff. Druck- und Schallsilben 521 ff.; ein- und mehrlautige Silben 525; eingipflige 578 f.; zweigipflige 580 ff. Kurze 704 ff., lange 704 (natur- und positionslange 709 f.); dehnbare 704. 717 f. (vgl. 839). — Exspi-

rationsbewegung der Silbe 577 ff. Druckabstufung des Silbenschlusses 589 ff. Relative Druckstärke der Silbenglieder 537 ff. — Complicirte An- und Auslaute (Nebensilben) 534. 587. — Silben und Sprechtakte 620 ff.

Silbenaccent 573 ff.; exspiratorischer oder dynamischer 576 ff. (eingipfliger 578 f., zweigipfliger 580 ff., Stosston 585 ff.); stark und schwach geschnittener 589 ff. (Wechsel dess. 827). Musikalischer oder tonischer 599 ff. (ebener, steigender, fallender, fallend-steigender und steigend-fallender 601 ff.; Grösse der Intervalle und Tonschritte 604 f.) Anwendung bestimmter Silbenaccente 604. 677. — Einfluss des stark geschnittenen Accents auf die Quantität 712. 827. Silbenaccent und Dehnung 842. 846.

Silbenaccentgesetz Winteler's 597.

Silbenbildende und nicht silbenbildende Laute 113 ff.

Silbengipfel 577; Verschiebung dess. 791.

Silbengrenzen 546 ff. (bei Verschlusslauten 534 ff.). Verschiebung ders. 790 (vgl. 826. 839 ff.). S. auch Druck- und Schallgrenzen.

Silbenquantität 685. 702 ff. (durch Consonanten gefüllt 701); absolute 702; relative 703 (Kürze und Länge 704 ff., Mittelzeitigkeit 705, Ueberlänge 715). Stufen ders. 711. Zusammenhang dieser Abstufung mit der Stärkeabstufung 689. 712, mit dem Silbenaccent 713, mit der Silbenzahl der Sprechtakte 714 f.

Silbenschluss: Druckabstufung dess. 589 ff.

Silbenstärke 183.

Silbentrennung 546 ff. S. auch Druck- und Schallgrenzen.

Silbische und unsilbische Laute 113 ff.

Singstimme 79.

Sinnesaccent, dynamischer 650; Wirkungen dess. auf die Quantität 689.

Sonant und Consonant 116 f. 569. Unterschied von sonantisch und sonor 196. Schallfülle der Sonanten 526.

Sonore 188 ff. (Unterschied von sonor: sonantisch und stimmhaft 190). Stimmlose (= Oeffnungslaute ohne Reibungsgeräusch) 198. Uebergang in stimmhafte Geräuschlaute 192 ff. Die Sonoren im Einzelnen 204 ff. Berührungen von Sonoren mit Sonoren 407 ff., mit Geräuschlauten 429 ff.

Spaltförmige Ausdehnung (der Lippen) 259. 264.

Spannungsverhältnisse des Sprachorgans 245 ff.

Spiranten 137 f. (nasalirte 137, 4; überweite 502). Unterschied von den Aspiraten 139. Verschiedene Stärke ihres Reibungsgeräusches 197. Die Spiranten im Einzelnen: laryngale 178. 346 f., spirant. r 293. 301. 303, l 293. 317; labiale und labiodentale Spiranten 324 ff., Zischlaute 328 ff. (coronale θ, δ etc. 329 ff., s-Laute 334 ff., $š$-Laute 336 ff., palatale und velare x-Laute 341 ff.). Ein- und Absätze der Spiranten 398. Verbindung nicht homorganer Spiranten 450 f. Uebergang von stimmhaften Spiranten in Sonore 500, in stimmhafte Medien 776. Uebergang von stimmlosen Spiranten in stimmlose Verschlusslaute 778.

Spiritus lenis 386 ff.

Sprachlaute, articulirte 58. Sprachlaute oder Sprachelemente? 101 ff. Eintheilung der Sprachlaute 109 ff. (Unthunlichkeit allgemeiner Systeme 123 ff.). Die Sprachlaute nach ihrer Stärke 179 ff., nach ihrer Dauer 186 f., nach ihrem akustischen Werth 188 ff.

Sprachorgan, Schulung dess. 13; sein Bau 26 ff., seine Functionen 55 ff.

Sprechtakte 620 ff. Spr. und Wörter 623 ff. Taktgliederung und Satzinhalt 626. Formen der Sprechtakte 627 ff.; Silbenzahl ders. 627 (deren Einfluss auf die Quantität 714); rhythmische Formen (fallende, steigende, steigendfallende) 628 ff. Abstufung innerhalb der Sprechtakte 637 (Taktabstufung und dynamischer Wortaccent 644), der Sprechtakte unter einander 647 ff. (Takte und Taktgruppen 652).
Sprechstimme 79.
Sprenglaute, Sprengfortes 368. 375.
Stärke (vgl. auch Druckstärke): der Klänge 17, der Stimme 72 f., primäre und secundäre 60 ff., der Sprachlaute 179 ff. (Fortes und Lenes 179 ff., Laute neutraler Stärke 184). Relative Druckstärke der Silbenglieder 537 ff. Absolute Stärke oder Lautheit der Silben 638. Abstufung der Silbenstärke im Sprechtakt 637 ff. (Stärkeabstand 640, Stärkestufen 641). Abstufung der Sprechtakte unter einander 647 ff.
Stark geschnittener Accent s. Silbenaccent.
Stellknorpel 33.
Stellung der Phonetik zu verwandten Disciplinen 1 ff.
Stellungslaute 101 f. 107; deren Reduction zu Gleitlauten (Stellungsreduction) 504 ff. (bei unsilbischen Sonoren 504. 509, bei stimmhaften Spiranten 505, bei Geräuschlauten 510).
Stimmbänder 33, falsche 34.
Stimmbewegung innerhalb der Silbe 599 ff., im Worte 661 ff.
Stimme 68 ff. Untersuchung ihrer Eigenschaften 71. Stärke 72 f. Höhe und Qualität 72. Intermittirende 309. Verhältniss von St. und Murmelstimme 85. Schwächung der St. 787. S. auch Flüster-, Murmel- und Vollstimme.
Stimmfortsatz 33.

Stimmgleitlaut 506.
Stimmhaft und stimmlos 173 f. 188 (Unterschied von stimmh. und sonor 190. Stimmhafte Consonanten mit Murmelstimme 88). Wechsel stimmhafter und stimmloser Laute 794 ff. (dynamisch bedingt 796, in der Nachbarschaft von Stimmlosen 424. 432. 443. 447. 449). Wechsel stimmhafter Oeffnungs- und Verschlusslaute 776 f.
Stimmlage 676; Wechsel ders. 679.
Stimmlaute (reine und geräuschhafte) 188.
Stimmlos s. Stimmhaft.
Stimmqualität 72. 79. Anwendung einer bestimmten Art 678.
Stimmreduction 512 ff. 795.
Stimmregister 74 ff.
Stimmritze 33, falsche 34.
Stimmstellung des Kehlkopfs 172.
Stimmton 69.
Stosston 585 ff. 608. Verhältniss zum festen Uebergang 587. Wechsel mit Mundverschluss 755.
Stress 621. 637.
Stress-groups 621.
Stromdruck 60 f.
Substitutionszitterlaute 306.
Superficiale 157.
Supradentale 156.
Svarabhakti 812 ff.
Syllabisch s. Silbisch.
Synkope von Vocalen 820 ff.

t, Arten dess. 349 (arab. t 166. 349. 365). Uebergang in θ 349 (vgl. 784).
θ, Arten dess. 329 f.; aus t 349. 784.
Taschen 34.
Taschenbänder 34.
Taktdauer 685. 719 ff. S. auch Sprechtakte.
Taktdehnung 837.
Tempo 690.
Tenues 372 ff.; als Sprengfortes 375; schwache 374. Ihre Ein- und Absätze 401, ihre Uebergänge 434. Tenues mit offenem Kehlkopf 364. 375. 439, mit Kehlkopfschluss

105. 166. 365. 375. 401. 438.
Tenues aspiratae 364. 440 ff., mit stimmhaftem Hauch 442. Schwächung von Tenues 825.
Theiltöne 19.
Tiefton 570. 642; in Compositis 649.
Töne, einfache 18.
Tönende und tonlose Laute 174.
Tonerhöhung 762.
Tonfall, gleichlaufender und gebrochener 673.
Tonhöhe, Allgemeines 17. 19. 72. 78. Verhältniss zur Tonstärke 658 ff. Umlegbarkeit der T. 666.
Tonlage, Relative, des Wortes 663 ff. (mechanisch bedingt 665, habituell oder historisch bedingt 666 f., formell bedingt 668).
Tonlose Laute s. Tönende Laute.
Tonlose (= unbetonte) Silben 637.
Tonsilbe 570. 637.
Tonsillae 48.
Tonstärke: Verhältniss zur Tonhöhe 658 ff.
Trachea 31.
Trilling 301.
Triphthonge 425.
Typen von Sprachlauten 121.

u 210 f. 214 ff. 272; u-Basis 217; $ü$ 274; $\underset{\circ}{u}$ 326. 410 ff.
$\underset{\cdot}{u}$ 228. 241. 271. 414.
Uebergänge 378 (fester, gehauchter, directer 405); zwischen Vocalen verschiedener Silben 409, von und zu Spiranten 429 ff., von und zu Verschlusslauten 434 ff., bei Affricaten 454 ff.
Uebergangslaute s. Gleitlaute.
Ueberkürze 695.
Ueberlänge von Lauten 696, von Silben 715. Verhältniss zu zweigipfliger Betonung 716.
Ueberweite Spiranten 502.
Umlaut 750. 765 f.
Umlegbarkeit der Tonhöhe 666.
Unaccentuirtheit 642.
Unbetont(heit) 570. 611. 637. 642.
Unsilbische Vocale 422.
Unterkiefer 40.
Unterlänge 715.

Uvula 48.
Uvulare Laute (r) 307.

v 324 ff.; Verhältniss zu $\underset{\circ}{u}$, w 326.
Velare (gutturale) Laute 144. 163 ff.; l 315, Nasale 322, Spiranten 341 ff., Verschlusslaute 351. Uebergang in Palatale 485, in Labiale 755.
Velarisirung 490.
Ventriculi Morgagni 34.
Veränderungen von Sprachlauten im Allgemeinen 99 f.
Vermittelungsvocale 226.
Verschiebung der Articulation: bei Mischung 475; Räumliche (örtliche und graduelle) 737, zeitliche 738, dynamische 739. Quantitätsverschiebung 740. Versch. des Silbengipfels 791, der Druckstärke 824 ff. (innerhalb der Silbe 812), der Silbengrenze 826. 839 ff., der Druckabstufung des Silbenschlusses 827.
Verschlusslaute 106 f. 137 f. 139 (nicht Gleitlaute 106). Die Verschl. nach ihren Articulationsstellen: Labiale und Labiodentale 348; Laute der Zungenspitze (cerebrale, alveolare, dorsal-alveolare, postdentale, interdentale) 349; palatale 350; velare (gutturale) 351; laterale 352. 462 ff.; faucale 168 ff. 355; laryngale 353 (Stosston 585). Verschl. mit lateraler und nasaler Explosion 462 ff. Die Verschl. nach den verschiedenen Arten ihrer Bildung 356 ff.: stimmhafte und stimmlose 357 (Verhältniss der stimmhaften zu den Sonoren 107. 196); Lenes und Fortes 359 (stimmhafte 362; Verschlusslenes 374. 402, aspirirte? 441); gespannte und ungespannte 368 ff. Verschl. mit offenem Kehlkopf 364. 375. 439, mit Kehlkopfschluss 365. 375. 401. 438. Spreng- und Lösungslaute 368 ff. Implosive, prohibitive, occlusive Verschl. 445. Ein- und Absätze der Verschl. 400 ff. Berührungen mit Sonoren 434 ff. (Aspiratae

436 ff. 440 ff.), mit Geräuschlauten 448 ff. (Verbindung nicht homorganer Verschl. 450 f.; Affricatae 454 ff.; Oeffnung von Verschl. ohne Explosion 457 ff.). Palatalisirte Verschl. mit secundärem Reibungsgeräusch 489. Geräuschreduction von Verschl. 503. Doppelexplosion gleicher Verschl. 564. Verhältniss der Verschl. zur Silbenbildung 534 ff.; Verschl. mit innerer Druckgrenze 559. — Wechsel stimmhafter Verschl. und Oeffnungslaute 776, Wechsel stimmloser Verschl. und Oeffnungslaute 777 ff., und Spiranten 779 (durch Aspirata und Affricata 780, durch directe Lockerung 784). Wechsel mit homorganem Nasal 800. Ersatz von Verschl. durch Kehlkopfschluss 755. Einschiebung und Ausstossung von Verschl. 804 ff. S. auch Halbschlusslaute.

Verschlussstellung des Mundes 132, des Kehlkopfs 172.

Verticalstellungen (und -bewegungen) der Zunge 245. 247.

Vocale: Vocal und Consonant 109 ff. (Vocale als Hauptlaute der Silben 110). Dorsale Articulation der Vocale 204. 296 (Vocale als reducirte stimmhafte Geräuschlaute 501). Die Vocale im Einzelnen: Vocalreihen 205; Normalvocale und Varietäten 205. 223. Anordnung nach Klangreihen 206 ff. (Vocaldreieck 207, Winteler's Vocallinie 208 ff. 222. 228; natürlicher Vocal 218, Vermittelungsvocale 226, offene und geschlossene Vocale 228, unvollkommene 233, Vocale mit activer und passiver Lippe 233). — Anordnung nach Eigentonreihen 234 ff. — Anordnung nach Articulationsreihen (Bell's System) 243 ff.: Zungenlage und -bewegungen (horizontale und verticale) 246 ff.; velare (hintere, back), palatovelare (gemischte, mixed), palatale (vordere, front) Vocale 249, innere und äussere Varietäten ders. 250; hohe (high), mittlere (mid), niedrige (low), gesenkte und erhöhte Vocale 251. Spannungsverhältnisse 252 ff.: gespannte und ungespannte Vocale 255 ff., vgl. 260. 267 (Verhältniss ders. zu den sog. 'engen' und 'weiten' und zu den 'geschlossenen' und 'offenen' Vocalen 257 f.). Lippenarticulation der Vocale 259 ff.: Rundung 261 ff. (innere oder Wangenrundung 263), spaltförmige Ausdehnung 264. Beispiele für die verschiedenen Arten von Vocalen: Palatalvocale 268 ff., gerundete 271; Velarvocale 273, gerundete 272; Palatovelarvocale 274 (Vocaltabelle Hellwag's und Brücke's 207, Winteler's 228, Trautmann's 236, Bell's 266; Vergleichung der Transcriptionen von Lepsius, Brücke, Böhmer 229). Erforderliche Modificationen von Bell's System 275 ff. Nasalvocale 277 ff. Gemurmelte Vocale 279 ff. (unbestimmter Vocal, Schwa 280), stimmlose 199. 282 ff., knarrende 309. — Ein- und Absätze der Vocale 382 ff. — Berührungen von Vocalen benachbarter Silben 409 ff., Diphthonge 410 ff., Halbvocale (unsilbische Vocale) 422, Triphthonge 425; sonstige Berührungen 426 ff. — Einwirkungen von Vocalen auf Nachbarlaute und umgekehrt 469 ff. — Reduction zu Gleitvocalen 506 ff. — Abstufungen der Schallfülle 529. — Quantität 692 ff. — Spontane Verschiebungen der Vocalreihen 756. Wechsel von Vocalen mit activer und passiver Lippe 756. Entrundung gerundeter Palatalvocale 757. Verstärkung der Rundung 757. Entnasalirung 758. Verschiebungen der Zungenarticulation 759 f. Vocalwechsel bedingt durch Verschiedenheit der Tonhöhe 761 f. (Tonerhöhung 762), durch Stärke und Dauer 763 (vgl. 760), durch Einfluss von Nachbarlauten 764 ff. (Umlaute 765 f., Dissimilationen und Diphthongirungen 768). Wechsel von silbischer und unsilbischer Function (von Vocal und Halbvocal) 791 f. Diphthongirungen unter consonant. Einfluss 808. Epenthesen 809. Svarabhakti 812 f. Secundärvocale aus silbischen Liquiden oder Nasalen 814. Prothesen 816. Absorptionen 817 ff. Synkope und Apokope 820 ff. Dehnungen 842, in geschlossener Silbe 845. vor Geminata 847. Kürzungen in geschlossener Silbe 849.

Vocalharmonie 750.
Voice 68.
Vollstimme 72 ff. S. auch Stimme.
Vollstimmige Laute 175.
Vorausnahme s. Mischung.
Vorstülpung 42. 44. S. auch Rundung.

w 324 ff.
Wangenrundung 263.
Wechsel, grammatischer 831.
Weite (Amplitude) der Schallschwingungen 17.
Weite Vocale 257 f.
Weitstellung (des Kehlkopfs) 172.
Wheeze 82; wheezing glottid 392.
Whisper 81.
Wide vowels 257.
Wort und Satz 611 ff. (Wortreihe 614). Wörter und Sprechtakte 623 ff.
Wortaccent: Allgemeines 573. 609 ff.; dynamischer 644 ff.; musikalischer oder tonischer 654 ff. 661 ff. (sein Verhältniss zum ideellen musikal.

Satzaccent 656, zum dynam. Satzaccent 658; Verhältniss von Tonstärke und Tonhöhe 658 ff.). Relative Tonlage des Wortes 663 ff. (mechanisch bedingt 665, habituell oder historisch bedingt 666 ff., formell bedingt 668). Umlegbarkeit der Tonhöhen 666. Tonhöhen der Einzelsilben 669 f. Anordnung der Töne 671 f. Richtung der Stimmbewegung 673). Dynamischer Wortaccent und Taktabstufung 644. Verschiebung des Wort- und Satzaccents 828. S. auch Satzaccent.

y 271.

z (stimmhaftes s) 334 ff. Uebergang in r 770; arab. $ẓ$ 166.
$ž$ 334 ff.
Zähne 47. 50.
Zäpfchen 48.
Zischlaute 328 ff.; coronale 329 ff. (interdentale, postdentale, interstitielle, marginale 329 ff., alveolare und cerebrale 333); s- und $š$-Laute 334 ff.
Zitterlaute 306.
Zunge 50 f. — Aufschlagende und durchschlagende Zungen 79.
Zungenbein 31.
Zungenblatt 151. 335.
Zungengaumenbogen 48.
Zungengaumenlaute 144. 148 ff.; ihr Verhalten bei Palatalisirung 485, bei Velarisirung 490.
Zungenmuskeln 51.
Zungenränder, -rücken, -saum, ihre Articulationen 150.
Zungenwurzeln 51.

Lightning Source UK Ltd.
Milton Keynes UK
UKHW02f0236030518
322021UK00012B/1448/P